東北アジアの初期農耕文化と社会

甲元眞之 著

同成社

まえがき

　中国東北部、朝鮮半島それにロシア沿海州からなる東北アジア地域は、歴史的な考察対象として一括可能な地域とすることができる。この地域は中原との一定の関係を保ちながらも基本的には独自の歴史的世界を形成してきた。国家形成以前の先史時代にあっても同様で、この地域では完新世以来モンゴリナラを中心とする落葉広葉樹林が繁茂し、動物相においても「東北区」として他地域から分離される特殊な種の組み合わせの分布が認められる。先史学的には、深鉢形土器の大中小をもって器種となし、農耕以外にも狩猟、漁撈、採集といった多面的な生業活動を所与の生態環境にあわせて網羅的に展開してきた。宗教的側面でも鏡に格別な意味を賦与する独特のシャーマニズムが共通してみられ、森羅万象に「神」を見出す世界が広くいきわたっている。

　この東北アジア地域は、農耕生活に基盤をおく中原世界と牧畜を主要な生業とする中央アジア的世界からの不断に強い影響を受けながらも、それら高文明の文化要素の一部を取り入れて独自に改変・摂取し、自己の文化に組み込むことを歴史の常としてきた。このような東北アジア的世界の基本的な枠組みが形成された初期段階に関する考察を集積したのが本書である。この中では先史時代の生業活動の分析を中心にした。それも遺跡から検出される動植物遺存体の検討に比重をおいたのは、それらが生活の具体的行為が最も明確に反映されることが考えられるからである。

　ヨーロッパに典型的に発達した先史学研究は、19世紀後半以来動植物遺存体を含めた生態環境との係わり合いで人間の生活誌が綴られてきた。一つにはヨーロッパ世界では文化的遺物の出土が少ないのに対して、動植物遺存体が豊富に残存しているという自然条件に基づくことからもきている。これと比較して東アジア世界では文化遺物が大量に出土するのに、有機質資料はあまり検出されることがなく、いきおい文化遺物に対する研究がより進展したという背景があることは否めない。生態環境が類似するヨーロッパの、研究の進展が著しい同時代的世界との比較研究のためにも、共通する素材からの検討が望まれる

のである。

　本書ではできうる限り先史時代資料を分析の中心におきながらも、不充分な点は現世の動植物誌と豊富にある中国や朝鮮の歴史的文献、あるいは紀行文を跋渉することで、これを補う手法をとっている。先史学研究においては文献史料も民族誌とみなすことが可能であることは、ヨーロッパの20世紀前半代の研究手法に通じるものである。こうしたヨーロッパで発達した先史学の研究手法を取り入れて本書を作成した。

2008年3月

目　　次

まえがき

序　章　初期農耕文化期の生態環境 ……………………………… 3
第1章　初期農耕 ………………………………………………… 19
　　第1節　東北アジアの初期農耕　20
　　第2節　東北アジアの石製農具　70
　　第3節　朝鮮半島の初期農耕　96
　　第4節　先史時代の穀物と農法　114

第2章　狩猟と採集 ……………………………………………… 133
　　第1節　東北アジアの狩猟動物　134
　　第2節　朝鮮の伝統的堅果類と果実　176
　　第3節　オロチョン族の生業活動　193

第3章　漁撈活動 ………………………………………………… 211
　　第1節　東北アジアの漁撈復元　212
　　第2節　東北アジア内陸部の先史漁撈　229
　　第3節　黄・渤海沿岸地域の先史漁撈　248
　　第4節　朝鮮半島の先史漁撈　291
　　第5節　東北朝鮮の貝塚遺跡　328

第4章　社会と文化 ……………………………………………… 347
　　第1節　中国東北地方の先史社会　348
　　第2節　朝鮮先史時代の集落構造　363
　　第3節　西朝鮮の支石墓　378

第4節　東北アジア先史時代の土偶と石偶　*402*

終　章　東北アジアの初期農耕文化と社会 …………… *421*

　引用文献 ……………………………………………………………… *435*

　中国語要約 …………………………………………………………… *459*

　英文目次 ……………………………………………………………… *469*

　あとがき ……………………………………………………………… *471*

東北アジアの
初期農耕文化と社会

序章　初期農耕文化期の生態環境

はじめに

　先史時代の研究者が遺跡の調査にあたって、遺跡形成当時の生態環境を考慮しつつその遺跡で展開された人間の営みを復元的に把握するときに、生活のバックグランドとしての生態環境を知るための手法として最も良く取り入れられるのは「花粉分析」である。この花粉分析により生態環境を復元する方法は、1915年スウェーデンのフォン・ポストにより開発された。これは泥炭層に含まれる花粉の種を同定することで、当時の植生を復元的に捉えるものである。1941年にはデンマークのアイヴェルセンにより、植生の変化に表された人間の自然界に対する関与を把握することがはじめられ、第2次大戦後急速にこの研究手法が世界各地に取り入れられることとなった。

　デンマーク人アイヴェルセンのオルドラップ湿地での試みは、開拓農耕モデル Landnam Model として夙に知られている（Iversen 1941）。アイヴェルセンは森林地帯における花粉の組み合わせの変化を3段階に分けて論じ、人間との係わり合いを次のように想定した（図1参照）。

　原生林段階ではニレ属 *Ulmus*、ライム *Citrus*、トネリコ *Fraxinus*、コナラ属 *Quercus*、カバノキ属 *Betula* などの落葉樹が極相林として繁茂し、林間には草本類、イネ科 *Gramineae* 雑草が生えていた。人間による森林開拓の第1段階ではニレ、ライム、トネリコなどの落葉樹の伐採が進むのに対して、ドングリが生るナラ類には手が付けられないという選別的開墾がみられる。森林が減少したために太陽光線が広く注ぐことにより草本類が増加し、オオバコ類が出現して、農耕の痕跡を示す穀物花粉も見られるようになる。開拓の第2段階ではナラ類以外の落葉樹はほとんど伐採され、太陽光線が届く範囲が拡大するために二次林としてのカバノキ属が急速に増加し、草本類やオオバコ類の出現割合

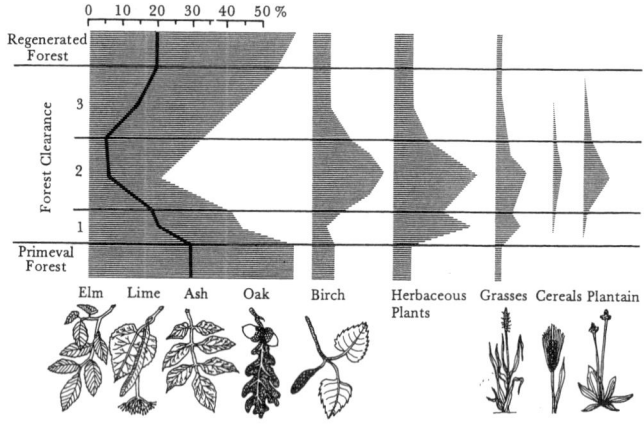

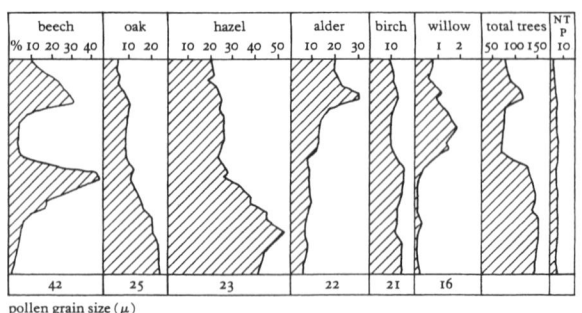

図1　アイヴェルセン（上）とタウバーの花粉分析

がピークに達している。穀物花粉が最大となることから、農耕活動が本格的に営まれていたことが窺える。開拓の第3段階では落葉樹が増加するのに反して、二次林を構成するカンバ類が減少する。また落葉樹による天蓋が森林地帯を覆うために、好日植物であるオオバコ類や草本類、イネ科植物が減少してゆく。森林回復段階は、農耕活動が放棄されるために原生林の状況に復帰する。

　アイヴェルセンは森林開拓が人間による農地造成にあり、また森林伐採もドングリが生る樹木以外が対象となっていることについて、ニレなどの葉が家畜動物の越冬用の秣に供されたものであることを指摘して、花粉分析結果から穀物栽培と家畜飼育を営む人間の自然開拓の足取りを掴むことが可能であることを示したのであった（Iversen 1941）。実際スイスの青銅器時代の住居址から越冬用の秣として使用されたニレの葉やツタが検出されており、スウェーデンでは最近まで牛の秣として膨大なニレの葉やツタなどが使用されていることが報告されている（Piggott 1981）。

　こうした考えを受け入れて第2次大戦後イギリスでは、ゴッドウィンを中心に各地でボーリング調査を行って、時期別の特徴的な花粉種の組み合わせに基づく花粉帯が設定され、炭素年代と組み合わせることで完新世における植生の変化に基づく気候変化を年代的に把握することが可能になった。これによるとボレアル（北方）期は完新世の初め頃で気候が徐々に暖かくなり、アトランティック（大洋）期には最も高温多湿となり、サブ・ボレアル（亜北方）期には一転して寒冷乾燥化した状況が生まれ、サブ・アトランティック（亜大洋）期に入ると再び温暖湿潤な気候状態になったという図式を描くことができるようになった（図2）（Godwin 1956）。

　またイギリス各地における経年的な花粉変化の図式を作成して、先史時代における農耕活動の拡がりを先史学的資料抜きで把握することが多く見られるようになった。さらに森林開拓と農地の放棄の繰り返しは、焼畑耕作に依拠する農法と想定して、農耕活動の拡がりのスピードをも論じられる状況が生じることとなった。しかしこれに対して考古学者側からの反論が提示されてきた。それは新石器時代層で発掘される木材を分析資料とする炭素年代では、新石器時代の居住年限は決して短くはなく、却って長期間に及ぶ定住農耕が想定されるという点である（Smith 1976）。そのために原初的な農耕活動は中石器

時代に遡上させて想定するという説も生まれてきた（Simmons, Dimbleby and Grigson 1981）。ニレの減少以前にも微小な花粉出土量の変化が認められ、多量の木炭が伴出する事例が多く報告されることから、本格的な家畜飼育と穀物栽培開始に先立って、小規模な開拓行為が営まれたという主張がなされることもあった（甲元 1986）。ウォターボルクは中石器時代においてアカザ科 *Chenopodiaceae* の花粉が急速に増大する現象を自然災害が引き起こした植生の変化よりも、人間の意図的な行為の結果であることを想定した（Waterbolk 1971）。またテーバーやメラーズはシカ科の狩猟対象動物の餌になる落葉系の二次林を増やすことを目的として、一定の範囲内に意図的な「火入れ」を行う民族事例を報告していて、これらによると焼畑耕作の根拠とされた木炭の検出も、初源的な農耕栽培の開始とのみ結びつけることは困難であるとの意見もみられ（Taber et al. 1971、Mellars 1976）、中石器時代の農耕の存在問題は依然として解決していない。

　ところがその後アイヴェルセンにより提示された開拓モデル自体に問題があるとの主張がなされ、花粉分析の解釈に関して根本からの再検討を促す必要が生じてきた。それはタウバーの研究結果をロウリ・コンウィが提示したもので（Rowly-conwy 1981）（図1中・下参照）、植物の種類により花粉生成の絶対量と飛び散る範囲が異なるために、単なる検出花粉の比較では架空のイメージを作り上げているに過ぎないということであった。そして花粉のパーセンテージと絶対量を比較した図を載せて、結局のところ花粉の絶対量の比較では植生の推移は、人間が関与するというよりもごく自然の現象と捉えうるものとみなされうることを提示したのである。こうした批判をうけて花粉の絶対量の比較方法も編み出され、種別の花粉年間堆積量を考慮することで、より適切な花粉の推移を把握することが可能になった（Simmons & Tooley 1981）（図2参照）。

　花粉分析に基づいての急速な植生の変化が、人間の自然に対する働きかけを推測するときに有効な方法であることが一般化し、この30年来花粉分析に基づく人間活動のアウトラインの把握が有効な手段として普通に行われるにいたった。さらに中国における花粉分析の研究の進展は、気候変化はグローバル・レヴェルでも即応することが指摘されるにいたっている（呉文祥・葛金勝 2005）ので、イギリスでの気候変動を常に念頭においての検討が可能となって

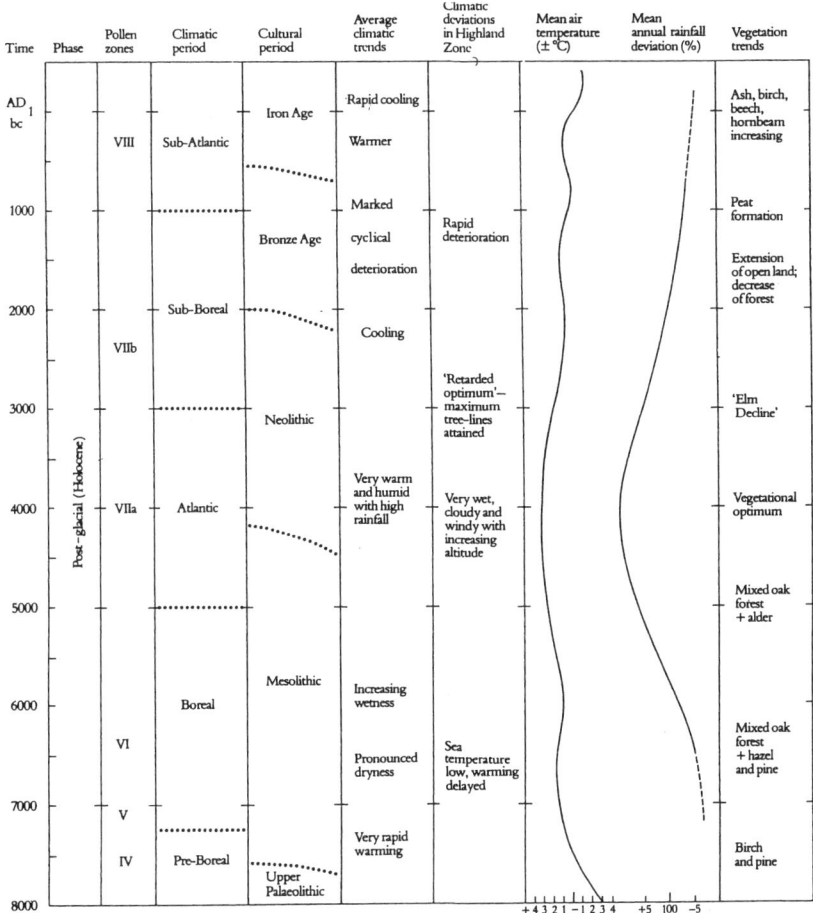

図2 イギリスの完新世花粉帯

きている。

　現在までのところ花粉分析による生態環境の復元は、大まかな時間幅での変化は把握できても、採取した土壌の堆積幅の平均値でしか捉えることができないために、短時間のうちでの具体的な人間の活動を直接的に把握することは、実際上は不可能であると言えるのである。従って花粉分析による環境復元の成果を導入するにあたっては、大きな時間内での環境適応の観点から、先史学的

資料との相関を考えてゆくことが肝要となる。
　東北アジアにおいても花粉分析に基づく生態環境の復元を考古学的知見と即応させることで、先史時代人の生業行為を具体的に把握することが可能になることは既に論じた（甲元 1989）。ここでは最近活発に展開されている花粉分析に基づく生態環境復元と先史学資料の相関関係につき、改めて検証してみることとする。

内蒙古中南部地域

　中国においては 1980 年代以降、花粉分析に基づく植生の変化と気候状態の復元研究が盛んに試みられるようになってきた。研究の初期段階においては完新世の花粉帯を早期、中期、後期と 3 区分するのが一般的であったが（中国科学院地質研究所花粉分析組・同済大学海洋地質系花粉分析室 1984）、最近ではイギリスでの花粉帯に相当する区分での分析もなされるようになってきた。こうしたいわば長期間の分析とともに、考古学研究とタイアップして、遺跡内もしくは遺跡附近で採取された泥炭層の分析も行われるようになり、短期間での解析も盛んに試みられてきている（周昆叔 1991、2000）。環境変動は北方地域に、よりドラスティックに影響を与えることから、まず内蒙古地帯での研究から見てゆくことにする。
　こうした中で先史学的事例と花粉分析からもたらされた植生の変化とを結びつけて、先史時代人類の活動を明らかにする研究が内蒙古文物考古研究所の田広金により積極的に推し進められてきた。田広金と共同研究者たちは内蒙古の新石器時代から青銅器時代にかけての先史学文化の変遷過程を、花粉分析を基に推測された環境変動と密接に関連するものとの観点から、次々に論攷を公にしてきた（田広金・史培軍 1991、1997、田広金 1997、田広金・郭素新 1998、2004、田広金 2000、田広金・唐暁峰 2001、田広金・郭素新 2005）。
　1991 年の論文では、旧石器時代から龍山文化期にかけての環境変化につき論述している。このうち仰韶文化期（7000 − 5000bp）を本格的な農耕文化が展開した時期で温暖湿潤であるが、地理的環境により違いが指摘できるとする。黄河以東の低山丘陵地帯（岱海盆地）では森林草原、潅木草原の環境下で初期

農耕文化発展に有利な条件を備えていたのに対して、黄河以西、以南、東部丘陵地帯では河谷段丘上に初期農耕文化が展開した。しかし黄河以北では温暖ではあるが乾燥していて、農耕には適していないとする。こうした生態環境の違いに起因して仰韶文化後期段階に3個の異なった文化類型が設定できる。

龍山文化期（5000－3500bp）には遺跡の比重が河谷の段丘上に営まれることが多くなり、岱海地区では龍山文化前期には岱海湖の水位の上昇に併せて集落が仰韶文化期より高い地点に営まれる。この時期は、仰韶文化期よりも温度湿度ともやや低めで、内蒙古全地域は草原の景観を呈する。仰韶文化末から龍山文化の過渡期以降漸次農耕文化から牧畜文化への移行が認められ、3800－3300bpが農耕文化と牧畜文化の交代期で、3500－2500bpが確立した牧畜文化（オルドス式青銅器文化）であることが指摘され、内蒙古地帯は環境変化においては地理的な変異が大きく、先史学的文化類型との相関関係の研究が一層必要なことが論述されている。

1997年の論文では内蒙古長城地帯の地理区分を細分し、2000年と2001年の論文ではそのうち岱海地域を事例に挙げて、先史学的資料と生態環境との相関関係を一層深く検討している。

2000年論文では岱海地区の老虎山遺跡を具体的に取上げ、遺跡の層位と花粉分析結果との組み合わせを論じることからはじめている。老虎山遺跡の層位は、クロスナ層と砂あるいは礫層とが交互に堆積することで構成されている。11000BPから気温が上昇し始め、8000BP以前に一時期寒冷期があり、その後温暖期に転換する。7000BPから湿潤度が増し、6000BPに温度が最高点に達して、5000BP前後その状況が継続する。4800BP寒冷な気候が出現し、4000BPまで続く。層状との関係では8層の黒砂礫石層は寒冷で湿潤な環境、6層の小礫石層は風成層で、5層の粉砂層は寒冷期に入ったことを示し、4層は温暖湿潤期であったとする。これらのことはまたクロスナ層に含まれる花粉により支持される。11615±170aBPも黒色泥炭層では花粉は少なく、ヨモギ属 *Artemisiae* やアカザ科 *Chenopodiaceae* が僅かに見られるのは、寒冷で植物の繁茂がなかった状態である。その後8000BPでは木本植物が減少し草本植物が増加して、気候が乾燥化したことを示す。7000BPではマツ属 *Pinus* とヨモギ属から構成される森林草原の出現は温暖化と湿潤化が進んだことを表し、

3500BPはヨモギ属の花粉が75％にも達するようになり、寒冷乾燥化へと転換した（図3）。

　こうした層位と先史学文化類型を対比させると、13層は後崗1期文化・王墓山下類型に、11層は海生不浪文化に、9層は老虎山文化にあたる時期とされる。また8層の黒砂礫石層が朱開溝文化3・4期で、4層がオルドス式青銅器の時代に相当する。このように基本的にはクロスナ層が形成される温暖期に、内蒙古地域の先史学文化類型が形成されたことを知りうる。すなわち寒冷乾燥化した時期には風成砂層や礫石層が堆積して、先史学文化類型の空白期間となり、生活を持続することが困難であったことを物語っているとする。

　ところが同じ老虎山の層位が2001年の論文では、微妙に異なって表現されている（田広金・郭素新2001）。すなわち今から7300－6600年前は年平均気温が2－3℃高く、岱海湖の水位は現在よりも20m高かったが、今から6600年前後の寒冷化により氷楔現象が起こり、12層の粉砂層が形成された。しかし5800年前から温暖湿潤気候にもどり11層のクロスナ層ができ、それが今から5000年前後まで続いた。その後一時期寒冷化が進んだが、4900前から湿潤化して9層のクロスナ層が形成され、4400前頃には終焉した。今から4300年前後から気温が下降し始め、岱海地域では年平均気温が0℃まで降り、3780－3660年には薄い泥炭層ができその上部に氷楔現象が認められるようになり、今から3000年以降は小氷期に突入したとしていて、2000年の論文と層位の年代比定が違っている。また1991年論文で言及された環境変化の中で重要な指針となる温度・湿度の組み合わせを加味すると、田広金などが指摘する生態環境の変化とは一致しない点が多い（田広金・史培軍1991）。2005年の著書の中では、紀元前3000年と紀元前900年前後に極端な寒冷化が生じた事が改めて指摘されている（図3）。

　このような年代のズレは、ユーラシア草原地帯での花粉分析結果でも窺われ、広大なこの地域に関して、花粉分析による温暖・寒冷・乾燥・湿潤の気候変化の把握が大幅に食い違いをみせ、統一性がないことが指摘されている（Kremenetski 2003）。これは炭素年代法で年代を推定すること自体によるものか、あるいは地域的な気候条件が大きく違うことで惹き起こされることなのか、または遺跡形成とは直接には無関係に採取された資料に基づく花粉分析により

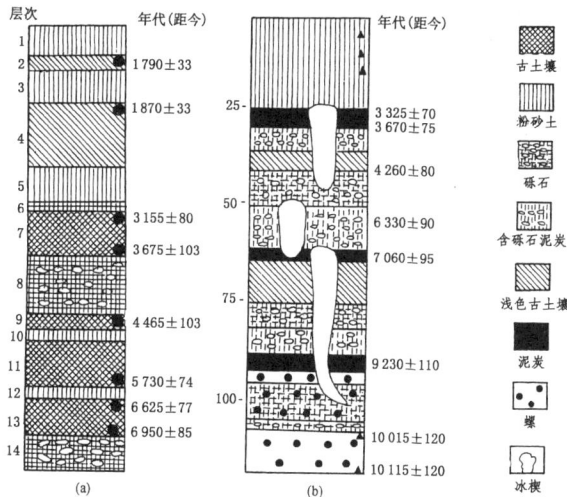
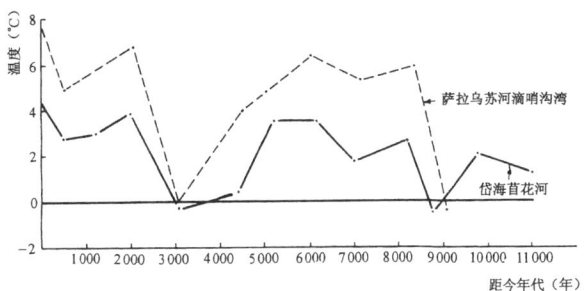
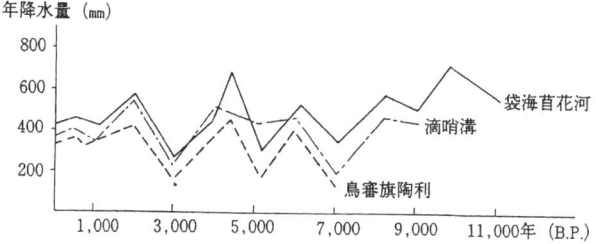

図3　内蒙古の遺跡断面図と温度・年間降水量の経年変動

推定される長期間の変化と、短期編年を基礎とする考古学文化類型が即応しないことからもたらされるものであるのか、今後充分な検討が必要な点である。

内蒙古南部地方に隣接する陝西省神木新華遺跡では7枚の堆積層が確認されている（陝西省考古研究所・楡林市文物保護研究所2005）。このうち5層の古土壌が文化層で龍山から夏代にかけての遺物が検出されている。タデ科 *Polygonum* やヨモギ属 *Artemisia*、イネ科 *Gramineae* の植物花粉が多く、温暖化した気候状態であったと推定されている。その前後は黄色砂層に挟まれ、第4層はタデ科やヨモギ属の花粉が多く、また鉱物の磁化率と粒度の分析から寒冷化が開始され、砂層は固定あるいは半固定状態であり、植物相の退化がみられる。上部の6層では鉱物の磁化率が高く砂丘形成が活発化したことを物語り、3500BPから始まる乾燥化の時期と比定されている。ここでは仰韶期の温暖期、仰韶期と龍山期に挟まれた時期の寒冷乾燥化した気候、龍山から夏代までの温暖期とその後の寒冷乾燥化した時期と、砂層とクロスナ層による互層堆積が認められる。このことは炭素年代による時期比定よりも、文化遺物による時期比定が往時の気候状況を把握するのには有効であることを示している。

内蒙古東南部地域

内蒙古東南部遼河上流の西拉木倫河・老哈河・教来河流域の河谷平原と台地上には、東北アジアで最も古くから農耕文化が展開した地帯である。この地域における花粉分析に基づく生態環境の復元研究は、孔昭宸のグループをはじめとして少なからぬ研究が行われてきている（孔昭宸・杜乃秋・劉観民・楊虎1996、楊志栄・索秀芬2000、斉鳥雲2005、索秀芬2005）。孔昭宸等は考古学文化類型に即応する形で生態環境の変化を捉えるところに特色がある。

興隆窪文化段階では興隆窪遺跡を取上げ、住居址から検出されたマンシュウグルミ *Juglans Mandshurica* の核殻と花粉分析で得られたマツ属 *Pinus*、モクセイ科 *Fraxinus*、ヨモギ属 *Artemisia*、イネ科 *Gramineae*、タデ科 *Polygonum*、マメ科 *Leguminosae*、アカザ科 *Chenopodium* に少量のウラボシ科 *Polypodium* とイワヒバ科 *Selanella Sinensis* の胞子などから遺跡が営まれていた当時は附近に暖温帯夏緑潤葉林と針葉林の混交林と草原が形成されていて、温暖湿潤気

候であったと推測している。

　趙宝溝文化段階では小山遺跡と小善徳溝遺跡の分析が報告され、小山遺跡ではマンシュウグルミとバラ科の種子が検出されている。マンシュウグルミは湿潤で温暖な気候条件のもとに生育することから、前代に引き続いて湿潤温暖な気候条件下にあったとされる。また小善徳溝遺跡では住居の木材として多量のカバノキ属 *Betula* が使用されていることから、同様の気候状態が復元される。

　夏家店下層文化段階（2000－1500BC）では大甸子遺跡で埋葬址の副葬品である容器類の内部に留められた土壌の花粉が分析に供されている。分析された結果をみると副葬容器ごとに大きな違いがみられる。例えばM1145：2では水生植物の花粉が81％占め、その他に少量のイネ科、ヨモギ属、マツ属や好温性のニレ、クルミが見られるのに対して、M1123：2では99.2％が喬木であり、またM1117：2では92.7％をイネ科が占めている。これは容器に溜まった土壌という偶然に左右された結果とも想定され、気候状態復元の資料としては信頼性を欠くものといわざるをえない。

　夏家店上層文化段階では小黒石溝の副葬銅器の中からニレの葉とマクワウリ *Cucumis melo* の種子が出土したことが気候条件とそぐわないことが指摘されている。また春秋前期の周家地墓地の人骨腹部附近から採取された花粉にはイネ科が77.4％を占め、ヨモギ属、アカザ科、マメ科、キンポウゲ科などの花粉が検出されている。従ってイネ科を中心とする温暖性草原が繁茂していたと想定されるが、イネ科の多くは農耕作物であった可能性を論じている。これら植物花粉から当時は相当に乾燥して森林の生育には不向きであったことが指摘されている。

　西遼河流域の大興安嶺南麓地域は現在ハネガヤ *Stipa grandis* やシバムギモドキ *Aneurolepidium chinese* が繁茂する草原地帯となっている。また60年代以来の旱魃と人口圧により湖水の塩分濃度増加と、風砂の影響が増大化していることが指摘されている（楊志栄・索秀芬2000）。しかし8000－3000BP頃に形成された古土壌は有機質を多く含み、喬木の花粉ではニレ属、カバノキ属、カバノキ科、コナラ属、カエデ科、シナノキ科などがあり、草本類にはタデ科、ヨモギ属がみられる。また湿地を好むウラボシ科の花粉もあって、現在の松嫩平原と同じ気候状態が想定され、温暖で湿潤であったと復元できる（楊志栄・

索秀芬 2000)。しかし 3400BP 頃から湖水が縮小し始め、泥炭層と砂層の互層の形成がみられ、爾後風砂層が顕著になることから 3000BP 頃は、寒冷乾燥化のピークに達したと推定されている。

　この地域においては少なくとも夏家店上層文化後半段階では、寒冷乾燥化した気候条件であったことが窺われ、先の孔昭宸等の見解と一致を見せている。

　これと呼応するように、西周末から春秋初期にかけて寒冷乾燥化が進み、風成砂層の堆積が増加したことが、北京北西部の軍都山遺跡群での墓地の墓壙の掘り込み位置によって知ることができる（図4）。これらの墓に埋葬された民族は、墓の構造と副葬品の品目においてさほどの差異を見出せない共同墓地で構成されていて、馬に乗り、羊を飼い、乳製品を食するという特徴などから、漢民族とは異なった集団に属することは明らかである。寒冷乾燥化という環境条件の悪化により、家畜飼育の適所を求めて山戎などの牧畜民が南下したことを物語っている（甲元 2006）。

東北北部地域

　東北北部地域での花粉分析の事例は少ない。黒龍江泰賚県ではクロスナ層と砂層が互層に重なり合った東翁根山遺跡での調査が行われている（葉啓暁・魏正一・李取生 1991）。遺跡が立地する地点は嫩江と大興安嶺に挟まれた半砂漠の草原景観を呈していて、北西と南西の季節風により、砂丘の形成と移動が繰り返されている。

　ここでは5枚のクロスナ層（黒褐色古土壌）が確認され、黒砂層の上下は灰黄色の細砂層の堆積が見られる（図4）。このうち最下層のクロスナ層（2層）には噛歯類の遺骨が、2番目のクロスナ層（4層）はやや粘質の有機質を含む層で大量の細石器と土器片が、3番目のクロスナ層（6層）は緻密な腐植土層で、白金宝文化の遺物を包含していた。また4番目のクロスナ層（8層）は植物の残骸と有機質を含む層となっている。

　クロスナ層でなされた花粉分析結果は次の通りである。

　2層：アカザ科 *Chenopodiaceae* とヨモギ属 *Artemisia* が主でクワ科 *Humulus* やイネ科 *Gramineae* の植物を一定量含んでいる。またニレ属 *Ulmus*、

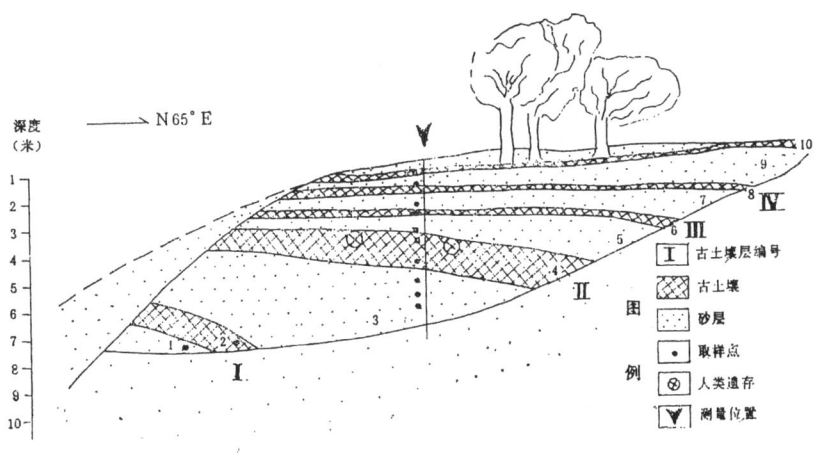

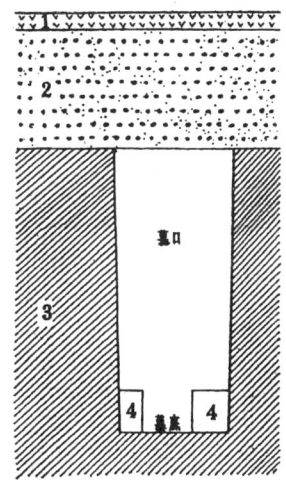
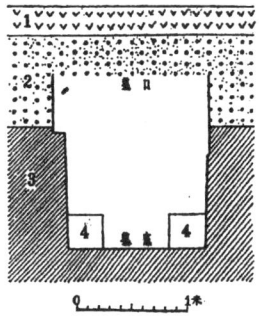

図4 東翁根山遺跡の断面図（上）と軍都山遺跡の遺構断面図

コナラ属 *Quercus*、ヤナギ属 *Salix*、マオウ *Ephedra*、キク科 *Composiae* などがみられ、温和だがやや湿気のある気候条件下であった。

4層：小型のヨモギ属が優勢で約 40％を占め、中型のヨモギ属と小型アカザ科が各 10％で、キク科、シナガワハギ *Melilotus*、ウマコヤシ *Medicago*、アカネ科 *Rubia* などもあり、2層に比べて温和であった。

6層：小型ヨモギ属と小型アカザ科が主流で 40％と 20％を占め、ホウキギハ 9％である。またマメ科、アカネ科、アブラナ科 *Cruciferae* があり、こうした花粉の組み合わせから、気候は温暖であるが、4層と比べてやや乾燥状態であったと推定される。

8層：小型ヨモギ属が 15〜20％を占め、中型ヨモギ属が 10〜25％、アカザ科 20％、アカネ科が 10％に達する。またその他にキク科、マメ科、アブラナ科の花粉もあり、温暖ではあるがさらに乾燥化が進んでいると考えられる。

10層：小型のヨモギ属、中型のヨモギ属と小型のアカザ科が主流で、またキンポウゲ科 *Thalictrum*、マメ科、カヤツリグサ科 *Carex*、イネ科などの草本類が多数を占めることから、寒冷乾燥状態と推定され、現代の状況とほぼ一致している。

以上のような結果をまとめると次のようになる。

このことは風砂層が形成されるのは寒冷乾燥化した気候条件であり、クロスナ層が形成されるのは、温暖で湿潤状態かあるいはやや乾燥した気候状態であったと復元できる。ここでの炭素年代による推定は大まか過ぎるが、考古学的文化層とクロスナ層の形成とが一致することは極めて重要なことであり、内蒙古中南部での様相と通じるものである。このことはクロスナ層に含まれる考古遺物を特定することで、寒冷化した時に生じる砂層の年代を把握することが可能なことを示している。

おわりに

以上の検討結果からは、先史時代の東北アジアにおいても気候状況は決して安定的ではなかったことが窺える。地球規模の気候変動では、紀元前 12700 年

から10800年ころのヤンガードライアス期と紀元前6200年から5800年頃の寒冷化現象は、ローレンタイド氷床の溶解により大量の真水が北大西洋に流れ込んで海流の動きを止めたことで惹き起こされたと想定されている。完新世においてはそれ以外の時期の気候変動は主として太陽活動の強弱に起因するものである。太陽の活動が不活発になり寒冷化すると、内陸地帯では草原が砂漠や沙地に変化し、森林が森林草原や草原地帯へと変貌を遂げ、植生も南下して大幅に変わることが知られている。

ウィンクラーとワンによれば、9000年BPの東北アジアは現在よりも乾燥化

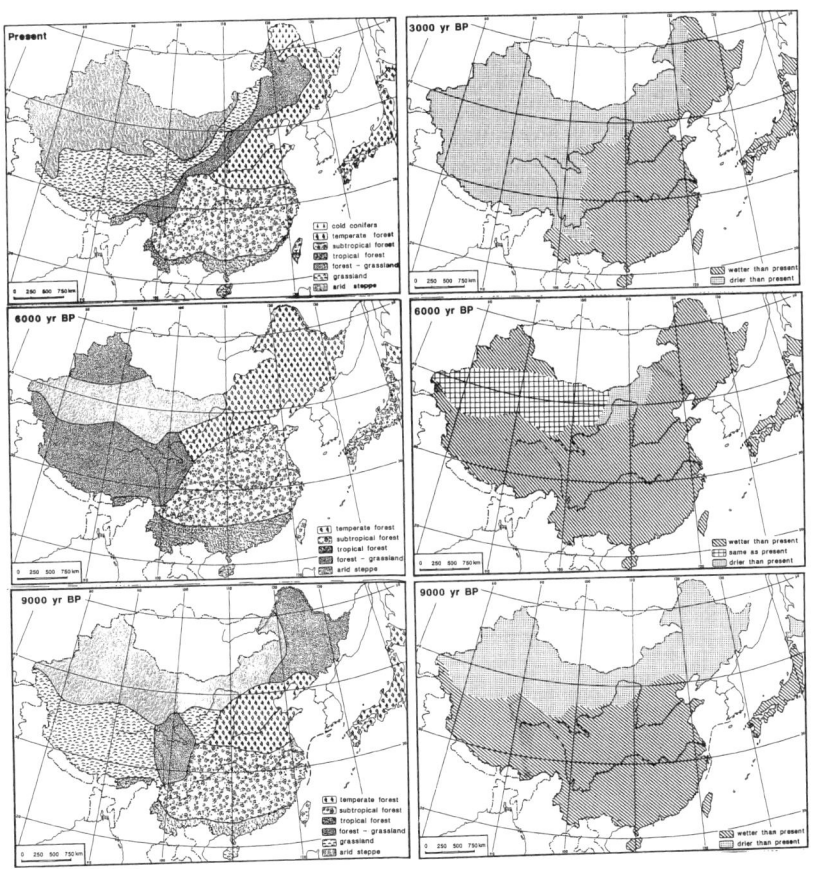

図5　完新世の植生と乾湿差

し、遼東半島部を除いては森林草原景観が展開していた（Winkler and Wang 1993）。それが6000BPのヒプシサーマル時期には、ほぼ全域が湿潤化し落葉樹林が広範囲に覆う世界が出現した。ところが3000BP（年輪による年代では紀元前8世紀にあたる）では、東北アジアの東半分は湿潤化したが、遼西台地以西の高原地帯は乾燥化が激しかったことが指摘されている（以上図5）。

東北アジアで最も古い農耕文化である興隆窪文化はボレアル期の温暖湿潤化に向かう段階であり、趙宝溝文化はアトランティック期の最初の段階、紅山文化はアトランティックの最盛期に相当する。しかしアトランティック期からサブ・ボレアル期への交代期以降は、極めて不安定な気候状況に陥ったことが最近の地球規模での研究で明らかにされてきている（Weiss 2000、Fagan 2004、甲元2008）。それは紀元前2170年、1800年、1450年、1200年、750年、350年をそれぞれ前後する時期は、極端な寒冷化が訪れる状況にあった。中でも紀元前2248年から2056年の寒冷化、紀元前8世紀の寒冷化は大きな社会変動を誘引したことが世界各地で論じられている。

東北アジアにおいても小河沿文化は紀元前三千年紀終わり頃の時期に相当し、夏家店下層文化は紀元前二千年紀の寒冷化や温暖化を繰り返す時期にあたる。殷代後期の温暖化した時期には東北アジア南部には中原的青銅器文化の影響が及び、西周後期以降の寒冷化に伴って、牧畜民の文化的世界が拡大したことが窺える（甲元2008）。

以上の検討から、完新世の東北アジアでも決して安定的な気候状況下にあったわけではなく、多分に変転極まりない生態環境の中で生業活動が営まれてきたのが実際である。こうした観点を重視しながら、以下の各章で生業形態の実態を把握することに努めたい。

挿図の出典

図1上：Barker 1985より、図1中・下：Simmons & Tooley 1981より、図2：Piggott 1981より、図3上：田広金・史培軍1991より、図3中・下：甲元2006より、図4上：周昆叔1991より、図4下：北京市文物研究所山戎文化考古隊1992より、図5：Winkler and Wang 1993より。

第1章　初期農耕

第1節　東北アジアの初期農耕

はじめに

　燕山山脈の北、蒙古高原の東、北は大興安嶺と黒龍江によって限られ、東は日本海に没する東北アジアの地は、先史時代以来、日本の文化形成に大きく関与してきたことはいうまでもない。ここで醸成された独特の青銅器文化は、日本の弥生時代以降の青銅器のありかたに大きな影響を及ぼしている（甲元 1990）。そこでは青銅器はただ単に新来の道具としてだけではなく、シャマニズムという宗教体系の中での、必要不可欠なものであって、鏡に対する扱い方の中に端的に示されている（甲元 1987a）。また青銅器文化に先行する初期農耕文化の成立期に於いても、大型蛤刃石斧、柱状片刃石斧、偏平片刃石斧、鑿型石斧といった木材加工具や伐採具、石庖丁や石鎌などの収穫具に示されるように、東北アジアの初期農耕文化と深い繋りのあることは、岡崎敬の先駆的考察以来（岡崎 1966）、多くの人々により、説かれてきている。東北アジアの初期農耕文化と密接不離な関係にあると考えられるだけに（小田 1986、橋口 1985、山崎 1987）、弥生農耕文化の内容について、細かな分析が進めば進むほど、却って、彼地での農耕文化の在り方、展開のしかたの内実が切実に求められるようになってきている。

　ここ 10 数年来、東北アジアの先史学的調査はめざましい進展をみせ、日々莫大な資料が産出されているといっても過言ではない。しかしそこでみられる調査の多くは、土器や石器にみられるような残存しやすい遺物とか、墓といった遺構として把拉しやすいものを対象とするものが殆どで、具体的な生活状態については「農耕を主としながらも、動物の飼育や漁撈も併せ行っていた」と一般的に素述されるのを常としてきた。

　東北アジアと同様に、植物栽培や動物飼育が「伝播」という形で形成された中部ヨーロッパの諸国では、農耕具の分類研究や土器の類別的研究よりも、具体的に遺跡の発掘調査において得られる動物骨の検討が分析の中心となり

(Murray 1970、Higgs 1975、Gregg 1988)、花粉分析その他を利用する古環境や植生の復元を加味して、生活実相の中での農耕文化の意義づけについての論考が活発に行われている (Simons and Tooley 1981、Piggott 1981、Jarman et. al. 1982、Zvelebil 1986)。こうした研究の結果、従来断絶があったとされる、中石器時代から新石器時代人の移行も、内的なつながりが強調されて、極めてスムーズな展開があったと論述されるようになり、様々なモデルが提示され、一層の研究の深化がみられるまでに至っている。

先史学研究において自然遺物の分析が重要な研究上の手懸りとされる例としては、旧石器時代の場合をあげることができるが、新石器時代の、とりわけ東アジアの研究においては、穀物栽培がその中心となっていたことは否めない。こうした状況の中で、わずかに横田禎昭がヒツジをとりあげて問題としたのが、稀有の例といえよう（横田 1974）。しかしこの時点では穀物栽培と家畜の相関関係については、言及するまでに至っていない。

最近になり、『農業考古』誌上に於いてようやく穀物や家畜動物の集成がなされるようになり、また家畜を含めた動物自体に対する関心が高まって、自然遺物の検討を通して、初期農耕文化のありかたを追及する方向が生まれてきた。

朝鮮においては一歩早く動物相への注意がはらわれ、金信奎による細かな分析がみられ、初期農耕文化の実際についての検討がなされてきた（金信奎 1970）。また穀物については後藤直の集成と弥生農耕文化の実際についての論考があり（後藤 1986）、ロシア沿海州地域にあっても、ソヴィェトの学者によって具体的生産基盤の追及も行われるようになってきた（Бродянский 1986）。

このように自然遺物についての関心が高まっているにもかかわらず、考古学の発掘報告においては、日本と同様に極めて冷淡であり、動物骨が出土したことに言及せず、あるいは動物骨が出たとするだけのものが多く、ましてや専門家の同定をへて報告されたものはさほど多くはない。そこでここでは、できうる限り遺跡の報告にあたり、自然遺物の出土が報じられたものをとりあげて、東北アジアに展開する初期農耕文化の一般的傾向を掴み、初期農耕社会の実態を究明する手立てとしたい。

なお民族学者や民族考古学者の研究によれば、現行の自然民族による獲得食

料の大半は、女性による植物質食物に依存していることが知られるが（Meggitt 1964、Lee and De-Voire 1964）、それを具体的に裏付ける考古学的資料調査の進展はみられないことから、今回は割愛することとした。また貝類についても同様である。

本文で使用する動物の学名については、『動物学大辞典』南京、1932年、朝日稔也訳『中国の動物地理』東京、1981年、阿部治平、駒井正一訳『中国の自然地理』東京、1986年、及び『岩波生物学辞典』東京、1960年による。

中国の自然遺物

中国東北地方の新石器時代から青銅器時代（夏家店上層文化）までと、朝鮮の有紋土器時代（新石器時代）から広義の無紋土器時代（初期鉄器時代を含む）にかけての時期の遺跡から出土する穀物と家畜動物及び狩猟動物は、表に掲げる通りである。中国東北部北半地域のものは紀元前後頃までを含み、朝鮮のものは紀元後2、3世紀に入るものもある。ただし朝鮮の南部については、報文の入手が困難なものもあり、すべてを取り上げたものではない。しかし大勢は変わらないであろう。沿海州地方についての資料に関しては、ソヴィエトの学者の年代観が極めて古く、中国や朝鮮のそれと合わないことが多い（村上1987）。実際はその殆どが青銅器時代以降のものであり、紀元前後もしくは紀元前一千年紀末以後のものと推定されるものが殆どであることから、必要に応じて本文中で言及することにし、一覧表には載せていない。

中国東北地方南部の遼西台地で最も古く遡る農耕文化の遺跡としては、興隆窪をあげることができる。興隆窪遺跡は遼河の上流である牡牛河近くにある緩やかな低丘陵とその縁辺部に広がる集落址で、直径が166〜183mに及ぶ環濠がめぐり、その内部には10グループほどの並列する竪穴住居址が発掘されている（中国社会科学院考古研究所内蒙古工作隊1985、楊虎1986）。住居址から出土する土器は、大中小の平底深鉢形土器群で構成され、椀形に近い丸底の鉢が加わって器種のセットをなしている。土器の表面を飾る紋様は、遼河下流の新楽遺跡や遼東半島の小珠山遺跡、丹東の後窪遺跡のものに近い（瀋陽市文物管理弁公室1978、遼寧省博物館他1981、丹東市文化局文物普査隊1984）。

これらの遺跡からは打製の石鍬、石刃でできた骨柄鎌、磨棒、鞍型磨臼などがみられることから、初現的な農耕文化であることはまちがいない（甲元1989）。出土する動物骨としては、シカ、ノロ、ブタの骨が多くみられる。灰坑の中から1点のマンシュウグルミが発見され、その属性から湿潤な落葉樹林帯に属する植生が付近一帯に展開していたものとの推察がなされている。

炭素14による年代は119号址の床面の木炭から得られ、

$$7240 \pm 95\,\text{bp}\,（半減期\ 5730\,年）$$
$$7040 \pm 95\,\text{bp}\,（半減期\ 5568\,年）$$

となり、河北省の磁山文化に比肩される年代となっている（中国社会科学院考古研究所実験室1987）。

この興隆窪文化に続く農耕文化の遺跡としては、同じ敖漢旗の小山遺跡や趙宝溝遺跡をあげることができる。小山遺跡は、興隆窪遺跡の西南500mの低い台地上にあって、住居址2軒が発掘されている（中国社会科学院考古研究所内蒙古工作隊1987）。ここで出土する土器は、夾砂素面の深鉢形土器を主体とし、これに夾砂磨研の尊や盂、盆、泥質の椀などを加えたもので構成され、器種のバラエティが豊富になっている。石器には大型蛤刃石斧、石鑿、農耕用の石耜、収穫具に使用された石刃があり、磨棒、鞍型磨臼もみられる。

住居址の床面からマンシュウグルミの核が2点出土しただけで、穀物や動物骨の報告はないが、農耕文化の所産であることは首肯されよう（甲元1989）。

炭素の年代は半減期5730で、

$$4110 \pm 85\,\text{bc} \qquad 4200 \pm 85\,\text{bc}$$

とでており、樹林校正年代では、それぞれ、

$$4715 \pm 85\,\text{BC} \qquad 4850 \pm 85\,\text{BC}$$

と比較的古くでている。趙宝溝遺跡も同様に古い炭素14の年代が与えられている。

$$6220 \pm 85\,\text{bp} \qquad 6870 \pm 85\,\text{BP}$$

遼西台地で農耕文化の実態が明白になるのは次の紅山文化である。紅山文化は老哈河上流域を中心として、東は大凌河畔にかけて、南は河北省の北部に及ぶ広範囲の分布をみせている。年代的には後崗類型の仰韶文化とほぼ同じ頃とされている（中国社会科学院考古研究所内蒙古工作隊1988）。この紅山文化は

表1　東北地方出土穀物と家畜・動物骨一覧表　（◎は量的に多いもの）

番号	遺跡名	所在地	アワ	キビ	マメ	ウシ	イヌ	ブタ	ヒツジ	ウマ	ニワトリ	その他の自然遺物及び備考
1	南山根	内蒙古自治区寧城県				○	○	◎	○	○		ウスリーシカ、モウコノウサギ、キツネ、鳥類
2	紅山後	内蒙古自治区赤峰市				○	◎	○	○			シカ（2種類）、ノロ、貝類
3	北大溝住地	内蒙古自治区赤峰市紅山後				○	○	○				ウスリーシカ、シカト骨
4	紅山前	内蒙古自治区赤峰市紅山前										ウスリーシカ、ニホンジカ
5	蜘蛛山	内蒙古自治区赤峰市	○			○	◎	◎				シカ、ウサギ
6	薬王廟	内蒙古自治区赤峰市				○	○	○				ウスリーシカ、ブタト骨
7	夏家店	内蒙古自治区赤峰市				○	◎	◎	○			シカ科、ブタト骨、鳥類
8	東山咀	内蒙古自治区赤峰市四分地				○	○	○				ト骨、鳥型土偶
9	大旬子	内蒙古自治区敖漢旗					○	○				
10	南台	内蒙古自治区敖漢旗					○	○				
11	興隆窪	内蒙古自治区敖漢旗						○				シカ、ノロ、マンシュウグルミ
12	林西	内蒙古自治区林西県				○			○	○		
13	砂窩子	内蒙古自治区林西県砂窩子				○			○	○		シカ
14	富河溝門	内蒙古自治区巴林左旗					○					イノシシ、ジャコウジカ、アカシカ、ノロ、モウコガゼル、アナグマ、キタリス、キツネ、イヌ科、ウシ科、ト骨（シカ？）
15	大城子	遼寧省喀左県							○			
16	東山嘴	遼寧省喀左県						◎				シカ
17	水泉	遼寧省建平県	○	○		○	○	○	○			ヤギ、キバノロ、ウスリーシカ、ノロ、ヒョウ、モウコノキネズミ、オオカミ
18	牛河梁	遼寧省建平県					○	○				ブタ土偶
19	豊下	遼寧省北票県	○	○		○		◎		○		
20	山河営子	遼寧省錦州市					○	○				モグラネズミ、クマネズミ、アヒル、魚骨
21	鄭家窪子	遼寧省瀋陽市					○					
22	新楽	遼寧省瀋陽市		○				○	○			シカ
23	廟後山	遼寧省本渓市						○				シカ
24	郭家村	遼寧省大連市	○				○	◎				ウスリーシカ、ジャコウジカ、ノロ、アナグマ、ネコ、クマネズミ、ヒョウ、タヌキ、オオカミ、クマ、マンシュウアカジカ、キバノロ、ホエジカ、鳥類、魚類、貝類

No	遺跡名	所在地	1	2	3	4	5	6	7	備考
25	羊頭窪	遼寧省大連市					○	○		○ アナグマ、オオカミ、タヌキ、マンシュウアカジカ、ジャコウジカ、イノシシ、イヌワシ、チョウヒ、ハゲワシ、タンチョウ、サギ、クマゲラ
26	浜町貝塚	遼寧省大連市				○		○		シカ
27	小磨盤山	遼寧省大連市						○		シカ
28	小珠山	遼寧省長海県広鹿島	○				○	◎		キバノロ、シカ、クジラ、魚骨
29	呉家村	遼寧省長海県広鹿島						○		シカ、ノロ、貝類
30	蠣渣崗	遼寧省長海県広鹿島						○		魚骨、貝類
31	上馬石	遼寧省長海県大長山島						○		
32	大海猛	吉林省永吉県楊屯	○		○		○	◎	○	獣骨多数、魚骨
33	星々哨	吉林省永吉県						○		イノシシ
34	烏拉街会	吉林省永吉県			○					ダイズ
35	騒達溝	吉林省吉林県						○		イノシシ
36	土城子	吉林省吉林県						○		
37	沿前山	吉林省吉林県泡子						○	○	ウサギ
38	西団山子	吉林省吉林県						○		イノシシ、エノコログサ
39	猴石山	吉林省吉林県	○							アサ、モモ、ハシバミ
40	北長崗子	吉林省扶余県					○	○	○	魚骨
41	永合屯	吉林省安広県					○	○	○	
42	新安間	吉林省汪清県		○	○					
43	大沁他拉	吉林省奈曼旗				○				ウサギ、鳥類、魚骨
44	東康	黒龍江省寧安県	○	○						イノシシ
45	牛場	黒龍江省寧安県				○		○	○	シカ、アナグマ、ノロ、カメ、魚骨
46	大牡丹屯	黒龍江省寧安県	○		○					シカ、ノロ、ウサギ、カメ、鳥類、魚類
47	老山頭	黒龍江省濱県				○	○	○	○	オオカミ、シカ、ノロ、魚類
48	薦歌嶺	黒龍江省牡丹江市						○		ブタ土偶、魚骨
49	大屯	黒龍江省烏斯渾				○			○	シカ
50	望海屯	黒龍江省肇源県				○		○	○	シカ、ノロ、モウコガゼル、オオカミ
51	団結	黒龍江省東寧県	○	○						

表2　朝鮮出土穀物と動物骨一覧表（1）（◎は量的に多いもの）

番号	遺跡名	所在地	コメ	ムギ	アワ	キビ	モロコシ	マメ	ウシ	イヌ	ブタ	ウマ	自然遺物及び備考
1	西浦項貝塚	咸鏡北道雄基郡								◎	○		チョウセンノウサギ、コウライイタチ、カワウソ、テン、クマ科、コウライアナグマ、キツネ、タヌキ、オオカミ、オオヤマネコ、オットセイ、トド、クロアシカ、ゴマフアザラシ、イノシシ、ノロ、ニホンジカ、マンシュウアカジカ、チョウセンカモシカ、貝類
2	草島	咸鏡北道羅津郡							○	○			ヒグマ、キツネ、トラ、クロアシカ、イノシシ、ジャコウジカ、ノロ、ニホンジカ、マンシュウアカシカ、チョウセンカモシカ、貝類
3	農圃貝塚	咸鏡北道清津郡								○			チョウセンノウサギ、キタリス、ドブネズミ、イノシシ、キツネ、オオカミ、クロアシカ、ジャコウジカ、ノロ、マンシュウシカ、クジラ、アザラシ、オットセイ、貝類
4	虎谷洞	咸鏡北道茂山郡			○	○	○		○	○			チョウセンノウサギ、カワウソ、クロテン、コウライアナグマ、ツキノワグマ、イノシシ、ジャコウジカ、ノロ、ニホンジカ、マンシュウアカシカ、カモシカ、卜骨
5	五洞	咸鏡北道会寧郡			○			○	○			○	チョウセンノウサギ、チョウセンネズミ、カワウソ、コウライアナグマ、クマ科、キツネ、タヌキ、イノシシ、ジャコウジカ、ノロ、マンシュウアカシカ、ダイズ、アズキ
6	美松里洞穴	平安北道義州郡								○			チョウセンノウサギ、キヌゲネズミ、ヒョウ、トラ、キバノロ、ノロ、ニホンジカ、イノシシ、マンシュウアカシカ
7	立石里	平安南道平壌市勝湖区							○		○		チョウセンノウサギ、カワウソ、コウライアナグマ、イノシシ、キバノロ、ノロ、ニホンジカ、タヌキ
8	南京里	平安南道平壌市三石区				○	○	○					ドングリ多数、ダイズ
9	石灘里	黄海北道松林市			○			○					アズキ
10	智塔里	黄海北道鳳山郡								○			

	遺跡名	所在地	1	2	3	4	5	6	7	備考
11	弓山会塚	平安南道温泉郡			○					コウライアナグマ、ヒョウ、イノシシ、オバノロ、ニホンジカ、スイギュウ、タヌキ、貝類
12	復興里	平安南道延安郡	○	○		○				
13	欣岩里	京畿道麗州郡	○							オオムギ
14	麗妓山	京畿道水原市西屯洞					○			圧痕
15	陽根里	京畿洞楊平郡	○	○	○					ダイズとアズキ
16	中島	江原道春川市								
17	松菊里	忠清南道扶余郡	○							
18	所山里	全羅北道扶安郡	○							圧痕
19	盤谷里	全羅北道扶安郡	○							圧痕、原三国時代
20	松龍里	全羅北道高敞郡	○							圧痕、原三国時代
21	大苔島B貝塚	全羅南道務安郡								シカ、貝類
22	可居島里貝塚	全羅南道務安郡								アシカ、貝類
23	郭支貝塚	済州道北済州郡					○			シカ、イノシシ、貝類
24	半月城下	慶尚北道慶州市		○						コムギ、三国時代？
25	朝陽洞	慶尚北道慶州市								ドングリ
26	城洞	慶尚北道慶山郡	○							圧痕
27	会峴里貝塚	慶尚南道金海市	○				○		○	イノシシ、キバノロ、ニホンジカ、アシカ、アカウミガメ
28	府院洞貝塚	慶尚南道金海市	○	○	○		○	○	○	オオムギ、コムギ、ダイズ、アズキ、イノシシ、モモ、ブドウ、貝類、原三国時代～三国時代、卜骨
29	水佳貝塚	慶尚南道金海市								クジラ、カワウソ、ニホンジカ、タイリクジカ、イノシシ、コウライアナグマ、タヌキ、キバノロ、イルカ、ヒグマ、ヤマネコ、キジ、魚骨（マダイ、スズキ、マアジ）、貝類
30	朝島	慶尚南道釜山市影島区	○							クジラ、カワウソ、イノシシ、タイリクジカ、貝類、魚骨（タイ）、卜骨、圧痕
31	東三洞貝塚	慶尚南道釜山市影島区						○		クジラ、イノシシ、マンシュウアカジカ、ニホンジカ、イルカ、アシカ、ヤマネコ、アザラシ、貝類
32	東外洞	慶尚南道固城郡	○	○				○		シカ、イノシシ、タイリクジカ、カワウソ、原三国時代
33	大坪里	慶尚南道普陽郡	○							圧痕
34	江楼里	慶尚南道山清郡	○							圧痕

彩色紋紅陶をもって指標とされるもので、壺、深鉢、浅鉢、盆など豊富な器種をもっているが、深鉢や浅鉢には彩色されず、興隆窪〜小山と続く伝統的な形制を保持しつづけている。石器には打製のものも多くあり、鎌刃に使用されたと思われる石刃もある。耕起具としては大型の石耜があり、一部には石鍬もみられ、調理具には石転子と称される磨棒と鞍型磨臼がある。この文化期に石庖丁を伴う例もあるが、これは紅山文化でも後出の時期のものである。

　紅山文化を代表する遺跡としては、内蒙古自治区赤峰市の紅山後があげられる。紅山は、赤峰市の東北 3km ばかりの英金河畔に聳える高さ 690m ほどの、花崗岩の岩肌を露出した山で、遺跡は赤峰市からみて紅山の裏側の緩やかな傾斜地上に立地している。

　この遺跡の発掘調査は、最初東亜考古学会により 1935 年に行われ、彩色紋土器を伴う農耕文化の様相が明らかにされた（東亜考古学会 1938）。このうち第 2 住地では彩陶を主体とする新石器時代の集落址が検出され、遺物包含層からではあるが多数の土器や細石器を含む各種の石器とともに、シカ（2 種類）、ノロ、イノシシ、ヒツジの骨が出土している。第 1 住地では住居址も発掘され、ウシ、ブタ、シカ、ウマの骨が伴出し、石棺墓には、イヌ、ブタ、シカ、ヒツジ、ウシ等の下顎骨や頭骨、四肢骨が随葬されていた。この石棺蓋は第 1 住地の住居址とほぼ同じ時代に属し、青銅器時代にあたるとされた。但しこのあたりには、第 3 期として灰色の縄蓆紋土器がみられることから、これらは殷以前のものと推察されている。

　その後 1960 年の夏家店遺跡の発掘調査によって、紅山後第 1 住地の文化層が、上層と下層に分離できることが分かり（中国社会科学院考古研究所内蒙古工作隊 1961）、紅山文化、夏家店下層文化、夏家店上層文化の 3 期にわたっての農耕文化の編年が確立した。なおこの時の発掘で、ブタ肩甲骨を用いた卜骨が発見されている。

　その後、紅山文化に属する積石塚や石棺蓋及び方形の基壇をもつ特殊遺構、石による円形の縁どりをもつ遺構などが次々に発掘されてきているが、その内容や性格についてはまだ明らかにされてはいない。遼寧省建平県牛河梁では獣骨多数出土との記載はあるものの、その種別についての言及はなく、ブタの土偶が出土していることを知るのみである（遼寧省文物考古研究所 1986）。喀左

県の東山嘴では方形基壇をもつ遺構や円形台状址が発掘されていて、遺構の中より多くのブタとシカを混えたものが出土したと記されている（郭大順・張克舉1984）。これらによると紅山文化のこうした特殊遺構では、ブタが一般的に発見されるとみていいものであろうか。一方遼河上流の左岸でも趙宝溝文化から紅山文化にかけての時期の集落址では、ウシ、ブタ、ウサギの骨が出土しているが、その属する年代は明らかではない（朱鳳幹1979）。

紅山文化の炭素14についてのデータは、興隆窪遺跡での半減期5730年で、

   5865 ± 90 bp と 5735 ± 85 bp

牛河梁では、

   4975 ± 85 bp（5580 ± 110 BP）

   4995 ± 110 bp（5000 ± 130 BP）

東山嘴では、

   4895 ± 70 bp（5485 ± 110 BP）

との数値が出ており、炭素14による紅山文化の年代は、6000年前から5000年前にかけてのものと（張之恒1988）みられ、黄河中流域の仰韶文化後崗類型のものとほぼ平行する時間帯にある。

夏家店下層文化は、老哈河や大凌河上流域を中心とする地域に展開する農耕文化で、北はシラムレン河流域、南は河北省北部とかなりの広い範囲に分布をみせる。またそれに次ぐ夏家店上層文化は燕山山脈を南下することなく、分布は下層文化よりも南側では狭まる傾向にある。

薬王廟遺跡は赤峰市の南17km、薬王山という、付近より50mほど高い小山の頂部とそれに続く裾野に拡がってみられる。発掘調査により、壁体を石積にした住居址と素掘りのもの各1軒が発見されている（中国社会科学院考古研究所内蒙古工作隊1961）。土器は鼎、甗といった煮沸具、広口壺、甕、折腹盆などこの期通有のもので、石庖丁や石鍬といった農具もみられる。ここで出土した動物骨は専門家による同定がなされている。それによると、イヌ、ブタ、シカ（種不明）ヒツジがあり、他にブタの肩甲骨を利用した卜骨が出土している。

夏家店遺跡は赤峰市の東15km、紅山をこえた北側の英金河の河辺の小高い丘の上に立地する（中国社会科学院好悪研究所内蒙古工作隊1961）もので、夏家店上層文化と下層文化に属する遺構と遺物が発見されている。下層文化期

に属する動物骨としては、イヌ、ヒツジ、シカ科、ウシ科（黄牛？）があり、上層文化期のものとしては、ブタの肩甲骨を利用した卜骨の他、イヌ、ブタ、ヒツジ、ウシ科、ウマ科のものがあげられる。他に鳥類も出土したが、種は不明である。これらの動物骨の中心はイヌとブタが最も多く、ブタは幼年から成年までみられる。この他骨器の中にシカの骨を利用したものもあり、シカの狩猟も知られる。この遺跡では上層文化期の石槨墓も発見され、副葬品として骨製品も少なくないが、その素材の鑑定はなされていない。

　赤峰市西北の英金河河辺にも動物骨を出土する遺跡がある。英金河南岸の通称蜘蛛山と呼ばれる、付近とは比高差10mほどの小高い小丘上にあり、紅山文化、夏家店上・下層文化、戦国〜漢代に属する遺物が層序的に検出されている（中国社会科学院考古研究所内蒙古工作隊1979）。夏家店下層文化期に属するものでは、ブタやヒツジの肩甲骨を利用した卜骨の他に、ウシ、ヒツジ、ブタ、イヌ、ウサギがあり、中でもウシ、ヒツジ、ブタが多くみられる。一方上層文化期のものでは、ブタ、イヌ、ヒツジ、ウシ、ウマ、シカがあり、ブタとイヌが多いとされる。戦国漢初の層では、ブタ、ウシ、ウマ、ヒツジ、イヌの5種が出土し、中ではブタ、ウシ、ウマが多い。

　遼寧省南部の水泉でも夏家店下層文化期の住居址群が発見されている（遼寧省博物館・朝陽市博物館1986）。下層文化期のものでは卜骨としてウシ、ブタ、ヒツジの肩甲骨や肢骨を利用したものがあり、上層文化期の貯蔵穴の中ではアワとキビの灰化したものが検出されている。なお農具としては、石鍬や石庖丁がみられ、鬲や鬲などの中国的煮沸具が土器セットの中心となっている。この遺跡で出土した動物骨については、後に専門家による詳しい分析がなされている（張鎮洪1989）。それによると狩猟動物としてはウスリージカ（ニホンジカ）、ノロ、キバノロ、モウコノキネズミ、ヒョウ、オオカミ、ウシ、ヤギ、ヒツジがあり、家畜動物としてはブタ87個体、イヌ37個体があり、他にウシ、ヒツジ、ウマがみられる。

　大凌河中流域の北票県では夏家店下層文化に属する遺跡が、豊下類型として把握されている（遼寧省文物幹部培訓班1972）。大凌河の支流である東官営子河のほとりの、比高差6mほどの台地上に遺跡は立地し、石積みで壁体を固めた住居址群が発見されている。ここではアワとキビが出土し、動物骨としてブ

タが多く、ヒツジ、ウシがこれに続くという。ブタの中では成年に属するものが大部分であるという。

　老哈河の一支流である崑都倫河流域にも夏家店上・下層文化層に属する遺跡が発掘されている。南山根村の南側にある小丘陵上の傾斜地に遺跡は立地し、村の北側にはやがて崑都倫河の河谷平野へと続いている。この地方特有の青銅器を副葬した石槨墓が発見された地点と同一の丘陵上にあり、夏家店上・下層に属する灰坑がいくつか発掘されている（遼寧省昭烏達連盟文物工作隊・中国社会科学院考古研究所東北工作隊 1973、中国社会科学院考古研究所東北工作隊 1981、中国社会科学院考古研究所内蒙古工作隊 1975）。下層文化期の土器では鬲、甗、鼎などの煮沸具が全体の4割と多く占め、石器には打製のものが多く細石器もかなりある。打製の石鍬や石斧、鞍型磨臼もみられ、磨製のものは小さな片刃石斧があるにすぎない。上層文化期のものでは、煮沸具よりも豆や盆などの盛食器が半数に達し、磨製石器や骨製品が多くなるという。出土した動物骨では下層期には、ブタ、イヌ、ウシ、ヒツジ、ウスリーシカがあり、中でもブタが比較的多く、幼年から成年のものまであるが、老年のものは発見されていない。上層文化期では、ブタ、イヌ、ウシ、ヒツジ、ウマ、ウスリージカ（ニホンジカ）、モウコノウサギ、キツネがあり、他に鳥類もみられる。各種の骨は砕かれたものが多く、骨中の髄が好まれていたことが分かる。なお下層文化期では7件の卜骨がみられるが、その種別は不明である。

　夏家店上層・下層文化の年代については大変疑問が多い。千葉基次は相対的には下層→上層と推移することは認めるものの、上層文化期の一部は戦国時代まで下降するものがあることを指摘している（千葉 1986）。これまで行われた炭素14の年代には次のようなものがある（以下炭素年代は中国社会科学院編 1983 による）。

　　　建平県水泉下層　　　3780 ± 90 bp　（4130 ± 110 BP）
　　　　　　　　　　　　　3540 ± 75 bp　（3830 ± 130 BP）
　　　　　　上層　　　　　2360 ± 70 bp
　　　　　　（アワ）　　　2660 ± 80 bp　（2380 ± 80 BP）
　　　赤峰市蜘蛛山　　　　3965 ± 90 bp　（4360 ± 140 BP）
　　　敖漢旗范杖子　　　　3545 ± 95 bp

	3510 ± 75 bp
朝陽市熱電廠	3535 ± 55 bp
	3580 ± 75 bp
	3725 ± 135 bp
北票県豊下	3550 ± 80 bp （3840 ± 130 BP）

　これらによると夏家店下層文化期の大略の年代は、紀元前2000年から前1500年、上層文化期のそれは西周に入る頃となる。南山根遺跡の年代がその出土した銅器から西周中期を遡上しないものとすれば、夏家店下層文化は基本的に紀元前三千年紀末から紀元前二千年紀、夏家店上層文化は紀元前一千年紀前半とすることが可能である。この夏家店上層文化と下層文化の間に位置づけられるものが、魏営子類型の土器群であり（郭大順1987）、この期に属する敖漢旗大甸子遺跡では、集団墓が発掘されていて、その埋土中よりイヌやブタの骨が検出されている（中国社会科学院考古研究所遼寧工作隊1975）。大甸子遺跡出土の土器中にみられる器制に鬲や爵があって、二里崗期の銅器に近く、その年代の一端が示されている（町田1981）。

　敖漢旗一帯では紅山文化と夏家店下層文化の中間に位置するものとして小河沿文化が設定されている（遼寧省博物館他1977）。土器には彩文が多く施されるが、それらのうちには、花紋や八角星図案など紅山文化にはみられない新しい要素が出現し、土器の器種構成の面では壺は少なく、尊や平底盤が増加する点は紅山文化とは異なるものである。石器は磨製品が殆どを占め、耕具としては紅山文化に引き続いて、大型石耜と石鍬がある。この文化に属する南台遺跡では、イヌとブタが家畜としてみられ、うちイヌはまとまって灰坑から出土したことから、イヌを犠牲とした祭りがあったとみなされている（中国社会科学院考古研究所遼寧工作隊1975）。

　遼西台地で最古の農耕文化期の所産である興隆窪遺跡と同一の文化系統に属するものでありながら、年代が少し新しく考えられているものとして内蒙古巴林左旗の富河溝門遺跡をあげることができる。1962年の調査では37軒の竪穴住居址と12基の炉址が発掘されている。遺跡はウルキムレン河上流の富河を望む2つの小丘を結ぶ台地の裾野にあり、河面からの高さ25〜60mを数える（中国社会科学院考古研究所内蒙古工作隊1964）。出土する土器は平底の鉢形

のみで多くみられる。石刃でつくられた鏃や錐それに刃器があり、骨製の刃器を嵌入する柄もあることから、鎌の存在が類推できる。この他、打製の石鍬や石斧もある。骨器の出土量は極めて多く、その中には釣針やヤスなどもみられる。またシカかヒツジの肩甲骨を利用した卜骨も発掘されている。

　この遺跡で出土した動物骨は、別の論文で紹介されている（劉観民・徐光冀1979）。それによると、イノシシ、ジャコウジカ、アカジカ、ノロ、モウコガゼル、アナグマ、キタリス、キツネ、イヌ科、ウシ科の動物が出土しているが、うちシカ科が約半数を占め、次いでイノシシ、アナグマがそれぞれ17％と9％となり、ウシ科のものは2％前後にすぎない。イヌ科のものは家犬か否か不明であるという。このように偶蹄類が圧倒的に多く、草原性の奇蹄類や大型の獣類がみられないことは、今日の状態とは異なって、遺跡が形成された当時は、森林地帯であり草原砂漠の環境下にはなかったことを示している。炭素14の年代は、4735 ± 110 bp（5300 ± 145 BP）であり、一部では切り合いにより紅山文化より後出する例もある。また赤峰西水泉遺跡での紅山文化の炭素14年代が5500 ± 105 BPを示すことから、一時期併存していた可能性もあり、紅山文化という本格的農耕文化と、富河溝門類型という補助的に農耕を行う狩猟採集文化とこの地域では複雑な入り組みをみせている。

　内蒙古砂窩子遺跡では細石器を主体とした石器群に、少量の土器と磨製石斧、磨棒、磨臼で構成される遺物群が発見されている（呂尊諤1960）。ここではウシ、ヒツジ、ウマ、シカの骨があり、なかでもウマが多数を占めている（Maringer 1950、小野1972〜73）。これと同様の石器組成をもつものは、林西地方以西に多く認められ、遼西や遼東のものとは様相を異にしている。この地方では動物相より知られるように殆どが草原性の動物群によって占められていて、たとえ考えられているように年代が古いものであっても、東北アジアに展開する農耕文化とは区別することができるので、別文化のものとみなしうる。

　遼寧省錦州山河営郷の西平頂でも先史時代の文化層が発掘されている（劉謙1986）。小凌河岸の台地上に位置する遺跡で、上下二枚の文化層に分けられている。下層では4点の卜骨（種は不明）とともにブタ、イヌ、ウシ、モグラネズミ、アヒルその他魚骨が出土していて、上層では住居址と2基の石槨墓が発掘されている。報告者は、下層は山東龍山文化に近く上層は夏家店上層文化に

似ているとする。しかし石槨墓を除いて夏家店上層文化とは類似せず、住居址から出土する土器はむしろ遼東半島地域で発見されるものに近い。

　このようにみてくると遼西台地とその縁辺部においては、紀元前 5000 年以上も前の興隆窪文化の段階から農耕を開始し、夏家店下層文化の後半になって家畜動物がそろい、夏家店上層文化段階では動物相に大きな変化が認められるようになってくる。これを土器の器種構成の面からみると、興隆窪段階では粗製の深鉢形を主体として丸底の椀が伴うだけの簡単なものから、趙宝溝文化の段階をへて紅山文化に至って器種の大幅なヴァラエティが成立する。ところが夏家店下層の段階では中原的な鬲や鼎、甗が出現するとともに、器種が減少し、上層段階では盤、鼎、短頸壺もしくは鉢といった器種に単純統一されてくる。石器の面からみると、夏家店下層文化と紅山文化の間には細石器や大型の石耜の消失、石庖丁の登場、石鍬の一般化という異なりが指摘できる（甲元 1989）。

　遼寧平原を代表する遺跡としては、瀋陽市の新楽遺跡をあげることができる（瀋陽市文物管理弁公室・瀋陽故宮博物館 1985、張紹維 1983）。今日まで 3 回にわたる発掘が行われて、うち 2 回までの報告がなされている。第 2 次調査までの獣骨の出土はなく、第 2 次調査時に炭化穀物が出土したとだけあったが、第 3 次調査では、新楽下層からキビの炭化したものが発見され、ブタ、シカ、ヒツジの骨も検出されたという。

　瀋陽市の北部には東西に横たわる海抜が 496m ほどの黄土の丘陵があって、比高差 5～10m で新開河の低地と接している。遺跡はこの黄土崗の上に拡がるもので、1973 年分布調査をかねた発掘により、この地方では最も古い新石器時代の遺跡が発見された。層位的にこの包含層は上下に二分され、下層の土器は鉢形を基本として大中小の 3 器種で構成されている。紅山文化にみられる斜行口鉢も出土した。石器には打製のものが多く、ことに石刃技法でつくられた石鏃や尖状器が量的に多く、この他に打製のものでは石鍬や礫石錘があり、磨製のものでは石斧もみられるが、両刃より片刃が多い。鞍型磨臼と磨棒もある。上層の土器には鬲、鼎、甗などの煮沸具、椀、豆などの盛食器があって機能分化した姿をとどめており、夏家店上層文化の類型に近い。石器も磨製のものが殆どで、偏平片刃石斧、柱状片刃石斧、蛤刃石斧、石庖丁などがあり、打

製の石鏃も採集されている。

　土器組成の面からみると下層のものは、丹東市一帯の新石器時代早期のものや、次に述べる小珠山下層のものと近く、興隆窪と同様の本格的な農耕以前の初源的農耕の遺跡と認められよう。炭素14の年代では第1次調査時のものでは、

$$6145 \pm 120 \text{ bp} \ (6800 \pm 145 \text{ BP})$$

とでていて、第2次調査時のものでは、樹林校正年代で、

$$7245 \pm 165 \text{ BP}$$

とかなり古く出ている。また第2次調査時に遺跡付近で新たな包含層が発見され、その炭素14の年代は、

$$7340 \pm 100 \text{ BP}$$

とさらに古い年代が与えられている。これらの数値は紅山文化よりも2000年も早く、河北の磁山文化と同列におくことができる。

　新楽下層と上層の間には、なお偏堡子類型や高台山類型のものが該当するが、その実態は充分に明らかになったとは言い難い（宮本1985）。

　新楽遺跡の近く、鄭家窪子では青銅器時代の木槨木棺墓が発掘されていて、うち6512号墓からは、随葬品としてウシの頭骨がみられる（瀋陽故宮博物館・瀋陽市文物管理弁公室1975）。また本渓市廟後山では洞穴遺跡が発見されていて、ブタやシカの骨、イノシシの牙でつくった装飾品があり、さらに人骨とともにブタやシカが出土している（遼寧省博物館他1985）。伴出する土器は吉林省内の石槨墓で出土するものと変わりない。

　遼東半島や長山列島での先史文化の調査研究は、古くから日本人の手によってなされてきたが、動物骨の検討までなされたのは羊頭窪遺跡しかない（Torii 1915、三宅1975、東亜考古学会1932）。

　羊頭窪遺跡は旅順市衛地の西側、鳩湾に突き出た小岬の頂部にあり、貝塚と住居址が発掘されている。獣骨にはオオカミ、アナグマ、イヌ、タヌキ、ブタ、マンシュウアカジカ、ジャコウジカ、イノシシがあり、他にイヌワシ、チョウヒ、ハゲワシ、タンチョウ、サギ、クマゲラ、ニワトリなどの鳥類もみられた。このうちブタの中には、まったく家畜化されたものと、野生的特徴をなおとどめているものが含まれているという。

　大連市郭家村は羊頭窪とは岬一つ隔てた南の入江を望む台地上にあり、上下

2層にわたる文化層が確認されている（遼寧省博物館・旅順博物館 1984）。下層では土器とともに多数の骨角器が発見されていて、獣骨にはブタ 88、ウスリージカ（ニホンジカ）19、イヌ 11、ジャコウジカ 4、アナグマ 2、ノロ 1、ネコ 1 の各個体が出土し、他に鳥類の骨もみられた。下層の土器は第 5 層出土の深鉢形の器形で器種が構成されたものと、山東の大汶口文化の影響を受けたと思われる第 3、第 4 層を中心として出土する鬶などを含んで器種のヴァラエティに富むものとに型式上分離しうるが、土器層との対比はできない。石器には磨石、磨棒や鞍型磨臼があり、打製の石庖丁や土製の収穫具もみられる。

　上層文化層では黒褐色土器が主流をなし、打製石器は減少して、磨製の石斧類が数多く出土をみせるようになってくる。また上層ではアワの炭化したものも発見されている。上層出土の獣骨には、クジラ 1、ブタ 116、ウスリーシカ 53、キバノロ 13、イヌ 8、アナグマ 6、ネコ 2、ジャコウジカ 2、ヒョウ 1、クマ 1、タヌキ 1、ノロ 1、マンシュウアカジカ 1、クマネズミ 1 の各個体があり、その他鳥類の骨もみられる。

　炭素 14 の年代では下層のものは、
　　　　5015 ± 100 bp（5625 ± 125 BP）
　　　　4800 ± 100 bp
上層のものは、
　　　　4180 ± 90 bp　4060 ± 90 bp　3990 ± 90 bp
と出ており、上層で採集されたアワを素材とした炭素年代は、
　　　　4110 ± 90 bp（4540 ± 140 BP）
の年代が得られている。

　郭家村の第 5 層を中心とした遺物群が 1 文化期をなすことを証明するものは、広鹿島小珠山遺跡であり、ここでは層位的に 3 文化に分期される遺物包含層がみられた（遼寧省博物館他 1981）。

　小珠山は広鹿島のほぼ中央部にある呉家村の西側、海抜が 20m ほどの小丘上で、その南は島の南端に続く丘陵へと連なっている。下層の土器は「之字紋」と刻紋で器面を飾る探鉢形土器で構成され、一部には壺形の土器も認められる。石器の半数以上は打製で、完全な磨製石器は全体の 1/4 を占めるにすぎない。磨棒や鞍型磨臼は少数みられる。獣骨にはシカが最も多く、これにキバノロと

イヌが続く。

　中層では刻紋を主体とする深鉢形の器種に彩色紋土器が加わり、鼎や甗といった新出の器種が登場している。石器は磨製品が増加し、骨角器が急速に増えてくる。動物骨には、シカ、キバノロ、イヌ、ブタがみられ、そのうちではシカが最も多くブタがこれに次ぐ。

　上層期の土器では無紋のものが多くなり、黒褐色の色調をなすものが全体の2/3を占めるようになってくる。また器種のヴァリエーションはさらに豊富になる。石器はすべて磨製で、大型蛤刃石斧、偏平片刃石斧、磨製石庖丁なども登場してくる。動物骨にはブタ、シカ科、イヌ、キバノロがあり、中心もブタが最多数を占めるようになってくる。この他にはクジラ、魚骨もみられる。

　炭素14による小珠山中層の年代は、

　　　　6470 ± 195 BP　6275 ± 200 BP　5905 ± 125 BP

であり、呉家村での同一文化層のものの年代は、

　　　　5375 ± 135 BP

となっている。

　小珠山下層でみられる深鉢形土器だけで器種が構成されるものは、郭家村の第5層と同様であり、丹東市の後窪遺跡などをはじめとして、遼東東部に広く認めることができる。この段階での家畜動物はイヌだけであり、シカ科の狩猟が卓越している。小珠山中層の段階になるとブタが登場し、その数量もシカに次ぐものであり、上層の時期ではブタが最も多くなる。この中層での動物相の変化と対応するように、郭家村第4、3層では大汶口文化の影響が土器の面に現れ、農具のセットにも変化を生じてくる。

　小珠山上層土器の後は双砣子第2文化層、第3文化層と続き、上馬石上層文化へと展開してゆくが、この間山東半島部からの影響が間断なく続き、山東龍山文化や岳石文化の土器と類似したものが多くみられる。また石器組成の面でも変化がおき、有段石斧、大型蛤刃石斧が組み合わさり、長方形石庖丁から展開した紡錘形石庖丁が登場する。また鞍型磨臼と磨棒がまったく欠如するようになってくる（甲元1989）。しかしこうした石器組成の変化は遼東半島部の先端地域のみの変化であり、遼東の東部にはその影響は及んでいない。

　松花江上流域の平原部における新石器時代の様相はさほど明らかにされては

いない。その中で最近報告された農安県左家山遺跡はこの期を代表する遺跡である。遺跡は第二松花江の上流伊通河の河畔にある台地上に立地するもので、3期にわたる集落址が発掘されて（吉林大学考古学教研室1989）。1期から3期まで土器は深鉢形の大中小をもって器種の基本をなすもので、3期になって斜行口土器や浅鉢などややヴァリエーションが増加する。磨製石器は殆どを占めるものの農耕具はみられず、骨角製品には鏃や銛などが多くみられる。骨角製品はシカでつくられたものとされるが、自然遺物に対する記載はない。土器からすると小珠山下層と同一の内容とみることができるが、農耕が行われたとする証跡は乏しい。炭素14の年代では、

6755 ± 115 BP　4870 ± 180 BP

となっている。前者は第1期の堆積層から出た蚌貝、後者は第3期（？）に属する灰坑中の骨よりもたらされたものである。淡水産の貝を使用しての炭素14の年代は古く出すぎることが従来から言われており、現代の貝を使用した例では1200〜1500年前となり（Spriggs 1989）、ベルウッドの実験でも500年前と出ていることから（Bellwood 1988）、6700年前という年代には俄かには従いがたい。

　この地域で農耕の存在が明確になってくるのは、箱式石棺墓で有名な西団山文化の段階であり、その時期の集落址の調査もいくつかなされている。

　楊屯大海猛遺跡は、吉林市の西北32kmにあたる松花江の大きな中洲の中にあたる。楊屯集落の南500mには南北に長い小丘があって、その北側は大海猛と呼ばれる低湿地で、この丘は周囲から3〜8mの比高差で浮かび、松花江の川面からは15mの高さの第3段丘にあたる(劉根華1973)。1971年の調査では、鬲や鼎、甗などの煮沸具をはじめとする土器片が多く出土する堆積層が発掘され、石庖丁、四稜斧、環状斧、錘、紡錘車などの石器とともに、有樋式銅剣の破片もみられた。これらに混ざって、獣骨や魚骨とともに穀物が検出され、栽培型の小粒ダイズもしくは半野生のダイズと認定された（劉世民他1987）。

　この遺跡は1971年にも調査が行われ、西団山文化に属する6軒の住居址、1基の灰坑、4基の墓が発見されている（吉林省博物館1987）。このうち住居址内の埋土から大量の獣骨が出土したが、この中には、ブタ、ウシ、ヒツジ、イヌなどの骨がみられる。大海猛遺跡で出土する土器には、鼎、甗などとともに、

壷、浅鉢があり、磨製石器の他、青銅器の斧、刀、鏃が併出する。包含層の木炭による炭素14の年代は、

   2165 ± 75 bp（2155 ± 9BP）

である。また1981年調査時の1号住居址出土のシカの骨による炭素14の年代は、

   2740 ± 75 bp

である。

 吉林市泡子沿前山遺跡では、西団山文化期の住居址と石棺墓が発見されている。住居址出土の土器は、この期通有の鼎と胴の張る壷で構成され、石器には大型蛤刃石斧、偏平片刃石斧、石庖丁などがあり、礫石錘も多くみられる。この遺跡では、ウシ、ウサギ、ヒツジの骨が出土し、ウマの臼歯も1点みられる。

 扶余北長崗子でも灰坑を伴う先史時代の遺跡が発見されていて、ブタ、ヒツジ、イヌの骨と大量の魚骨が出土している（吉林大学歴史系考古専業1979）。土器には鬲、鼎、甗、罐などをはじめ、口縁部を彩色した鉢や壷もみられる。西団山文化期よりも古い時期と思われるが、炭素14による年代では、

   2675 ± 75 bp

とでている。

 吉林省内で発見される先史時代の穀物や獣骨を出す遺跡の大半は石棺墓であり、それらの副葬品もしくは随葬品として認められる。吉林省永吉県星々硝の第3次調査では、7基の石棺の中にブタの頭骨や牙が伴っている（吉林市博物館・永吉県文化館1983）。出土する土器は西団山文化期のもので、炭素14の年代では石棺の人骨より、

   3055 ± 110 bp（3225 ± 160 BP）

といささか古い年代がでている

 吉林省の騒達溝の石棺墓でも1949年と53年に調査した23基の石棺のうち、4基のものにはブタの下顎骨やイノシシの牙飾りがみられた（段一平他1985）。また土城子の石棺蓋26基のうち、その90％までにブタの下顎骨や頭骨がみられるといわれている。

 西団山子で発掘された19基の石棺でも、そのうちの9基にはブタの下顎骨があり、この他イノシシの牙飾りをもつものがみられる。この西団山文化遺跡

では2基の石棺の中から炭化種子が出土し、鑑定の結果、野黍（エノコログサの一種）と同定されている（東北発掘調査団1964）。

　吉林省の西南端、内蒙古との境に近い所での砂漠の中で発掘された遺物の中に獣骨がある。地表下10～60cmの位置にある灰褐色砂層中から得られたもので、各種の細石器から磨製石器、彩紋土器まで一緒に出現する。これらに伴って鳥類の骨が多く出土し、他にウシ、ブタ、ウサギと魚骨がみられる。報告者は紅山文化系統のものと考えているが、正確な位置づけは困難である。

　なお論文引用でその内容を詳しく知りえない穀物出土例として、吉林省媛石山遺でのアワがあげられる（張紹維1983）。1975年の調査時に得た資料によると、炭素14の年代は、

　　　　2275 ± 75 bp

となっており、1978年の調査時の石棺もほぼ同一の頃としていいであろうか。1975年には3基の箱式石棺が調査され、うち1基からアサが見つかり、1978年の調査では住居址の発掘も行われ、焼土付近からモモやハシバミが検出されている（吉林地区考古短訓班1980）。この他、鳥拉衛合や新安間でもダイズ、キビの出土が報じられているが、委しくは知りえない（張紹維1983）。また奈曼旗沙巴営子でもアワが出土し、炭素14の年代が2430 ± 105 bpとでているが（中国社会科学院考古研究所編1983）、遺跡についてはまったく知りえない。

　黒龍江省の東康遺跡では4軒の竪穴住居址と1基の灰坑それに1基の箱式石棺が発掘されている（黒龍江省博物館1975）。住居址の内部から出土した土器の中に、アワ、キビがあり、灰坑の中にはブタの下顎骨が納められていた。この遺跡で出土する土器には、深鉢、浅鉢、椀、細頸壺があるが、鬲や鼎といった中原的煮沸具を欠いている。石器には偏平片刃石斧、蛤刃石斧、石槍、石庖丁、石鎌などがあり、骨角製品も多くみることができる。これらの遺物の中には、イノシシの牙を利用した刀もある。ここで出土したアワは炭素14年代測定の素材となり、

　　　　1695 ± 85 bp（1635 ± 95 BP）

と紀元後3～4世紀の年代がでている。

　大牡丹屯でも住居址と灰坑が発掘されていて、炭化した多量のマメが検出されている（黒龍江省博物館1975）。土器は安康遺跡と同じ器種で構成され、石

器には片刃石斧を多くもつ他、磨棒や鞍型磨臼もみられる。骨角器は多く、単式釣針がある。出土した動物骨としては、ブタ 6、シカ 4、ノロ 2、イヌ 1、ウサギ 1、トリ 2、カメ 3、魚骨 26、貝 24 で、その他種が不明の獣骨 21 点となっている。

　同じ寧安県内の牛場遺跡でも、鉢形土器を中心とする土器類とともに、ブタ、シカ、ヒツジ、アナグマ、ノロなどの獣骨が出土していて、その他カメや魚骨も検出されている（黒龍江省博物館 1960）。それらの中でも魚骨が最も多いとされ、礫石錘や釣針などの多くの漁具に、そのことが反映されているとみることができよう。ここではヒツジの出土が注目されるが、正式な鑑定をへたものではない。

　老山頭遺跡では石囲いの住居址が発掘され、細石器や石鏃、骨器とともに、オオカミ、シカ、ノロ、ブタ、ヒツジ、次にシカとノロが続く。

　黒龍江省の南端部、松花江北岸にある望海屯で、ノロ、シカ、ウマ、オオカミ、モウコガゼル、ウシ、ブタの骨が出土しており、鳥や魚骨もみられる。分布調査で得られた資料のために、それらの属する年代は決めがたいが（丹化沙 1961）、東康などとほぼ同じ年代のものであろうか。

　このように黒龍江省内においては、穀物や家畜骨の出土例によって初期農耕文化の存在を類推できるが、その実態については充分に把握されてはいない。出土遺物の中にみられる道具では、漁撈活動に関するものが大部分を占め、また魚骨も多く出土することから漁撈が生業の中心であったと推測される。これは新開流遺跡に代表されるように約 6000 年前からこの地域に続く伝統的生活様式であり、農耕があったとしても、漁撈活動の補助的なものであったと思われる（黒龍江省文物工作隊 1979）。

　牡丹江上流域で農耕の存在が予想できるのは、鶯歌嶺下層文化の頃からであり、石鏃、鎌刃、磨棒と鞍型磨臼のセットがあって、ブタやイヌの土偶もみることができる（黒龍江省文物工作隊 1981）。これらは紀元前三千年紀後半から紀元前二千年紀前半頃までであり、少し時間を置いて、団結文化がこれに続く。団結文化は沿海州南部や豆満江流域の文化と共通する内容をもち、彼地の例から、アワ、キビ、マメを栽培し、イヌやブタを飼育していたことが確認される（甲元 1989）。これらに続く農耕文化が東康遺跡にみられる内容をもつものであり、

中国でいえば戦国期以降のものとなろう。

一方松花江流域では、蔦歌嶺上層文化とほぼ同じ頃以降、白金宝文化が展開するが、この文化も基本的生業は漁撈であり、農耕は補助的に営まれたにすぎない（甲元1989）。

以上のようにみてくると、東北地方の北半部においては漁撈活動を主体とした生業が永らく続き、紀元前三千年紀に補助的な農耕が開始されてくる。それが本格化して来るのは松花江流域や牡丹江流域では紀元前二千年紀後半のことと推察される。

朝鮮の自然遺物

朝鮮半島の北半部においては、動物骨の出土例は多い。しかし各遺跡においての個別の報告書の記載と、これらを総括的に論じた金信奎の論文では数字に異なりがみられるため、今、金信奎論文を中心としてその概要をみることにする（金信奎1970）。東北朝鮮では次の5遺跡から穀物や動物骨の出土が報じられている。

西浦項貝塚は朝鮮の東北端、雄基湾を望む東側の小丘裾野にある遺跡で、5kmほど東には豆満江の河口がある。丘の裾野の傾斜地につくられた厚さ4mにも及ぶカキを主体とした貝塚で、1960年より64年にかけての調査により、有紋土器の古い段階から無紋土器の時代（青銅器時代）にかけての、竪穴住居址が数多く発見されている（金用玕・黄基徳1972）。この遺跡は朝鮮の中でも有紋土器の殆どの期間にわたるものが層位的に検出された例として、常にこの遺跡の層位関係を基とした時代論や性格論が展開されてきた（金勇男1967、黄基徳1970）。土器の型式学的見地からみた場合多少の混乱がみられるが、ここでは新石器時代、青銅器時代に大別してみてゆこう。

新石器時代では土器は深鉢形、浅鉢形の二種を基本として器種構成がなされ、有紋土器の後期になって壺形土器が登場する。石器には磨製のものを中心とするが、その出土量は多くはなく、黒曜石製の刃器はかなりの数みられる。また後期になると凸字形石斧とか丁字形石斧とも呼ばれる石鍬が出現する（甲元1972c）。この頃の遺物で特徴的なことは、各種の骨角製品が卓越することであ

り、漁具関係のものも多い。西浦項貝塚の新石器時代層からは20種、4796個の動物の骨が出土したが、それらにはコウライイタチ、クマ科、タヌキ、イヌ、ヤマネコ、オットセイ、クロアシカ、ゴマフアザラシ、イノシシ、ノロ、ニホンジカ、マンシュウアカジカ、イルカ、クジラなどが含まれる。このうちイヌは頭数の9％を占めるにすぎず、他はすべて野生動物である。野生動物の中でもシカは全体の6割以上となり、マンシュウアカジカがこれに次ぐ。イノシシは全体の5.8％であり、海獣の中ではクロアシカが一番多い。

　青銅器時代になると深鉢形土器の他、壺や椀形土器も少なからずみられるようになるが、甗や鼎といった中国的煮沸具は出現しない。動物骨は新石器時代のものに、キツネ、カモシカ、オオヤマネコが加わって種類が増加し、シカ科の出土量が相対的に減少し、これにかわり、キツネ、コウライアナグマ、タヌキ、カワウソ、ヤマネコ、コウライイタチなどの毛皮用にも供される動物の増加が認められる。この期の家畜動物にはイヌとブタがみられるが、その数は少なく、全体個数のなかでは、それぞれ8.04％と1.72％の頭数を占めるにすぎない。

　新石器時代後期になると石鏃が出土し、紡錘車や壺形土器がみられるなど、農耕生活の証跡もみられるが、基本的にはノロやマンシュウアカジカを主要対象とした狩猟と、魚類、海獣類を中心とした漁撈活動に重点が置かれていたものと想定できる。

　草島遺跡は羅津湾の沖合7kmに浮かぶ大草島という小島に営まれた青銅器時代から初期鉄器時代にかけての集落址で（朝鮮民主主義人民共和国考古学及民俗学研究所1955）、結合式釣針やヤス、漁網錘を中心とした漁撈関係の遺物が豊富にみられる。他方、石庖丁や磨棒、鞍型磨臼といった農耕に関係する遺物も少なからず認められる。

　草島遺跡から出土した家畜としては、イヌ、ブタ、ウシがあり、それぞれ個体数では全体の11.5％、28.8％、1.9％とあわせて4割近くを占めている。家畜以外の野生動物としては、キツネ、イノシシ、ジャコウジカ、ノロ、ウサギ、ニホンジカ、マンシュウアカジカ、チョウセンカモシカなどがみられる。これらの草島遺跡の先史時代住民は、島以外に出かけて狩猟を行ったことが考えられる。このことはまた海上の活動が活発であったことも示し、魚骨としてはメンタイ、ブリ、サメ、カレイなどが検出されている。

農圃遺跡は清津市内の標高が 30m ほどの小丘上の斜面に営まれた貝塚で、かつては油坂貝塚と称されていた。1956 年に発掘調査が行われて、有紋土器の後期を中心とする遺物が出土している（考古学研究所 1954）。石器には黒曜石製の刃器が多く、結合式釣針などの骨角製品も多量にみられる。ここで出土する獣骨には、チョウセンカモシカ、ノウサギ、キタリス、ドブネズミ、イノシシ、キツネ、オオカミ、クロアシカ、ジャコウジカ、ノロ、マンシュウアカジカ、クジラ、オットセイ、アザラシ、トラ、リス、カワウソなどがあり、家事にはイヌがみられる。この中でも頭数が多いのはシカ科のもので、全体個体数 1/3 近くを占め、イノシシがこれに続く。シカ科の中ではノロが最も多く、マンシュウアカジカがこれに続く。

　石製農具としては打製の鍬があり、磨棒や鞍型磨臼もみられる。黒曜石製刃器の一部を鎌刃とみることができれば、西浦項貝塚と同様の初現的農耕の存在が想定できるが、生業の主体はシカ科動物の狩猟と海獣狩にあったものと推測しうる。

　虎谷洞は茂山郡茂山邑の豆満江中流の河谷平野に接する低位段丘上にある集落址で、新石器時代後期から鉄器時代にかけて存続したものである（黄基徳 1975）。新石器時代の土器は深鉢形と浅鉢形を主体として、それに少量の壺形土器が加わる器種構成をとる。石器の大半は黒曜石の刃器が占め、その他には四稜斧と呼ばれる横断面が長四角形の石斧、石鏃などがある。この期の動物骨としては 8 種みられ、その中にはイノシシ、ブタ、ノロ、マンシュウアカジカ、イヌ等が含まれる。家畜の割合は低く、全体個数の中でイヌが 7.4％、ブタが 7％にすぎない。

　青銅器時代の住居址では、土器の中から炭化したモロコシやキビが発見され、さらに炉の付近からはキビの粉と皮穀が検出されている。土器には大形の深鉢や浅鉢が多く、高坏や壺もある。石器には黒曜石の刃器の他、四稜斧と磨製の長方形石庖丁があり、打製の石鏃も引き続き使用されている。骨角器も多く、ヤスや釣針がある。この期の動物相の特徴は、家畜としてのブタの占める割合が大きいことであり、頭数では全出土数の 43％にも及んでいる。イヌは 2％、ウシは 1％であることからすればその優位性は極めて大きい。野生動物の中では前代に続いてノロが 1 位を占め、頭数で全体の 24.5％、マンシュウアカジカ

は12%である。ところが、青銅器時代の後半期に限ってみると、ノロは7.7％、マンシュウアカジカは11%と著しく減少していて、ブタの増加に反比例している。この他コウライアナグマやイタチ科のものも出土し、クロテンも初めて出現し、その割合は頭数にして9.6％を占めている。

鉄器時代のものでは、5号住居址の覆土からアワやキビと思われる炭化粒が出土する。この期の土器には粒状や環状の把手をつけるものが多く、器種としては深鉢と浅鉢がある。石器には石斧や石鍬もあるが量は少なく、この期の後半には鉄斧、鉄庖丁、鉄鎌、鉄製釣針なども出現し、完全な鉄器時代に入ったことを示している。動物相としては野生のものが14種、頭数で全体の40.9％を占めるが、ブタの増加とともにその数が減少してゆく傾向にある。野生動物の中では、マンシュウアカジカが11.3％と飛び抜けて多い一方、イノシシのもつ比率が低下している。毛皮用のためと思われる狩猟対象としては、クロテン、コウライアナグマ、ウサギなどがみられる。ここでは鉄器時代にはいっても狩猟動物に依存する生活が継続していたことを窺いうる。

会寧五洞遺跡は豆満江中流に注ぐ支流のひとつである会寧川下流にある河谷平野に望む低位段丘上に立地するもので、青銅器時代から鉄器時代にかけての集落址が発掘されている（朝鮮民主主義人民共和国科学院考古学及民俗学研究所1959）。土器の面では青銅器時代と鉄器時代とではさほど変化はなく、大、中、小の深鉢形土器と浅鉢を主体とする器種構成をとる。石器には黒曜石製の石鏃や刃器、掻器があり、磨製の石斧、石鍬、石庖丁、磨棒と鞍型磨臼がみられ、骨角製品も少なくない。ここではキビ、アズキ、ダイズが出土したとされているが、報告書刊行後に出版された論文ではアワ、アズキ、ダイズとなっている。

青銅器時代の家畜としては、ブタ、ウシ、イヌがあり、個体数で全体の1.7％、1.7％、8.6％をそれぞれ占めるほどの極めて低い数字であり、虎谷洞のものとは著しい対称をなしている。野生動物は依然として多く出土し、青銅器時代でもやや古い8号住居址では、ノロがその半数以上を占め、次いでイノシシとなる。マンシュウアカジカは頭数で1割しかいないが、肉の総量からすれば最大の価値を有していたといえる（成獣の体重からすればアカシカはノロの10倍にもなる）。この他コウライアナグマも1割を占める。この8号址よりもやや遅れる時期とされる4号住居址でも野生動物の比重は高いが、シカ科が減少し

ていくことが知られている。

　鉄器時代の住居址では19頭分の野生動物の骨と6頭分の家畜の骨が出土している。野生動物の中では、ノロやイノシシが減少するのに、マンシュウアカジカは6頭分と野生動物のうちの3割以上を占める。家畜にはウシ1頭とブタ5頭があり、イヌはみられない。

　以上のように東北朝鮮では有紋土器の後期から初期的な農耕が営まれ、ブタを主体とした家畜もみられたが、野生動物に対する依存度もかなり高かったことが考えられる。さらに貝類や魚類などの海産資源をその統計に組み込むことができたら、食糧の中での家畜のもつ比重はさらに低下するであろう。しかし内陸に位置する虎谷洞ではブタの占める割合がずばぬけて高く、沿岸部とは異なった経済的基盤を考えなければならないであろう。青銅器時代から鉄器時代にかけての東北朝鮮、とりわけ咸鏡北道地方は、土器の器種や石器の組み合わせ、生業などの面において、牡丹江上流やウスリー河上流及び沿海地方南部と明らかに同一の文化圏を形成するようになって、朝鮮の他地域とは異なった歴史的展開をみせている。

　西朝鮮では4遺跡から穀物が、5遺跡から動物骨の出土が報告されている。美松里洞穴は鴨緑江に注ぐ漢川の下流の小盆地を望む丘陵裾にある石灰岩洞穴遺跡で、無遺物層を挟んで上下二枚の文化層があり、うち下層は新石器時代の居住址、上層は青銅器時代の埋葬址である（金用玕 1963）。青銅器時代の層では、71％が野生動物で、それらにはニホンジカ、キバノロ、ノロ、マンシュウアカジカ、イノシシ、ヒョウ、トラ、タヌキ、ノウサギ及びイタチ科の動物よりなる。そのうち最も数の多いものはシカ科で、全体の3割を占め、ニホンジカがその1/3となっている。新石器時代の層ではニホンジカとノロで出土総数の2/3を占めていたものが、青銅器時代になってブタの数が増加するとシカの比重が低下し、動物の種類が広範囲にわたるようになる傾向がみられる。家畜としてはイヌ、ブタがあり、それぞれ頭数で全体の6.5％と22.6％を占めるにいたっている。

　美松里洞穴が山あいの盆地の内にある遺跡としたら、立石里は大同江下流の広い沖積平野に立地する集落址で（李元均・白龍奎 1962）、後藤によれば、コマ型土器の最終段階に属するものと考えられている（後藤 1971）。ここでは家

畜動物として、ブタとウシが発見され、全体頭数のそれぞれ、8.6％と5.7％を占めている。野生動物のうちではアナグマが11頭と最も多く、キバノロ8頭、ニホンジカ4頭と続き、残りはタヌキ、カワウソなどである。ここで特徴的なとは、アナグマ、イタチ、カワウソが、骨数で全体の36～37％を占めて、とりわけめだつことであり、これにタヌキなど毛皮用として利用されるものを含めると毛皮用狩猟動物が、野生動物の半ば近くにまでその頭数が達するのであり、さらにクマを加えると全体の2/3近くにまでなる。立石里が位置する場合は、後の楽浪郡治址の近くにあり、衛満朝鮮成立以前にも政治的中枢地であったことが考えられることから、これらは食料用とするよりも交易用品として狩猟された可能性が高いことは、かつて指摘した通りである（甲元1973c）。

南京遺跡は大同江下流の自然堤防上に営まれた先史時代の集落址である（金用玕・石光濬1984）。1971年から81年にかけての発掘調査では、相互に300mほど離れた2つの地点で計27基の竪穴住居址が確認されている。うち新石器時代に属する31号址で多量のドングリとともにアワが一升ほど出土し、青銅器時代36号址ではコメ250粒をはじめ、アワ、キビ、モロコシ、ダイズが、11号址ではキビが炭化した状態で発見された。

31号址は有紋土器の最終段階のもので、長さ13.5m、幅8.4mと極めて大型の竪穴住居址であり、その内部は3段の段状に掘り込みがつくられた特異な構造をもっている。この住居址から出土した土器は93点にも達し、それらは大、中、小の3種の深鉢形土器を主体とするもので、それに椀や壺形土器を混じえる器種で構成されている。この31号址や37号址から出土した壺形土器は大変特異なもので、遼東との関連が深いものと考えられる（宮本1986）。石器には太型蛤刃石斧5点、偏平石斧4点、磨棒と鞍型磨臼12点、石鏃3000点などがあり、有紋土器の時代にある大型の共同家屋と考えられている。

青銅器時代（コマ型土器の時代）の住居址群は、3時期に細分され、36号址はその1期に、11号址はその2期に編年されている。36住居址では甕形土器2点、壺形土器6点が出土し、石器には石錐、石庖丁、紡錘車、柱状片刃石斧、管玉などがある。11号址は甕形土器5点、壺形土器4点、美松里型壺4点の計13点の土器よりなり、石器は磨棒と鞍型磨臼各1点、石庖丁2点、石鏃1点、柱状片刃石斧3点、紡錘車3点などがあり、他に石剣や石槍の小片も出土している。

南京里遺跡で出土したコマ型土器は、後藤の編年では中期と後期に属し、紀元前一千年紀の中頃にあたるものと考えられている（後藤1971）。

石灘里遺跡はコマ型土器の中期から後期にかけての大集落遺跡であり、うち39号住居址内の出土土器からアワとアズキが検出されている（李キリョン1980）。39号址出土の土器には長頸の壺があり、コマ型土器の後期に属するものであることが知られる。石器には石庖丁、紡錘車、石鏃、砥石があるが、いずれも出土量は少ない。

智塔里遺跡は瑞興川の沖積平野に立地する有紋土器の集落址で、800m離れた二つの地区で住居址が発掘されている（朝鮮民主主義人民共和国科学院考古学及民俗学研究所1961）。西側のⅠ区がやや古く、東側のⅡ区がやや新しい。とはいってもいずれも有紋土器の中期に属する（佐藤1963）。

アワかヒエと思われる約3合ほどの粒のかたまりが土器の中で発見されたが、この土器は有紋土器の中期後半にあたる。この土器が発見された第Ⅱ地区2号住居址は、4m×4.2mの方形で深さ約50cmを測り、中央よりやや一方に偏って炉を1基もつ構造である。出土した土器は尖底の深鉢形土器を主体として、丸底の壺もみられ、器面には波状点線紋という曲線を主体とした紋様が飾られている。石器には磨棒と鞍型磨臼、石鎌や石斧があり、他には遼西台地の小山文化から紅山文化の時期にかけて通有にみられる大形の石耜が多数発見されている。

弓山貝塚は西朝鮮の広梁湾に面した海抜が20mほどの小弓山という丘陵の東南斜面にあり（朝鮮民主主義人民共和国科学院考古学及民俗学研究所1957）、5軒の住居址が発掘された有紋土器中期の遺跡である。土器は智塔里遺跡とほぼ同様の内容のもので、石器は殆ど磨製で占められている。石器の中には石鏃や鞍型磨臼がみられ、他に牙製の鎌も出土した。この貝塚で出土した動物骨は、イヌ、スイギュウ各1頭の他はすべて野生動物であり、中でもシカ科のものが全体の74.3％の頭数を占めている。シカ科の中ではニホンジカとキバノロが多く、ニホンジカは3割、キバノロは4割にも達する。これらに次いで多いのはイノシシで2割近くにもなる。弓山貝塚では家畜は存在したとしても殆ど重要ではなく、シカやイノシシの狩猟が大きな比重を占めていたことが知られる。同時代でありながら智塔里遺跡と比べて農耕具関係の資料が少ない

ことは、海岸縁辺部に立地するという特徴を生かしての、漁撈をはじめとする採集経済への依存が深かったことの反映であろう。

朝鮮の西北地域では、智塔里遺跡や南京里遺跡に示されるように、有紋土器の中期後半以降、アワ栽培を行う農耕文化が展開したが、弓山貝塚や美松里洞穴の動物相をみる限り、家畜動物の飼育には積極的ではなかった。無紋土器の時代（青銅器時代）になって、南京里遺跡の穀物にみられるようにコメ、アワ、キビ、モロコシ、ダイズと雑穀が中心であり、家畜もブタ、イヌ、ウシで構成され、ブタが多いものの、依然として狩猟動物への依存度も大きなものであったことが知られる。一方東北朝鮮においては、有紋土器の終わり頃に初期農耕への移行がみられるが、青銅器時代になっても、虎谷洞を除いて、ブタをはじめとする家畜も、その出土獣骨の大半を占めるには至っていない。出土する穀物もアワ、キビ、モロコシ、ダイズ、アズキであり、雑穀栽培を行ってブタを飼育するものの、なお自然食物への依存する度合いもかなりの部分を占めていたものと想定される。

京畿道麗州郡欣岩里は、南漢江中流の急峻な崖をもつ台地上にあって、ソウル大学校の発掘調査によって、無紋土器時代の集落址が明らかにされた（ソウル大学校博物館 1978）。この集落址のうち 12 号住居址から出土した土器の中から、コメ 78 粒、オオムギ 2 粒、モロコシ 1 粒が検出され、また住居址の埋土からアワ 1 粒が発見された。また 14 号住居址の土器の中にもコメ 3 粒がみつかっている。2 つの住居址とともに、口縁下に孔列紋をもつ鉢形土器が発見されていて、無紋土器中期のものと考えられている（第 9 図）。12 号址出土の木炭を用いての炭素 14 の年代測定が、韓国原子力研究所でなされている。

① 3210 ± 70 bp ② 2620 ± 100 bp

また同一の木炭を使用して日本の理科学研究所で得られた C14 の年代は

① 2920 ± 70 bp ② 2980 ± 70 bp

と食い違った年代が出されている。14 号住居址の出土木炭も年代測定され、

2145 ± 60 bp　2089 ± 60 bp

の年代が出ている。

12 号住居址の出土土器は孔列をもつ深鉢形土器 3 点、短頸壺と長頸壺各 1 点、浅鉢 2 点より器種が構成され、石器には有柄式磨製石剣 4 点、石庖丁 1 点、環

状石斧、紡錘車各1点、両刃石斧2点、片刃石斧7点などがあり、他に石鏃、漁網錘、砥石などがみられる。一方14号住居址では深鉢形土器や長頸壷をはじめとして、孔列紋をもつ鉢もみられる。石器には打製と磨製のものがあり、石斧の数は多い。他に石庖丁や石錐もみられる。このようにしてみると12号址と14号址はさほど隔たない時期の所産であり、炭素14の年代の測定値は、にわかには肯定しにくい。

　中島遺跡は北漢江の中流域の低位段丘上に立地する無紋土器からいわゆる原三国時代（鉄器時代）の住居址からアワやキビが出土し、また籾の圧痕をもつ土器も発見されている（国立中央博物館1980）。報告者はこの穀物出土住居址の年代を、紀元後1～2世紀をこえない頃としている。

　松菊里遺跡は、忠清南道の論山平野の北寄り、石城川や蓮花川という小河川が形成する沖積地に、約10mの比高差をもって台状に浮かんだ小丘上に位置する（国立中央博物館1979）。この遺跡は無紋土器中期の竪穴住居址や貯蔵穴（灰坑）を中心とする集落址であるが、同じ台地の上には箱式石棺墓や甕棺などもあり、集落も広範囲に点在している。これら松菊里遺跡群のうち、第54地区という台地の端部に近い地点の住居址内からコメ395gとコメの圧痕をもつ土器1点、第54地区から台地の中央寄りの第50地区2号住居址から籾圧痕をもつ土器3点が出土している。第54地区の1号住居址では、大、中、小の甕形土器を主体として、壷や浅鉢を混えるもので、他の住居址でも土器の基本器種は同様である。石器には磨製石剣と石庖丁、紡錘車が出土するが、石製の耕具や調理具はみあたらない。

　西洛東江とその支流である朝清江流域に広がる金海平野には、コメを出土した遺跡として府院洞貝塚、金海貝塚などがある。府院洞貝塚は金海貝塚のすぐ東側、山塊の先端部がゆるやかに降って沖積地に接するあたりの低平な台地上にあり、東亜大学校により1980年に発掘調査がなされた（東亜大学校博物館1981）。この調査時に貝層中から、コメ、オオムギ、コムギ、ダイズ、モモなどが出土し、溝の中からはコメ、アズキ、ブドウなどが検出されている。これらの自然遺物のうち、原三国時代に属するものは、コメ、アズキ、ブドウであり、他は三国時代に降るものである。しかしいずれにせよ、キビを多数出土した楽浪貞柏洞33号墓の時期よりも遅れるものである。

府院洞貝塚とは金海平野をへだてた南側には有紋土器の中期から後期にかけての頃の貝塚遺跡がみられる（釜山大学校博物館1981）。この水佳里貝塚では金子浩昌による動物骨の分析があり、それによると次のようなものが出土した。イルカ、クジラ、イヌ、タヌキ、ヒグマ、アナグマ、ヤマネコ、イノシシ、キバノロ、ニホンジカ、ウシこの他多く出土した骨角製品は大部分シカが利用されたことが知られているこの遺跡では金海貝塚や東三洞見塚でもみられるアシカは出ていない。

釜山湾に浮かぶ影島の1kmほど東に小島があり、その海岸台地上に朝島貝塚があって、ちょうど次に述べる東三洞貝塚と対峙している（国立中央博物館1976）。貝層の厚さは薄く、有紋土器から原三国時代に及んでいるが、その中心は無紋土器の後期にある。ここでは21種の貝類、タイなどとともに、クジラ、カワウソ、ニホンジカ、イノシシが確認されている。146個の哺乳類の骨のうち、8割近くがシカ科であり、イノシシは全体の5％にすぎない。このため報告者は盤亀台の岩壁画にみられる木柵を利用して動物を生け捕りにする絵などを念頭において、シカの一時的飼育（キーピング）の可能性を説いている。

釜山影島にある東三洞貝塚は50年以上も前から発掘がなされているが（及川1933、横山1933）、ここでは自然遺物の報告が委しいサンプルの調査時の出土物をとりあげてみよう（Sample 1974）。ここではイノシシ、マンシュウアカジカ、キバノロ、クジラ、イルカ、アシカの骨数につき統計が出ている。種の同定ができた985片の骨のうち、イノシシ1％、マンシュウアカジカ26.4％、キバノロ10.8％、クジラ28％、イルカ8％、アシカ26.6％でマンシュウアカジカ、クジラ、アシカが各々1/4ずつを占めていて、イノシシは殆ど狩猟されていない。これを陸上動物と海上狩猟動物に分けると、38.4％と61.6％と圧倒的に海上狩猟動物が多くなる。これにタイ、スズキ、マグロなどの魚類の多いことを考えると、東三洞貝塚では漁撈活動が中心の生業であったことが推定できよう。

済州島の郭支貝塚は無紋土器後期に属するが、ここではシカ、イノシシ、ウシの骨がみられる（済州大学校博物館1985）。

朝鮮の南部地域で出土する穀物にはコメ、ムギ、アワ、キビ、モロコシ、マメ類があるが、多く出土するのはコメである。家畜にはウシやウマ、イヌが認められるが、ウシやウマが確実にみられるようになるのは原三国時代からであ

り、無紋土器時代に存在したとしても、それらの部分骨であり、あったとしても絶対量は少なかったものと思われる。またイヌは存在するもののその数は少ない。

このようにみてくるとこの地域では本格的な家畜が存在したとは言い難いものであり、肉類の大半はシカとイノシシであり、沿海部ではアシカやクジラなどの海獣であった。そして沿海部では当然のことながら漁撈に対する依存度が高い。

南漢江流域の欣岩里を除くと、コメ以外のものが出土するのは原三国時代であり、この期にはまたウマとウシも登場する。無紋土器の時代に限っていえば、その生業は稲作を中心とする穀物栽培が中心で家畜は存在せず、肉の入手はそれに代わってシカ科の狩猟によるものであったとすることができよう。

東北アジアの穀物栽培と家畜

新石器時代から青銅器時代にかけての東北アジアにおいて、遺跡出土穀物の中でも、最も広範囲に分布をみせるものはアワとキビである。卓の北限は黒龍江省の東康遺跡ではほぼ北緯44度にあたる。また東北限は沿海地方のプリモルスク地区のアルテムとスーチャンで、この2遺跡は東北朝鮮の青銅器時代とほぼ同じ時期のものである。鉄器時代に入っても、黒龍江団結遺跡でアワとキビが（林澐 1985）、沿海地方のアレニA遺跡でアワがそれぞれ発見されたのが北限であり（Бродянский 1986）、当時の農耕技術での北の限界を示しているといえる。北緯47度30分に位置する海倫では、無霜期間は平均年115～120日であるが、最小の年度ではわずか98日にすぎないのであり、しかも平均3年に一回は低温、早霜がある。年平均気温が0℃前後で1年の半数以上が霜害におびやかされるこの地域、すなわち北緯45度付近が当時の農耕の限界として一応の目安となろう。アルテムとスーチャンのアワやキビを鑑定したルィソフは、そのうちキビについて言及し、今日でも北緯50度を越えると花は咲くが実はならず、60度を過ぎると発芽しないと述べている。また中国でも北緯50度を越えるとコムギ、コウリャン（モロコシ）、トウモロコシは開花結実しないことが報じられている（Лысов 1966）。集積温度と日照時間でい

えば、モロコシやソバはこれらよりはるか適応的であり、ソバは播種後30日で収穫できる。実際北海道でもモロコシやソバが遺跡中で発見されており（八幡編1966）、水洗別法による細かな調査が行われれば、モロコシやソバの北限は拡大する可能性は高い（加藤1985）。紀元後一千年紀になると、シニェ・スカールイ遺跡やポリツェ遺跡でオオムギが出土しているが（Андреева 1977、Деревянко 1976）、オオムギはソバとともに耐寒性の強い穀物である。

　紅山文化に属する遺跡では穀物の出土例はないが、新楽下層でキビが発見されたことから、紅山文化においてもキビが栽培されていたことが類推できる。また磁山文化や仰韶文化ではアワが栽培されていたこと、紅山文化と何らかの関係をもつ智塔里遺跡でアワが出土していることから、アワも併せ播種されていた可能性は高い。

　東北アジアの本格的農耕文化である紅山文化や小珠山中層に代表される農耕文化に先行する興隆窪では、環濠で区画された集落内でブタを飼育している。

　また石製の装備は、石鍬、鎌刃、石棒、鞍型磨臼と農具としては一応完結することからも、初現的農耕の存在は確実である。同じ道具のセットをもち、炭素14の年代では少し湖上する新楽遺跡でキビが出土していることは参考になる。また興隆窪遺跡が形成された頃はヒプシサーマル期の温暖湿潤気候で、今日よりも年平均気温が2〜3℃高かったことからも、それは裏付けられよう。

　遼東半島では小珠山中層の時期に、山東の大汶口文化の強い影響を受けて紅山文化とは異なった本格的農耕が開始されてくる。郭家村遺跡でアワが出土し、山東省の揚家園遺跡や山東と遼東の間にある長島でもアワが出土していることからも、栽培されていたのはアワと考えうる。コメも存在した可能性を指摘する人もいるが、もし栽培されていたとしても、半島の先端部からは拡大しなかったであろう。

　コメの炭化物を出土した遺跡は、今日のところ東北アジアでは朝鮮だけである。朝鮮内で広義の無紋土器に伴うコメの出土地域としては15ヶ所があげられるが、日本への稲作導入期よりも前のものとしては、南京里、欣岩里、松菊里、大坪里等4ヶ所にすぎない。南京里や欣岩里といった中部朝鮮以北では、コメの他にアワ、キビ、モロコシもしくはアワ、ムギ、モロコシといった畑作穀物が伴うのに対して、南朝鮮ではコメだけで、今のところ畑作物はみられな

い。松菊里遺跡は論山平野の中の低丘陵上に位置し、その周囲は水稲耕作が適する沖積地が開けている。朝鮮の北部地域では畑作作物を伴うのに、南部地域ではコメが単独でみられることは、農耕文化の南下にあわせてコメへの傾斜が高まってゆくことを示している。

　朝鮮では有紋土器の中期、智塔里遺跡ですでにアワを栽培し、耕起具としての石鋤、収穫具としての石鎌、調理具としての磨棒、鞍型磨臼をもつ農耕文化が展開していたことが知られており、こうした型の農耕は南京里第31号住居址にみられるように、有紋土器の終末期にまで及ぶものである。また無紋土器の段階でも、駅三洞遺跡での石器のセットにみられるように、アワなどの畑作物は伝統的に栽培され続けたとみることができよう。

　このようにみてくると、朝鮮の中部以北の地域では、有紋土器の中期以降アワを含む畑作作物が栽培されていて、無紋土器の段階になり、コメがそれに付加されたものである。

　コメが今日までのところ、ピョンヤン地方（北緯39度）を北限とする分布を示すことについて、稲自体の性質からみてゆかねばならない。水稲栽培においては自然因子として、10℃以上の集積温度、日照時間、輻射熱、降水量などに様々なものがあげられる。そしてこれらの条件が、稲が播種されて収穫されるまでの130日から140日間の条件に適合しなければならない。温度の点からすれば、水稲発芽期では10℃〜12℃、結実期では20℃〜25℃なければならず、もし平均気温が20℃を降ると害が始まり、17℃では重大な害を受けることになる。

　この点からすれば中国東北地方南部は稲作の可能地帯となる。一方水分の条件に関していえば、降水量、水田への浸透量、水田間の蒸発量、稲株の蒸騰量が問題になる。東北地方南部は、稲の成長期の降水量は600mmで稲作には不足はないが、水田への浸透量が一日30mmのため、水田に必要な約半分は灌水しなければならない。このことは東北地方南部においては、灌漑農法が導入されない限り、水稲耕作は不可能なことを意味している。この点アワは生育期間が70〜120日で必要とする水分は小麦の半分であり、キビやモロコシはアワよりもなお水分は少なくてすみ、生育期間は短い。このことからすれば、南京里遺跡が大同江岸の自然堤防上に位置することは、充分に肯けるところであ

る。

　家畜動物の中で最も数が多く、しかも広範囲に分布をみせるのはブタである。ブタは中国東北地方のほぼ全域に及び、沿海州南部にもみることができる。朝鮮では東北地方の遺跡で多く飼育され、朝鮮での分布の南はピョンヤン市の立石里である。それ以南の地ではブタの報告はない。

　ブタの出現が最も早いのは、内蒙古敖漢旗の興隆窪遺跡であり、紅山文化、夏家店上下層文化ともブタが家畜の中核をなしている。大連市の郭家村下層では、127個体の獣骨が検出されているが、うち家畜は78.8％を占め、家畜のうち69.3％はブタで、イヌは9.4％にすぎない。同様に郭家村上層では206個体の獣骨のうち60％を家畜が占め、そのうちブタは56％で、イヌは4％と家畜の殆どはブタであった。山東からの影響下に本格的な農耕が開始された遼東南端でも、ブタが中心であったことに変わりはない。黒龍江省の大牡丹屯では獣骨の出土例が少なくて、その数字が実際のすべてとは必ずしもいえないが、出土獣骨の54％は家畜であり、うち46％はブタで、8％がイヌとなっていて、この地方でもブタが大きな役割を占めていることに変わりはない。一方朝鮮でも新石器時代（有紋土器時代）よりブタが家畜として飼育されている。西浦項貝塚では獣骨全体の個体数で茂山虎谷遺跡では7％にすぎないが、次の青銅器時代（無紋土器時代）の頃になると、西浦項貝塚では、1.72％、五洞では1.7％と低いが、虎谷洞43.1％、草島で28.85％と大きな比重を占めるようになり、初期鉄器時代では、虎谷洞43.2％、五洞23.1％と時代が進むにつれてブタの占める割合が増加してくる。

　西北朝鮮の美松里洞穴では全出土獣骨のうち家畜の割合は20.03％であり、ブタは22.58％とそのうちの大半はブタであって、重要であることに変わりはない。しかし立石里の無紋土器終末期では、家畜は獣骨全体の14.28％にすぎず、またブタはそのうちの8.57％と極めて低い数字しか示さない。そしてこれ以南の地では家畜ブタは登場しない。朝鮮の南部でイヌを除いた家畜が新たに登場するのは、初期鉄器時代（原三国時代）以降で、ウマとウシである。しかしこれらも全出土獣骨中に占める割合は極めて低く、家畜のもつ意味はさほど大きくなかったとみることができる。

　ブタが家畜の中で最も重要な役割をはたすのは、沿海州南部のシデミ文化の

中でも同様であり、初期鉄器時代のペスチャヌイ遺跡では、209個体の獣骨のうち、家畜動物は72.6%と極めて高く、うちブタ36.3%、イヌ35.4%と両者で家畜の大部分を占めているОкладников 1963)。このように東北朝鮮から沿海地方南部にかけての地で、ブタの飼育が盛んであったことにつき、菊池俊彦と西本豊弘は、『魏志挹婁伝』にみられる、

> 挹婁は夫余の東北千余里にあり、大海に浜し、南は北沃沮と接し、未だその北の極る所を知らず。その俗は好みて猪を養い、その肉を食し、その皮を衣る。

という文章をひき、ブタの家畜中に占める比率の高さのよってきたる所を説明している（菊池・西本1974)。こうした衣服用のためにブタが飼育されるようになったことを予想させる動きは、すでに東北朝鮮の青銅器時代の動物骨の中に認めることができる。すなわち、五洞遺跡での4号住居址では、食料とともに毛皮用にも供されるコウライアナグマが、全個体数の10%、8号住居址では7.1%を占め、虎谷洞では優良な毛皮となるクロテンが全個体数の9.6%とマンシュウアカジカなどの重要な肉源と肩を並べる数を示している。また西浦項貝塚では、キツネ、コウライアナグマ、ヤマネコ、カワウソ、ヒョウ、オオヤマネコ、イタチといった食料よりも毛皮に重点がおかれていたとみなされる種が、合わせて全個体数の30.75%にも達している。これらの動物がブタの飼育とともにその数を減じてゆくことは、衣服のための材料もブタに求められていたことを意味するに他ならないのであり、寒冷地における防寒用衣服が重要なポイントであったことを物語っている。加茂儀一が中国北方のブタについて次のように述べているのは、この際注目されよう（加茂1973)。

> 現在中国における豚の飼育状態は北方では非常に原始的で、まったく放ち飼いである。しかし、この地方では土地の気候が寒冷であるため長くて太い毛をもち、形は原始的で小さく……

とその特徴を述べているが、これは金信奎が分析した東北朝鮮遺跡出土のブタの特徴と一致している。このことからも東北朝鮮や中国北部のブタは、より衣服に適した特色を備えていたものとみなされる。こうしてみると、この地方でのブタの飼育の比率の高さは、農耕とは別角度で評価しなければならぬ点があることを示している。東北朝鮮において、海浜部よりも内陸の虎谷洞でブタの

出現率が高いことはそれを物語るものといえよう。

　イヌは東北アジアの各地でまんべんなくみられるものの、さほど家畜としては大きな比重は占めていない。イヌは最も早い家畜ではあるが、興隆窪や新楽では出現していないことから、遼西地方では紅山文化の広がりと結びつくものかも知れない。遼東南部では小珠山下層文化にイヌがみられるものの、数は多くはない。こうした状況は朝鮮でも同様で、西浦項貝塚から東三洞貝塚まではぼ全域でみられるものの、家畜の中ではその地位は極めて低いものである。

　東北アジアの家畜の中で最も問題になるのはヒツジとウシである。概説書には紅山文化の家畜としてウシ、ヒツジ、ブタがあげられるが（中国社会科学院考古研究所 1984）、紅山文化にそれらが伴ったとされるのは、戦前に調査された赤峰紅山後遺跡のみであり、最近の調査になる東山嘴や牛河梁ではこれらをみることができない。これは正式な獣骨の鑑定がなされた事例が少ないことにも関係するものであり、最近報告された水泉遺跡の分析を手懸かりとして再検討してみよう。

　遼寧省建平県水泉遺跡は 1977 年から 78 年にかけて発掘調査が行われ、下層＝夏家店下層文化、中層＝夏家店上層文化、上層＝戦国時代の 3 層に文化層が分離され、中層は西周から春秋にかけての頃と推定されている（遼寧省博物館・朝陽市博物館 1986）。

　水泉遺跡から出土した明らかな狩猟動物としては、ウスリージカ（ニホンジカ）、ノロ、キバノロ、モウコノキネズミ、ヒョウ、オオカミがある。遺跡から発見されたブタについては、すべて合わせて 87 個体出土している。年令別構成では乳児は 15 体で 17％、1 才以内は 25 体で 28％、1 才～2 才は 47 体で 55％を占めている。これらの構成は、ブタの飼育が開始された当初の年令構成と合致することから（Flannery 1965）、イノシシに近い特徴をもっていたにしろ、家畜と認めることができよう。イヌは 37 個体出土していて、ブタに次いで総量は多いが、1 体の子供を除いてすべて青年であり、壮年と老年はいない。これらのものはその歯の特徴から家犬と認められる。ウシは 31 個体出土しているが、下層文化のものは 14 個体、上層文化のものは 17 個体に分かれる。このうち下層文化のウシは幼獣と老獣が多く、また骨格の特徴から野牛と考えられ、上層のものは家畜ウシと認定されている。ヒツジは 20 個体出土しているが、

そのうち第5層（下層文化）のものは野ヤギで、第4層（下層文化）出土のヒツジも老年と幼年に属するものばかりで野生の可能性が大きい。ウマは4個体出土しているが、すべて野生ウマである。

　こうした水泉遺跡での動物骨の鑑定によれば、夏家店下層文化の家畜動物はブタとイヌだけであり、その後半になってヒツジがわずかに家畜化された可能性があるもので、ウシは夏家店上層の、ウマは結局野生のものとみなされる。この水泉遺跡での様相が東北アジア各地での家畜化の一般的流れとすると、ヒツジの家畜化は紀元前二千年紀の後半、ウシの家畜化は紀元前一千年紀に入ってからとすることができる。

　黒龍江省では牛場遺跡と老頭山遺跡でヒツジが出土したとの報告があって、寒冷な中国北部までヒツジが存在したことを思わせる。しかしこれらは正式な動物骨の鑑定をへたものではない。興隆窪遺跡では調査の経過を報告したものではヒツジとされたものが、委しく獣骨について言及されたときにはモウコガゼルとされ、また望海屯遺跡のヒツジも、正式鑑定ではモウコガゼルであったことから、牛場遺跡や老頭山遺跡出土のそれも野生獣であった可能性が高い。

　東北朝鮮の西浦項貝塚、草島遺跡、虎谷洞ではカモシカが狩猟されていることから、これらはモウコガゼル、カモシカもしくは東北地方に棲息するゴーラル（青羊）であったものと考えられよう。今日のところ遼西台地以外でヒツジの存在が認められるのは、吉林省の第二松花江流域までであり、それは鬲、鼎などの中国的煮沸具に示されるように夏家店上層文化と密接な関係をこの地域がもつようになって以降のことである。またその地域は花粉分析に示されるように森林草原の植生を示す地でもある。

　ここ十数年来中国東北地方においても花粉分析の研究が進み、古環境や古気候の復元が可能になって、そうした自然環境下での生態的研究が行われるきざしが出てきた。花粉分析に基づく中国北方地域の古環境は、沖積世では次のようにまとめられている。

I　**前期沖積世**（西欧のII〜VI花粉帯と対応）

　冷涼で初めはやや寒く乾燥、後に温暖で湿潤に転じる。北京平原や延慶盆地は森林草原をなす。北京では *Pinus* マツ属が、延慶では *Pinus* と *Betula* カバノキ属が優勢となる。遼東半島では *Quercus* コナラ属、*Ulmus* ニレ属、*Tillia* シ

ナノキ属などの落葉樹が多く、長白山では *Pinus* と *Betula* の針葉落葉混交となる。松遼平原では森林草原の景観をなし、草本類が半数以上を占め、木本類は *Betula* を主に *Pinus*、*Quercus*、*Ulmus*、*Tillia* と混林をなす。興安嶺地区では *Pinus*、*Betula*、*Alnus* ハンノキ属の森林地帯であった。

II　中期沖積世（西欧のⅦa、Ⅶb花粉帯に対応）

　北京平原は森林草原で、半数以上草本類の花粉が占める。森林は *Pinus* が多く、これに *Betula*、*Quercus*、*Ulmus*、*Tillia* を混じえる森林となる。遼東半島では *Quercus*、*Ulmus*、*Tillia* が半数近くを占め、他に *Pinus*、*Betula* が混る状況を呈し、長白山では　*Pinus*、*Betula*、*Quercus*、*Ulmus*、*Tillia* の針葉落莫混交林となる。興安嶺では　*Betula* を主にした混交林で、内蒙古は草本類が8割以上を占める草原区となっている。このように東北アジアの東部と南部地方は明らかに湿潤となり、北部地方の気温はやや低めであったとみられる。

II　後期沖積世（西欧のⅧ花粉帯に対応）

　河北平原では木本と草本の花粉が相半ばする森林草原区で、木は *Pinus* が殆どを占める。遼東半島では *Pinus* が3割、*Quercus*、*Ulmus*、*Tillia* が3割、*Betula* が1/4を占める森林地帯となり、長白山地は針葉落葉混交林を形成するようになる。東北北部の松遼平原は森林草原区で、木本の花粉が28.5％、草本の花粉が65.2％の比率を示し、木本の中心は *Pinus* と *Betula* が優勢となる。東北西部の中興安嶺では針葉落葉混交林で、*Pinus* と *Betula* が多い。これに対し華北地方では *Quercus*、*Ulmus*、*Tillia* が減少してかわって *Pinus* が大幅に増加し、東北地方では *Quercus*、*Ulmus*、*Tillia* が減少して、*Betula* と *Pinus* が増加する。また内蒙古では樹林はまったく姿を消してしまう。

　この花粉分析の結果によれば、沖積世の全期間を通じて遼東半島から長白山系、小興安嶺、大興安嶺を結ぶ地帯は弓状に落葉樹と針葉樹の森林区が形成されていたことになり、河北の低地から松遼平原にのびる森林草原区と極めて対称的な景観をなしていたことが知られる。

　新楽遺跡での花粉分析による古気候や植生の復元においても、こうした結果とよく一致をみせている。キビが栽培されていた新楽下層の段階では、遺跡付近は *Quercus* を主とした落葉闊葉樹が繁茂し、林間にはハシバミ、ナツメ、アンズ、マンシュウグルミなどがみられ、沼沢や水辺にはヤナギやニレ、コケが

繁茂していた。年平均気温は現在よりも 3 〜 5℃ 高く、かつ湿潤であったため、新楽遺跡の南側の台地の外にある古河道は水が流れ、魚貝類や水鳥たちの生活に適した場所であったと推定されている。これが新楽上層の頃（後期完新世花粉帯）になると、ニレやナラが普通にみられるものの、マツ、カバノキ、クリなどの二次林的要素をもつ花粉が増加し、かつヨモギなどの草本類も増えて、落葉闊落樹を主とする森林草原へと変化したことが判明している。

　このような花粉分析による一般的傾向と、遺跡に関する具体的植生の変化が一致することからみれば、当時の農耕文化のあり方がより適合的に説明しうる所も多くみられる。これを農耕文化の面からみると、ヒツジを飼育し、中国的煮沸具である鬲、甗、鼎をもつ文化的集団は、森林草原地帯に展開した農耕文化であり、落葉樹林帯もしくは落葉針葉混交林帝に展開した農耕文化は、中国的煮沸具をもたない農耕文化が形成されたともみることができる。山東地方の大汶口文化の強い影響を受けて本格的農耕文化を形成した小珠山中層文化を代表とする農耕文化は、遼東半島の沿岸部だけに限定されたものであり、落葉針葉樹林帯では、平底の深鉢形土器の大、中、小を器種としてもつ、遼西地方の初現的農耕文化を永らく伝統として保持しつづけたものとみなしうる。このことからすれば、平底の土器で、深鉢という単純な器形で構成される器種をもつ東北朝鮮は、他の朝鮮の大部分でみられる落葉樹林帯下に形成された農耕文化とは、植生の上からも区別しうることとなる。すなわち、耕起具として石鍬をもち、収穫具としては長方形石庖丁、調理具は鞍型磨臼と磨石（磨棒もしくは石転子）という簡単な道具で、アワ、キビ、モロコシ、マメを栽培し、ブタを飼育していた東北朝鮮は、そのまま中国の北半部、沿海州南部と同一文化圏に属していたこともうなずけよう。朝鮮の大同江流域以南の、*Quercus*、*Ulmus*、*Tillia* などの落葉樹林帯に形成された農耕文化は、またこれとは異なった展開をしたことが予想されるのである。

　内蒙古巴林左旗の富河溝門遺跡では、興隆窪遺跡と同様の初現的農耕文化を営んでいたと考えられているが、この遺跡で出土した獣骨は 10 種に及ぶ。それらのうちシカ科のものは 50％ を占め、次いでイノシシ 17％、アナグマ 9％ で、ウシ科は 2％ にすぎない（劉観民・徐光冀 1979）。このように偶蹄類が多く草原性の奇蹄類がいないこと、大形の猛獣も出土骨の中にはみあたらないことな

どは、遺跡の周辺が森林の環境下にあったことを推測させてくれる。富河溝門遺跡の炭素14の年代は、5300±145 BPであることから、7000 BP―2500 BPとの時間帯が考えられる中期沖積世花粉帯の中におさまり、この地方は森林草原であったと予想される時期に展開していたものである（河北省地質鉱産局1984、中国科学院地質研究所花粉分析組・同済大学海洋地質系花粉分析室1984）。微視的にみると、興隆窪遺跡でマンシュウグルミが出土したことは、初期農耕の遺跡はより森林に近く、より水辺に近い台地に立地していたことが考えられている。こうした状況は紅山文化の段階でも基本的には同様で、ブタを飼育し、森林の中でシカの捕獲にあたっていた。これが夏家店下層期それも後半になると、ブタは多いものの、これ以外に、ウマ、ウシ、ヒツジといったオープンランドをより好む動物相が登場し、夏家店上層期になるとより一層これが明確となってくる。一例ではあるが蜘蛛山遺跡では戦国漢初の動物骨の分析では、ウマやウシがブタに比べて多いということは、森林草原地帯の草原化がより一層進んだことを示し、先の水泉遺跡の上層での変化もこれと歩を一にするものである。

　こうした夏家店下層文化から夏家店上層文化の頃にかけての変化について『赤峰紅山後』の報告書は、第2住地から第1住地への変化が、赤峰一帯での自然環境の変化、とりわけ乾燥化の進行を反映するものであると説いている。しかし花粉分析に基づく一般的な様子は、なお内蒙古でもマツ、カバノキ、ニレ、トチノキなどの存在が知られており、自然環境の変化だけでは説明がつかない部分も残されている。

　デンマークのアイヴェルセンが花粉のダイアグラムの変化の中に、人間の活動を見出したのは1941年のことである。アイヴェルセンによると、新石器時代を迎えるとニレの木が急激に減少し、かわってオオバコなどの草木類が増加して、穀物の花粉もみられるようになってくる。スイスではニレの葉やツタが貯蔵されていた先史遺跡が発見され、北欧ではニレやツタは越冬用の秣として利用されることなどから、この花粉ダイアグラムの中のニレの急激な減少は、農耕民による森林開拓とみなし、その地域での農耕の開始と一致することが考えられてきた。その後この説に対して様々な検討がなされ、ニレの木の回復力の弱さや、病原菌によるニレの減少などの否定的見解もだされたが、ニレの減

少とともにツタなどの家畜的飼料の増加と歩を一にすることがわかり、アイヴェルセンが当初想定していたほどのドラスティックな変化はみられないものの、紀元前3000年頃を境として、イギリスでは本格的な農耕が開始されたことの一つの目安となってきている。最近ではニレの急激な減少に先行する段階での穀物の検出、炭化した木材の多量の出土、土器の出現などが認められることから、これを初現的な農耕の導入の証左とし、ニレの減少以降定着的農耕が本格化したとみられている。

　中国北方地区で報告された花粉のダイアグラムの中でも、例えば北京懐柔県でのものでは、4830 ± 110 bp の頃、*Quercus* が急減してこれにかわり *Pinus* や *Artemis* が急増することが知られ、やがて草本類が大半を占めるようになり、森林草原の草原が後期沖横世にみられるようになってくる。また同じ北京延慶県小王荘でも中期沖積世花粉帯の中頃に、*Quercus* や *Betula*、*Ulmus* が減少し、*Pinus* や *Artemis* が急増してゆくこともみられる。

　こうした中期沖積世花粉帯内での植生の変化に、人間の活動に起因するものがなかったかどうか、今後の検討がまたれる。

　森林の植生から森林草原への環境の変化は、農耕具の組み合わせの中の推移にもみることができる。興隆窪遺跡では耕起具としての石鍬があり、趙宝溝文化や紅山文化では大型の石耜が主要な道具として使用されていたが、これはかつて論じたように、初現的な農具から、森林環境下の重厚な土壌をより効果的に耕起するための耕具である。ところがこの大型の石耜は夏家店下層文化期では姿を消して、また石鍬のみが耕起具として使用されるようになり、夏家店上層文化に引き継がれてゆく。この石鍬は地表面を簡単に攪散するだけの耕具であり、石耜から石鍬への変化は、森林の後退によって腐食土が減少し、深耕が不可能になったこと、及び森林の後退によってもたらされる水分蒸散量増大に対処するために、土壌中の水分を保全するという対応と考えることができる。家畜としてヒツジやウシが登場してくると、若芽が格好の飼料となるために木の成長を妨げ、結果としてオープンランド化への拍車をかけることになってゆく。シカの減少、ヒツジの増加、深耕から浅耕への変化は、森林の草原化と同じメカニズムの中で説明することが可能である。

　次に平安南道以南の落葉樹林帯と半島南端部の照葉樹林帯に形成された農耕

文化の展開をみてゆこう。

　智塔里遺跡においてアワ粒が出土し、併せて石耜、石鎌、鞍型磨臼などがみられることは、朝鮮の農耕文化の成立にあたって中国東北地方からの影響があったことは否めないが、趙宝溝文化や紅山文化にみられるほどの器種の多様さはないし、前代以来の深鉢形尖底土器が主体となり、鎌刃のかわりに石鎌を使用するなど、朝鮮独自の農耕文化であったといえる。智塔里と同時代の弓山貝塚でブタがみられないことは、中国東北南部とは大きく異なる点でもある。有紋土器の後期になり、石耜が消失して石鎌が石庖丁にかわっても、調理具は磨棒と鞍型磨臼であり、これは無紋土器の中期まで、半島の多くの場所で発見されることは、畑作栽培がかなりの持続性と普及性をもっていたとすることができよう。

　弓山貝塚ではイヌとスイギュウ？が各 1 個体ずつ出た他はすべて野生動物であった。このうちキバノロは全体個体数の 41.6％、ニホンジカは 29.9％とこの両者によって全体の 71.5％が占められていることはシカ狩に対する集中性をみせている。同じ頃の東北朝鮮の農圃貝塚でノロとマンシュウアカジカの合計が 50％、西浦項貝塚では同種の組み合わせで 49.3％、茂山虎谷ではジャコウジカ 18.52％、ノロとマンシュウアカジカ各 11.11％で合計 40.74％と比べると特定種に対する集中が極端であったことが知られよう。こうした特定種に対する選別は朝鮮の南部でも明確に認められ、無紋土器時代の朝島遺跡では野生動物の 8 割近くがニホンジカであり、金海貝塚では野生動物のうちニホンジカ 58.3％、アカジカ 8％、キバノロ 8％であり、ニホンジカに対する集中がみられ、三者合わせると全体の 3/4 近くはこれらシカ科の野生動物で占められるようになっている。

　野生動物の中の特定種に対する集中的捕獲は、ヨーロッパの後期旧石器時代の終わりから中石器時代にかけての頃にもみることができ、とりわけアカジカの出土量が際立っていることが知られている。こうした特定種に対する選別性についてヒッグスらは、シカの習性を熟知していて、それに対して何らかの人間の関与、操作が行われていたことを示唆している。メラーズは人間とシカ類の間での密接な関係を築く一方法として、火の使用をあげている。メラーズによれば極相林を火で破壊することで土壌の生産力を増加させ、潜在的植生の回

復がみられて、好日性植物が繁茂するようになる。これらの草本類や二次林として出現する樹木の若葉や枝はとりわけシカ類の格好の食料となり、このため意図的に森林に火入れを行ってシカを集める狩猟民の事例を数多くあげてその効果を明らかにしている。火入れを行って植生を変化させると、従来よりも1エーカーあたり4倍から6倍ものシカが集まり、各個体の重量が1割以上も増加するとされている。また火入れの範囲は1/2マイル（約800m）以下と小規模でよく、その中にシカの逃げ場所（隠れ家）として点状の未焼失の林を残すとなお効果的であるという。こうした火入れによる効翠は4～5年がピークであり、約10年で旧に復するとされている（Mellars 1976）。火入れなどによる森林開拓が中石器時代にみられることは、アカザ科の植物が増加することなどを手懸りとして、ウォーターボルグによって早くから唱えられており（Waterbolk 1971）、本格的農耕文化受容以前の内的適応の一つとしてとりあげられている。中国の例でも極相林が伐採されて二次林が増加すると、ノロシカ、イワリス、ホソオシマリス、チョウセンムササビなどに有利にはたらくとされている（中国科学院中国自然地理編纂委員会 1985）。

　落葉樹林帯の自然植生では本来イノシシが優勢種あり、朝鮮でもそのことが確かめられている（姜錫午 1971）。とすれば、本来的植生条件下であれば狩猟動物としてイノシシがまず出土獣骨の中で一番多くなるはずであるのに、こうしたシカに対する選別性がみられることは、火入れを含む何らかの自然操作がなされていたことが充分に考えられよう。

　家畜を飼育するにあたって最も重要なことは降雪地帯での越冬用飼料の用意であり、これが困難な時にはブタなど一時的に野放しにされることは、中国北部、朝鮮東北部、北欧でみられることである。越冬用飼料や日々の動物の食料を供給するかわりに、インガリック族のように、とれすぎたカリブーを柵の中で放し飼いにするのが得策であり（Oswalt 1976）、この点で朝島のような小島はまさしく柵のない檻に等しいとみることができる。朝島の報告書を書いた人が想定しているように、離れ小島での養鹿が考えうるならば、家畜を飼育するよりもなお経済効果が高いとみなされる。

　弓山貝塚や朝島遺跡にみられるように、朝鮮の初期農耕民が積極的に自然環境の操作を行って、特定種の選別的捕獲を行い、あるいはより積極的にキーピ

ング（一定期間の飼育）を試みていたと考えると、彼等もまた事実上ある種の「家畜」を所有していたとみなすことができる（甲元 1982）。

　一方家畜をもつことの否定的側面は、家畜を飼育するのに必要な飼料が莫大なもので、穀物栽培と競合する点があることである。ホームズの統計資料によると（Legge 1981）、1ヘクタールあたりの蛋白質の産出量は乳牛で 115kg、肉牛 27kg、小麦で 350kg となり、牛肉を 1 とすると牛乳は約 3 倍、小麦では約 13 倍と、穀物栽培がいかに効果的食料源か分かる。小麦よりも水稲のほうが単位面積あたりの収穫量は高くまた小麦よりも連作の障害が少ないことから、水稲耕作が可能な所ではその差はさらに拡大することとなる。

　上海市馬橋遺跡は良渚文化期（紀元前三千年紀）に属する江南の代表的稲作遺跡の一つであるが（上海市文物管理委員会 1978）、この遺跡で出土した哺乳動物は 9 種 150 個体を数える。このうち家畜動物（イヌ、ブタ、スイギュウ）は全個体数の 63％を占め、ブタは 80 頭で 53％にも及んでいる。一方野生動物の中ではニホンジカが 37 頭で 25％を占め、狩猟動物の殆どがニホンジカといってもいいほどである。馬橋遺跡では家畜はブタ、狩猟はニホンジカとの選別性をみることができる（黄象洪・曽克清 1978）。これとほぼ同じ頃の大連市郭家村遺跡での哺乳動物は、15 種に及び、ブタは多いものの他の狩猟動物では特定種に対する選別性はみられず、網羅的狩猟を行っている。このようにみてくると、水稲耕作を行っていたと考えられる地域にある馬橋、金海貝塚、朝島遺跡などでは、特定種に対する選別性がみられるのに、畑作地帯である郭家村、茂山虎谷、五洞、西浦項などでは、特定種に対する狩猟の集中はみられず、網羅的にこれらを狩猟していた傾向が窺えよう。また出土穀物をみても、朝鮮の東北地方では、アワ、キビ、モロコシ、ダイズと各種の穀物がまんべんなく出土するのに対し、松菊里や大坪里などでは、今のところコメしか出土が確かめられていない。

　コメを出土した欣岩里や南京里に他の畑作物が伴うのは、東北朝鮮と南朝鮮を対比的にみた場合、畑作地帯における網羅的食料体系により近いことが知られるのである。

　東北アジアの初期農耕文化期においては、このように落葉樹林帯以北の畑作地帯においては、ブタを飼育しながらも各種の畑作物、各種の狩猟動物に依拠

する網羅的な混合農耕を営んでいたとすることができる。一方落葉照葉混交林帯以南の朝鮮南部では、栽培種はコメ、狩猟動物はシカ科と極めて選別的な食糧体系をもっていたことが分かる。

日本の初期農耕文化

　朝鮮の初期農耕民が複合的農耕文化を営んでいたことについては上でみてきた。東北朝鮮ではアワ、キビ、モロコシ、ダイズ、アズキと各種の畑作穀物が栽培され、南京遺跡、中島遺跡、欣岩里遺跡など落葉樹林帯下に形成された農耕遺跡では、コメの他、アワ、キビ、モロコシ、ムギとやはり雑穀を混じえる混合農耕の存在が想定される。一方落葉照葉混交林帯以南の南朝鮮では、弥生文化の形成に大きく関わった原三国時代以前の段階のものはすべてコメの単独出土であるという大きな違いがそこにあることが知られる。

　日本の出土穀物を集成、分析した寺沢の統計によれば（寺沢・寺沢1981、寺沢1986）、193遺跡中、コメの出土は64.7％、ムギ16.8％、ヒエ5.6％、アワ4.6％、キビ1.5％とコメが2/3近くの出土数を占め、日本でもコメに対する依存度がかなり高かったことを示している。こうした傾向を実際の遺跡ごとにみてゆくと、板付遺跡のように、コメが殆どを占めるものと、綾羅木郷遺跡や菜畑遺跡のようにコメ以外に広範囲にわたる畑作作物が検出される遺跡とがあり、この2つの異なった経済的対応は、出土した動物骨の面でも指摘することができる。

　菜畑遺跡は唐津湾と砂丘を隔ててその背後にある湿地帯をみおろす小丘陵上にあり、発掘調査の結果、水田址と集落址の一部が明らかにされた（唐津市教育委員会1982）。ここで出土する穀物には、コメ、オオムギ、ソバ、アワ、アズキがあり、他に栽培された作物として、リョクトウ、ゴボウ、メロンなどがみられる。堅果類にはクルミをはじめ各種の落葉性、照葉性のドングリがあり、魚骨にはサメ、エイ、マイワシ、ボラ科、マグロ、マサバ、マアジ、ブリ、スズキ、クロダイ、マダイ、ベラ科、ハゼ科、コチ科、ヒラメ科、カレイ科、マフグ科と沿岸で捕獲されるほとんどの魚類が食料に供されていて、多方面での経済活動が窺える。菜畑遺跡で出土した哺乳動物には、ノウサギ、ムササビ、

第1節　東北アジアの初期農耕　67

イルカ科、イヌ、タヌキ、テン、アナグマ、ニッポンアシカ、ジュゴン、イノシシ、ニホンジカ、ウシなどがある。ウシは加工痕をもつ角のみで例外とみなしうる。このうちイノシシの個体数は46、シカ24と大差なくみられる。このように菜畑遺跡では水稲耕作を一早く営みながらも、多方面で網羅的な食料獲得行為が行われていたとみることができる。

水稲耕作を北九州地方よりやや遅れて受容した地域でも菜畑と同様のあり方を示すものがある。西川津遺跡群は島根県宍道湖に注ぐ朝酌川流域の低地に営まれた集落址群で、島根県教育委員会により、集落に近接した地点の調査が行われている。これら遺跡は縄紋時代後期か弥生時代にかけて継続的に形成されていて、稲作受容の過程をみる上で重要な資料となっている。

このうち海崎地区については、縄紋と弥生とに区別して自然遺物が報告されているので、今それをみてゆこう（島根県教育委員会1987、1989）。

縄紋期の食物としては、オニグルミ、カシやトチノキなどのドングリがあり、哺乳動物にはイヌ、アナグマ、ウサギ、ニホンジカ、イノシシ、魚類にはクロダイ、マダイ、フグ、スズキ、エイがある。このうちシカの最小個体数36、イノシシ26となっている。一方弥生時代の中期の層では、ニホンザル、アナグマ、タヌキ、イタチ、ムササビ、ニホンジカ、イノシシがあり、鳥類にオオミズナギドリ、ハクチョウ、ツル、カモ、スズメがあり、魚類にはクロダイ、スズキ、カンダイ、マイワシ、ハゼ科、アイナメ、フナ、ナマズ、コチ、サメまたはエイなどがみられる。イノシシの最小個体数6頭で幼獣が多く、シカは9頭で成獣が多いと鑑定されている。

海崎地区の自然遺跡でみる限り、弥生中期では縄紋期と比べシカやイノシシが減少するかわりに、多方面への食料開拓がおし進められ、特定種への集中はみられなくなっている。この傾向は弥生時代前期から中期にかけて形成されたタテチョウ地区でも同様で、ここではクジラ、イヌ、キツネ、タヌキ、アナグマ、イノシシ、ニホンジカなどあり、うちニホンジカは多いものの個体数は減少している。

大阪府池上遺跡でも豊富な自然遺物の同定がなされているが、上記の菜畑遺跡や西川津遺跡群とは異なった傾向をみせている（大阪府文化財センター1980）。ここでは魚類にはサメ目、エイ目、コイ科、ハモ、スズハモ、ボラ科、

スズキ、マダイ、クロダイ、マフグなどにみられるが、そのうちマダイの量が圧倒的に多いとされる。スズキ、クロダイの骨もみられることからこの結果を骨の残存率の悪さに還元できず、春季にマダイが選択的に捕獲されたと推定することができる。また哺乳動物では、クジラ目、タヌキ、イヌ、シカ、イノシシがあるが、個体数ではイノシシ 60 頭、シカ 17 頭とイノシシが 3 倍以上も多く出土している。池上遺跡出土のイノシシの年齢構成をみると、幼獣が成獣よりも多いことから、イノシシの一定期間の飼育が想定されている。もしもこの幼獣のうち雄が多いという結果が出ると、特定種の選別的捕獲から一歩進んで選別的保護（ある種の家畜）が行われたとみることができる。同様にイノシシの数が圧倒的に多く、しかも幼獣が多いことは唐古遺跡でも指摘されている。

　以上のように日本の弥生文化の前半の段階においては、菜畑遺跡のように水稲耕作を営みながらも各種の畑作作物を栽培し、狩猟、漁撈採集と各方面に開拓の手をのばし、しかもそれぞれの領域で網羅的に食料源として活用するものと、池上遺跡のように水稲耕作を基盤として、漁撈や狩猟を選別的にとり行ったものとの、2 つの大きく異なった経済戦略が存在することが指摘できる。

　日本に水稲耕作が導入されたと推定される紀元前一千年紀中頃の段階での東北アジアの農耕形態をみてゆくと、遼西台地では環境は草原と化してアワ、キビを栽培しながらもヒツジ、ウシ、ウマと移動性の強い家畜を保有する類型、遼河平原ではアワ、キビを栽培し、ヒツジ、ブタを飼育し、中国的煮沸具をもつ類型、遼東半島部ではアワを栽培しブタを飼い、中国的煮沸具をもつ類型、遼東の山地から長白山脈縁辺部の落葉針葉混交帯では、伝統的な平底の煮沸具をもち、ブタを飼育して、アワ、キビ、モロコシ、ダイズ、アズキと各種の畑作物を栽培する類型、大同江流域から南漢江流域の落葉樹林帯では、コメ、ムギ、アワ、モロコシ、マメを栽培し、家畜は少ない類型、錦江流域以南の落葉照葉混交林帯では家畜はもたず、シカの選別的狩猟もしくは保護（キーピング）を行う類型に分けることができよう。このことにつき、コメを指標としてみれば、畑作地帯は家畜をもつ混合農業で網羅的な食料体系であり、稲作地帯では家畜をもたぬ選別的食料体系であったとみることができる。

　有紋土器の後期から無紋土器の前期にかけての朝鮮の南部で、補助的ながらも広範囲にわたる畑作栽培が行われていて、縄紋時代の後期後半以降日本に影

響を及ぼしたことが確実であるとすると、菜畑遺跡や西川津遺跡群のような網羅的食料獲得型の類型は、縄紋時代の伝統の上に付加的に水稲栽培が取り納れられたとみることができる。これに対して、板付遺跡、池上遺跡、唐古遺跡にみられる水稲耕作を中核として選別的食料獲得型の類型は、朝鮮南部での新しいタイプのものであり、人間の交流を含めたより直接的影響の下に形成されたものであるとみることができよう。山崎純男の分析による水田の2つの型は、まさしくこの2つの異なった経済戦略に対応するものである（山崎1987）。

追　記

　1989年3月大分県下郡桑苗遺跡の報告書が発行された（大分県教育委員会『下郡桑苗遺跡』）。それによると弥生時代前期末から中期初頭にかけての土器とともに、7頭の「ブタ」が発見された。雌の成獣1頭、若獣1頭、雄の若獣2頭、雌雄不明の成獣1頭、幼獣2頭である。これを鑑定した西本豊弘によれば、これらの家畜としての特徴は、
　（1）歯槽膿漏の症状がみられること
　（2）上顎骨後部が前方へ張り出すこと
　（3）吻部が幅広でみじかくなること
　（4）頬骨弓が少し外へ張り出し、頭部全体が丸みをおびること
　（5）発育不良の歯や発育異常の頭骸骨の存在すること
　（6）野生のイノシシよりも骨が肥大していること
　（7）口蓋骨後端部がV字状をなすこと
があげられている。こうした特徴をもったものが、吉野ヶ里、菜畑、唐古、朝日貝塚などでも発見されているという。
　西本が挙げた家畜としての特徴のうち、（7）については、九州の在来イノシシのなかにもみられる（木村幾多郎氏による）ので、（1）から（6）までの特徴で家畜と断定できるかどうかが残された点である。雌雄の判別と年齢構成によれば、人間の意図的操作があったかどうか判断つけることができるので、1遺跡での量的な分析が必要である。また人間による意図的操作があったとしても、キーピング（一定期間の飼育）によって、上述の特徴が出るかどうかの検討も必要であろう。今後に大きい問題を残すことではあるが、「家畜」として捉えることに、まだ躊躇を覚える。

第2節　東北アジアの石製農具

はじめに

　東北アジアに於いては今から約 8000 年以上も前から、ブタを飼育しアワやキビなどを栽培する初現的な農耕文化が展開していた。その後、ヒツジ、ウシ、ウマなどの家畜が加わり、ムギ類、モロコシ、マメ類などの穀物の種類も増加して、西暦前後には農耕文化に拡がりは北緯 45 度付近にまで及ぶこととなった。イネは遼東半島南端部と朝鮮では紀元前二千年紀には登場し、朝鮮南部地域の稲作栽培が中心となる農耕文化類型に於いては家畜を伴わない独特の農耕が形成されてきた（甲元 1991）。こうした長期間にわたる農耕文化展開過程で使用された農具については、部分的に取り上げられ、あるいは断片的に紹介されたにすぎず（劉仙州 1963、張紹維 1983、李宇峰 1985、1986）、農耕文化全体の中での農具について論じたのは、50 年以上も前のビショップの論文の他はない（Bishop 1933）。最近になり『農業考古』やその他の誌上に農具や家畜、それに穀物などの発掘資料が集成されはじめ、石製農具の一部が取り上げられて、広い視野からの論及が可能になってきた（王仁湘 1987）。

　農具の研究が今日最も進んでいるのはヨーロッパ地域で、民族誌との対比研究から出発した（Pfeiffer 1920）。こうした手法による農具研究はドイツ語文化圏でことに顕著に認められ、研究集積も膨大なものに達している（Holtker 1947、Kothe 1959、Janata 1966）。また古典古代に関する研究でも、文献と遺物の克明な対比から、具体的な農業技術上の方法にまで及んで論じられるに至っている（White 1967、Rees 1979）。農具の個別研究も盛んで、収穫具や耕起具が体系的に論じられ（Steensberg 1943、Gailey and Fenton 1970、Buchanan 1971、Lerche and Steensberg 1980）、農具が具体的な生態条件や耕地とのからみで究明されていて（Steensberg 1980）、これらの研究成果を背景として、ヨーロッパ先史時代の農耕形態がシステマティックに描かれるに至っている（Barker 1985）。

一方朝鮮に於いてはここ 20 年来初期農耕文化に対する研究は盛んとなり、農具それ自体よりも農耕の持つ意義に言及する中で、農具の問題が取り上げられてきた（金勇男 1963）。また豆満江流域という限られた地域内での詳しい生業分析が行われた中で農具につき取り上げられ（黄基徳 1963）、農耕文化の歴史展開の中に位置づけようとする試みも見られるようになっている。かつて私は耕起具、収穫具、調理具といった農耕生活の中で一貫した道具の組み合わせを類型化して分析し、農具の組み合わせの相違は生態系の違いを反映しているとの観点から、家畜や狩猟動物の数量との相関関係の中で農耕の持つ社会的比重の検討を行ったことがある（甲元 1972）。この農耕生活過程における一貫した農具の組み合わせの分析という観点からの検討はその後、池健吉・安承模の検討の中でも生かされ（池健吉・安承模 1983）、後藤直の朝鮮全域の穀物出土遺跡表のなかでも、農具との関連が考慮されている（後藤 1974、1986）。

　このようにここ数年の間に農耕具への関心が高まって、個別的な検討がなされるようになってはきたが、東北アジア全体の農耕文化のなかでのそのもつ意義については明らかにされたとは言いがたい。東北アジア先史時代の自然遺物を取り扱った論文でも、石製農具の分析は充分ではなかったので（甲元 1991）改めて初期農耕文化の中での石製農具について見当を加えることとする。その際、ここの農具の機能に関しては既に論じたことがあるので、ここでは深くは立ち入らないこととする。

遼西台地

　遼河流域から燕山山脈にかけての遼西台地の初期農耕文化は、興隆窪文化→趙宝溝文化→紅山文化→小河沿文化→夏家店下層文化と展開する。遼西地方の新石器時代初期の文化類型として興隆窪文化とほぼ同時期に位置づけられるものに、シラムレン河流域の白音長汗文化や大凌河支流の査海文化が挙げられるが、興隆窪遺跡以外には全体の様相が把握できるほどの報告は未だなされていない。

　興隆窪遺跡は大凌河の支流である牡牛河に近接した低丘陵上とその裾野に広がる集落址で、幅 2m、深さ 0.55 〜 1m の溝が直径 166 〜 183m の楕円形に廻

72 第1章 初期農耕

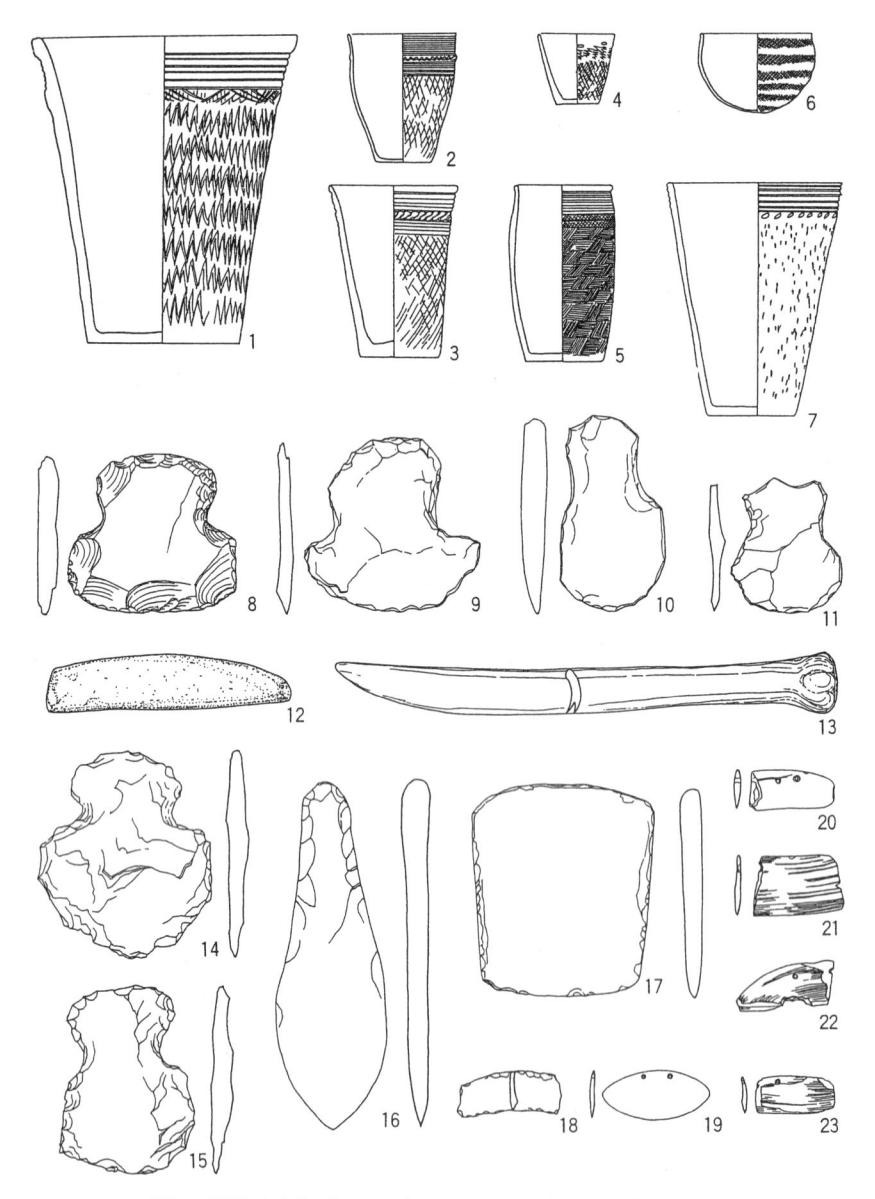

図6 興隆窪文化 (1〜13) と紅山文化 (14〜23) の遺物
(縮尺:土器1/9, 石器1/6, その他1/3)
1〜7, 9〜12:興隆窪, 8・13:富河溝門, 14〜18:那斯台, 19〜23:西水泉

り、その内部には「灰土圏」と称される住居に落ち込んだ埋土が焼く 100 ヶ所検出されている（中国社会科学院考古研究所内蒙古工作隊 1985、楊虎 1986）。そうした灰土圏は西北から東南方向に 10 グループにほぼ並び、まとまって分布している。そのうち 35 件の灰土圏を発掘して 39 件の竪穴住居址が発掘された。伴出する土器は深鉢形の大・中・小を器種とする単純なもので、その他には各住居址に小型丸底椀が 1 点は必ず検出されるのが特徴となっている（図 6 -1 〜 7）。石器は打製製品が多く、石鍬は各住居址に 1 点から数点みられ、それらには刃部から垂直方向に使用痕跡が認められ、耕起具として利用されていたことを窺わせる（図 6-9 〜 11）。細石刃（マイクロリスを含む小型の剥片石器）は少ないが、骨柄に挿入して鎌や銛に使用した類も見られる。調理具としては石転子と称される（八幡 1940）磨棒（図 6-12）や鞍型の磨臼もあり、農耕生産過程に使用される各種の石製器具が備わっていることは重要である。出土する動物骨には、ブタがあり、その他にシカやノロも多く見られる。またマンシュウグルミが検出される。こうした動植物の存在から当時の興隆窪一帯は落葉森林植生であったと推定される。

　一方この興隆窪遺跡とほぼ同じ内容をもつものとして、富河溝門文化を挙げることができる。富河溝門遺跡は西遼河上流のウルキムレン河の支流である富河を望む小高い丘陵上に立地している（中国社会科学院考古研究所内蒙古工作隊 1964、楊虎 1986）。この丘陵上の南北 200m、東西 300m の範囲内に約 150 基の灰土圏があり、うち 12 基の灰土圏から 37 基の竪穴住居址が検出されている。住居址の切り合い関係から富河溝門文化は 3 時期に細分されているが、いずれも「之字紋」を器面全体に及ぼす深鉢形の土器で器種が構成されている。石器は打製製品が大部分を占め、石鍬もみられる（図 6-8）。細石刃も多く出土し、石刃鏃もみられる。石刃を嵌め込む骨柄があることから（図 6-13）、細石刃の中には鎌に使用されたものが存在していたことを窺わせる。骨製品の中には興隆窪遺跡と同様に漁具もみられる。この遺跡の動物相は別の論文で紹介されている（劉観民・徐光冀 1979）。

　それによると、イノシシ、ジャコウジカ、オオジカ、ノロ、モウコガゼル、アナグマ、キタリス、キツネ、イヌ科、ウシ科の動物が同定され、家畜の骨はまったく見ることができなかった。これら狩猟動物のうち最も数が多く、出土

総数の約半数を占めるのはシカ科で、その他にはイノシシ17％、アナグマ9％と続いている。このような動物相からは、当時の遺跡周辺の環境は落葉・針葉混交林であったことと推察される。

　このように興隆窪―富河溝門文化の住民達は環濠集落に居住し、ブタを飼育し、耕起具として石鍬、収穫具として鎌刃、調理具として磨棒と鞍型磨臼を備えるなど、穀物の出土はないものの（補注1）、これらはみな農耕文化の所産であり、東北アジアに於ける初期農耕文化の初現期の様相を示しているといえよう。年代的に近い河北省の磁山文化のものと農耕具を比較すると、鋤状の掘り具がなく、石鎌の代わりに鎌刃を使用するなどの違いが指摘できる。さらに中原地域に一般的な三足土器を欠くことは、興隆窪―富河溝門文化は東北地域の森林環境の中で育まれた独自の農耕文化であるとすることが可能である。

　これに続く趙宝溝文化を代表する趙宝溝遺跡や小山遺跡は内蒙古敖漢旗にあり、いずれも沖積平野を望む丘陵の緩やかな傾斜地に立地している（中国社会科学院考古研究所内蒙古工作隊1987、1988）。土器は表面に「之字紋」を配する深鉢形土器が主体であるが、椀や台付椀、盆、尊形器など前代に比べ器種が豊富になる。石器は磨製製品が増加し、磨製の石鍬があり、東北アジアの新石器時代を特徴付ける大型の石耜がはじめて登場する。収穫具は前代と同様に鎌刃が使用されたと思われるように石刃があり、石刃を製作した石核が出土している。調理具もまた興隆窪〜富河溝門文化と同様に石棒と鞍型磨臼で構成される（以上図7）。

　紅山文化は遼河上流から河北省北部と広い範囲に分布をみせるものの、その中心地は老河流域にある。遺跡の多くは川筋の沖積平野を見下ろす、沖積地とは比高差10〜40mほどの台地上に立地し、他の時期の遺跡と比較して遺物の分布範囲も狭く、堆積層も薄いことが指摘されている（中国社会科学院考古研究所1984）。

　紅山文化の土器は泥質陶と夾砂陶に分けられ、泥質陶の多くは彩色を施した紅陶で、大型の壺や罐、椀などがあり、うち口縁部外側に帯状の彩色を施した椀はこの期の特徴的な土器とされ、中原の仰韶文化後崗類型の土器と共通する。一方夾砂陶は装飾として器表面に「之字紋」や短沈線紋で飾る鉢形をなすものが多い。この鉢形土器は広口の口縁に胴部がやや膨らむ器形をなし、興隆窪文

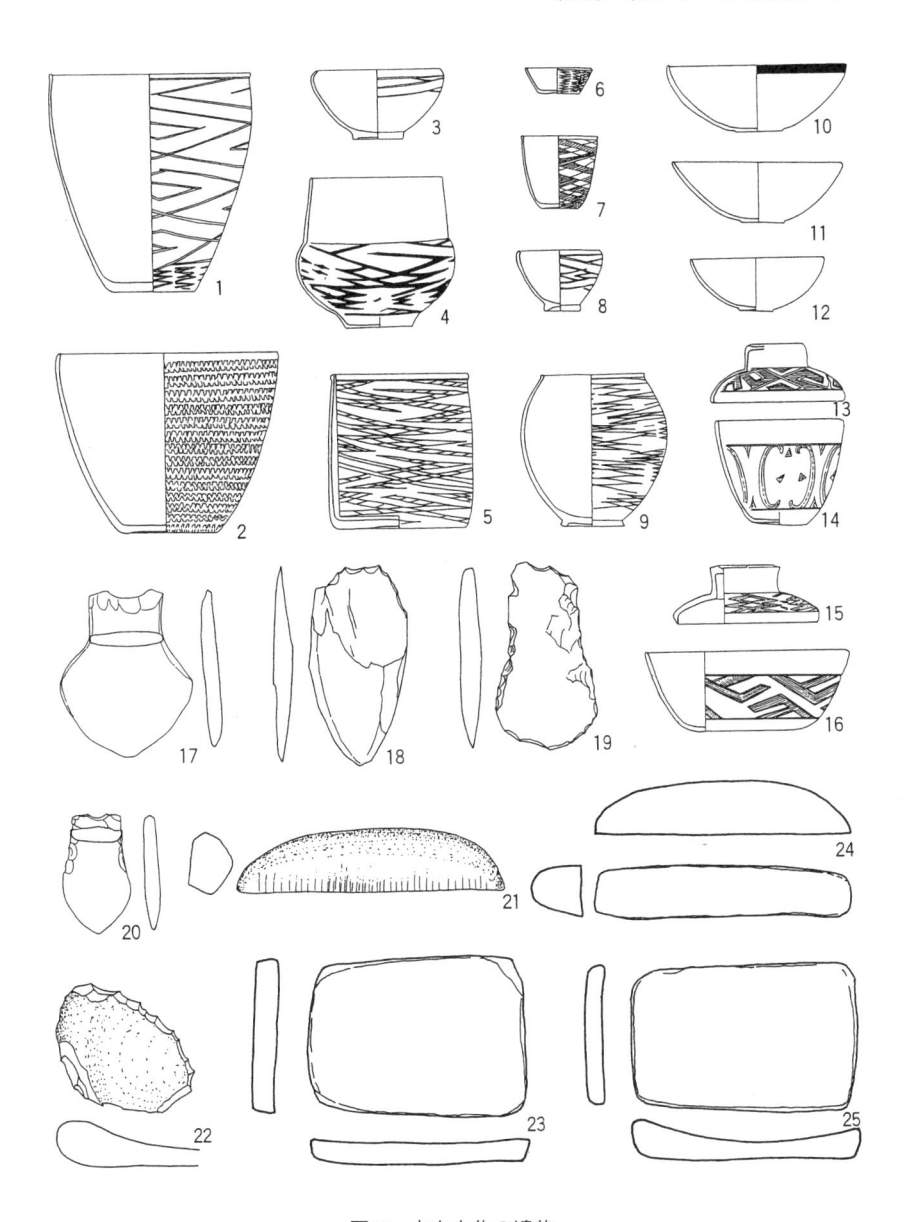

第 2 節　東北アジアの石製農具　75

図 7　小山文化の遺物
（縮尺：土器 1/9，石器 1/6，23・25，約 1/10）
1～9，17，20：趙家溝，10～16：小山，18，19，21～25：大沁地拉

化以来の土器の系譜を引くものである。

　石製の農具としては、紅山後第2住地で石耜と石鍬、石庖丁と鎌刃、磨棒と鞍型磨臼があり（東亜考古学会 1938）、内蒙古那斯台遺跡では耕起具として、石耜、石鍬の他に磨製の扁平な石鏟があり、中国の研究者は鍬として使用されたと想定している（巴林右旗博物館 1987）。また収穫具としては石庖丁の他に石鎌が出現し、西水泉ではカワシュンジュガイで拵えた貝庖丁もみられる（中国社会科学院考古研究所内蒙古工作隊 1982）（図 6-21 ～ 23）。

　このように紅山文化段階では大型の石耜が量的に多くなり、庖丁形の収穫具が登場するなど中原の仰韶文化後崗類型の影響が彩色土器の出現にあわせて窺える側面もみられる。

　紅山文化期の出土穀物としては蜘蛛山遺跡でアワが検出されている以外には未発見であるが、石製農具の共通性から前代同様のキビ・アワやマメ類の栽培が行われたであろうことは推察に難くない。家畜としてはブタ、ウシ、ヒツジがみられる。このうちウシは頭数が少なく、ヒツジは赤峰紅山後遺跡を除いては明確ではない。量的に多く見られるのはブタでありブタ飼育が中心であったとしうる。野生動物も多く、イノシシ、シカ、ノロが多く狩猟の対象となっていた（甲元 1991）。前代に比べ漁具の出土数は比較的少ない。

　紅山文化の炭素 14 年代値としては、牛河梁遺跡で 5580 ± 100BP と 5000 ± 130BP、東山嘴遺跡では 5480 ± 110BP とかなり古くでているが、これは中原地域の文化的影響を受けやすい遼西南部に、いちはやく紅山文化が形成されたことの反映とも見ることができる。

　紅山文化とほぼ同時期でありながら彩色紅陶を伴わない遺跡も存在する。内蒙古奈曼旗大泌他垃遺跡（朱鳳瀚 1979）がその代表的な類型として挙げられる。石器組成は紅山文化と異なるところはない。

　紅山文化に続く先史文化として小河沿文化が設定されている（遼寧省博物館他 1977）がその内容には不明な点が多い。敖漢旗四稜山遺跡がそれであり、大型の石耜や石庖丁の出土が確認されているに過ぎない。土器の組み合わせの中に器台や大型の把手付き壺などが特徴的にみられる。

　小河沿文化の後の先史農耕文化として夏家店下層文化が挙げられる。龍山文化の影響を受けて形成され後に殷文化と類似した土器も出現しているので、紀

元前二千年紀の時期の所産であることは確実である。夏家店下層文化は内蒙古赤峰市の夏家店遺跡の発掘調査で明らかにされたもので、その下層文化を標識とする（中国社会科学院考古研究所内蒙古工作隊 1974）。その後老哈河流域を中心として遼西一帯から燕山山脈の南側、河北省北部の張家園遺跡（天津市文化局考古発掘隊 1977）や大坨頭遺跡（天津市文化局考古発掘隊 1966）、北京市の硫璃河遺跡（硫璃河考古工作隊 1976）でもその存在を認めることができる。遼寧省内部の領域では豊下類型と呼称されているが、その内容には変わりはない。夏家店下層文化に属する遺物包含層は極めて厚く、1～2m にも及ぶものがあり、かなりの長期間にわたる定住生活があったことを窺わせる。事実土器の型式からすると数期に区分しうるが（千葉 1986）、その終末は殷末周初と推定されている。炭素 14 年代では、赤峰蜘蛛山遺跡で 4360 ± 140BP、水泉遺跡で 4130 ± 110BP、北票豊下遺跡で 3840 ± 130BP、大甸子の墓地遺跡で 3680 ± 100BP、3645 ± 135BP とでている。

　夏家店下層文化に属する土器には煮沸具としての鬲、鼎、甗をはじめとして、壷、豆、盆、甕、盂、爵などがあり（図 8-1～10）、器種の変差に富んでいる。このうち盂、爵などは二里崗期の青銅器の器形を模したものと考えられ（町田 1981）、夏家店下層文化の中でも後出する型式とすることができる。

　夏家店下層文化期になると、大型の石耜はなくなり、掘り具としては石鍬が多く出土するようになる。その他に耕起具としては偏平磨製の石鏟と呼ばれているものが一部にみられる。石庖丁には長方形単孔の形式のものがあるが、この期に特徴的なのは細長い長方形で、断面が三角形をなす形式があり、今のところ夏家店下層文化期のみに見出される。調理具には磨棒と鞍型磨臼がある（図 8-11～20）。

　夏家店下層文化期の発掘された穀物には豊下遺跡でアワとキビが（遼寧省博物館幹部培訓班 1976）水泉遺跡（遼寧省博物館・朝陽市博物館 1986）でキビが、蜘蛛山遺跡（中国社会科学院考古研究所内蒙古工作隊 1979）でアワがそれぞれ検出されている。家畜にはウシ、ヒツジ、ブタ、イヌがあり、蜘蛛山遺跡ではウシ、ヒツジ、ブタが多く、豊下遺跡ではブタが最も多くヒツジとウシがこれに次ぐ。その他にこの期の遺跡では一般的にブタが多く、ウシやヒツジもかなりの数に達している（甲元 1991）。

78 第1章 初期農耕

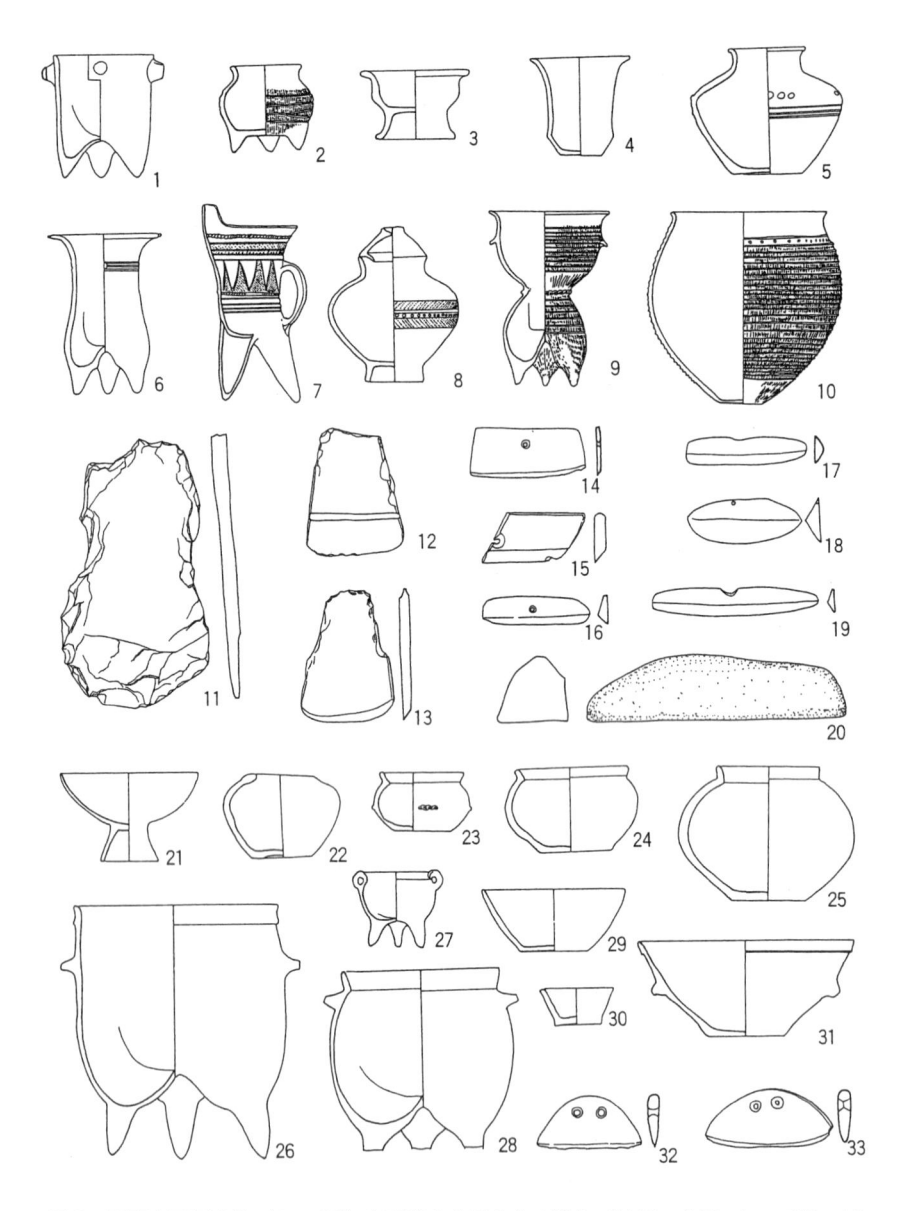

図8 夏家店下層文化（1〜20）と夏家店上層文化の遺物（縮尺：土器1/9, 石器1/6）
1〜8：大甸子, 9, 10, 14, 17, 21〜31：夏家店, 11, 12：三官甸子,
13, 17, 22, 23, 32, 33：水泉, 15, 18, 19：豊下

夏家店上層文化は中原の西周末から春秋にかけての頃の時期に比定され、青銅の利器を多く保有する段階にある。夏家店下層文化と比べて土器の器種は却って少なくなり、鼎、豆、壷、鉢などと単純化している。石製農具も石庖丁、磨棒、磨臼があるにすぎない（図 8-21～33）。水泉遺跡で炭化したアワとキビが出土していて（遼寧省博物館・朝陽市博物館 1986）、農耕も営まれていたことは窺がいうるが、この期にはむしろ家畜への比重が高まっていたことが特徴的である。夏家店上層文化の遺跡では貯蔵穴から4～6頭のブタが発見されたりすることもあり、ブタの比重が高かったことが分かるが、ウマ、ヒツジが万遍なく見出されるようになり、モウコノウサギなどの棲息が確認されることから、遺跡付近の景観は草原であったことを窺わせる。深耕用の大型石耜が見られなくなることは、森林の後退による腐植土の流出がもたらす耕作土の薄化を意味する。これらの現象は家畜におけるウマやヒツジの増加と相関するものであり、寒冷乾燥化がもたらす生態環境の変化への人間の対応と見ることが可能である。

遼河下流域と遼東半島

　遼河下流域の最古の農耕文化としては瀋陽の新楽遺跡を挙げることができる。新楽遺跡は今日まで3回に及ぶ発掘調査がなされ、第3次調査では炭化したキビが採取され、ブタが検出されている（李宇峰 1986）。新楽遺跡は瀋陽市北郊にある海抜が 50m ほどの東西に長い丘陵上に立地し、付近の低地帯からは 5～10m の比高差がある。発掘調査の結果新楽遺跡は下層と上層の文化層に区分され（瀋陽市文物管理弁公室 1978）、そのうち下層からは「之字紋」を器表面に飾る深鉢形土器が、上層（夏家店上層文化）では無紋の三足器、甗、鬲や椀、壷がみられる。下層の石器には石刃鏃をはじめとする打製石器が多く、磨製の石器は少ない。農具としては石鍬の他に大量の磨棒と鞍型磨臼が出土している。一方上層では磨製の石器が多く、農具に石鍬、磨製半月形石庖丁、磨棒、鞍型磨臼がみられる。
　第2次調査では下層文化期に属する長さ 11.1m、幅 8.6m の大規模な方形の住居址が発掘された（瀋陽市文物管理弁公室・瀋陽故宮博物館 1985）。磨製石

器には偏平に近い片刃石斧もあるが、石器の大部分は細石器で鏃や刃器が多く見られる。耕起具は未発見であるが磨棒と大型の鞍型磨臼がある。

　第3次調査でキビが出土したことで農耕の存在は確実であり石鍬で耕起し、磨棒と鞍型磨臼で調理するものであったことが窺える。収穫具は見当たらないが石刃が多く出土することから、鎌刃の存在が推測され、興隆窪遺跡と同様な石製農具の組み合わせとみることができる。炭素14年代では極めて古い数値が発表されていて、6800 ± 145BP、7245 ± 165BP、7340 ± 100BPとの値は、磁山文化とほぼ同じ頃となしうる。

　鼎、鬲、甗と中原的煮沸具を有する新楽上層文化と初現的農耕文化に相当する新楽下層文化との間には、偏堡類型（郭大順・馬沙1985）や肇工街下層文化、夏家店下層文化などが介在するが、その内容については不明な点が多い。

　遼東半島に於ける先史時代土器は、小珠山下層→小珠山中層→呉家村→小珠山上層→双砣子第2文化層→双砣子第3文化層→上馬石上層文化層と細かく展開過程が編年されている（小川1983）。小珠山下層の土器は新楽下層のものに近く、上馬石上層は炭素14年代で、3320 ± 160BP、3365 ± 195BPとでており、夏家店下層文化の終わり頃の年代に接近している。

　小珠山下層土器を出土する小珠山遺跡では、深鉢形土器を基本とする器種で構成されるだけの簡単な組み合わせで、伴出する石器には磨棒と磨臼のみであり、そのほかの農具は不明であるが、この小珠山下層土器と同一型式の土器を出土した東溝県閻砣子遺跡（遼寧省博物館1986、丹東市文化局文物普査隊1984）では、石鍬が発見されていることから、小珠山下層文化段階でも初期的な穀物栽培が営まれていた可能性は大きい（図9-1〜12）。小珠山下層文化では家畜動物はイヌだけであり、シカやキバノロの狩猟動物が大部分を占めることから（遼寧省博物館他1981）、農耕のもつ社会的比重はあまり高くはなかったと想定できる。

　小珠山中層では在来の深鉢形土器に加えて、鼎や鬶、壺といった新しい器種が出現し（図9-18〜30）、この段階で山東からの強い文化的影響が及んだことを窺わせる。出土する動物骨にはシカ、キバノロ、イヌ、ブタがあり、ブタはシカに次いで多いとされる。山東大汶口文化の波及はブタ飼育の本格化をもたらしたのである。小珠山中層文化段階での収穫具に石庖丁がみられるが、こ

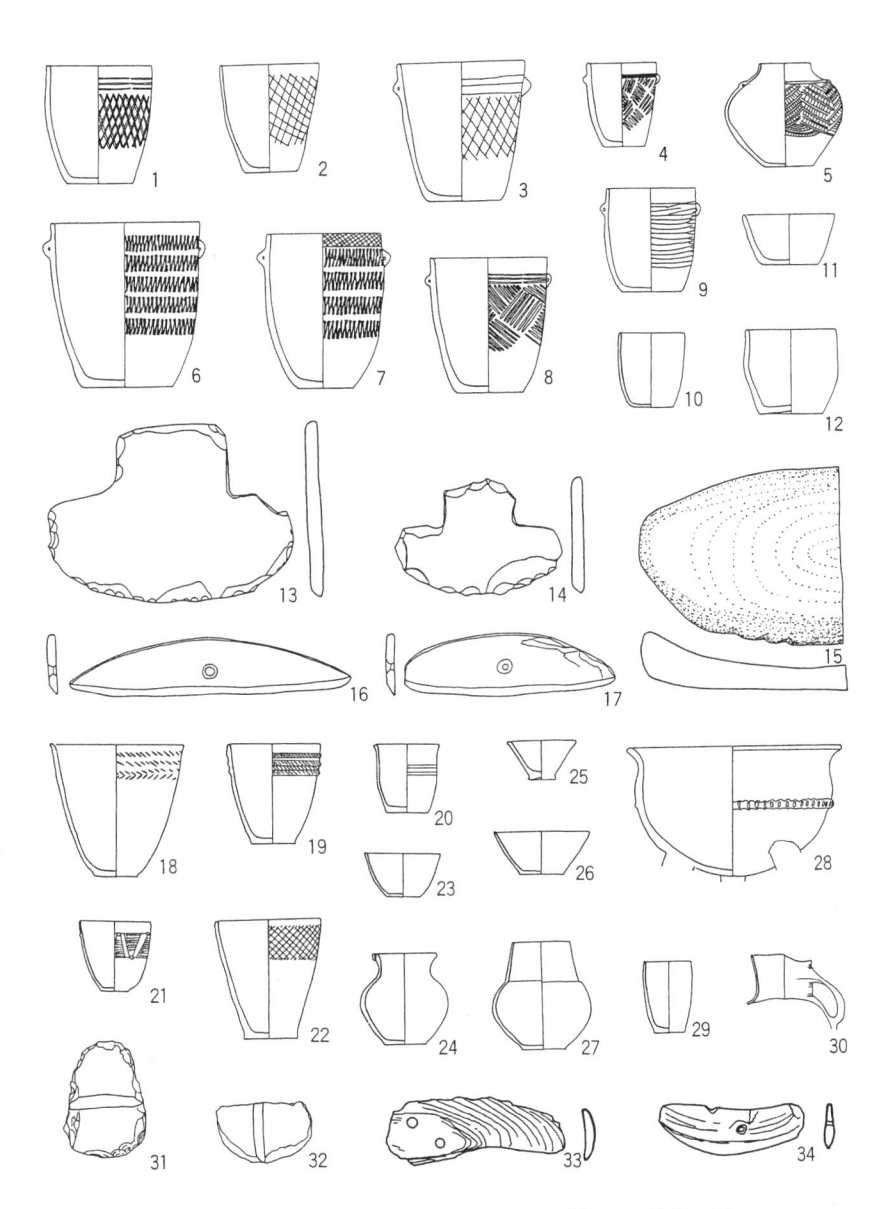

第2節　東北アジアの石製農具　*81*

図9　遼東半島の遺物（縮尺：土器1/9，石器1/6，貝器1/3）
1～12：後窪，13～15：山神廟，16，17：東溝，
18～24，31～34：小珠山中層，25～30：郭家村

れと同時期の郭家村下層（遼寧省博物館・旅順博物館 1984）では貝庖丁や土器片を利用した収穫具みられ、貝鎌も出土している。石鍬はあっても量は極めて少ない。調理具としては磨棒・鞍型磨臼が多く出土している。こうした傾向は郭家村上層文化（小珠山上層文化）段階でも同様で、石庖丁と磨棒・鞍型磨臼は多く検出され、ブタのもつ比重が高まっていく。ところが小珠山上層文化よりも新しい双砣子第 1－3 文化層（朝・中合同考古学発掘隊 1986）や上馬石上層文化層では農具といえば石庖丁や石鎌といった収穫具のみで、石製の耕起具や調理具の発掘は皆無となる。山東岳石文化段階とほぼ並行するこの時期での石製農具に見られる変化は大変興味深い点である。

　山東地方の先史文化的影響を殆ど受けなかった遼東の東部では、蚊子山遺跡に代表される第 3 期になると石庖丁が多く見られるようになる（遼寧省博物館 1986）が、他の農具については良く分からない。しかしこの時期の鴨緑江沿岸部から渾河流域では、深鉢形土器に壺を加えるという極めて単純な土器構成を示すようになり、石鍬、石庖丁、磨棒・鞍型磨臼といった石製農具の組み合わせが広く分布を見せるようになってくる（許玉林・金石柱 1986、吉林省文物管理委員会 1960、康家興 1956）。こうした農具が出現する時期は、今日まだ不確定ではあるが、土器からすれば一部は朝鮮有紋土器の後期と時間的に並行するものとみられる。

　太子河流域に於いても深鉢形土器を主体とし、これに壺を器種として加える土器組成に、石鍬、石庖丁を伴出する遺跡が点在している（斉俊 1987）。多くは採集品のために磨棒や鞍型磨臼に言及していないが、吉林省内で発行されている県・市別の『文物志』にはこれらが多く見られることから、存在している可能性は高く、鴨緑江流域の様相と類似した内容の組み合わせであると考えていいであろう。

松花江流域

　この地方では西団山子遺跡に代表される箱式石棺墓をまず取上げることができる。石棺に副葬された土器には、壺、甕、椀、鬲などがあるが、壺と椀がとりわけ多くみられる（図 10-5〜23）。この時代は西周から戦国末にかけての

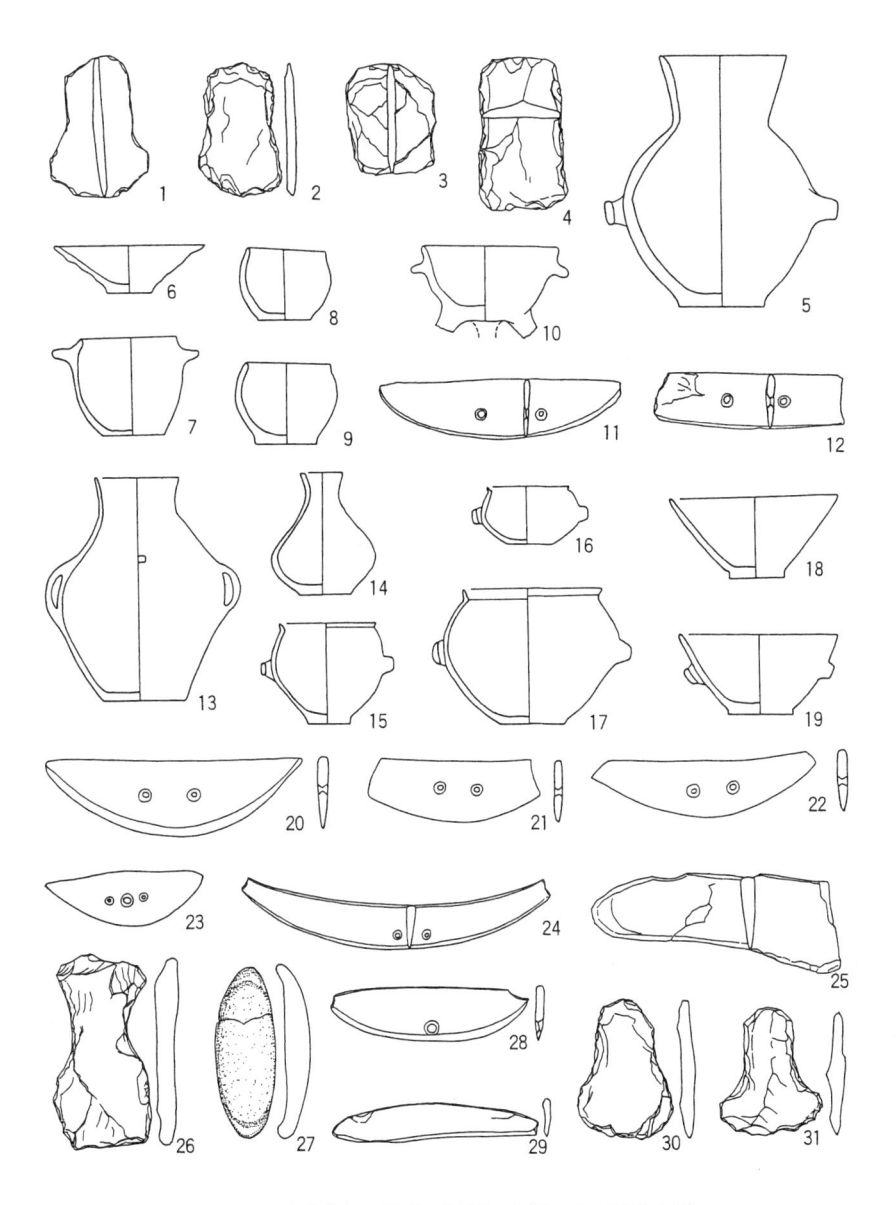

第2節　東北アジアの石製農具　*83*

図10　東北北部の遺物（縮尺：土器1/9，石器1/6）
1～4：江西屯，5～12：西団山，13～23：星々哨，24，25：西荒山屯，
26～29：汪清，30，31：蔦歌嶺

頃であり、多くは青銅器を伴出する（薫学増1983）。石製農具としては石庖丁が多くみられ、磨棒や鞍型磨臼は見当たらない。土器に甑があることから、従来とは異なった調理法が取られていたことを示唆している。この時期の集落址出土品には石鍬があり（洪峰1985）、また西団山文化よりも少し遡る頃の遺跡では、石鍬（図10-26～29）とともに磨臼も検出されている（吉林省文物考古研究所1986）。

一方豆満江上流の汪清県一帯では石鍬、石庖丁、石鎌、磨棒、鞍型磨臼の石製農具の組み合わせがみられ（図10-26～29）、土器は深鉢形を基本とし、壷、高坏、椀といった器種に甑を加えるものがある（延辺朝鮮族自治州博物館1985）。これは西団山類型とは異なって、次に述べる牡丹江や綏芬河流域の文化とも極めて類似するものである。

西団山文化とほぼ同じか少し前頃、嫩江下流域では豊富な骨角製漁撈具をもつ白金宝文化が展開する（黒龍江省文物考古工作隊1980）。農具としては貝製の収穫具（庖丁、鎌）は合計44点と多く、磨棒もみられる。煮沸具として鬲をもち、鉢、壷、甕、椀など器種のヴァラエティに富むセットを有している。この種の遺物を出土する遺跡は、嫩江下流から中流域にかけて多く存在し（黒龍江省博物館1960）、漁撈を主体にして農耕を補助的に営む経済類型が想定できるが、耕起具と推定できるものは見当たらない。

牡丹江流域では蔦歌嶺下層文化、上層文化、団結文化、東康文化と続く先史文化が展開する。蔦歌嶺上層文化の炭素14年代には1240±155BCと1190±145BCがあり、団結文化は初期鉄器時代に属する（村上1987）。

蔦歌嶺下層文化は深鉢形土器で器種の構成がなされ（黒龍江省文物考古工作隊1981）、耕起具として石鍬のみがみられる（図10-30～31）。上層文化では石刃が多くみられ、鎌刃が存在した可能性を物語っている。この段階でブタ土偶13点、イヌ土偶4点が出土していて、表面採集品ではあるが磨棒や鞍型磨臼がみられることから、石鍬で耕作し、石鎌で収穫、磨棒や鞍型磨臼で調理するという東北アジア通有の初期農耕文化の形態をとっている。

農耕の存在がより明確になるのは東康文化期で、東康遺跡では石鍬、石庖丁、石鎌、磨棒、鞍型磨臼の組み合わせをもち、アワ、キビを栽培し、ブタを飼育していることが明らかとなっている（黒龍江省博物館1975）。東康遺跡と同じ

文化内容を具備する例としては、東昇、大牡丹屯、牛場と牡丹江流域に広く分布が認められるものであり、遺跡の多くは河岸段丘上に立地して、豊富な漁撈具を伴出する点でも共通性が認められる（林澐 1985、村上 1987）。

団結文化は東北朝鮮と沿海州南部沿岸地帯と日本海に注ぐ河川流域に展開した鉄器時代文化とされる（林澐 1985、村上 1987）。深鉢と椀、それに特徴的な高い坏をもつ土器群は牡丹江流域でも見ることができ、長白山周辺地域に展開した先史文化とすることが可能である。この文化期の農耕に関しては村上の優れた論文があり（村上 1987）、アワ、キビを栽培し、ブタやイヌを飼育していたことが明らかにされている。この文化に伴う石製農具としては、石鍬、石庖丁、磨棒、鞍型磨臼があり、後に述べる朝鮮半島東北地域とまったく同一の内容と形態を示している。この文化に特徴的なことは、漁撈活動が盛んなことはいうまでもないが、ブタの飼育が盛んであり、ブタを衣服に利用する習慣がこの時期に芽生えたとの推測も可能であろう。またクロテンやカワウソなどの毛皮用動物の狩猟活動も他地域よりも活発に営まれていたことは注目に価する（甲元 1991）。

朝鮮半島

朝鮮の東北地方（咸鏡南北道）は、新石器時代（有紋土器時代）以来、他の朝鮮半島地域とは異なった文化類型に属し、深鉢形の平底土器を主体とする器種が青銅器時代（無紋土器時代）まで引き継がれる。この地域の農耕石器については、古く藤田亮策により石鍬、石庖丁、磨棒、鞍型磨臼についての言及があり（藤田 1924）、八木奨三郎による石器の集成が行われている中に石製農具についても紹介されている（八木 1943）。これら表面採集による遺物類が、どの土器に伴うか明確にされたのは戦後のことで、北朝鮮の学界に於ける西浦項貝塚や農圃の調査がその端緒となった。

西浦項貝塚は朝鮮半島の北東端、ロシアとの国境に近い雄基湾に面する小高い丘上に立地するカキを主体とする貝塚で、発掘した層位関係から新石器時代は5期に細分されている（金用玕・徐国泰 1972）。打製石鍬はそのうちの4期で出現し（図 11-8）、5期には打製石鍬や角製掘棒（図 11-7）とともに貝庖

86　第1章　初期農耕

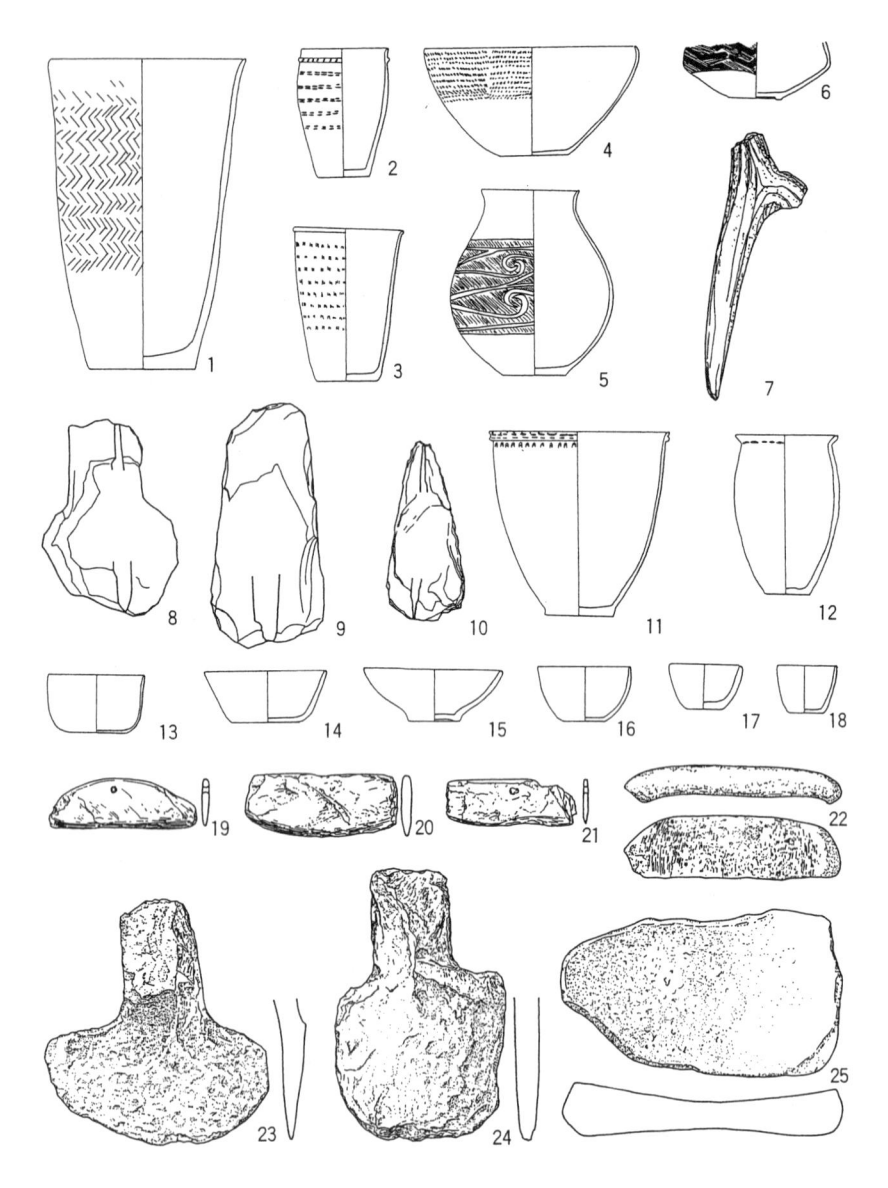

図11　東北朝鮮の遺物（縮尺：土器1/9，石器，貝器1/6）
1～18：西浦項，19～25：五洞

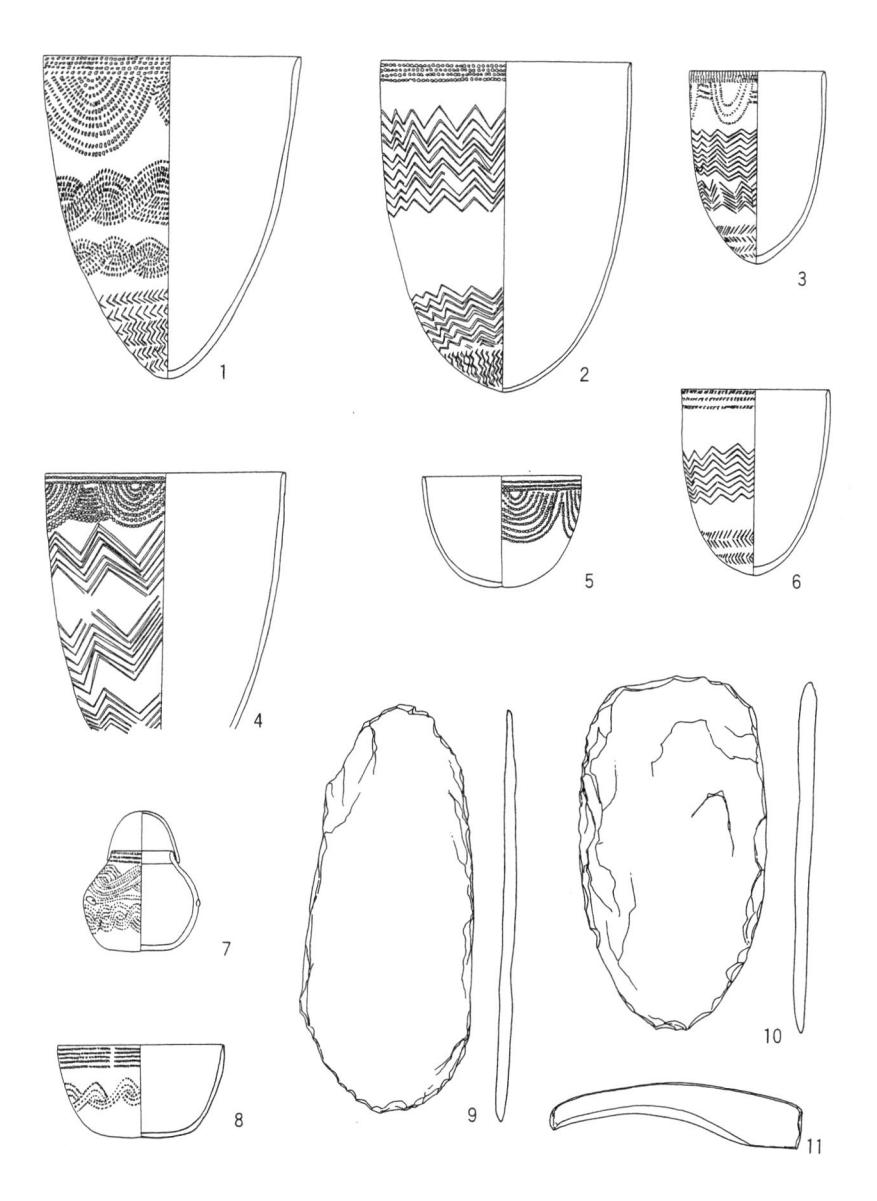

第2節 東北アジアの石製農具 87

図12 智塔里出土遺物（縮尺：土器1/9, 9・10, 約1/9, 11, 1/6）

丁もみることができ、農耕の存在を裏付けている。こうした農耕への傾斜は3期でも窺うことができる。耕起具には打製の偏平石鍬があるが、土器は深鉢形を主体にしながらも壺や椀も見ることができ、新たな外部との接触があったことを示している。ことに新出の壺や椀の紋様は中国の彩色紋の模倣を思わせる（図11-1～6）。このことから新石器時代中期段階で初期農耕がはじまり、後期になると石鍬、石庖丁、磨棒、鞍型磨臼のセットが完成するとみられる。新石器時代後期の虎谷遺跡でも石鍬や磨棒、鞍型磨臼が認められ（黄基徳1975）、西浦項貝塚と同様な状況にあったことが窺われる。この遺跡ではブタやイヌなどの家畜動物も存在している。哺乳動物全出土個体数の7％と7.4％をそれぞれ占めている。石鍬と磨棒、鞍型磨臼の組み合わせは、農圃遺跡、黒狗峰遺跡などでもみることができ、新石器時代の後期にはこの地域では初期農耕の存在を一般的に認めることができる。

　このように新石器時代の朝鮮東北部では、初期農耕の存在を認めることができるが、魚骨や漁撈具の出土事例も多く、また家畜よりも狩猟動物の数が圧倒的に多いことから、生業活動の中での農耕のもつ比重はさほど高かったとは思われない。これが次の無紋土器時代（青銅器時代）になると、各遺跡で石製農具がセットで必ず出現し、家畜数も増加することから、この時期に本格的な農耕生活に踏み込んでいったものと考えることができよう。沿海州南部地域に農耕の痕跡が認められるのも、朝鮮東北部と共通し、新石器時代中期以降であり、それが本格化するのは貝塚（ヤンコフスキー）文化段階であると想定される。

　朝鮮東北地方以外の地域でも、初期農耕の存在が確認されるのは新石器時代中期以降である。西朝鮮においてこの時期の代表的な遺跡である智塔里では（朝鮮民主主義人民共和国科学院考古学及民俗学研究所1961）、深鉢形土器大小の組み合わせを基本とする土器の器種に、椀形を加えるという単純な土器セットをもつだけではあるが、大型の石耜、石鎌それに磨棒と鞍型磨臼などの石製農具を伴っている（図12）。住居址内出土の土器にアワが貯蔵されていたことから、畑作栽培が営まれていたことを知りうる。この智塔里遺跡とほぼ同じ頃の弓山貝塚では、鍬型の耕起具がみられることから（朝鮮民主主義人民共和国科学院考古学及民俗学研究所1957）、この時期の農具のセットは、石鍬、石耜、石鎌と磨棒と鞍型磨臼で成り立っていたことが分かる。大型の石耜と磨棒と鞍

型磨臼の組み合わせは金灘里第1文化層（朝鮮民主主義人民共和国科学院考古学及民俗学研究所 1964）や京畿道岩寺洞（李白圭 1974）でもみることができる。石鍬、磨棒と鞍型磨臼の組み合わせは朝鮮南部の水佳里、東三洞、上老大島でも出土している。このように石鋤、石鍬、磨棒と鞍型磨臼の組み合わせでみられる初期農耕文化の資料は、新石器時代以降まばらではあるが半島全体にわたって広範囲に認めることができる。

　新石器時代後期になると、平安北道新岩里遺跡では紡錘車型の石庖丁が登場し（李淳鎮 1965）、遼東よりの新たな農耕文化が波及した可能性を示唆している。

　無紋土器時代の朝鮮で特徴的なことは、石製の耕起具が欠落することである。また収穫具として石庖丁がほぼ全域から万遍なく出土し、この期の一般的な遺物としうるのに対して、石鎌は点在するに過ぎないし、その出土件数もわずかである。また新石器時代に多く見られた磨棒と鞍型磨臼も数が減じてくる。西朝鮮の石灘里遺跡では31基の竪穴住居址中、磨棒や鞍型磨臼を出土したのは5基のみで、磨棒が4点と鞍型磨臼2点に過ぎない（黄基徳 1980）。こうした状況は中部朝鮮でも同様に認められ、駅三洞（金良善・林炳泰 1968）、陶谷里（金廷鶴 1967）、徳豊里（金廷鶴 1967）、欣岩里（ソウル大学校博物館 1974－77）、荷川里（忠容鎮 1984）、玉石里（国立博物館 1967）、鎮中里（林炳泰 1974）と漢江流域地方では少量ではあるが点在してみられる。このうち駅三洞、徳豊里、欣岩里、玉石里各遺跡では孔列汶土器を伴っていることは、その出自に関連して多いに注目される。南部地域では光州松岩洞（全南大学校博物館 1979）と大坪里で各1点ずつあるに過ぎず、磨棒と鞍型磨臼は殆どの遺跡で見ることはできない。

　このように朝鮮半島での無紋土器（青銅器）時代に於いて農具と明確に特定できるのは石庖丁だけである。石庖丁の形態を石毛直道の分類に従い（石毛 1968）、A＝両側にうち欠きのあるもの、B＝長方形、C＝半月形直線刃、D＝半月形外湾刃、E＝紡錘形とすると、西北朝鮮ではDとEが、中部朝鮮ではDが多くEが一部加わり、南部朝鮮では殆どDが占めるようになる。このうち紡錘形石庖丁は遼東地方に多いことから、下條は紡錘形が漸次半月形外湾陣に展開してゆくことを示した（下條 1988）。しかし、朝鮮無紋土器時代前期

と年代が近い小珠山上層、双砣子第1文化層以降は、長方形、紡錘形、半月形の形態のものが混在し、必ずしも紡錘形の石庖丁が量的に多く分布することはない。また無紋土器でも古く位置づけられる沈村里遺跡では半月形外湾刃が存在することは、半月形外湾刃石庖丁が、紡錘形石庖丁の変化形態とは言い切れないことを示している。中部朝鮮以南の地域では半月形外湾刃石庖丁が排他的に選択され、西南朝鮮では半月形外湾刃石庖丁から三角形石庖丁が生まれたことは確かである（西谷1983）。

　無紋土器に伴う磨製石斧には、太型蛤刃石斧、偏平片刃石斧、鑿形石斧、有段石斧、抉入片刃石斧等があり、このうち太型蛤刃石斧と偏平片刃石斧は遼東地域に一般的にみられる器種である（全榮来1987）。遼東地方にはこのほかに柱状石斧はみられるものの、有段石斧はこれまでには検出されていない。八幡一郎が抉入石斧は有段石斧から変化したもので、その来歴は山東龍山文化に求められるという説（八幡1965）は、今日でも正鵠を射たものである。太型蛤刃石斧と偏平片刃石斧は長江下流域の稲作文化に通じるものであり、この地域の穀物調理具は木製の竪杵と竪臼であったことからすると、朝鮮の半月形石庖丁で代表される農耕類型は、基本的な農具は木製品であった可能性を示唆するものである（甲元1973c）。

　無紋土器時代の朝鮮では、壺と甕（深鉢）を基本器種として、その他に椀を加える簡単なセットでなりたつ土器群を備えていたものであり、その他は木製の道具が製作されていたことを窺わせる。

おわりに

　東北アジアで最も古い農耕文化の一つとして新楽下層文化が挙げられる。深鉢形土器を基本形とし、石鍬で耕起し、石刃を装着した鎌で収穫し、磨棒と鞍型磨臼で調理するもので、栽培穀物としてはキビとアワが存在していた。この石製農具の組み合わせは興隆窪遺跡や富河溝門遺跡に見られるように遼西台地に広く分布していて、小珠山下層文化を加えると、遼東半島一帯にも初期農耕文化の拡がりが及んでいたこととなる。

　興隆窪遺跡や富河溝門遺跡での動物相からは、遺跡付近は森林の植生が展開

していたことが窺える。興隆窪遺跡が形成されていた頃（5290 ± 95BP）の花粉分析によれば（河北省地質鉱産局 1984、中国科学院地質研究所花粉分析組・同済大学海洋地質系花粉分析室 1984）、ちょうどアトランティック期に相当し、今日よりも平均気温が 3 〜 5 度高く、湿潤であったと想定されていて、内蒙古東南部は今日の遼東半島や河北省北部とほぼ同じ生態環境にあったと推測されている。河北省北部地域の今日の植生は（劉綬林他 1986、中国植被編纂委員会 1980）、クヌギ、アベマキ、ナラガシワ、カシワ、ハゴロモナラなどを主体とした落葉樹林とアカマツ、マンシュウアカマツの針葉樹林の混交林であり、海抜の高いところでは、モンゴリナラが主体として加わる景観である。こうした状況を念頭において当時の遼西台地の植生を復元すると、台地上ではクヌギやカシワを中心とした落葉樹が繁茂し、イタヤカエデがそれに彩りを沿え、河川の両側にはハルニレやヤチダモ、マンシュウグルミが生育する環境にあったとすることができる。こうした生態環境の下では、ジャコウジカ、イノシシ、ゴーラル、ニホンジカ、イアタチ、ツキノワグマ、タヌキ、キエリテン、トラ、ヒョウ、セスジネズミ、オオモグラなどが最も良くみられるものであり（中国科学院中国自然地理編纂委員会 1985）、興隆窪遺跡や富河溝門遺跡で検出された動物相と一致している（図 13）。

　新楽下層文化や興隆窪遺跡などにみられる石製農具は、磁山文化のそれとは大きく異なり、栽培穀物は同じことを根拠に磁山文化の北方への展開により生じたにせよ、石器組成や土器の形態がまったくことなることから、基本的に異なった文化類型にあったとすることができる。

　紅山文化は在来の興隆窪型の土器セットに、彩色した壺や椀を付加したもので、三足土器はこれを欠き、煮沸具は従来どおりの深鉢形土器が代用する。石製耕作具としては大型の石鋤が登場し、一部には石庖丁が加わる。この期の農耕はブタ飼育を中心として一部に、イネやヒツジ、ウシが家畜として加わる本格的な農耕文化であった。この類型の農耕文化は遼西台地と河北省北部地域が中心で、遼東では紅山文化から彩色土器を除外した土器の組み合わせで構成されるものが分布し、その影響は朝鮮北部地域にまで及ぶことは、彩色土器の紋様をヘラ書き沈線で表現した紋様の出現で窺うことができ、大型石鋤もそれを裏付けるものである。

92　第1章　初期農耕

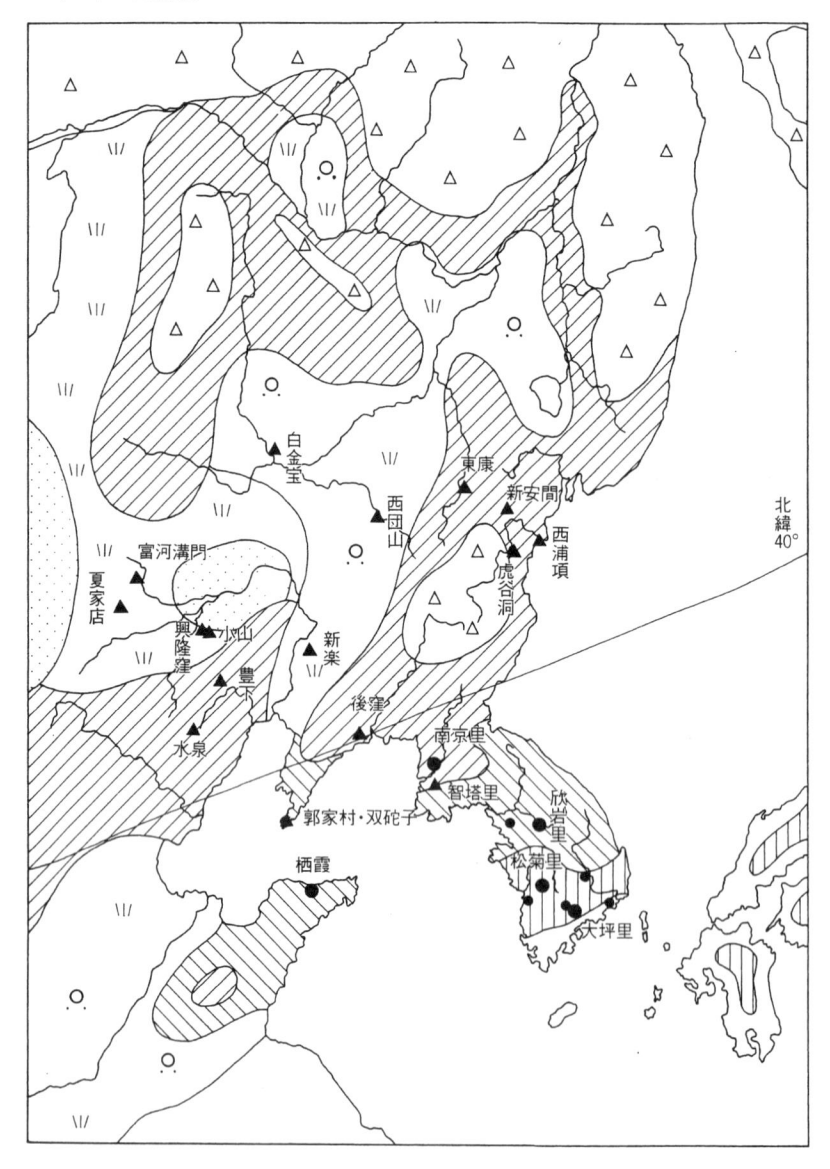

図13　自然植生と遺跡位置図（黒丸はコメ，▲は畑作穀物出土地，大きい黒丸は西紀前一千年紀前半期以前）

△ 針葉樹林帯，\|/ 草原，砂漠，○ 森林草原，針葉落葉混交林帯，落葉樹林帯，落葉照葉樹林帯，照葉樹林帯

東北アジア南部地域が大きな農耕文化の転換期を迎えるのは、次の夏家店下層文化段階であり、石鍬、石庖丁、磨棒に鞍型磨臼という在来の農具に、鬲、鼎、甗という中原地域で発達した煮沸具が伴い、家畜としてヒツジ、ブタ、ウシ、ウマを飼育する農耕類型の成立がみられる。この農耕類型は一部松花江上流域にまで影響が及んでいるが、第二松花江流域以北には、この時期農耕文化の進展はみられない。

　夏家店下層文化が形成される頃、花粉のダイヤグラムでは落葉樹が後退し、マツ属が増加し、やがてはヨモギ属が一般的となるという現象がみられる（甲元1991）。寒冷化した気候状況になったとともに、人間の自然への関与も指摘できる。

　温帯針葉樹林帯では、チョウセンゴヨウの森林が破壊されると、
　①部分的伐採→モンゴリナラあるいはヤマナラシ、ドロノキと針葉樹林の混交林
　　　　　→チョウセンゴヨウの純林回復
　②全部伐採→草地→ヤマナライ、ドロノキの混交林→針葉・落葉混交林
　　　　　→チョウセンゴヨウの純林回復
　③火事焼失→荒地→ヤマナライ、ドロノキの混交林→針葉・落葉混交林
　　　　　→チョウセンゴヨウの純林回復
　④（乾燥地）反復焼失→モンゴリナラ→ブロック状のモンゴリナラ→荒地
　⑤（湿潤地）反復焼失→ヤマナライ、ドロノキの混交林→マンシュウグルミ、ハルニレ、ヤチダモの林
となることが知られている（中国科学院地理研究所経済地理研究室1981、劉綏林他1984）。

　今日河北省北部では二次林としてマンシュウアカマツが多く分布していることを念頭におくと、森林の後退が一時的にマンシュウアカマツを増加させ、やがては草原へと変貌をとげる過程とも推察できる。動物相に見られるシカ科の減少とヒツジ、ウマの増加はそうした生態環境の変化を物語る。また深耕に適した大型の石耜が見られなくなることは森林消失による腐植土の流失を招き、耕地の薄化と土壌水分保持のために、浅耕用に適した石鍬が使用される状況をもたらしたとも考えうる。遼西台地における森林の減少は寒冷乾燥化という自

然現象の変化に伴うものか、人間の過開拓によるものか、あるいは両者が相乗的に関係するものかは、今日はっきりとはしないが、夏家店下層文化期にみられるこうした変化は、変わりゆく環境に対する先史時代人の生態的適応の一つと見ることができよう。

遼東半島では小珠山中層文化期の頃（6000BP）、山東半島の大汶口文化よりの大きな影響の下に、鼎や鬹を使用しはじめ、ブタを飼育するようになる。この文化期の農具は石鍬、石・貝庖丁、貝鎌、磨棒、鞍型磨臼で、煮沸具として鼎を備えている。この遼東半島先端部にみられる山東大汶口文化の影響は、しかしながら遼東東部には殆どその足跡を残さないでいる。3500BP頃になると遼東半島でも石器の組み合わせに変化が働き、石製の耕具はみられなくなり、磨棒、鞍型磨臼はその数を減少させる。煮沸具に鬲があるが、これらは遼東東部には分布が及ばない。

遼東東部を含めて長白山系周辺の落葉・針葉混交林地帯では、石鍬、石庖丁、磨棒、鞍型磨臼に深鉢形土器を煮沸具とする類型の農耕文化が続き、松花江中流域に於いても同様な減少が認められる。この類型の農耕での出土穀物をみると、アワ、キビ、モロコシ、マメ類と各種にわたっていて、網羅的な栽培を営んでいたことが窺える。ブタを飼育しているがその数は少なく、シカ科を中心とする狩猟動物の出土数が依然として多い。また魚骨や漁撈具の発見例が多いことから、生業活動の中での農耕の占める役割はさほど高かったとは考え難い。

朝鮮に於いては石鍬、石耜、石鎌、磨棒、鞍型磨臼の組み合わせで示される農耕は智塔里遺跡で最初見ることができるが、この遺跡以外でも京畿道の岩寺洞遺跡でも同様の石製農具は発見されていて、新石器時代中期の朝鮮中部地域でも初期的な農耕文化が開花していたことは充分に窺いうる。このほか石鍬と磨棒、鞍型磨臼を伴う類例は朝鮮の南端部にまで分布が認められるが、その内容は良く知られていない。

朝鮮半島で農耕文化が本格的に展開するのは、次の無紋土器（青銅器）時代である。この時期には石製耕起具はなくなり、磨棒や鞍型磨臼も一般的ではなくなってくる。無紋土器時代にはコメとともに各種の畑作作物がほぼ半島全域にわたって確認されるようになる。コメの出土例からすると、西南朝鮮の照葉樹林帯ではコメが単独で検出される事例が多く、三角形石庖丁の分布と重なり

合う傾向が強い。西北朝鮮から中部朝鮮まではコメと畑作作物の混合地帯であり、南部朝鮮でコメ作が中心となったものと推測される。

　大同江以南の地域では家畜動物はあまり見られず、シカ科の狩猟が大きな比重を占めていた。落葉樹林帯の自然環境ではイノシシが優勢種であるのに（中国科学院自然地理編集委員会 1985、姜錫午 1971）、ニホンジカやキバノロが狩猟対象動物の 70％以上を占めていることは、人間が作り出した二次的環境がシカに有利に働いた結果に他ならない。農耕文化の進展に伴う森林開拓は、シカに格好の餌場となる生態環境を生み出したのであり（Mellars 1976、Taber, et. al. 1971）、家畜飼育のための冬季の秣を調達するのに必要な膨大な努力なしに（Piggott 1981）、肉類の獲得をなしえることができた。こうした稲作と獣類の選別的狩猟という経済戦略は、日本の初期農耕文化でも同様であり、南朝鮮の農耕文化にその縮図を見ることができる。

補注 1
　2001 年から 2003 年にかけて興隆窪遺跡の発掘調査が行われ、住居址内出土土壌の水選別法による植物種子の検出が試みられた。その結果第 1 地点では大量のキビ、アワの他にミミナグサ、キバナオギ、ヒユ科、タデ科の種子が、またコニワザクラ、マメナシ、ハシバミ、マンシュウグルミなども発見されている。第 3 地点ではキビ、アワ、ダイズが出土植物種子の 99％を占めていたという（趙志軍「従興隆窪遺址浮遊選結果談中国北方旱地農業起源問題」『東亜古物』A 巻、2004 年、文物出版社）。このことにより興隆窪文化段階で本格的に穀物栽培が営まれていたことの確証が得られた。

挿図の出典
図 6 ～図 12：それぞれの報告書より、図 13：甲元作成

第3節　朝鮮半島の初期農耕

はじめに

　新石器時代（有紋土器時代）から青銅器時代（無紋土器時代）にかけて朝鮮半島で展開した農耕文化に論及する場合、1920年に発掘された金海市会峴里貝塚出土の稲籾が以後50年余り、唯一の拠り所であった（濱田・梅原1923）。そのために、一部の農学者から金海出土の稲籾は日本から逆輸入されたものであるとの極端な見解もみられた（鋳方1961）。こうした中、有光教一は1953年に有紋土器や無紋土器に伴う特有の石器として、従来「砥石」に比定されていた「すりうす」を取り上げ、「上石＝磨棒」「下石＝磨盤」は共伴するものであり、その形態が北・東北アジアに通有の「鞍型」をなすこと、東北アジアでは重要な農耕石器であることなどから、稲作以外の「ユーマイ」などの畑作作物の製粉具であることを想定したのは卓見であった（有光1953）。はたして、1957年黄海北道鳳郡智塔里遺跡の発掘により、有紋土器時代中期の土器内にアワもしくはキビと思われる炭化した穀物が3合ほど検出されたことが1961年出版された報告書により明らかになった。さらに住居址から石鎌、石耜などの農耕石器とともに磨棒や鞍型磨臼が発見され、朝鮮新石器時代における畑作農耕の存在がはじめて確認されたのである（朝鮮民主主義人民共和国科学院考古学及民俗学研究所1961）。
　その後北朝鮮側での発掘により徐々に炭化穀物が検出されてきたことを受けて、初期段階の農耕石器の組成に見られる違いが土壌分布図とほぼ一致することを指摘し、これが栽培穀物の組み合わせに起因するものとして、東北朝鮮は畑作、西朝鮮は畑作と稲作、南朝鮮は稲作が卓越することを指摘した（甲元1973c）。さらに東北アジアに視野を拡大して分析を進めたことにより、この地域の初期農耕文化は畑作を中心として当時の植生と相応していることが窺がえたのである。こののち稲作の到来により、上述したような朝鮮の初期農耕文化の基本構造が出来上がったと想定した（甲元1989）。

第3節　朝鮮半島の初期農耕　97

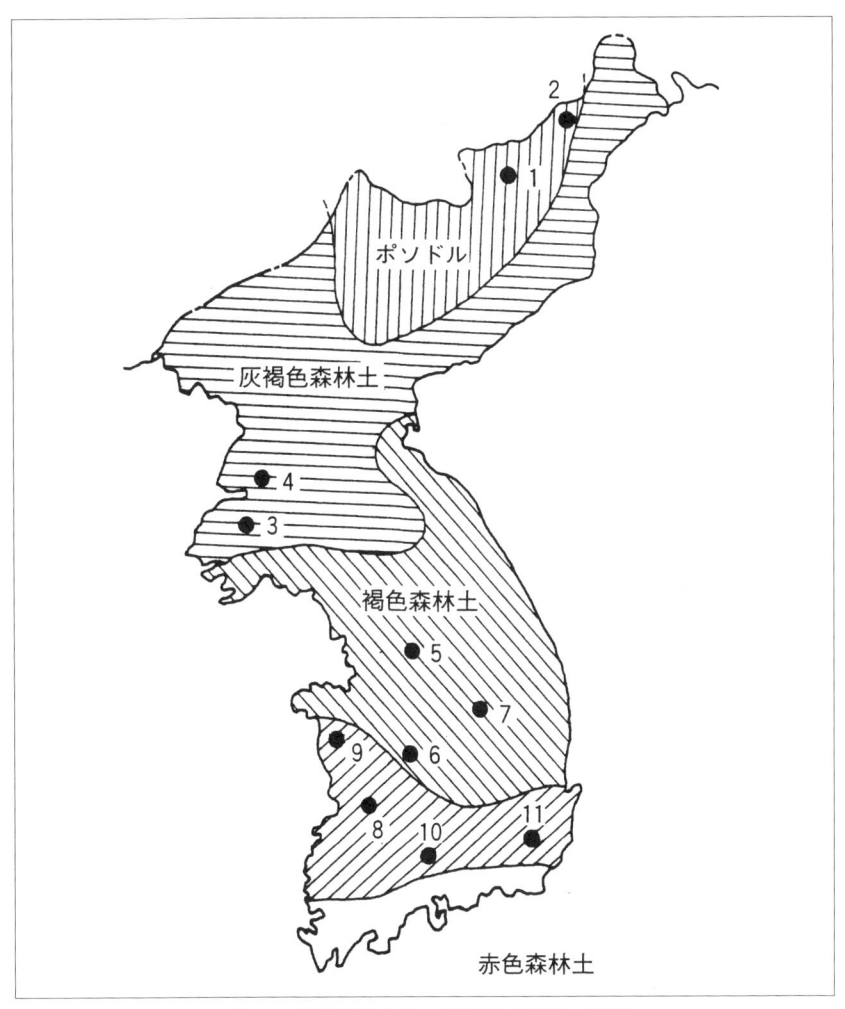

図14　土壌図と本文で言及する遺跡の位置
1. 虎谷、2. 五洞、3. 智塔里、4. 南京、5. 欣岩里、6. 宮坪里、
7. 屯内、8. 松菊里、9. 休岩里、10. 大坪里、11. 検丹里

　1980年代以降、南朝鮮では土器に付着した稲籾圧痕の発見例が増加し、また稲や畑作穀物の実例も発掘されるに及んで（ソウル大学校博物館 1971、国立中央博物館 1981）、出土穀物の集成とともに本格的な朝鮮の初期農耕文化に関する論考が展開されるに至った（沈奉謹 1982、1991、池健吉・安承模 1983、

任孝宰 1990、1991、甲元 1991、甲元・松村 1991、韓国古代学会 1995、安承模 1998)。また 1970 年末に大田槐亭洞遺跡出土銅牌に描かれた図像の発見は検出の難しい畑の作業を描くものとして注目され、青銅器時代の農耕の在り方について言及されることが多くなった (韓炳三 1971)。

これまでに知りえた朝鮮の新石器時代から初期鉄器時代 (楽浪期を含む) にかけての遺跡出土植物遺存体は表 3 の通りである (甲元 2000b)。これら資料に依拠しながら、ここでは石器組成と出土植物遺存体の分析を中心として、初期農耕文化の地域的な展開についてみて行くことにする。

各地域の様相

東北朝鮮

咸鏡南北道・慈江道・両江道を併せて東北朝鮮地域とする (甲元 1973c)。この白頭山山塊とそれに続く蓋馬台地周辺部は、年平均気温が 5℃ 以下と低く、湿気が多いために有機質の分解が不充分で、地面の表面には漂白されない珪酸分が溜まって灰白色を呈している。咸鏡道の東沿岸地域には灰白色土よりも高温となって、灰褐色土の分布もみられるが、朝鮮の背骨をなす狼林山脈により交流が遮られ、西側地域とは文化的に異なった様相を示している。この地域は一般に生産力が低く、1 世紀ほど前までは「火田民」の主たる分布域であった。栽培される主要な作物としてはエンバク、バレイショが朝鮮の他地域と比べて排他的に多く、キビ、ヒエ、アワも比較的多く作付けされている (図 14)。

この地域では先史時代の土器は基本的に円筒形平底を呈していて、その大小をもって器種を構成するものであり、他の朝鮮各地とは異なって中国東北部や沿海州地域との関連が深い。初期農耕文化に関係する代表的な遺跡として先鋒郡屈浦里貝塚、会寧郡五洞遺跡、茂山郡虎谷遺跡、時中郡深貴里遺跡などがある。

虎谷遺跡

咸鏡北道茂山郡虎谷洞遺跡は豆満江上流、城川と合流する地点の渓谷を望む第 3 段丘上に立地する広さ約 4 万 m^2 にも及ぶ大規模遺跡である。発掘調査がなされた 1 万 5 千 m^2 の範囲内から約 50 基の新石器時代から青銅器時代の住居址が検出されている (黄基徳 1975)。

炭化穀物はキビ、アワ、モロコシが第 2 期及び第 3 期に比定される住居址から出土している。虎谷第 2 期は青銅器時代初期の段階で、3 軒の大型住居と 1 軒の小型住居で構成されている。うち小型の 20 号住居址はやや古い時期に属する（甲元 1997c）。この期の土器は甕形の大小、広口壺の大小で構成され、石器には伐採具としての四稜斧、収穫具の石庖丁・石鎌があり、調理具には磨棒と鞍型磨臼が発見され、その他に打製の鏃や刃器もみられる。土製や石製の紡錘車は 10 点出土。骨器には多数の刺突具があり、単式釣針も 2 点出土している。

第 3 期は 5 軒の住居があり、土器では大型の貯蔵用甕や小型壺が新たに出現している。太型蛤刃石斧、偏平片刃石斧があり、長大化した石鏃が多量に出土している。

青銅器時代の初期段階では耕起具にあたる石器は発見されなかったが、新石器時代層や青銅器時代後半期には、石鍬がみられることから、虎谷遺跡では基本的な農耕石器は本来備わっていたことが窺がえる。虎谷遺跡の青銅器時代層からは家畜動物として、イヌとブタが発見されている（金信奎 1970）。後半期になるとブタの下顎骨を穿孔した事例が見られ、東アジア特有の農耕生活に伴うある種の儀礼が行われたことが窺がわれる。

穀物の出土は確認されなかったが、新石器時代層で検出される石器の組み合わせは、青銅器時代と変化はなく、虎谷遺跡においては紀元前二千年紀の後半段階から農耕を営んでいたことが想定される。

五洞遺跡

咸鏡北道会寧郡五洞遺跡は豆満江の中流域、豆満江に注ぐ八乙川と会寧川に挟まれた台地上に立地する、青銅器時代から鉄器時代にかけての集落址で、8 基の住居址が発見されている。五洞遺跡の青銅器時代は虎谷青銅器時代の後半期に該当するもので、炭化したキビ、アズキ、ダイズが採集されている（朝鮮民主主義人民共和国科学院考古学及民俗学研究所 1960）。

土器は大型貯蔵用の甕の他多様な器種が見られ、農耕石器には各種の石斧、石鍬、石庖丁、磨棒と鞍型磨臼があり、開墾、耕起、収穫、貯蔵、調理と農耕生活の過程に必要なセットが完備しているといえる。家畜動物にはブタ、イヌ、ウシがあるが、その頭数は僅かでしかない。骨製の刺突具や石製の刃器も多数

100　第1章　初期農耕

表3　朝鮮出土先史・古代植物遺存体集成

番号	遺跡名	所在地	所属年代	出土植物依存体
1	五洞	咸鏡北道会寧郡	青銅器時代	キビ、アズキ、ダイズ
2	虎谷	茂山郡	青銅器時代	キビ、モロコシ、アワ
3	深貴里	慈江道時中郡	青銅器時代	ドングリ
4	南京里	平壌市三石区	新石器時代	アワ、ドングリ
			青銅器時代	アワ、キビ、ダイズ、モロコシ
5	貞柏洞37号		楽浪	キビ
6	19号		楽浪	モモ
7	2号		楽浪	モモ
8	石巌里201号		楽浪	モモ
9	219号		楽浪	ヒエ
10	南井里116号		楽浪	オオムギ、モモ、クリ
11	石灘里	黄海北道松林市	青銅器時代	アワ、アズキ
12	智塔里	鳳山郡	新石器時代	アワ
13	佳峴里	京畿道金浦郡	新石器時代	イネとイネ(籾痕)、アワ
14	西屯里	水原市	青銅器時代	イネとイネ(籾痕)
15	麗岐山	水原市	青銅器時代	イネ(籾痕)
16	楊根里	楊平市	青銅器時代	ダイズ、アズキ
17	欣岩里	驪州郡	青銅器時代	イネ、アワ、モロコシ、オオムギ
18	牛島	江華郡	新石器時代	ドングリ
19	岩寺里	ソウル市江東区	新石器時代	イネ(籾痕)
20	美沙里	河南市	新石器時代	ドングリ
21	一山新都市	高陽市	青銅器時代	イネ、ドングリ、オニグルミ
22	玄岩里	平沢市	青銅器時代	アワ
23	中島	江原道春川市	初期鉄器時代	キビまたはヒエ
24	鰲山里	襄陽郡	新石器時代	ドングリ
25	小魯里	忠清北道清原郡	旧石器時代	イネ
26	宮坪里	清原郡	青銅器時代	イネ、アズキ、ダイズ、ヒエ
27	屯内	横城郡	青銅器時代	アワまたはヒエ、ダイズ、アズキ
28	荷川里	中原郡	青銅器時代	イネ(籾痕)、アワまたはモロコシ
29	早洞里	忠州市	初期鉄器時代	ムギ
			青銅器時代	イネ、オオムギ、コムギ、モロコシ、モモ、オニグルミ

第3節　朝鮮半島の初期農耕　101

	遺跡名	所在地	時代	作物
30	良洞里	陰城市	青銅器時代	コムギ、オオムギ、オートムギ、カヤツリグサ
31	垂楊介	丹陽郡	初期鉄器時代	イネ、コムギ、オオムギ、アズキ、モモ、リョクトウ
32	松菊里	忠清南道扶余郡	青銅器時代	イネ、アワ、モモ
33	古南里	泰安郡	青銅器時代	イネ (籾痕)
34	休岩里	瑞山郡	初期鉄器時代	イネ (籾痕)
35	松菊里	全羅北道高敞郡	青銅器時代	イネ (籾痕)
36	盤谷里	扶安郡	初期鉄器時代	イネ (籾痕)
37	所山里	扶安郡	青銅器時代	イネ (籾痕)
38	新昌洞	全羅南道光州市	青銅器時代	イネ、モモ、ウリ、クルミ、マンシュウグルミ
39	郡谷里	海南郡	初期鉄器時代	イネ (籾痕)、コムギ
40	興岩里	麗水市	青銅器時代	イネ、オオムギ、アワ、モロコシ
41	月内洞	麗川市	青銅器時代	イネ (籾痕)
42	長川里	霊岩郡	青銅器時代	イネ (籾痕)
43	坡洞	慶尚北道慶山市	青銅器時代	イネ (籾痕)
44	知礼里	安東郡	青銅器時代	イネ (籾痕)
45	松竹里	金陵郡	青銅器時代	イネ (籾痕)
46	朝陽洞	慶州市	青銅器時代	イネ (籾痕)
47	勒島	慶尚南道三千浦市	青銅器時代	ドングリ
48	東外洞	固城郡	初期鉄器時代	イネ、コムギ
49	茶戸里	義昌郡	青銅器時代	イネ (籾痕)
50	徳川里	昌原郡	初期鉄器時代	イネ (籾痕)
51	江楼里	山清郡	青銅器時代	イネ (籾痕)
52	大坪里上村	晋州市	青銅器時代	イネ、アワ、キビ、ホモノ科、カタバミ科
53	玉房	晋州市	新石器時代	ドングリ (オニグルミ)
54	魚隠	晋州市	青銅器時代	アワ、アカザ科
55	大也里	居昌郡	青銅器時代	イネ (籾痕)
56	山浦里	居昌郡	青銅器時代	イネ (籾痕)
57	鳳渓里	陝川郡	新石器時代	コナラ、オニグルミ
58	検丹里	蔚山郡	青銅器時代	イネ (籾痕)
59	府院洞	金海市	青銅器時代	イネ、コムギ、オオムギ、アワ、ダイズ、アズキ、ヤマブドウ
60	金海会峴里	金海市	初期鉄器時代	イネ (籾痕)
61	朝島	釜山市影島区	初期鉄器時代	イネ (籾痕)

出土し、農耕生活以外への生業に対する比重の高かったことを窺わせる。

　東北朝鮮で出土する穀物はアワ、キビ、モロコシ、アズキ、ダイズで、ソバは確認されないものの、移動農耕民である火田民が栽培する穀物とはトーモロコシを除くと殆ど変わりはない（小野1942）。この地域では伐採具、簡単な除草・耕起具、収穫具、貯蔵具、調理具があれば農耕は事足りるのであり、新石器時代後半期から青銅器時代にかけての遺跡出土品と相応することが窺がえよう。
　先鋒郡西浦項貝塚で農耕の痕跡が窺がえるのは新石器時代の後半期であり（金用玕・徐国泰1972）、東北朝鮮においては紀元前三千年紀以降、徐々に農耕生活への歩みが開始されたことが想定できる。

西北朝鮮

　平安南北道・黄海南北道を併せて西北朝鮮とする。この地域は年平均気温が5℃から10℃の針葉・落葉混交樹林帯で、灰褐色の森林土壌を形成し、表層は厚くないが、腐食の多い黒褐色をなし、下層には灰褐色土が厚く分布している（姜錫午1971）。1900年代はじめにおける作物の作付け情況によると、この地域はコムギ、アワ、アズキ、キビ、モロコシに関しては他地域よりも多いことが報告されている（朝鮮総督府勧業模範場1921）。
　この地域で農耕の痕跡が確認できる最古の遺跡は鳳山郡智塔里遺跡である。

智塔里遺跡

　この遺跡は載寧川の支流である瑞興川流域に開けた沖積地に地位する新石器時代から青銅器時代にかけての集落址である（朝鮮民主主義人民共和国科学院考古学及民俗学研究所1961）。5～600mは離れた2ヶ所で発掘が行われ、うち第2地区では2基の住居址が検出された。2号住居出土土器の中に、アワまたはヒエと推定される穀物が3合ほど容れられた状態で発見されている。この住居址で出土した土器類は刺突紋により波状あるいは入り組み曲線をデザインするもので統一され、器種も大小の甕、鉢、碗、壺などで構成されている。石器には伐採具として各種の石斧、耕起具として多数の石鋤、収穫具の石鎌それに調理具の磨棒と鞍型磨臼が備わっている。
　第1地区で発見された住居址では全面に刺突紋や綾杉紋、平行斜線紋を施す

土器が主体となり、第2地区より1段階古い時期のものである。この地区からも磨棒や鞍型磨臼が検出されていて、基本的には第2地区と同様な文化段階であったと想定され、西北朝鮮においては少なくとも紀元前四千年紀頃から（田中 1999）農耕が開始されたことが窺える。

南京遺跡

　新石器時代後期(紀元前二千年紀)から青銅器時代初期(紀元前二千年紀後半)の穀物栽培を知る事の出来る遺跡として、南京遺跡を挙げる事ができる。南京遺跡はピョンヤン市内の大同江右岸、自然堤防上に形成された集落址で、新石器時代後期から青銅器時代初期に及ぶ住居址群が約200m離れて発掘されている（金用玕・石光濬 1984）。

　新石器時代の31号址は2段に掘り込まれた焼失した大型住居で、長さ13.5m、幅8.4mを測り、中央最下部には大型の炉址が配置されている。出土土器は綾杉紋を器形全面に飾る大型甕、無紋の中・小型甕、壺、鉢、碗などからなり、各種の磨製石斧、磨棒、鞍型磨臼などが見られる。この住居址からアワ1升ほどとドングリが採集されている。また土錘が3,000余個出土していることは極めて注目される。

　青銅器時代の第1期では36号住居址から炭化したイネ、アワ、キビ、モロコシ、ダイズの粒が出土し、中でもイネとアワが多く見られた。第2期では11号址から炭化したキビが検出された。

　青銅器時代の遺物は二重口縁の甕大小に、二重口縁の壺が伴うだけで新石器時代より器種の単純化がみられ、農具には収穫具として石庖丁だけである。第2期、第3期も同様で、石器は太型蛤刃石斧、偏平片刃石斧、磨製石庖丁だけであり、新石器時代の遺物組み合わせとは根本的な異なりがあった事を窺わせる。

　南京遺跡に続く青銅器時代中期の石灘里集落址はアワとアズキが出土しているが石器組成は太型蛤刃石斧、柱状片刃石斧、偏平片刃石斧、石庖丁と、石鍬、石耜、磨棒、磨盤などを石器の組み合わせに欠いている（黄基徳 1980b）。このように西北朝鮮では紀元前二千紀後半を境として、農耕関係道具に大きな変革があった事が推測されるのである。

中部朝鮮

　京畿道、江原道それに忠清北道を併せた地域を中部朝鮮とする。土壌図によれば落葉樹林帯下の褐色森林土の分布する範囲である。下層土は黄褐色を呈する。酸性はさほど強くはなく、肥沃率は極めて大である。イネとともにオオムギ、コムギ、ハダカムギ、ダイズなどがほぼ万遍なく栽培されている地域である。大白山脈を挟んで江原道と京畿道は生態環境に違いが想定できるが、隆起紋土器段階以降両者は同一の歩みを辿っている。忠清北道は従来南部朝鮮に含めて考察されることが多いが、土壌分布は京畿道と同一であり、忠清北道の大部分の地域は南漢江の流域に含まれ、先史時代では河川を通しての交流が深いことから、中部地域にまとめることが可能である。

　西北朝鮮の智塔里遺跡とほぼ土器形式が共通するソウル市岩寺洞遺跡（岩寺洞発掘調査団 1983、ソウル大学校博物館 1985、国立中央博物館 1994）や河南市渼沙里遺跡（渼沙里先史遺跡調査団 1994）では、穀物の検出はなく、ドングリが採集されているのみである。石器には伐採具や磨棒、鞍型磨臼はあるものの、定型化した石鍬や石耜は見当たらない。この地域で明瞭な穀物栽培の証跡が発見されるのは無紋土器の孔列紋土器段階である。

欣岩里遺跡

　欣岩里遺跡は京畿道の南漢江中流域の左岸にある標高 123m の山塊傾斜面に立地する無紋土器初期の集落址である（ソウル大学校博物館 1973 ～ 78、崔夢龍 1986）。漢江に向かって低くなりながら延びる尾根の頂上に沿って 16 基の住居址が発掘されている。うち炭化穀物は 12 号址でイネとアワ、モロコシ、オオムギ、14 号址ではイネが発見されている。

　12 号住居址出土 31 粒のイネの長幅比は 2.0 − 1.4 に収まるもの 30 例、2.0 − 2.3 が 1 例、1.2 − 1.4 が 4 例となり、短粒米に属することが分かる。

　12 号址は欣岩里遺跡でも古い段階に属し、炭素 14 年代では、

　　半減期 5568 年：2920 ± 70 bp, 2980 ± 70 bp.

　　半減期 5730 年：3007 ± 70 bp, 3069 ± 70 bp.

となり、ほぼ紀元前一千年頃の年代を示し、今日確実な韓国最古のイネ遺存体であることを物語っている。またアワ、モロコシ、オオムギなどの畑作物が同時に存在することは、忠清北道地域や江原道地域の青銅器文化遺跡と共通し

て、常に「多種類の穀物を栽培する」という伝統の先駆けをなすものであり、中部朝鮮の初期農耕の基本的なパターンを示しているといえよう。

出土した石器類は伐採具、収穫具の石庖丁が見られるだけで、磨棒や鞍型磨臼、耕起具を欠く点で南京遺跡青銅器時代の遺物の組み合わせと類似した内容になっている。

宮坪里遺跡

宮坪里は錦江の支流である美湖川の中流域に開けた沖積平野の微高地上に立地する無紋土器時代中期の集落遺跡である（忠北大学校戦士文化研究所 1994）。数基の住居址や土壙、土器焼成窯などが発掘された。穀物の藁が土器の焼成に使用されたのか、土器焼成窯からイネ、アズキ、ダイズ、ヒエなどが検出されている。イネは籾の付いたままの状態で、長さ 7.3mm、3.5mm を測る。

遺物としては土器以外には1点の石庖丁と石器片数点にとどまる。

屯内遺跡

屯内遺跡は南漢江の上流、酒泉川の水源地近く、江原道と接する辺りの狭隘な川沿いの沖積地に位置している。3基の発掘された住居址のうち2号址からアワ、ヒエの炭化したもの数十点、ダイズ、アズキなどの出土が確認されている（江原大学校博物館 1984）。

伴出する土器は無紋土器後期末から初期鉄器時代のもので、石器には石鏃以外には見当たらない。

中部朝鮮では青銅器時代の農耕石器は鍬・耜、調理具を欠き、伐採具は後期には消失し、石庖丁が最後まで残るがやがて鉄製品に置き換えられ、後期末になると農耕石器は完全になくなることが窺える。

南部朝鮮

忠清南道、全羅南北道、慶尚南北道を南部朝鮮とする。この地域は気候が温和で雨量が比較的多く、落葉樹林と照葉樹林の混合林帯下に見られる褐色樹林土及び、照葉樹林帯下に形成される赤色土が分布する。古来より朝鮮における稲作栽培の中心地で、裏作としてオオムギが作付けされることが多かった。

松菊里遺跡

松菊里遺跡は錦江中流域に注ぐ石城川の上流、広い論山平野の北端に近い小

高い台地上に立地し、青銅短剣を出土した蓮花里石棺墓は川を挟んだ対岸に位置し（国立中央博物館 1979〜93）、遼寧式銅剣を出土した石棺墓はこの台地の入り口にある（金永培・安承模 1975）。数回に及ぶ発掘調査により、環濠や木柵で囲まれた無紋土器時代中期の一大集落址であることが確認されている。

集落は3時期にわたって営まれ、第2期に木柵列が61ヘクタールの範囲に巡らされ、最終段階では木柵に代わって環濠が掘削されたといわれる。但し第1期に属する「防御施設」は不明のままである。

イネは54－1号住居址の床面から395g 検出され、任意に取り出された300粒のイネは長さ平均 4.20mm で幅 2.37mm を測り、短粒米に属するとされる。住居址出土の木炭片による炭素14代では、

2665 ± 60 bp, 2565 ± 90 bp. を示している。

出土土器には壺、甕、鉢、碗などがあり、石器には伐採具や工具としての太型蛤刃石斧、偏平片刃石斧、柱状片刃石斧、鑿形石斧、収穫具として三角形や半月形外湾刃石庖丁があり、弥生時代の石器組成と変わるところはない。

休岩里・龍岩里遺跡

休岩里遺跡は忠清南道の北部、海抜 678m の伽耶山塊の末端が、浅水湾に開けた高北平野に接する辺りの狭い台地上に営まれた青銅器時代中期初頭の集落址である（国立中央博物館 1990）。国立中央博物館により、休岩里で2基、龍岩里で9基の住居址と野外炉址1基が検出され、発見された土器に稲の籾痕が付着したのがあった。

土器は一部に孔列紋が見られるが、基本的な器形は松菊里式土器と同一で、大小様々な鉢、壺、碗よりなり、農耕石器には太蛤刃石斧、偏平片刃石斧、鑿形石斧などがあり、収穫具には半月形外湾刃と三角形石庖丁が出土している。石器組成は松菊里遺跡と同様に頗る簡素であり、磨製石鏃が多い点を除いて、日本の弥生時代前期の遺物群と極めて類似した内容になっている。

大坪里遺跡

大坪里遺跡は洛東江の支流の一つ、南江上流大坪里に点在するいくつかの集落・墳墓遺跡の総称で、1975 年以降、ダム建設に伴う調査が続行されている（文化財研究所 1994、嶺南考古学会 1998、南江遺跡発掘調査団 1998）。初期の発掘調査で出土した土器に稲の籾痕が付着したのが知られていたが、最近の調

査により低位河岸段丘上で無紋土器前期から中期初頭段階の畑遺構が発見された。

発掘された畑遺構は大坪面魚隠洞地点で2ヶ所2123坪、玉房洞地点で10ヶ所3140坪、上村洞地点で200坪があり、畝と溝からなる。溝の深さは35cm、畝は50cmを測る。魚隠洞地点では1枚の畑の広さは120m×50mにも及ぶ大規模なものであった。このうち上村洞で発掘された畑遺構の堆積土中からイネ、アワ、キビなどとともに、ホモノ科やカタバミ科の種子が検出されている。ホモノ科にはエノコログサなどが含まれ、カタバミ科などとともに畑雑草の仲間であり、また玉房洞地点ではアワとアカザ科の種子が検出され、発掘された遺構が「畑」であることの有力な証跡となる。

これらの畑遺構は住居址（玉房地点）や石棺墓（魚隠洞地点）により一部断ち切られていて、畑遺構の年代が青銅器時代前期に遡上する可能性が高い。

出土する土器には甕、鉢、壺、小型壺、椀など各種見られるが、高坏はない。石器には太型蛤刃石斧、偏平片刃石斧、鑿形石斧には石鍬、石庖丁、抉入片刃石斧、鞍型磨臼などが認められ、その他に石鏃や漁網錘が多数発見されている。またこの遺跡で特徴的なことは、玉の製作工房址が発見され、天河石の原石や小玉、曲玉、管玉などの製品とともに玉砥石、針などの工具が見られることである。但し原石は天河石だけでなくそれ以外の碧玉や緑色凝灰岩なども含まれるようである。

検丹里遺跡

この遺跡は慶尚南道蔚山市の盆地を望む海抜104mから123mの小高い丘陵上に立地し、韓国で初めて調査された無紋土器中期前半段階の環濠集落址である（釜山大学校博物館1995）。環濠の内外から92基の住居址が発見され、稲籾痕の付着した土器が検出されている。遺跡は3期に区分され、2期に環濠と溝の内側に土塁が形成されるものの、ほどなく放棄されている。土器は大小の甕、鉢、壺、長首壺と蓋、椀など各種みられ、石器には太型蛤刃石斧、柱状片刃石斧、抉入片刃石斧、偏平片刃石斧、石庖丁など多数に達する。高坏を除いて弥生時代の遺物組成と基本的には同一である。

新石器時代の稲作栽培資料

　新石器時代にアワが栽培されていたことは確実であるが、稲作栽培に関して従来は否定的であった。ところが最近新石器時代はおろか旧石器時代に遡上する稲籾が検出されるに及んで、韓国における稲作自生論まで展開されるに至っている（李隆助・禹鐘允 1998）。
　これまでに「新石器時代以前の層から出土した」とされる事例には次のものが挙げられる。

　　　京畿道高陽市星沙里遺跡　　　稲籾　　　　新石器時代 4070 ± 80 bp.
　　　　　　　カワジ遺跡　　　　　稲籾　　　　新石器時代 4330 ± 80 bp.
　　　金浦郡佳廻里遺跡　　　稲籾、粟籾　新石器時代 4020 ± 25 bp.
　　　　江華郡牛島貝塚　　　　　稲痕　　　　新石器時代
　　　忠清北道清原郡小魯里遺跡　稲籾　　　　後期旧石器時代

また花粉分析によりイネが確認された遺跡には、

　　　全羅南道羅州郡佳興里　　　　　　　新石器時代

プラント・オパールが土器の胎土中から検出された遺跡には、

　　　慶尚南道金海市農所里　　　稲、黍、蜀黍、芦、紫薄
　　　　釜山市栗里貝塚　　　　　稲、芦
　　　　　晋陽郡中村洞　　　　　紫薄

などが知られている。
　一山新都市遺跡1地点（星沙里）では10粒の稲籾が検出され、長幅比が 1.99～2.33と青銅器時代出土の稲籾に比べて長く、また稲粒の形と剛毛（芒）からみて、青銅器時代のものとは異なることが指摘されている。3地点（カワジ）では5例中1例が長幅比2.71と極めて長いのを例外として、青銅器時代の通例に入る大きさである（韓国先史文化研究所1992）。長さの点に関しては、光州市新昌洞遺跡でもジャポニカ種でみることができ、多数稲籾が発見された場合を比較して、変差内として捉えることが可能である。
　金浦半島佳廻里遺跡で採集された稲籾と粟粒は一山新都市で発見されたものと同様に泥炭層から出土したものであり、文化遺物を伴わない情況下で、炭素14年代で年代が推定されたものである。一山新都市遺跡では泥炭層の上層部

分には無紋土器が散布していて、これに伴う穀物が落ち込んだ可能性も考えられる。草木の樹根が形成する「根成孔隙」が 2.5m 以上も入り込むことが充分にあるという農業土木工学の実証結果をふまえると（徳永 1999）、泥炭層中に見られる芦などの草による二次的撹乱も充分に想定できる。

　プラント・オパールによる稲の同定はそれ自体では確実な方法であっても、プラント・オパール自体で年代を推定できないために、伴出物による年代決定に依拠しなければならないという問題を残している。岡山県朝寝鼻貝塚での縄文時代前期前半での稲や黍の起動細胞の検出例は、それに小麦が伴うことで再考を要するものである。中国で小麦の実例で最も遡上するのは安徽省釣魚台遺跡での殷代の事例であり（安徽省博物館 1957）、紀元前五千年紀には中国のトルキスタンでも栽培が検証されていない。このことはプラント・オパール分析により穀物が栽培されていたことの「実証」には、量的分析を加味しなければ危険であることを示している。起動細胞を土器中から求めることで、考古学的年代を確実にするアプローチも、プラント・オパール自体が極めて微少なために素焼き土器の表面を通過することは、縄紋時代早期の土器から稲の起動細胞が少量ではあるが、確認されることで十分に窺がえよう（高橋 1999）。12000 年以上も前には肝心のジャポニカ型の稲が未だ形成されていない段階であることを考えておく必要があることは言うまでもない（甲元 1999b）。

　以上の検討を経て、朝鮮の新石器時代に稲作が存在したとするには、今日なお資料が不足していると言えよう。但し中国渤海湾での事例と早い段階での遼東と朝鮮西海岸地域との漁撈民による交流の存在から、紀元前二千年紀には韓国でも稲作栽培が行われていた可能性は充分に予想されるのである（甲元 1998、1999b）。

農耕文化の系譜

　これまでに検出された穀物を通して農耕文化の変遷を辿ると、新石器時代中期、紀元前四千年紀にアワもしくはヒエの栽培が始まることが知られる。この時期は遼東の小珠山中期に該当し（宮本 1986）、大連では郭家村貝塚でアワが出土することと良く対応する。しかし、農耕石器にみられる石鍬＋石耜＋石鎌

＋磨棒＋鞍型磨臼の組成は、紅山文化前段階の趙宝溝文化や小山文化と共通するものであり、年代的にも一致している（郭大順 1995）。南京遺跡での石製農具も基本的にはこれと同一であり、東北朝鮮の場合も上記の組成から石耜が欠如したものと想定される。さらに東北朝鮮にみられる円弧紋をもつ碗は紅山文化の系統を引くものであり、智塔里遺跡の口縁上部に列点紋を巡らす壺の紋様形態は、同じく紅山文化の「紅頂碗」と類似することを考慮すると、中国東北内陸部の農耕文化と共通性が高く、佐々木高明の言う「ナラ林農耕文化」（佐々木 1993）の範疇で捉えることができよう。

　問題を多く残しているのは、無紋土器当初段階の欣岩里遺跡や南京遺跡で、これらの遺跡では畑作物と共にイネが出土し、しかも農耕石器の組成が前代とは大きく異なることである。すなわち石鍬などの耕起具、磨棒と鞍型磨臼の調理具はなく、収穫具も石庖丁に限定されている。伐採具としての太蛤刃石斧、偏平片刃石斧、柱状片刃石斧、鑿形石斧という組み合わせは朝鮮の新石器時代にはみられないものであり、新石器時代から青銅器時代への過渡期において、農耕石器の組成にかなり大きな変化があったこと、生産から消費までの過程に重大な変貌を窺わせるのである。

　こうした変化の先駆けと想定が可能な遺跡に平安北道龍川郡新岩里遺跡青燈邑地点と砂山地点がある（李順鎮 1965）。鴨緑江最下流の海抜が 35m ほどの丘に囲まれた小盆地内にあり、数基の住居址が発掘されている。そのうち第1文化層とされた無紋土器前期の時期には、彩色を施した壺や甕、鉢、台付壺などで土器が構成され、石器組成は太型蛤刃石斧、偏平片刃石斧、石庖丁であり、新石器時代にみられた石器組成とは大幅に異なっている。これら土器や石器に窺がわれる組み合わせは遼東地域の双砣子文化に属する遺物群と極めて類似していて、遼東地域からの強い影響があったことが想定できる。

　双砣子文化は遼東半島の先端部を中心として展開する紀元前二千年紀の農耕・漁撈・狩猟・採集と網羅的な経済類型に属する先史文化で、この文化に属する大嘴子遺跡ではイネとコウリャン（モロコシ）の粒が検出されている（許明綱・劉俊勇 1991、遼寧省文物考古研究所他 1996）。双砣子文化は双砣子遺跡の層位をもとに3時期に区分され（東北アジア考古学研究会 1986、中国社会科学院考古研究所 1996）、時期別の遺物の組み合わせが提示されている。それ

によると第1期では新岩里遺跡のセットに坏を加えたもので、石器の組成は殆ど変わるところはない。第2期にはこれに鼎や摘み付の器蓋が、第3期には大型の鉢や壺、台付の鉢が付加されるが石器の組み合わせには変化がみられない。このことは大連市一帯にみられる双砣子文化期に属する遺跡に通有なことであり（劉敏勇・王班、1994）、双砣子文化では本来的に石鍬・石鎌、磨棒・磨盤を欠くものであったことが窺がわれよう。

　これに対して双砣子文化に僅かに先行する石仏山遺跡（許玉林 1990）や大藩家村遺跡（大連市文物考古研究所 1994）では、磨棒や鞍型磨臼を僅かにではあるが認めることができる。また郭家村上層時期には磨棒や鞍型磨臼は見られるが（遼寧省博物館・旅順博物館 1984）、小珠山上層文化や上馬石上層文化にはこれらが検出されることはない（遼寧省博物館他 1981）。また遼東内陸部に展開する紀元前三千年紀の高台山類型や偏堡類型の諸遺跡から出土する土器や石器組成が全く異なることなどを考慮すると、朝鮮の新石器時代後期から青銅器時代にみられる石製の耕起具や石製の調理具を欠く石器組成は、紀元前二千年紀の遼東半島沿岸地域と密接な関係のもとに形成されたことが窺がわれる。こうした変化は畑作物のみで農耕が営まれる遼東内陸部と比較した場合、大嘴子遺跡の穀物の出土が示すように稲作・畑作の混合経済のもとに変貌を遂げた可能性が高いと想定されよう。

　この時期の変化に関しては、また孔列紋土器の登場に示される、北部朝鮮農耕文化の南下現象の一環であると想定する研究者がある（尹武炳 1975）。このことについて考察するために孔列紋土器を出土する無紋土器前期の代表的な遺跡であるソウル市の駅三洞遺跡をみてゆこう。

　駅三洞遺跡はソウル市の東郊、海抜が100m前後のなだらかに広がる平原が展開するなかの一つの丘上に位置している。この遺跡では壁の内側周囲に小さな柱穴を巡らせた、長さ16m、幅3mの巨大長方形住居址が1軒発掘されている（金良善・林炳泰 1968）。出土する土器は大型壺、孔列紋鉢（甕）、丹塗磨研壺よりなり、石器は太蛤刃石斧、偏平片刃石斧、鑿形石斧、石庖丁に鞍型の磨臼が伴う。コマ型時に伴う石器に調理具である鞍型磨臼が伴出する点に特徴が認められる。こうした現象は前出した欣岩里住居址でも同様で、その他に京畿道坡州郡玉石里（金載元・尹武炳 1967）、河南市渼沙里（渼沙里先史遺跡発

掘調査団1994) など中部朝鮮地域での無紋土器段階の遺跡に等しくみることができる。孔列紋をもつ鉢（甕）と巨大な長方形住居址には鞍型磨臼が等しく出土することは、西朝鮮地域からの影響下でもたらされるものとともに、虎谷遺跡などの東北朝鮮との深い関連からもたらされたと推定できよう。中部朝鮮における孔列紋土器の登場は、紀元前一千年の初め頃に起こった気温の一時的冷却化後のことであり、気候の悪化に起因する北方民族の南下現象と捉えることが可能なことは既に指摘した点である（甲元1997c）。

孔列紋土器の登場は、西朝鮮において新岩里第1文化層段階とそれに続く新興洞遺跡の時期以降のことであり（後藤1971）、石製の耕起具や石製の調理具のない石器組成の農耕文化が既に波及していた時期であったことから、磨棒、鞍型磨臼が再度加わったものであることが知られよう。

おわりに

朝鮮での農耕文化の始まりは新石器時代中期、智塔里遺跡で確認される。穀物や石器組成から類推すると、中国の東北内陸部から内蒙古東南部に広がる農耕文化と関連するものであり、リョウトウナラ林に代表される樹林帯下に形成された「ナラ林農耕文化」であった。南京遺跡では新石器時代終末期まで同様の在り方が窺がえることからすれば、少なくも紀元前二千年紀初頭までの朝鮮では、畑作栽培を主体に、その他の狩猟・漁撈・採集経済が混合した形で営まれていたことが知られる。

紀元前二千年紀後半期に入ると新岩里遺跡が物語るように、遼東半島沿岸部との交流が強まり、彼の地との関連性の深い文物が登場するようになる。この農耕文化の類型は稲作と畑作を併せ営むもので、石庖丁以外は石製の農耕具を欠くものであり、木製の耕起具や調理具を伴うものであったことが類推できる。「コマ型土器」に代表されるこの農耕文化は、西朝鮮地域で卓越して展開するが、今日「コマ型土器」は南朝鮮の忠清南道の遺跡で出土が確認されることから、西海岸一帯に広まっていったことが窺がえる。大坪里での畑址の検出とそこで栽培されていた穀物の種類からすると、南朝鮮では稲が畑でも栽培されていたことが知られ、松菊里や新昌里などの遺跡の例も考慮すると、南朝鮮では

地域的なヴァリエーションをもって、水稲耕作や畑作栽培が行われていたことが想定され、それは原三国時代まで引き続くことは、金海市府院洞遺跡の出土穀物に示されている。

東北朝鮮は畑作栽培が卓越するのに対して、青銅器時代から初期鉄器時代では、西朝鮮から、中部朝鮮、南朝鮮と南下するに従って稲作栽培の比重が高まるものの、地域的な変差が大きかったことが出土した穀物種の情況から推測できる。

遼東地域から西朝鮮への稲作を伴う農耕文化の波及は、紀元前二千年紀の初め頃日本列島に影響を与えていたことは断片的な資料により類推が可能である。紀元前二千年紀の渤海湾沿岸、黄海沿岸、朝鮮海峡など「東中国海北部沿岸地域」には山東半島で出現した「逆T字形釣針」が共通して認められ、漁撈民相互間では密接な交流があったことを知る事ができる（甲元1999a）。このことからすれば縄紋時代後期には日本列島で穀物栽培が営まれた可能性もあり、東三洞貝塚の発掘調査の結果を勘案すると（河仁秀1999）、更に縄紋時代中期にまで穀物の栽培開始の時期が遡上する可能性もある。しかし、孔列紋土器の南下が気候変動に誘引されたものであるのに対して、紀元前二千年紀の稲作を含む複合的な農耕文化の到来についての素因は解明されたわけではなく、このことに関しては更に検討すべき課題が多く、稿を改めて論じることにしたい。

挿図の出典
図14：姜錫午1971を基に甲元作成

第4節　先史時代の穀物と農法

はじめに

　先史時代の東北アジアで検出される穀物がどのように栽培されてきたかという点に関して、従来はあまり検討されてくることはなかった。日本ではイネ＝水田栽培という観念が強く、イネの畑作栽培についてこれを否定的に捉える研究者は多い。水田が発掘されるとすぐに水稲栽培と結び付けられて、恒常的な「豊年満作」論により、歴史が語られるのが実情である。先史学研究者で中世段階の「かたあらし」について（戸田 1967）言及するものは殆どいない。また弥生時代以降の水稲栽培を高く評価するあまり、生態環境が類似した長江流域との無前提の緊密な関係を説きながら、水稲栽培は長江流域から直接日本に到来したという説が民族学者から提唱され、一部の生態学や農学の研究者から支持されてきている。しかし実際には先史学的遺物からは先史時代の稲作栽培に関する長江流域との直接関係を示す資料は欠如していて、先史学的見地からは朝鮮半島経由説以外の伝播論を是認する資料は皆無である。そこでは具体的な穀物栽培法を復原把握しないで、東南アジアに展開する「粗放な」農法をもってこれを補うという手法が展開される。
　具体的な穀物栽培においては畑作でも稲作でも多様な農法が営まれており、東北アジアに展開した穀物の栽培過程を先史学的資料に即しながら、その位置づけを試みる必要がある。
　ここでは出土資料を基にして、東北アジア先史時代の穀物の栽培法を検討して、東北アジアにおいて穀物がどのような農法により栽培されていたかという点に焦点をあわせて、資料の検討を行いたい。
　中国の黄河流域以北を含めた東北アジア出土の穀物資料は、これまでに数名の研究者により資料集成がなされている（甲元 1991、1999b、2000a、b、小畑 2004、後藤 1991、2006）。最近までに知られた出土穀物では、畑作物が多いことが注目される。また東北アジアの先史時代においては、原三国時代の朝鮮南

部の一部地域を除いて、出土するイネは畑作作物を必ず伴う点が特徴として挙げられる。遺跡出土の穀物の組み合わせからみると、多角的な混合農耕であったことを物語っている（甲元1992a）。

水稲栽培においては、自然因子として、土壌、10℃以上の集積温度、日照時間、輻射熱、降水量など様々な条件が挙げられる（甲元1991）。そしてそれらの条件が稲を播種して収穫するまでの130日から140日間に適合する必要がある。温度の面からすると水稲発芽期では10℃～12℃、結実期では20℃～25℃なければならず、その時期温度が20℃を下回ると害がはじまり、17℃では重大な被害を受ける。一方水分の条件としては、降水量、水田への透水量、水田間の蒸発量、稲株の蒸騰量が問題となる（甲元1991）。

年平均降水量をみると、長江流域では1000mmから1500mm、淮河流域が750mmから1000mmで、水稲栽培に適した雨量を測るが、淮河流域以北では500mmから750mmとなり、給水施設を伴わなければ水稲栽培は難しい生態環境を呈している（陳正祥1980）。一方朝鮮では平均960mmで、漢江上流以南の地域では1300mmから1400mmであるが、朝鮮東北地域では600mmから700mmに過ぎない。朝鮮南部地域では水田栽培の稲の生育に必要な6月から8月に集中するのに対して、北部地域では7月から9月と時期が遅れ、水田栽培にはあまり適したとはいえない環境となっている（姜錫午1971）。中国東北南部では乾燥度が高いために水田への透水量や水田間の蒸発量が高く、水田に必要な約半分は灌水しなければならない（梁家勉1989）。このことは中国東北南部や朝鮮北部では灌漑農法が導入されない限り、水稲栽培は無理であることが判明する（甲元1991）。

雑草からみた農法

中国や韓国においては最近、水選別法により遺跡から出土した種子を検出する方法が試みられるようになってきた。これにより栽培穀物だけでなく、栽培に伴う雑草の種類により農法をある程度推測することが可能になってきた。伴出雑草により農法の違いを指摘する方法を先史遺跡に初めて応用したのは笠原安夫で、岡山県下での調査をかわきりに、玄界灘沿岸の農耕に関係する低湿地

遺跡での調査を多く手がけてきた（笠原 1977）。

笠原によると雑草は生態環境により以下のように分類できる（笠原 1976）。

○路傍・土手に生える種（人里植物）

カワラヨモギ、オオジシバリ、オニタビラコ、スミレ、イチゴツナギ、カモジグサ、チカラシバ、オヒシバ、カゼクサ、トダシバ、ツルボ、カナムグラ、ヨモギ、ヨメナ、カラスノエンドウ、スズメノエンドウ

○水辺・沼沢地に生える種

コウガイゼキショウ、イ、ミゾハギ、マコモ、チゴザサ、カサスゲ、ヒメシロネ、ミクリ、ミゾソバ、ヨシ、トチカガミ、ガマ

○畑雑草

メヒシバ、ハコベ、スベリヒユ、エノコログサ、ツユクサ、スギナ、イヌタデ、シロザ（アカザ）、ナズナ、ヤエムグラ、ノミノフスマ、」ニワホコリ、アキメヒシバ、ザクロソウ、スズメノカタビラ、ホトケノザ、オオバヨ、ウリクサ、スイバ、カラスビシャク、アオビユ、ツメクサ、コヒルガオ、ノゲシ、ハナイバナ、タニソバ、ナギナタコウジュ、ニワヤナギ、ヌカボ、クワクサ、トキワハゼ、ハルタデ、アキノノゲシ、イヌガラシ、キツネノボタン、クサノオウ、イノコズチ、ネザサ、カタバミ、イワニガナ、ヒルガオ、ギシギシ、ゲンノショウコ、ススキ、チガヤ、ハチジョウナ、ヘラオオバコ、ハマスゲ、ムラサキカタバミ、キツネノマゴ、コンスビ、ウシハコベ、カキオドシ、ドクダミ、ハハコグサ

○水田雑草

コナギ、キカシグサ、アブノメ、タマガヤツリ、マツバイ、タイヌビエ、アエナ、ミズハコベ、ヒルムシロ、ウリカワ、ヒデリコ、タカサブロウ、ホシクサ、チョウジタデ、ミズハコベ、クログワイ、ヒロハイヌノヒゲ、ヘラオモダカ、オモダカ、ミズキカシグサ、ミズガヤツリ、イボクサ、セリ、アゼムシロ、スズメノトウガラシ、アゼトウガラシ、テンジンソウ、テンツキ、タネツケバナ、ヌメリグサ、ケイヌビエ、ハリイ、サナエタデ、スズメノテッポウ、タウコギ、スブタ、コゴメカヤツリグサ、タガラシ、ヤナギタデ、キクモ、ウシクグ、イヌノヒゲ、クサネム、アギナシ、ヒメクグ、ミズオオバコ

具体的な遺跡の分析においては、水田雑草、田畑共通雑草、畑雑草にわけて

栽培地の環境の復元が試みられている。指針となる雑草は以下のように分類されている（笠原 1983）。

　水田雑草：コナギ *Monochoria vaginalis* var. *plantaginea*、オモダカ *Sagittaria torifolia*、タガラシ *Ranunculus scleratus*、ヤナギタデ *Polygonum hydropiper*、ホタルイ *Scirpus juncoides*、ハリイ属 *Eleocharis* sp.、ミズアオイ *Monochoria korsakowii*、イヌノヒゲ *Eriocaulom miquelianum*、タマガヤツリ *Cyperus difformis*、イボクサ *Aneilema keisak*

　田畑共通雑草：ノミノフスマ *Stellaria uliginosa*、チドメグサ *Hydroeotyle sibthorpioides*、コゴメカヤツリ *Cyperus iria*、ヒメクグ *Cuperus brevifolia*、タネツケバナ *Cardamine flexuosa*、ヒエ属 *Echinochloa* sp.、ミゾソバ *Polygonum Thunbergii*

　畑雑草：タデ科 *Polygonaceae*、タカバミ *Oxalis corniculata*、ハコベ *Stellaria media*、カヤツリグサ *Cyperus microiiria*、カナムグラ *Humulus japonicus*、イヌホオズキ *Solanum nigrum*、スベリフユ *Portulaca oleracea*、カラムシ *Boehmeria nivea*

板付遺跡の分析の結果によると夜臼式段階の水田では、コナギをはじめとする水田雑草が6種類195粒、田畑共通雑草が4種類70粒であり、畑雑草がほとんどみられない。板付1式段階でも圧倒的多数が水田雑草で、畑雑草はタデ科が僅かに出現するに過ぎないことから、湿性の高い水田であったことが判明した。一方ほぼ同じ頃の佐賀県菜畑遺跡では、水田雑草が60％、田畑共通雑草が30％、畑雑草が10％を占めていて、水田雑草のもつ比重が板付遺跡に比べて低く、また雑草の全体量が少ない。このために笠原は「水陸未分化稲」が栽培されていた可能性を示唆した（笠原 1983）。しかし日本列島でイネが栽培されるまで7000年以上の歴史があり、栽培種としてすでに特化された種であったと考えられるので、「水陸未分化稲」とされたものは、水田とも畑ともいずれともつかない耕作地の状況下で栽培されたものと読みかえることができる。

東北アジアの穀物栽培に伴う雑草

中国山東省においては趙志軍などをはじめとして新進の研究者の手で、水選

別法による資料採取が4遺跡で行われている（趙志軍 2007）。

両城鎮遺跡では 1999 年から 2000 年にかけての発掘調査に伴っての報告がなされている（凱利・克労福徳他 2004）。検出された穀物としてはキビ、アワ、イネ、コムギがあり、イネが最も多く、アワがこれに次ぐ数がみられた。コムギは現代の普通コムギに比べ小型であり、2 粒が発見されたのみであった。雑草としては、ヒユ科 *Amaranthaceae* sp.、キク科 *Compositae*、マメ科 *Leguminosae*、アカザ科 *Chepodiaseae* sp.、タデ科 *Polygonaceae* sp. アブラナ科 *Crueiferae* sp.、キビ属 *Panicum* sp. が採取されている。雑草の中で最も多く発見されたのはキビ属で、これらにはビードロキビ、イヌビエ、ケイヌビエ、ハイヌメリなどが含まれ、畑や路傍、あるいは多少湿気のある場所に生育する種である（中華人民共和国農業部農薬検定所他 2000、以下中国の雑草についてはこれによる）。これに次ぐものとしてはタデ科、キク科、マメ科がありこれらは畑地に多く見られる雑草である。カヤツリグサ科は種により湿地に生えるものや草地に生えるものの違いがあり、種が特定されないと明確にはし難いが、カヤツリグサ以外の大部分のカヤツリグサ科に属する種は水田などの湿地で生育する雑草である。このカヤツリグサ科の種子は龍山文化中期のイネの出土量が増加する時期に量的に多く出現していることから、龍山文化中期の高温多湿状況を考慮すると、水田が営まれていた可能性を物語るものとすることができる。

趙家荘遺跡では 2005 年に調査された資料の一部が趙志軍により紹介されている（趙志軍 2007）。それによるとイネ、キビ、コムギ、オオムギの種が同定され、雑草としてはイネ科、マメ科、タデ科、カヤツリグサ科の種子が検出されていて、両城鎮遺跡と類似した雑草の組み合わせとなっている。

桐林遺跡ではアワ、キビ、イネ、ダイズの種子が 16000 粒採取され、雑草としてはイネ科、マメ科、タデ科、アカザ科、ヒユ科、カヤツリグサ科、バラ科の種子が検出されている。雑草の量の記載がないことから全体の様相がはっきりとは掴めないが、畑や人里に生育する種が多い。

校場鋪遺跡では 70000 粒の植物種子が検出され、そのうちはアワ、キビ、イネ、ダイズ、コムギの栽培穀物が含まれ、大部分アワが占めている。雑草としてはマメ科、イネ科、タデ科、アカザ科、ヒユ科、キク科があり、多くは畑や路傍に生育する種である。校場鋪遺跡は前 3 者と異なって黄河北側の台地上に

立地する遺跡であり、雑草の組み合わせからは畑作栽培が優先していたことを窺わせる。

　山東省の龍山文化期の遺跡で検出される雑草の中で多くみられるイネ科については、より細かな同定が可能になったとされる（趙志軍 2007）。それによるとイネ科のなかには、メヒシバ属、ヒエ属、エノコログサ属、キビ属等が含まれるという。これらの多くは畑雑草か田畑共通雑草であり、結局カヤツリグサ以外のカヤツリグサ科の多少が耕作地の状況を示す鍵種子であることが知られる。両城鎮遺跡での種子が採取された地点と雑草種子の出土頻度との検討がなされると、畑作栽培とは無関係に水田が営まれていたか否かが分析可能である。地点別にさほど大きな変化がなかったとしたら、水田と畑が類似した環境の下で栽培されていたことを示す。

　韓国でもここ数年水選別法を用いて穀物以外にも雑草を採取することが盛に試みられるようになってきて、安承模により紹介がなされている（安承模 2002、2007a、b）。文献の入手できうる範囲で個別の遺跡での事例を検討することとしよう。

　朝鮮半島での最古のアワが検出された東三洞貝塚では、有紋土器前期に属する住居址からアワ、キビとともにキビ属 *Paniceae*、アカザ科 *Chepodiaceae*、タデ科 *Polygonaceae* の種子が検出されている（李旻娥 2007）。遺跡の立地は半島状に延びた丘陵の裾の狭い台地上で、水資源を殆ど欠く場所にある。キビ属、アカザ科、タデ科の種子はこうした生態環境を良く反映しているといえる。有紋土器の時期の雑草は基本的にこれらより構成されている（李旻娥 2005）。

　今日大きな論争となっているのは有紋土器時代（新石器時代）に遡って稲作栽培が営まれていたか否かであり、韓国の研究者はおおむね肯定的である（任孝宰 2001）のに対して、日本の研究者は否定的である。このことは決して朝鮮に新石器時代に遡上する時期に稲作栽培を否定するものではなく、中国山東省での事例から充分に存在する可能性があるが、大川里遺跡を初めとして、今日提示された資料は充分にそれを裏付けることができないという点にある（小畑 2004）。

　慶尚南道の南江ダム建設に伴う発掘調査により、魚隠上村里で発掘されたイネが炭素年代で新石器時代に遡上する数値が出てきたことにより、新石器時代

のイネの栽培法の検討が必要となってきた（Crawford and Lee 2003）。同報文には南江として新石器時代の出土種子の報告があるが、イネを検出した遺跡のものか否かの言及がないために、農法は推定し得ない。ちなみにこれまでに知られた南江流域遺跡で伴う雑草はすべて畑作に伴う種である。

魚隠洞遺跡は南江が形成する沖積地に立地しているが、無紋時時代（青銅器時代）に属する畑の畝遺構が検出されたことで有名であり（慶尚南道・東亜大学校博物館 1999）、沖積地であっても水田栽培によるものとはなしえない。アワやキビが伴出していることはそれを強く物語っている。さらに魚隠洞1区では雑草としてイネ科の中で、キビ属、ヒエ属、エノコログサ属があり、この他にはオヒシバ属、タデ科ミチヤナギ、アカザ科、アブラナ科などが検出されていることは（李相吉 2002）、畑雑草であったことを示している。

韓国で発掘された「水田遺構」に伴う植物種子は安承模によりまとめられている（安承模 2007b）。

教洞里 456 遺跡：イネ、シロザ近似種 *Chenopodium cf album*、ヒユ科 *Amaranthus* sp.、スベリヒユ *Portulaca oleracea*、エノキグサ *Acalypha australis*

シロザはアカザ科の荒地や畑に多い1年草で、スベリヒユも路傍・畑に生育する強害草であり（笠原 1974、以下雑草の性質はこれによる）、エノキグサも同様に荒地や畑にはえる雑草である。ヒユ科も畑・野原・荒地・路傍や畦畔に生え、教洞里 456 遺跡出土の種子からは、畑作栽培であったことを物語っている。

玉房 1 − 9 地区：イネ、アワ、キビ、ダイズ、アズキ、エゴマ、エノコログサ *Setaria viridis*、オヒシバ *Eleusine indica*、キビ属、ツルマメ *Glycine soja*、タデ科、アカザ科、アブラナ科 *Crueiferae* sp.

玉房 1 − 9 地区は畑の畝が整然と検出された遺跡であり、検出された種子の中には湿地に生える種類は見られない。

麻田里遺跡：イネ、アワ、アカザ科、タデ科、ギシギシ属 *Rumex* sp.、アブラナ科、カタバミ *Oxalis corniculata*、カヤツリグサ科、ホタルイ属 *Scirpus* sp.

麻田里遺跡は典型的な谷水田であることが発掘調査の結果明らかにされてい

る。このうちホタルイ属を含めてカヤツリグサ科の一部は水田雑草の可能性があるが、カタバミ、ギシギシ、タデ科、アカザ科は畑や路傍、荒地に生える雑草であり、水田と畑に生育する雑草の両者がみられることとなる。検出された雑草の数が少ないが、この組み合わせが正確に事実を反映しているとすると、水田と畑が近接しているか、「水田跡」とされたものが、輪作地であった可能性を示している。

月岐里遺跡：イネ、オオムギ、アワ、アズキ、エノコログサ、キビ属、ツルマメ、タデ科、アカザ科、イネ科

月岐里遺跡の出土種子も、栽培穀物以外は畑雑草で占められている。

羅福里遺跡：アカザ科、ナデシコ科 *Caryophyllaceae*、コシンジュガヤ *Scleria parvula*、ヒカゲスゲ *Carex humilis*、アオギリ科 *Sterculiaceae*、シソ科 *Labitae*、ツルナ科 *Aizoaceae*、イネ科、ヒユ科

羅福里遺跡で採取された種子もコシンジュガヤが草原の湿地に生える種で、ヒカゲスゲはカヤツリグサ科の乾いた林床に密生する性質をもっている。アオギリ科には熱帯の雑草であるノジアオイやコジカがあるが、いずれも路傍に生える。この遺跡で検出された雑草はすべて湿地以外に生育する種で構成されている。

新昌里遺跡：イネ、アワ、コムギ、エゴマ、ウリ、アサ、アカザ科、ホタルイ *Scirpus juncoides*、ウキヤガラ *Scirpus fluviatilis*、ミズガヤツリ *Cyperus serotinus*、カヤツリグサ科、イヌビエ *Panicum crusgalli*、エノコログサ、タデ科、スイバ *Rumea acetosa*

新昌里遺跡は低湿地を控えた場所に営まれた集落と水田遺跡であり、ホタルイ、ウキヤガラ、ミズガヤツリなどの湿地に生える種子とともに、畑雑草もみられる。量的にはホタルイが最も多く、アカザ科がこれに次ぐことから、湿地帯での水田と台地上での畑作栽培が併せて営まれていたと想定できる。栽培穀物の組み合わせもこのことを反映している。

以上今日まで知られた代表的な水田跡から検出される雑草からみると、新昌里遺跡を除いては、畑作栽培が優越していたか、一時期水田が営まれていたと推定できる。

沖積地内に立地する大邱東川洞遺跡では水路をめぐらした区画内に、畝跡が

検出されている（嶺南文化財研究院 2002）。畝が確認される場所の区画は比較的大きいが、調査区北側には溝に囲まれた畝が検出されない区画が存在している。このように畝はすべての区画内で検出されているわけではないこと、小区画のものがみられることは、水田を念頭において造成されたものと考えられる。ここでは種子の検出がなされていないために決定的なことを論じることはできないが、田畑交換方式での耕作地であったことを示唆するものとすることができよう。

戦前における朝鮮の農耕

　朝鮮での地域別穀物栽培の実態に関しては、1922年度の調査報告がある（朝鮮総督府勧業模範場 1923）（図15〜図17）。イネは当時朝鮮で最も多く栽培されていた作物であるが、反別の8割以上が朝鮮南部地域であり、その中では全羅南道が1位を占め、全体として西海岸地域に稲作栽培地が偏っている。反当りの収穫量は慶尚南北道が最も多く1石余りなのに対して、北朝鮮では平均0.7石に過ぎず、当然のことながら東北朝鮮地域では稲作栽培が適していないことを示している。
　オオムギは漢江以南の朝鮮南部が主要な栽培地帯となっていて、栽培面積も多い。コムギは清川江以南の地域で多く栽培され、中でも黄海道にそれが集中している。しかし収穫量は反当り0.6石とイネやオオムギに比べ少ない。ハダカムギは朝鮮の南部地域で全体の8割7分の作付面積を占める。沿岸部と山間部に分かれて栽培されるという特色が認められるが、山間地域の反当りの収穫量は極めて少ない。ダイズは朝鮮の栽培穀物の中では3位を占め、ほぼ全道にわたって作付けされているが、アズキは西朝鮮地域で多く栽培されている。リョクトウの栽培傾向はアズキと類似し、黄海道が最も多い。アワ、キビ、ヒエ、モロコシは中部朝鮮以北が主要な栽培地域となっていて、ヒエ、モロコシは朝鮮北部地域のほうが、反当り収穫量は高くなっている。ソバは江原道の山間部と咸鏡道の蓋馬台地とその周辺地帯に作付面積は集中している。ゴマは咸鏡道を除く全道にほぼ万遍なく作付されている。
　以上の統計資料によると20世紀前葉の朝鮮南部地域では、イネ、オオムギ、

第4節　先史時代の穀物と農法　123

イネ

オオムギ

ハダカムギ

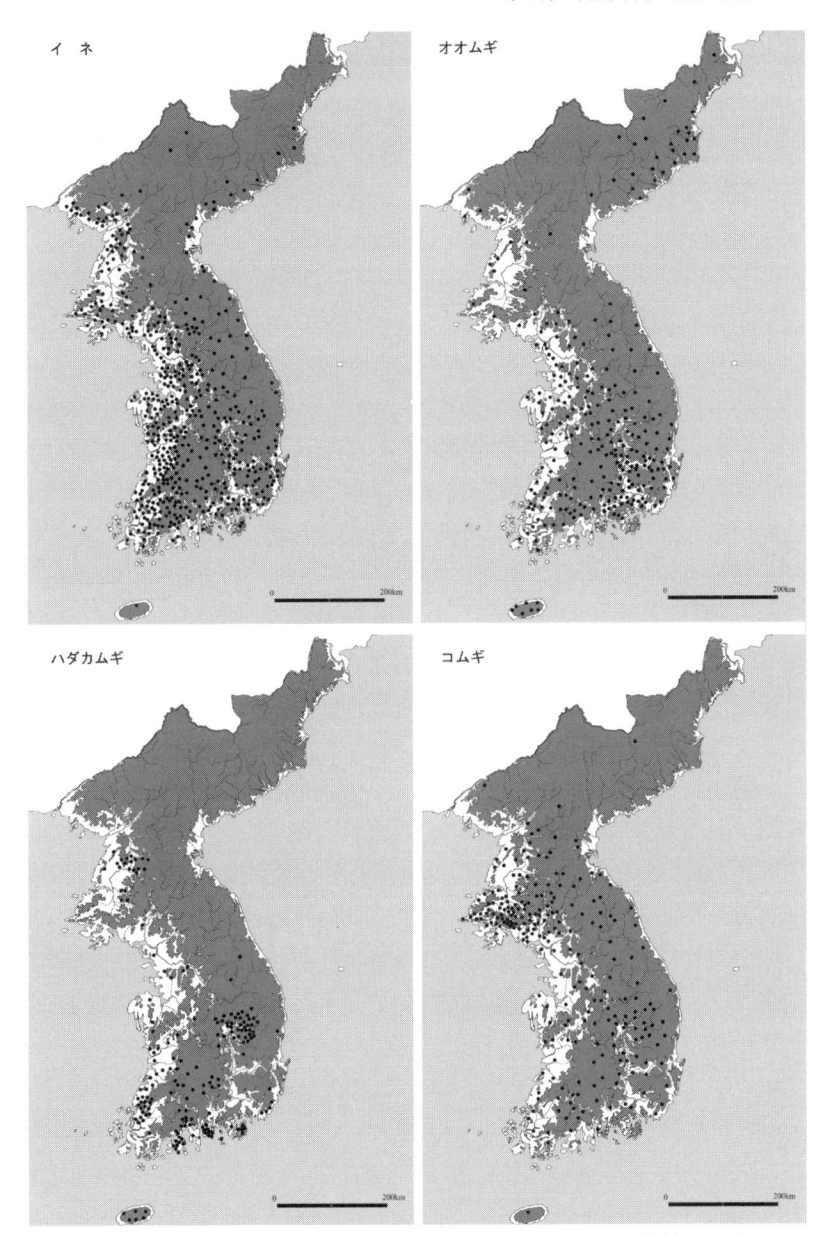

コムギ

図15　1922年のイネ・オオムギ・ハダカムギ・コムギの作付け反数
（●点1個は作付反別3000町歩を示す）

124 第1章 初期農耕

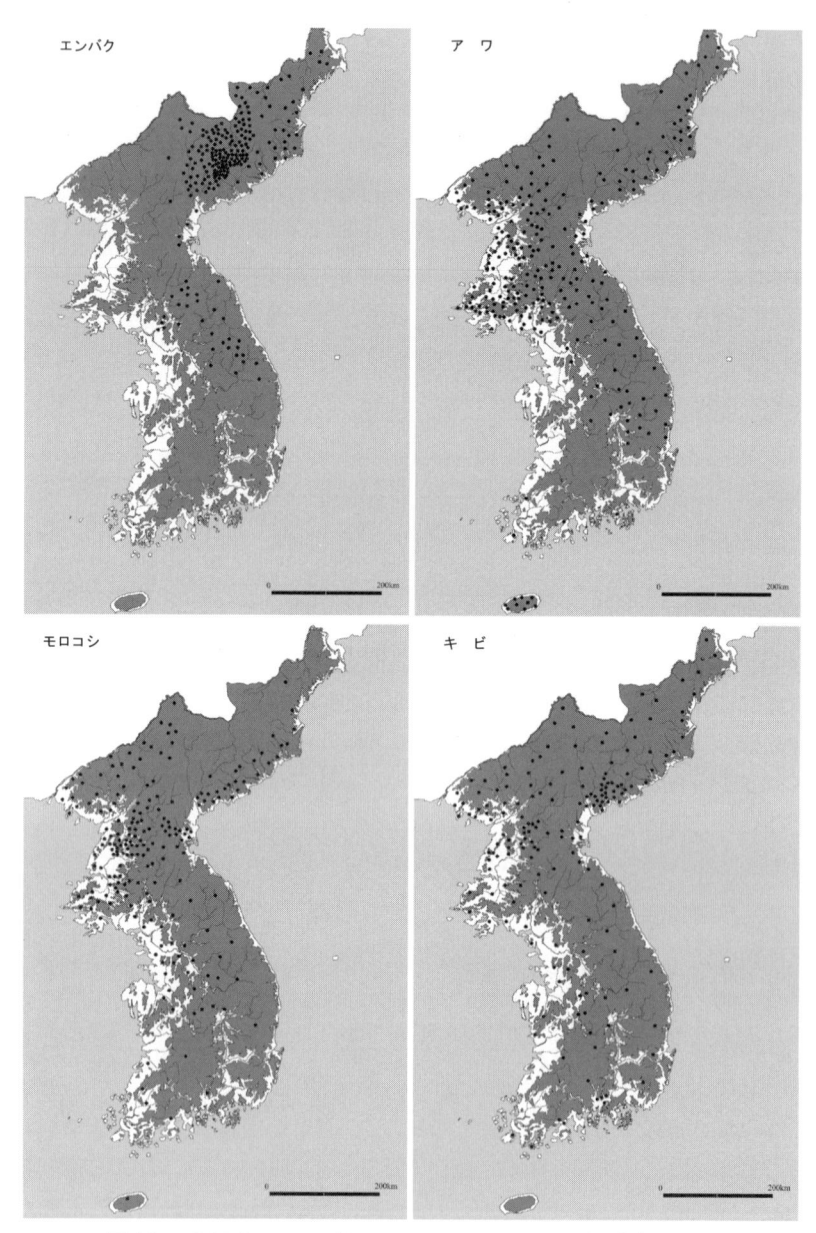

図16 1922年のエンバク・アワ・モロコシ・キビの作付け反数
（●点1個は作付反別500町歩を示す）

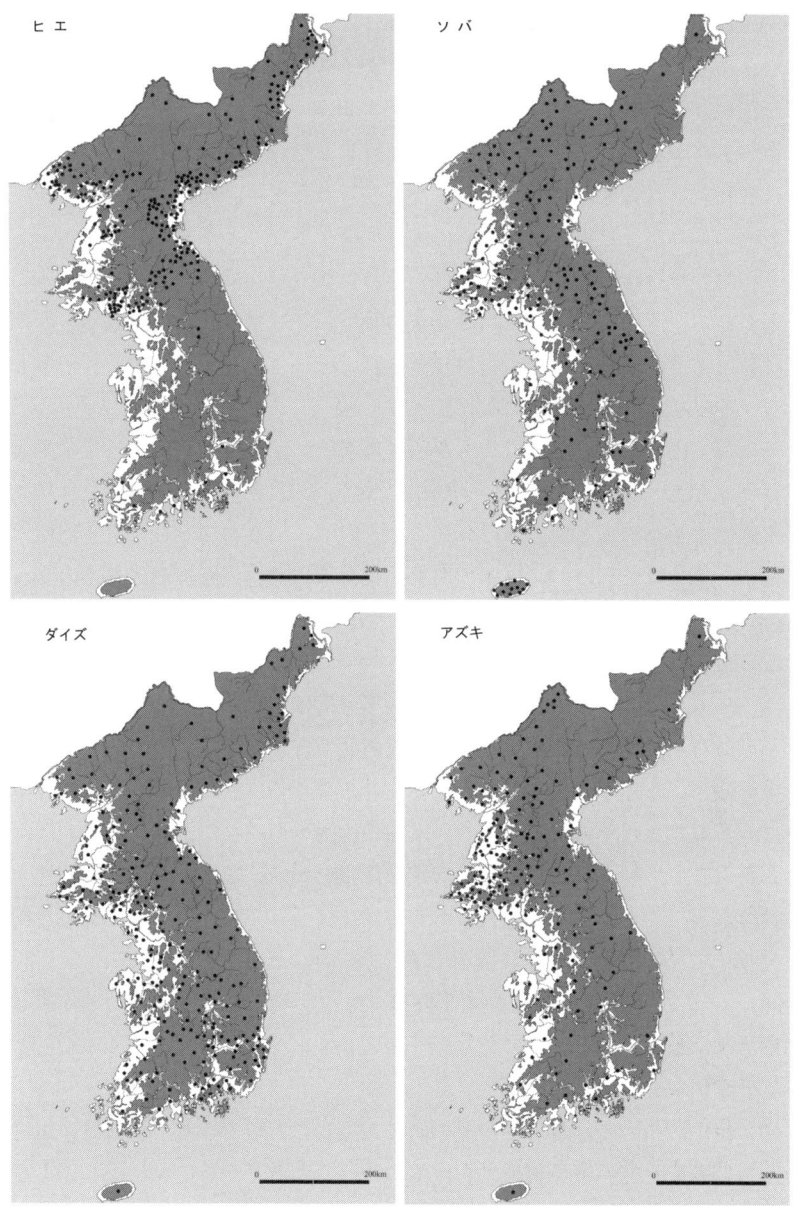

第4節　先史時代の穀物と農法　125

ヒエ

ソバ

ダイズ

アズキ

図17　1922年のヒエ・ソバ・ダイズ・アズキの作付け反数
（●点1個は作付反別3000町歩を示す）

ハダカムギ、ダイズが主要な作物であり、西朝鮮ではアワ、モロコシ、リョクトウ、キビの、東北朝鮮ではオオムギ、ダイズ、エンバク、ヒエ、モロコシの作付面積が多いことが知られる。このうち朝鮮南部地域でのムギ類は秋蒔で、水稲の裏作が可能であるのに対して、朝鮮北部地域では春蒔であり、この地域では穀物栽培は気候条件から単作にならざるをえない。朝鮮ではオオムギ、ダイズ、エンバク、ヒエ、モロコシの作付面積が多いことが知られる。このように多種類の畑作物がみられることは、それ自体で輪作栽培が営まれていることを窺わせる。その中で唯一ソバは夏季の栽培穀物収穫後に連作される。西朝鮮では春と初夏に乾燥が激しく、アワ、キビ、モロコシが風土に適しているとされる（朝鮮総督府殖産局 1925）。

　朝鮮の水田は大きく灌漑による水田と天水田に区分され、前者は常水田と田畑輪作水田に、後者は潴水田、湧水田、純天水田に分けられる（鈴木 1943）。潴水田は排水の不良な低湿地に存在するもので、秋冬の間から雨雪を潴溜する湿田で、裏作はできない。日本の関東や東北地方の台地周辺部に多くみられた「谷戸田」に相当する。湧水田は天然に湧出する小水湧を有する天水田で、極端な旱魃以外は絶えず若干の湧水があるので、少量の降雨でも田植えが可能である。日本での「谷水田」にあたる。純天水田は初夏降雨をまって初めて田植えが可能な水田である。田畑輪作法は咸鏡北道吉州郡地域に典型的に認められる耕作法で、李春寧による紹介がある（李春寧 1654）。これは表4に掲げるように五年方式と四年方式とがあり、水田の区画を形成しながら、特定の区画にのみ給水して水稲を栽培し、残りは畑作作物を育て、順次年をおって輪作する方式である。この田畑輪作方式による耕作法ばかりでなく、休耕を交えた輪作法に関しては高橋昇により実地体験に基づいた詳しい報告がある（高橋 1998）。それによると、20世紀前半段階でもなお輪作を基本とした畑作栽培が朝鮮では卓越していて、その輪作の一環として水稲栽培が営まれていたことが多くの事例を交えて紹介されている。

　畑の輪作については焼畑耕作民の間でも見ることができる。江原道の山稜地帯から朝鮮東北部の蓋馬台地にかけての地域では古くから「火田民」による焼畑耕作が営まれていた（小野 1942）。火田民の畑は「ブテキ」、「火田」、「山田」の3種類に区別される。ブテキは原生林に初めて火入れを行って作物を植える

表4　田畑交換方式

年次区分	五年方式					四年方式			
	第一年	第二年	第三年	第四年	第五年	第一年	第二年	第三年	第四年
一区	粟	大麦大豆	蜀黍	水稲	水稲	粟	大麦大豆	水稲	水稲
二区	大麦大豆	蜀黍	水稲	水稲	粟	大麦大豆	水稲	水稲	粟
三区	蜀黍	水稲	水稲	粟	大麦大豆	水稲	水稲	粟	大麦大豆
四区	水稲	水稲	粟	大麦大豆	蜀黍	水稲	粟	大麦大豆	水稲
五区	水稲	粟	大麦大豆	蜀黍	水稲				

耕作法で、落葉樹が多い南向きの場所が選択される。火田はブテキのように地味が肥沃ではなく、集落を離れた谷奥に存在し、火田が放棄されたあとにはヤマナラシやカバ、その他の雑木が茂ることでブテキとは容易に区別される。山田は永年火田としていたものが、普通の畑と大差ない状態になったもので、地味が消耗した結果休閑する。しかしその休閑期間は普通の火田よりもやや短い。

　火田の耕作方法は2年目までは樹根が錯綜しているために鍬で簡単に耕す程度であるが、3年目には2頭のウシに犂を牽かせて耕作するという朝鮮以外には例を見ない特徴がある。播種はバラ播きで、肥料は施さず除草もしないし、間作や混作もしない。

　平安南道寧遠郡に於ける輪作の順序は表5に掲げてある。

　畑作栽培における休閑処置は地味の低下によりもたらされるものであるが、朝鮮の古代においても水田では、「易田」と称する1年ないし2年の休耕法がとられていた。中世日本の「かたあらし」（戸田1967）と同様なやり方と見ることができる。この易田がいつ解消され、常田になったかに関しては新羅末期説を唱える魏恩淑（魏恩淑1985）と高麗末期説をとる宮島博史（宮島1980）の両説がある。李賢恵によれば高麗初期には常耕化がすすみ、高麗期には平地では水田、畑とも常耕され、易田は山田のみであったとする（李賢恵1998）。

正倉院文書として残された新羅文書によると、慶尚北道では、畑は 55％、水田は 10％であり、水田が極めて少なかったことが窺え、田畑交換農法が導入されていたとしても、朝鮮においては伝統的に畑作栽培が優越していたことを物語る。豊富な実地調査を踏まえて論述された高橋の朝鮮農耕に対する総括では（高橋 1998）、20 世紀前半期においても朝鮮の南西部を除いては休閑処置を伴う耕作法が多くとられていたことを考慮すると、施肥農耕以前の段階の青銅器時代や原三国時代の水田稲作栽培を過大評価することには無理がある。水稲栽培よりも、畑作農業に依存する度合いが高かったことを、窺うことができる。農耕ばかりでなく、家畜飼育や植物採集、漁撈活動などをあわせた食料体系のなかでの、穀物栽培の位置づけを検討することが肝要であろう。

表5 火田民の輪作法

耕地	一年	二年	三年	四年	五年	
普通の所	粟	小豆	粟	大豆	蕎麥	（以下休耕）
肥沃な所	粟	小豆	粟	燕麥（又は蕎麥）	（以下休耕）	
腐蝕土の多い所	馬鈴薯	粟	大豆	燕麥	蕎麥	（以下休耕）
瘠薄な所	燕麥	蕎麥	燕麥	（以下休耕）		

おわりに

紀元前二千年紀から一千年紀前半期にかけての黄河流域と中国東北部それに朝鮮半島の穀物栽培は、基本的には畑作優先の栽培法であった。これは降雨量が少なく、乾燥度が高いという自然条件に規定されたものであった。そのために水田を形成しても常田ではなく、一部の区画を水田として利用し、残りは畑として多様な穀物類を輪作するのが一般的であったと想定できる。このことは多様な種類の穀物の出土と畑作栽培に伴う雑草が多く遺跡から検出されるという事情によっても示される。

唯一の例外とも考えられるケースは山東両城鎮遺跡の龍山文化中期のそれで、イネの増加とカヤツリグサ科の出土量が即応していることから、水稲栽培

が営まれたことは充分に想定しうる。龍山文化中期はちょうど高温多湿の気候状況下にあった。龍山文化末葉には寒冷乾燥化していることから、水田を営むことは困難な状況にあったと推定され、遺跡は泰山の西側に大きく移動したことが欒豊実により指摘されている（欒豊実 1997）。このことから龍山文化末葉の農法は田畑交換栽培でしか、稲作栽培の存在は想定し難い。山東地区においては龍山文化中期に水田経営が営まれたことが肯定されると、紀元前三千年紀後半期の温暖期には朝鮮半島でも稲作栽培が行われた可能性が高いし、そうでなければ紀元前 1800 年頃の寒冷化を避けて朝鮮半島へ稲作栽培民が移動した可能性も考えられる。

　朝鮮における水田跡について田崎博之は水利施設と地下水位の状況を念頭において分類を試みている（田崎 2002）。朝鮮先史時代の水田跡は基本的に湿田もしくは半湿田であり、典型的な半湿田である麻田里遺跡で畑作雑草が伴い、湿田と考えられる東川洞でさえ畑の畝が検出されていることは、水分供給に対して蒸発量が多く、結果的には水稲栽培に必要な充分な水の供給がなかったことを物語っており、日本との生態環境の異なりを表している。

　日本における水田耕作は、朝鮮の田畑交換法を受け入れて、稲作栽培を始めた。菜畑遺跡に現れた「水陸未分化稲の栽培」と笠原により推定されたものは、麻田里遺跡にみられるような田畑交換法による栽培法であったとされるし、東川洞遺跡の灌漑耕作は板付遺跡の水田農耕に引き継がれたとも想定しうる。朝鮮と異なり降水量が多いことで水田稲作栽培への傾斜が大きく、結果として水田での稲作栽培が中国江南地域と同様に優越したのであった。また黄河流域や朝鮮南部地域と比較して、土地の傾斜度が高いことは、灌漑用水を造りやすいという自然地形がもたらした利点もあったことは言うまでもない。しかし水稲栽培ばかりでなく、畑作栽培もそれなりの比重を占めていたことは、出土した穀物の種類により充分に窺うことが可能である。

図・表の出典
図 15 〜図 17：朝鮮総督府勧業模範場 1923 年より、表 4：李春寧 1965 より、表 5：小野武夫 1942 より、表 6：甲元 1991、1999b、2000a、b、小畑 2004、後藤 1991、2006 を集約して作成。

表6 東北アジア先史時代出土植物遺存体

	遺跡名	所在地	所属時期	出土植物遺存体
1	東康	黒龍江省寧安県	団結文化	アワ・キビ
2	大牡丹屯	寧安県	団結文化	アワ・キビ・ダイズ
3	牛場	寧安県	団結文化	ダイズ
4	団結	寧安県	団結文化	アワ・キビ
5	西団山	吉林省吉林市	西団山文化	エノコログサ
6	猴石山	吉林市	西団山文化	アワ・アサ
7	大海猛	永吉県	西団山文化	アワ・ダイズ
8	鳥垃衛会	永吉県	西団山文化	マメ
9	楊屯	永吉県	西団山文化	アワ
10	新安間	汪清県	金谷文化	キビ
11	百草溝	延辺自治区	青銅器文化	キビ
12	羅子溝	延辺自治区	青銅器文化	アワ・キビ
17	新樂	遼寧省瀋陽市	新樂文化	キビ
18	郭家村	大連市	小珠山中層文化	アワ
19	大嘴子	大連市	双砣子文化	イネ・キビ
20	小珠山	長海県	小珠山中層文化	アワ
21	豊下	北票県	夏家店下層文化	アワ・キビ
22	水泉	建平県	夏家店下層文化	アワ
23	中三家	喀左県	夏家店下層文化	アワ・キビ
24	蜘蛛山	内蒙古自治区赤峰市	紅山文化	アワ
25	東山咀	赤峰市	紅山文化	アワ・キビ
26	四分地	赤峰市	夏家店下層文化	アワ
27	興隆窪	敖漢旗	興隆窪文化	アワ・キビ・ダイズ・ハシバミ・アンズ・ドングリ・マメナシ・コニワザクラ
28	セミピャトナーヤⅠ	南沿海州ハンカ州	クロウノフカ文化	オオムギ・イヌビエ・アカザ・ブドウ
29	セミピャトナーヤⅡ	ハンカ州	クロウノフカ文化	オオムギ・イヌビエ・ブドウ
30	ノヴォセリエⅣ	ハンカ州	青銅器文化	キビ・ハシバミ・ドングリ・ブドウ
31	ノヴォセリエⅢ	ハンカ州	初期鉄器時代	オオムギ
32	クロウノフカ	ウスリー州	新石器時代	キビ・アワ・ドングリ・クルミ
			クロウノフカ文化	オオムギ・アワ・マメ
33	ザイサノフカ	ハサン州	ザイサノフカ文化	クルミ・ハシバミ
34	リィヴァク	ハサン州	新石器時代	クルミ・ハシバミ
35	ペスチャヌイ	ハサン州	初期鉄器時代	クルミ・ハシバミ
36	アルテム	アルテム市	初期鉄器時代	キビ
37	アレニ	アルテム市	初期鉄器時代	アワ
38	ムスタング	チェルニゴフ市	ザイサノフカ文化	アカザ・ブドウ
39	マラヤパドシェチカ	ボリショイカーメン市	初期鉄器時代	オオムギ
40	アヌチノ	アヌチン州	初期鉄器時代	オオムギ・コムギ・カラシナ
41	スーチャン	パルチザン州	初期鉄器時代	アワ
42	ラトニュイラジエズ	パルチザン州	初期鉄器時代	アカザ・ブドウ
43	セリュシノ	ラゾフ州	初期鉄器時代	アカザ・ブドウ
44	キエフカ	ラゾフ州	クロウノフカ文化	オオムギ・キビ・マメ・クルミ・ハシバミ
45	ワレンチンペレシェク	ラゾフ州	ザイサノフカ文化	ドングリ
46	シニュイスカール	オルジン州	初期鉄器時代	オオムギ・コムギ・キビ
47	リドフカ	ダルネゴル州	青銅器文化	キビ
48	五洞	咸鏡北道会寧郡	青銅器文化	キビ・アワ・ダイズ
49	虎谷洞	茂山郡	青銅器文化	キビ・モロコシ
			初期鉄器時代	キビまたはアワ
50	深貴里	慈江道時中郡	青銅器文化	ドングリ
51	南京里	平壌市三石区	新石器時代	アワ・ドングリ
			青銅器文化	イネ・キビ・アワ・モロコシ・ダイズ
52	表岱	平壌市	青銅器文化	イネ・ダイズ
53	石灘里	黄海北道松林市	青銅器文化	アワ・アズキ
54	馬山里	鳳山郡	新石器時代	アワ
55	智塔里	鳳山郡	新石器時代	アワまたはキビ
56	蘇井里	黄海南道青丹郡	新石器時代	アワ
57	牛島	京畿道破州郡	新石器時代	イネ(圧痕)
58	岩寺里	ソウル市江東区	新石器時代	ドングリ
59	渼沙里	河南市	新石器時代	ドングリ
			青銅器文化	イネ

第 4 節　先史時代の穀物と農法　*131*

60	楊根里	楊平市	青銅器文化	ダイズ・アズキ
61	西屯洞	水原市	青銅器文化	イネ
62	麗妓山	水原市	青銅器文化	イネ（圧痕）
63	欣岩里	麗州郡	青銅器文化	イネ・アワ・モロコシ・オオムギ
64	玄華里	麗州郡	青銅器文化	イネ
65	中島	江原道春川市	青銅器文化	イネ
66	柯坪里	襄陽郡	新石器時代	ドングリ
67	繋山里	襄陽郡	新石器時代	ドングリ
68	地境里	襄陽郡	新石器時代	ドングリ
69	校洞	江陵市	青銅器文化	イネ
70	屯内	横城郡	青銅器文化	イネ・アワ・マメ
71	早洞里	忠清北道忠州市	青銅器文化	イネ・オオムギ・コムギ・アサ・ドングリ
72	荷川里	忠州市	青銅器文化	イネ（圧痕）・アワ
73	宮坪里	清原郡	青銅器文化	イネ・アズキ・ダイズ・ヒエ
74	大川里	沃川郡	新石器時代	アワ・ダイズ・アズキ・リョクトウ
			青銅器文化	イネ・オオムギ・コムギ・アサ・ドングリ
75	白石洞	天安市	青銅器文化	イネ（圧痕）
76	良洞里	陰城郡	青銅器文化	コムギ・オオムギ・オートムギ
77	休岩里	忠清南道瑞山市	青銅器文化	イネ（圧痕）
78	古南里	泰安郡	青銅器文化	イネ・モモ
79	館山里	保寧市	青銅器文化	イネ（圧痕）
80	平羅里	保寧市	青銅器文化	イネ（圧痕）
81	院北里	論山郡	青銅器文化	イネ
82	松菊里	扶余郡	青銅器文化	イネ・アワ
83	新岱洞	大田市	青銅器文化	イネ
84	ノレ島	群山郡	青銅器文化	イネ（圧痕）
85	ティ島	群山郡	青銅器文化	イネ（圧痕）
86	永登洞	全羅北道益山市	青銅器文化	イネ（圧痕）
87	富松洞	益山市	青銅器文化	イネ（圧痕）
88	所山里	扶安郡	青銅器文化	イネ（圧痕）
89	チングヌル	鎮安郡	新石器時代	ドングリ
90	カルモリ	鎮安郡	新石器時代	ドングリ
91	新昌洞	全羅南道光州市	青銅器文化	イネ・モモ・ウリ・マンシュウグルミ
92	長川里	霊岩郡	青銅器文化	イネ（圧痕）
93	蓼谷里	順天市	青銅器文化	イネ（圧痕）
94	大谷里	順天市	青銅器文化	イネ（圧痕）
95	月内里	麗水市	青銅器文化	イネ（圧痕）
96	知礼里	慶尚北道安東市	青銅器文化	イネ（圧痕）
97	屏城洞	尚州市	青銅器文化	イネ
98	松竹里	金陵郡	青銅器文化	イネ（圧痕）
99	城洞	大邱市	青銅器文化	イネ（圧痕）
100	朝陽洞	大邱市	青銅器文化	ドングリ
101	細竹里	蔚山市	新石器時代	ドングリ
102	検丹里	蔚山市	青銅器文化	イネ（圧痕）
103	武陵里	慶尚南道居昌郡	青銅器文化	イネ（圧痕）
104	大也里	居昌郡	青銅器文化	イネ（圧痕）
105	鳳渓里	陝川郡	新石器時代	クヌギ・カシワ・オニグルミ・アンズ
			青銅器文化	イネ（圧痕）・ダイズ
106	江楼里	山清郡	青銅器文化	イネ（圧痕）・アワ（圧痕）
107	大坪里玉房	晋州郡	青銅器文化	イネ（圧痕）
108	大坪里漁隠洞	晋州郡	新石器時代	アワ・キビ
			青銅器文化	イネ・オオムギ・コムギ・アワ・キビ マメ・エゴマ・ブドウ・イチゴ
109	上村里 A	晋州市	新石器時代	ドングリ・オニグルミ
			青銅器文化	イネ・オオムギ・コムギ・アワ・キビ モロコシ・マメ類・ドングリ
110	勒島	泗川市	青銅器文化	イネ
111	徳川里	昌原市	青銅器文化	イネ（圧痕）
112	東三洞	釜山市	新石器時代	アワ・キビ
113	三陽洞	済州道北済州郡	青銅器文化	イネ・オオムギ・ダイズ・コムギ
114	北村里	北済州郡	新石器時代	イヌザンショウ

第 2 章　狩猟と採集

第1節　東北アジアの狩猟動物

はじめに

　東北アジアにおける先史時代の狩猟活動を検討しようとするときに、最も困難をきたすのは、遺跡で検出される哺乳動物骨に関する報告事例が極めて少ない点である。また例え出土動物骨の記載があっても、それらの量的分析までにまで言及したのは、金信奎の詳細な検討以外には（金信奎1970）、ほんに限られているのが現実である。このために、この地域で生活を営んでいた先史時代人の具体的な狩猟活動を把握するのが難しくなっている。かつて東北アジアの先史時代遺跡から検出された自然遺物を検討して、初期農耕文化の生業活動につき、狩猟対象の種とその量的分析に関して論じたことがある（甲元1991）。その後遺跡出土獣類の資料が増加したこともあり、またそこでは具体的な狩猟方法については充分に論じることができなかったので、ここで改めて東北アジアの狩猟活動について考察を行うことにしたい。

　中国東北部は清王朝発祥の地として18世紀までは漢人の流入が制限され、在来の生活様式がある程度保持されてきたと想定できるが、こうした時期に、あるいはやや遅れて、地方誌（方誌）が数多く編纂されている。こうした方誌には殆ど「物産誌」の項目がたてられ、その地域に見られる一般的な動植物に関する記載がみられる。また清代以前においては、北方への備えとして、この地域に住む民族の動向に並々ならぬ関心が寄せられ、旅行記や訪問記などの形で、文献に残されていて、そうした中には狩猟動物に関する情報も少なからず見ることができる。ここでは近代に綴られた民族誌とともに、こうした文献史料にあたることで、先史時代狩猟活動を復元するための一助としたい。なお海獣類は漁撈活動の一環として論じたほうが適切と考えられるので、ここでは陸上獣類に限って考察することとする。

近代動物学者による哺乳動物

　南は燕山山脈、西は蒙古高原、北は黒龍江、東は黄海と日本海によって限られる東北アジアは、遼河、松花江、黒龍江などの大河川流域は草原となり、大小の興安嶺には針葉樹が繁茂する以外の大部分の地域は、モンゴリナラを中心とする落葉広葉樹が優勢な植生となっている（中国科学院自然地理編輯委員会 1985）。但し朝鮮南部沿岸地域には照葉樹林の展開がみられる（姜錫午 1971）。

　東北アジアにおける哺乳動物の棲息調査は、朝鮮が日本の植民地支配を受けていたことから、日本人研究者による調査結果が取り入れられた図鑑があり（黒田 1940）、近年これを補綴した動物誌が出版されている（西原 1975）。中国東北地方ではルカーシキンによる基礎的調査（ルカーシキン 1927）の後に、中国人研究者による総合的な調査がなされ（中国科学院中国自然地理編集委員会 1979、高燿亭 1987、張栄祖等 1997、趙正階 1999）、また最近日本人による研究も公表された（西原 1998）。ロシア領沿海州に関しては、玉貫光一により戦前の調査を踏まえた動物相の報告がある（玉貫 1980）。これらを参照しながら、近代における哺乳動物相をみてゆこう。なお齧歯目、食虫目の一部と翼手目は先史時代の狩猟対象とはならず、また遺跡出土の可能性が低いためにこれを割愛した。

偶蹄目
イノシシ科
　イノシシ野猪　*Sus scrofa*
　チョウセンイノシシ　*Sus scrofa coreanus*
　トウホクイノシシ　*Sus scrofa ussuricus*
　　東北アジアに普遍的に分布する。多様な生態環境に適応して棲息が可能な哺乳類である。体長は0.9～1.8m、体重は50～200kgを測る。雄の成獣には犬歯が発達して7～13cmに達し、口外に飛び出す。闊葉樹林や湿地草原にも棲息可能で、雑食。家族単位での群生をなす。冬季に交配し、春季に4～8頭出産。8～10ヶ月で成獣となり、1.5歳で交配が可能とな

る。亜種としてチョウセンイノシシとトウホクイノシシがありより大型で、トウホクイノシシは体重が300kgに達するものもみられる。トウホクイノシシは中国東北北部、朝鮮咸鏡道及び沿海州に、チョウセンイノシシは朝鮮と中国東北東部に分布する

ジャコウジカ科

ジャコウジカ原麝 *Moschus moschiferus*

大小興安嶺や長白山系の針葉樹林あるいは針葉濶葉混交林に棲息する。朝夕活動し飛躍力は優れる。植物の棘や葉、地衣類を食す。夏季から秋季には芋の葉を、冬季にはトウネズミモチなどのモチノキ科春季にはトウダイグサ科の葉を好んで食する。雄は上顎の犬歯が発達し、長さは5～6cmにも及ぶ。体長は65～85cm、体重は8～12kg。冬季に交配し、5～6月に1～3頭出産する。1.5歳で成獣となる。朝鮮や中国東北東部にはチョウセンジャコウジカ *Moschus moschiferes parvipes* なる亜種が分布する。シベリアジャコウジカよりも体形が小さい。

シカ科

アカジカ馬鹿 *Cervus elaphus* Milne-Edwards

大型鹿で、体長は1.6～2.6m、体重は75～200kgに達する。ブッシュや草原、針葉樹の縁辺部に棲息する。草や灌木の緑の部分を食す。9～10月に交配し、5～6月に1頭出産する。雄雌ともに1.5歳から2.5歳で成獣となる。雌は3～5頭で群れ、雄は単独行動かあるいは3～4頭の雌と群生する。発情期には雄は大きな鳴き声を発する。

シフゾウ青鹿 *Elaphurus davidianus* Milne-Edwards

アカジカよりもやや小さく、体長は1.5m、体重は150～200kgを測る。平原の草地や沼沢あるいはアシ原に棲息し、群生して青草や水生植物を捕食する。6～8月が交配期で翌年の4～5月に1頭出産する。3～4歳で成獣となる。かつては中国東部の平原地帯に広く分布が見られた。

ノロ麅 *Capreolus capreolus* Barclay

体長が1～1.4m、体重が30～40kgの小型鹿。ブッシュや草原で朝夕、単独あるいは小集団で行動する。灌木の枝葉、中でもヤナギ科やカバノキ科が好みで、その他に草、苔、ドングリなどが主食。8～9月に交配し6

月頃に2頭出産。ほぼ1年で成獣となる。雌鹿は小鹿とともに3～5頭から10頭ほどで群れるが、雄鹿は単独行動をとることが多い。交配期には3～8頭のハーレムを形成する。東北アジアに最も多く見られる鹿である。

ノロの亜種にオオノロ大麕 Capreolus capreolus pygargus Pallas がみられる。体形はノロよりも大きい。朝鮮では灌木のある山地や丘陵地、草原、河川のほとりに棲息するが中国東北地域ではほとんど山地に住む。草類、木の葉、木の芽、果実が主食で、冬季にはコケ、地衣類を捕食する。

キバノロ獐 *Hydropotes inermis* Hilzheimer

体長は1m前後、体重は14～17kg。無角で雄の上顎の犬歯が発達し口外に飛び出す。河岸や湖沼のカヤやアシの群生地に棲息する。単独で朝夕行動し、ヨモギ属やタデ科の植物や若芽を食する。最も好むのはツツジ科のシャシャンボとされる。冬季に発情し、5～6月に2～3匹出産する。1年で成長する。中国東部から朝鮮にかけての低湿地での分布が認められる。主食は草本類と水生植物。9～10月に交配し、初夏に1頭出産する。2歳で成獣となる。単独行動が多い。

トナカイ馴鹿 *Rangifer phylarchus* Hollister

大興安嶺北部に棲息する大型鹿。体長は1.2～2.2m、体重は90～270kg。針葉樹林帯の中で生活し、ブッシュや苔類を食する。10月が交配期で5月末から6月はじめに1頭出産。群生し、時にはその数が800～900頭にも達する。

ヘラジカ駝鹿 *Alces alces*

中国では大小興安嶺針葉樹林帯で比較的湿気のある場所に棲息する大型の鹿である。体長は2～2.6m、体重は200～400kg。9～10月の交配期には群生し、残りの期間は単独行動が多い。1頭あるいは2頭初夏に出産し、2年で成獣となる。草本や水生植物を主食とする。

ウスリージカ梅花鹿 *Cervus hortulorum* Swinhoe

ニホンジカより一回り大きい亜種である。長白山系に棲息する。朝鮮の学者はタイリクジカと呼称するときもある。

ニホンジカ梅花鹿 *Cervus nippon* Temminck

体長は1～1.5m、体重は40～150kg。東北アジアの闊葉樹帯に広く分

布し、草木や木本類の枝・葉を食す。9～10月に交配し、4～5月に5～6頭出産す。雌は16ヶ月、雄は18ヶ月で成獣となる。5～6頭から20数頭で群生する。3月から10月までは塩を舐める習性がみられる

ウシ科

チョウセンカモシカ青羊 *Naemorhedus caudatus Milne-Edwards*

別名をオナガゴーラルといい、東北アジアの海抜が高い森林や岩場7～8頭集団をなして棲息する。雌雄に角がある。

ターキン斑羚 *Budorcas taxicolor*

モウコガゼル黄羊 *Procapra gutturosa*

キスナヒツジとも称される。大興安嶺以西の乾燥した草原もしくは半砂漠の平原に棲息する。草本が主食。体長は1.1～1.5m、体重は25～45kg。常に10数頭で群生し、冬季の交配期には千頭余り群生する。春から夏には雌雄別々に小集団を形成する。2年で成獣となる。肉は美味で、皮は軽くて暖かいためにオーバーとして良く使われた

鯨目

イルカ科

マイルカ真海豚 *Delphinus delphis*

体長は1.4～2m。行動は敏捷で群生して回遊する。主食は群生する魚類で、その他頭足類も捕食する。太平洋の各海域で分布がみられる。

サカマタ虎鯨 *Orcinus orca Litnnaeus*

シャチとも言う。体調は6m前後で体重は3吨ばかり。通常は2～3頭から5～10頭で活動し大型の魚類以外を捕食対象とし、海獣や鯨類をも襲う。ある事例では体長7mのサカマタの胃袋からイルカ14頭、アザラシ14頭が検出されたことがある。太平洋の中部・北部の各所に分布する。

オキゴンドウ偽虎鯨 *Psudorca crassidens Owon*

体長は4～5m、体重は400kgで、最大830kgに達する。烏賊が主食で、時にはタイ類やタチウオ、サメも捕食する。数頭から数十頭で回遊し、黄海では6～11月に最も多くみられる。

バンドウイルカ尖吻海豚 *Tursiops gilli Montaqu*

体長は雌雄とも3m前後で体重は350kg。数十頭から数百頭で回遊し、群生する魚類が主食である。温帯から亜熱帯の海域に広く分布する。

セミクジラ科

セミクジラ黒露背鯨 *Eubalaena glacialis* Muller

体長は13〜17mで最大18mに達し、体重は25〜45吨で最大60余吨となる。通常は2〜3頭で行動し、甲殻類や浮遊生物を主食とする。北緯20度以北の太平洋を分布範囲とする。沿岸捕鯨の代表的な対象である。

コクジラ科

コクジラ灰鯨 *Eschrichtius gibbosus* Erxleben

体長は12〜13m、雌は雄よりも大きい。体重は18吨。動作が緩慢でサカマタ（シャチ）に追われることが多い。夏季には太平洋の低緯度暖水地域から高緯度地域に移動し、冬季には高緯度から低緯度暖水地域にと南北を回遊する。黄海や日本海沿岸地域にも出現する。主要な食物はエビや魚類で低棲生物も捕食する。

ナガスクジラ科

ナガスクジラ長須鯨 *Bolaenoptera physalus* Linnaeus

体長は雌が17m、雄は16mで雌は最大20mにも達する。雌は体重が45吨、雄は35吨。太平洋北部が主たる分布範囲で、夏冬回遊し、黄海と日本海でもみられる。甲殻類が主食でその他に小魚も捕食する。海水の上流を遊泳し、速度は緩慢である。

イワシクジラ小鰮鯨 *Balaenoptera acutorostrata* Lacepede

体長は7〜8mと小型で小魚が主たる食物で、捕食魚にあわせて季節的移動を行う。黄海北部が主な回遊域となっている。

ザトウクジラ座頭鯨 *Megaotera novaeangliae* Borowski

雌雄とも体長は11〜12m。群れは大きくはなく数頭で遊泳し、好んで浅瀬に来る。潜水と浮上を繰り返す。太平洋の各所でみられ、エビや群集する小魚を捕食する。

鰭脚目

アザラシ科

ゴマフアザラシ胡麻斑入海豹 *Phoca richardii pribilofensis Allen*

中型のアザラシで雄は体長が 168cm、体重は 90kg、雌は 162cm、体重は 75kg である。3～4歳で成獣となり、4月に交配期を迎え、3月に氷上で出産する。流氷とともに移動回遊する好氷性をもつ。幼時はオキアミを食し、長じては沿岸底棲生物とともにサンマ、イワシなどの回遊性魚類を捕食する。

フイリアザラシ斑入海豹 *Phoca vitulina largha Pallas*

北半球の高緯度地域を主な生殖地とするが、東北アジアでは渤海湾及び日本海に棲息する。渤海湾には 11 月頃訪れる。体長は 1.5～2m で、体重は雄が 150kg、雌は 120kg。雄雌一対で活動し、魚類、烏賊、甲殻類を捕食する。3月に交配し、翌年の 1～2 月氷上で出産する。

セイウチ科

セイウチ海馬 *Odonenus rosmarus divergens Illiger*

雄は体長 3.6～3.8m、体重 3000kg、雌は体長 3m で体重 2000kg。大きな群れで氷上や海岸で折り重なって寝る習性がある。6～7月に交配し 5～6月に出産。雌は 4～5 歳で成獣となるが、雄は 7 歳までかかる。

アシカ科

オットセイ海狗 *Callorhinus ursinus Linnaeus*

雄の体長 2.5m、体重 300kg、雌は体長 1.5m で体重は 60kg。魚類と軟体動物が主食。毎年回遊し、5～7月の繁殖期には大集団を形成する。1頭出産し、雌は 3～4 歳、雄は 5 歳で成獣となる。

トド北海獅 *Eumetopias jubata Schreber*

日本海沿岸北部に棲息するアシカ科最大の海獣である。雄は体長 287cm で体重は約 100kg、雌は体長が 227cm で体重は 305kg。1 頭の雄に 10～20 頭の雌が従う。東北アジアでの棲息区域は朝鮮北部まで、夏から秋にかけてみられる。あらゆる魚を捕食し、食料は 1 日 20kg にも及ぶ大食漢である。

ニホンアシカ海驢 *Zalophus lobatus Gray*

鰭脚目の仲間では最も南方に棲息し、宮崎で確認されている。体長は雄が 239cm で体重は 490kg、雌は 180cm で体重は 120kg を測る。交配期は

4〜7月。集団で一夫多妻の繁殖を行う。竹島や沖ノ島での繁殖が確認されている。

クロアシカ黒海驢 *Eumetopias gillespii Macbain*
　　ニホンアシカよりやや小型のアシカ科海獣である。

食肉目
イタチ科
　シベリアイタチ黄鼬 *Mustela sibirica manchurica Brass*
　ケナガイタチ艾虎児 *Mustela putorius Linnaeus*
　クロテン紫貂 *Martes zibellina brachyuran Temminck & Schlegel*
　　大小興安嶺の亜寒帯針葉樹林帯や長白山針葉濶葉混交林帯に棲息する。体長は40cm前後で、体重は760〜910g。岩穴や倒木の下を住処とし夜間単独行動をとる。主食は小型哺乳類と鳥類で、その他には堅果類、漿果などの植物も食す。6〜8月に交配し翌年の2〜3月に3〜4頭出産する。
　ムナジロテン白貂・石貂 *Mustela foina Erxleben*
　ムナキテン貂鼠 *Mustela martes Linnaeus*
　コウライキエリテン青鼬 *Charronia flavigula koreana Mori*
　　テンの中では体形が大きく、尾や毛が長い。森林の樹上で生活し、小獣、昆虫、鳥類を捕食する。東北アジアに広く分布するが、朝鮮では大白山脈一帯に分布する。
　アナグマ狗獾 *Meles meles melanogenys Allen & Andrews*
　　東アジアの森林縁部や田野に穴居し、植物の根、茎、果実、小動物などを主食とする。体長は50〜60cm、体重は5〜10kg。夏季交配して翌年春季に2〜6頭出産する。1年で成獣となる。
　カワウソ水獺 *Lutra lutra Linnaeus*
　　東北アジアの河川流域・湖沼・山間の渓流に棲息し、穴居する。夜間行動し、多くは単独で生活し、魚類が主食。体長は55〜70cm、体重は3〜7.5kg。毎年2頭春から夏に出産し、2〜3年で成獣となる。

イヌ科
　アカギツネ狐狸 *Vulpes vulpes*

東アジア大陸の乾燥地以外の地帯に広く分布する。体長は50～90cm、体重は7kgを測る。夜間活動し、ノウサギ、ネズミ、ヘビ。カエル、トカゲなど小型動物や鳥類を主食とし、その他には昆虫、漿果類を食べる。冬季に交配し、3～5月に1～10頭を出産。毛足が長く色彩が鮮明なため毛皮としてはキツネ類の中で最も評価が高い。

モウコキツネ蒙古狐 *Vulpes vulpes daurica Ognev*

　　岩穴や日当たりが良く、風の通らない場所を好む。夜行性であるが冬には日中も活動する。ウサギ、ネズミ、鳥類が主食。1～2月が交配期で4～5月に5～6頭出産する。毛は長く密であるが色彩が淡いために評価は低いが、かつてはかなり捕獲された。

スナギツネ沙狐 *Vulpes corsac*

　　北アジアの草原・半砂漠地帯に穴を掘って棲息する。体長は50～60cm、体重は2～3kg。夜間常に小集団で活動し、ウサギ、ねずみなどの囓歯類を主食とし、その他に鳥類、トカゲ、昆虫を捕食する。1～3月が交配期で、2～6頭出産する。2歳で成獣となる。

ホッキョクギツネ白狐 *Alopex lagopus lagopus Linnaeus*

アカオオカミ豺 *Canis alpinus Pallas*

　　別名ドール。東北アジア長白山一帯の山林地帯に棲息する。体長は1m前後で、体重は15～20kg。山中に生活し主として5～10頭で群れをなし、夜間行動する。イノシシやシカ、あるいはウシ科の哺乳動物が主食。冬季に交配し、春季に4～6頭出産する。1歳で成熟する。

オオカミ狼 *Canis lupus hodophylax Temminck*

　　森林・草原・氷原・半砂漠・山稜地帯に幅広く棲息する。繁殖期には巣穴に住み、夜間行動する。5～6頭の家族で群れを成し、小動物を主食とする。早春が交配期で、6頭前後を出産する。2歳で成獣に成長する。体長は1～1.5m、体重は30～40kg。

コウライタヌキ貉 *Nyctereutes procyonoides koreensis Mori*

ウスリータヌキ貉 *Nyctereutes procyonoides ussuriensis Matschie*

アムールタヌキ貉 *Nyctereutes procyonoides amurensis Matschie*

　　東北アジア東部の濶葉樹林帯の水源に近い場所に棲息する。雑食性で夜

間行動し、ネズミ類、魚類、エビ類、昆虫をはじめ、果実、根茎、穀物などをも食す。2〜3月に交配し5〜6月に5〜8頭を出産す。生後1年未満で成獣となる。タヌキはイヌ科の中で唯一、11〜3月冬眠するが、暖かい冬には起きて歩き回ることがある。

クマ科

ウスリークロクマ黒熊 *Selenarctos tibetanus ussuricus* Heude

ホッキョクグマ白熊 *Thalactos maritimus* Phipps

ヒグマ棕熊 *Ursus arctos lasiotus* Gray

　　東北北部森林地帯に棲息する大型獣。体長は1.7〜2.1m、体重は140〜170kgを測る。雑食性で植物の根、青草、漿果、各種の哺乳動物や死体を食す。冬季には5ヶ月前後冬眠する。5〜7月が交配期で、翌春2〜4頭出産する。4〜5歳で成熟し、寿命は長く50年にも達する。

ネコ科

オオヤマネコ猞猁 *Lynx lynx cervaria*

　　東北アジア北部の森林や密集したブッシュに棲息するほか、岩場を住処とすることもある。単独行動が多く、ウサギ類や鳥類、囓歯類を食し、哺乳動物の幼仔も好物である。体長は0.8〜1.3m、体重は18〜38kgを測る。早春交配し、夏季に2〜3頭出産する。雄は33ヶ月、雌は21ヶ月で成獣となる。

コヤマネコ烏倫 *Felis euptilura microtis* Milne-Edwards

ユキヒョウ雪豹 *Felis uncia* Schreber

　　夏季には森林や高度の高い草原地帯、冬季には渓谷の針葉樹林帯で生活する。体長は1.1〜1.3m、体重は38〜75kg。夜行性で多くは単独生活を送り、小型有蹄類、野兎、マーモット、イノシシや鳥類を捕食する。冬季終わりから春季初めに交配し、6〜7月に2〜3頭出産する。2年で成獣となり、寿命は10年前後。

コウライヒョウ文豹 *Felis pardus orientalis* Schlegel

シベリアトラ虎 *Felis tigris coreensis* Brass

　　体長は1.4〜2.8m、体重は雄が180〜300kg、雌は90〜120kg。森林に棲息し繁殖期以外は夜間単独で行動する。主要な捕食対象は哺乳類で、

中でも有蹄類を好む。これ以外に鳥類、魚類、甲殻類なども食す。1〜2月に交配し、5〜6月頃2〜3頭出産する。生後2年で単独行動をとり始め、3年で成獣となる。

兎目
ナキウサギ科

ナキウサギ東北鼠兎 *Ochotona hyperborean yesoensis Kishida*

　　体形は小さく、四肢も短い。体重は200g前後。山地のガレ場に出没し、雪の下に洞道をつくる。交配期は4〜6月で2〜8頭を出産する。

ウサギ科

トウホクノウサギ山兎・東北兎 *Lepus mandshuricus Radde*

　　海抜が300〜900mの針葉潤葉混交林に棲息する。体長は45cm、体重は1.8kgを測る。藪、雑草、倒木を住処とし、平原にあっては窪地、灌木を臨時の居住地となす。夜間活動し、樹皮や草本植物を食す。冬季の毛は細くて長いことから帽子その他に供せられる。

モウコノウサギ蒙古兎 *Lepus capensis Pallas*

　　東北アジア一帯の丘陵上の林や田畑、あるいは半砂漠地帯の緑地に棲息する。体長は38〜48cm、体重は2〜3kg。草本植物が主食で、その他に作物の葉を食す。冬季に交配し、春季に2〜3頭出産する。重要な毛皮と肉食資源となる。

カワリウサギ白兎・雪兎 *Lepus timidus*

　　東北北部の森林地帯あるいは森林草原に棲息する。体長は45〜54cm、体重は1.8〜2.7kg。冬と夏では体毛の色が変化する。夜間活動し、夏季には雑草や枝葉を食し、冬季にヤナギ、カンバなどの樹皮、枯れ草を食べる。春季に交配し、4〜6頭出産する。毛皮用として珍重される。

齧歯目
リス科

キタリス松鼠 *Sciurus vulgaris*

　　東北アジア一帯の針葉樹林あるいは針葉潤葉混交林内に棲息する。体長

図18　先史時代の主要狩猟対象動物
1：ヘラジカ、2：シフゾウ、3：キバノロ、4：ノロ、5：ニホンジ、6：アカシカ、7：キョン、8：サンバー、9：カワウソ、10：タヌキ、11：アナグマ、12：イノシシ

は20〜24cm、体重は260〜445g。多くは樹木の穴に住み、マツやカンバなどの種子、若葉、漿果、昆虫などを食す。2〜3月に交配し、毎年2回4〜6頭出産する。

イワヤマリス岩松鼠 *Sciurotamis davidianus Milune-Edwards*

　　森林縁辺部の岩が多い地帯に棲息する。体長は20〜23cm、体重は220〜230g。日中は樹上で生活し、夜間は岩陰や岩穴で休む。堅果類や種子が主食で、その他に漿果やその核を捕食する。年2回妊娠が可能で、毎回2〜3頭出産する。

シマリス花鼠 *Eutamias sibiricus Laxmann*

　　昼行性で岩や平地を動き回る。土中に2m以上の巣穴を掘り、食物を保管したり、寝床とする。10〜4月まで冬眠する。果実、種子。堅果類などが主食。4月に交配し5〜6月に4〜6頭出産する。

オナガハタリス長尾黄鼠 *Citellus undulatus Pallas*

　　大小興安嶺の比較的明るい山林、草原、畑地などで、豆、球根、草などを食す。10月中旬から巣穴で冬眠し、4月穴から出て交配し、5月には6〜8頭出産する。

ダウリアハタリス草原黄鼠 *Citellus dauricus Brandt*

　　昼行性で砂丘、草原、荒地、耕地、牧草地、畑の縁辺部の疎林地などに集団的に穴を掘って生活する。9〜4月は冬眠し、冬眠明けに交配後、40日で5〜9頭、最高で11頭出産する。草の葉や茎などの汁が多い部分を好み、その他に穀類や昆虫を食す。

食虫目

モグラネズミ科

シベリアモグラネズミ草原鼢鼠 *Myosplax aspalax*
　　図18に主要な狩猟対象動物の図を掲げた。

民族誌にみる哺乳動物

顎倫春族

大小の興安嶺に居住する顎倫春族についての民族誌は狩猟について比較的多くを我々に知らせてくれる（韓有興 1991）。顎倫春族では狩猟対象動物に次のような種がある。

マンシュウアカジカ、ヘラジカ、ノロ、イノシシ、ツキノワグマ、シベリアトラ、オオヤマネコ、オオカミ、コッサクキツネ、タヌキ、カワウソ、イタチ、キタリス、ノウサギ。

顎倫春族の主要な狩猟対象はシカ科で、通年的な狩猟活動が営まれている。中国の古文献によれば、中国東北部においては金代以降テンの狩猟が盛んで、とりわけ明清代には特産物として重宝がられたことが窺えるが、民族誌には記載されることがない。またシカ科も稀少動物として保護対象とする必要が説かれている（趙復興 1987）。これらのことは狩猟対象動物の時間的変遷があることを示していると言えよう。

『黒龍江志稿』

1887 年黒龍江将軍の恩沢は、光緒帝に『黒龍江通志』の編集を願い出たが未着手に終わったのを受けて、1914 年黒龍江巡按使の朱慶瀾は通志局を設けて資料の収集にあたり、初稿ができあがった。1933 年になって万福麟監修・張伯英総編により一通り完成したが、なお「欠略疏漏」があるゆえに、『黒龍江志稿』と称されている。この『黒龍江志稿』の資料の殆どは清代に編纂された東北地方の方志であり、それらの最大公約数の動物相が記載されているとみることができる。これに記載されている野生哺乳動物には次のような種がある。

モウコノウマ、ガウル、ヒツジ、ヤギ、イノシシ、ヤマアラシ、ヤマネコ、ロバ、トナカイ、シフゾウ、ヘラジカ、アカジカ、ノロ、キョン、キバノロ、ヒグマトラ、ヒョウ、ドール、オオカミ、アナグマ、キツネ、タヌキ、オオヤマネコ、テン、カワウソ、モンゴールマーモット、モサンコエゾイタチ、キタリス、モグラネズミ、イタチ、リス、タカネイタチ、ヤマネコ、モモンガ、ネズミ、ステップケナガイタチ、ハリネズミ、クズリ、ウサギ。

『吉林通志』

光緒 17 年から編纂が始まり、光緒 26 年（1900）に完成した清代の方誌の一

つである。その内容は『盛京通志』を中心として、その他宋代以降の方志の類から集められたものが多い。現在の吉林省、黒龍江省、沿海州、朝鮮東北部に関する資料が含まれている。野生動物としては以下のものが掲げられている。

モウコノウマ、ガウル、ヤギ、イノシシ、ヒメヤマアラシ、アジアノロバ、ヘラジカ、シフゾウ、アカジカ、トラ、ヒョウ、ヒグマ、ツキノワグマ、キバノロ、キョン、ジャコウジカ、テン、アナグマ、キツネ、コサックキツネ、ヤマネコ、タヌキ、オオヤマネコ、モサンコエゾイタチ。

『盛京通志』

康熙年間に最初の編纂がなされた後に、5回に及ぶ改修が行われている。以下に使用する版本がいずれの時期のものであるかは、検討できなかった。しかし『吉林通志』よりも遡ることは確実である。

ガウル、モウコノウマ、アジアノロバ、ラクダ、イノシシ、ヤマネコ、ヤギ、カモシカ、ヤマネコ、トラ、ヒョウ、ヒグマ、シフゾウ、アカジカ、ヘラジカ、ノロ、キョン、オオカミ、キバノロ、ジャコウジカ、ドール、アナグマ、タヌキ、オオヤマネコ、キツネ、コサックギツネ、クズリ、テン、モサンコエゾイタチ、キタリス、イタチ、タカネイタチ、モグラネズミ、ハリネズミ、リス、ステップケナガイタチ、ウサギ、ユキウサギ、ミユビトビネズミ。

『大明一統志』

女直の土産に関する条（巻八十九）には、ウマ、イノシシ、ガウル、トラ、ヒグマ、キツネ、タヌキ、オオヤマネコ、テン等の哺乳動物が掲げられている。それらの大部分は毛皮として貢納されている。

遺跡出土の哺乳動物骨

以下に遺跡で発掘された哺乳動物をみてゆくことにする。なお正式な鑑定を受けた事例は学名を記載し、それ以外は片仮名書きに留めることとする。

東北北部内陸河川地帯

第1節　東北アジアの狩猟動物　149

元宝溝遺跡：吉林省農安県

　元宝溝遺跡は敖宝図泡と呼ばれる湖沼の西側に位置する台地上に立地する新石器時代の集落跡である（吉林省文物考古研究所 1989）。出土した土器からすると、左家山遺跡の第1期にやや遅れる時期のものと見られる。動物の骨を素材にしての炭素年代では 6140 ± 175BP（樹輪較正）である。出土遺物には漁撈具を中心とした骨角器が多く、実際魚骨が多量に検出されている。これに対して狩猟具には鏃があるに過ぎない。家畜にはブタ 34 頭が出土し、狩猟動物としては以下の種が見られる。

　　ガウル *Bos gaurus*　6 個体
　　マンシュウアカジカ *Cervus elaphus*　28 個体
　　ノロ *Capreolus capreolus*　43 個体
　　ジャコウジカ *Moschus moschiferus*　数量不明
　　オオカミ *Canis lupus*　1 個体
　　アナグマ *Meles meles*　21 個体
　　キツネ *Vulpes vulpes*　9 個体
　　シベリアモグラネズミ *Myosplax aspalax*　数量不明

　この遺跡ではシカ科の哺乳動物がとりわけ重要な捕獲対象であったことが窺える。しかし狩猟に使用されるイヌが検出されていないのは、資料の上の問題があるのか。

左家山遺跡：吉林省農安県

　左家山遺跡は松花江の支流である伊藤通河の河岸段丘上に位置する新石器時代の集落址である（吉林大学考古学教研室 1989）。狩猟具としては鏃が知られるのみで、この遺跡では漁撈具が卓越している。立地からも漁撈活動への比重がたかかったことが推測される。文化層は 3 期に区分され、炭素年代により第 1 期は貝を素材とし 6755 ± 115bp（樹輪較正年代では BC4936 – 4773 年）、第 3 期は炭化した骨により 4870 ± 180bp（樹輪較正年代では BC2921 – 2703 年）の数値が得られている。

　　トウホクモグラネズミ *Myospalax* sp.　3 個体
　　イヌ *Canis familiaris*　2 個体
　　オオカミ *Canis lupus*　3 個体

ハイイロギツネ *Urocyon cinerreoargenteus* 8個体

スナキツネ *Vulpes corsac* 1個体

ホッキョクギツネ *Vulpes lagopus* 1個体

アナグマ *Meles meles* 2個体

クズリ *Gulo gulo* 1個体

ドール *Cuon alpinus* 1個体

クロテン *Martes zibellina* 1個体

カワウソ *Lutra lutra* 2個体

タヌキ *Nyctereutes procyonoides* 1個体

ネコ *Felis caudata* 2個体

トラ *Felis tigris* 1個体

ブタ *Sus scrofa domestica* 8個体

イノシシ *Sus scrofa* 7個体

マンシュウノロ *Capreolus capreolus mandchurica* 12個体

キバノロ *Hydropotes inermis* 6個体

マンシュウアカジカ *Cervus elaphus* 2個体

ウスリージカ *Cervus nippon hortulorum* 6個体

ジャコウジカ *Moschus moschiferus* 1個体

ウシ科 *Bos* sp. 3個体

ウマ科 *Equus* sp. 2個体

　イノシシは老年が多く、ブタは若年が8割を占めることは、基本的には家畜飼育の初期段階にあったことが窺われる。骨数を基に時期別の変遷を見ると、第1期ではシカ科が全体の5割を占めて最も多く、イノシシ・ブタが3割とこれに次ぐ。第2期でもノロを中心としたシカ科の頭数が66％と際立って多く、ハイイロギツネが11％で次いで多い。これが第3期になるとイノシシ・ブタの量的な増加が著しく、全体に占める割合は38％であり、42％のシカ科と匹敵するほどとなる。しかし最小個体数でみると72匹であり、狩猟数としては多いとは言い難い。殆どの狩猟動物は衣服の素材として利用できるものであり、またシカ科は骨角器に使用されるものが多く、むしろそれらの目的のほうが実際的であったものと思われる。日常の生業活動においては漁撈と採集に依存し

ていた可能性が高いと推測される。

この遺跡については後に時期ごとの哺乳動物の推移が論攷され、前述した発掘報告書とはいささか異なる結果が報じられている（陳冰白 1993）。

第 1 期：120 個体数
　　家畜：イヌ 2、ブタ 18
　　野生：トウホクモグラネズミ 2、ハイイロギツネ 8、アナグマ 2、カワウソ 3、トラ 4、イノシシ 18、ノロ 40、キバノロ 5、ウスリージカ（ニホンジカ）15、ウシ 2、ウマ 1

第 2 期：48 個体数
　　家畜：イヌ 1、ブタ 3
　　野生：ハイイロゴツネ 7、シンリンヤマネコ 1、トラ 2、イノシシ 2、ノロ 31、キバノロ 3、マンシュウアカジカ 1、ウスリージカ 5、ジャコウジカ 1、ウシ 5

第 3 期：296 個体数
　　家畜：イヌ 3、ブタ 53
　　野生：トウホクモグラネズミ 3、オオカミ 4、ハイイロギツネ 24、ホッキョクギツネ 1、スナキツネ 1、ドール 1、アナグマ 7、クロテン 2、シンリンヤマネコ 5、イノシシ 56、ノロ 63、キバノロ 16、マンシュウアカジカ 15、ウスリージカ 28、ウシ 8、ウマ 6

第 1 期では家畜は哺乳動物全体の 16% 弱を占めるにすぎず、シカ科の捕獲数が 50% に達している。そのうちでもシカはノロ、キバノロ、ウスリージカなどの小型種だけである。第 2 期では家畜動物は全体の約 8% であり、シカ科は 9 割近くに達している。第 3 期では家畜の全体に占める割合は 20% 弱で、狩猟動物ではシカ科は全体の 4 割近くに達し、アカジカも捕獲数が増加している。イノシシも 19% と極めて大きな数値を示している。

これらのことから左家山遺跡での家畜の比重は 2 割弱とほぼ一定し、年齢比率から見て家畜飼育の初期段階にあったことを考慮すると（Flannery 1965）、シカ科とイノシシの捕獲が主な狩猟対象であったことが分かる。あるいはウリボウを育てるキーピング段階にあったことを意味することも充分に想定しうる。シカ科の中でも初めは小型シカが多かったが、次第にアカジカなどの大型

シカの狩猟が増え、毛皮利用の動物も20％近くに及んでいることは注目される。農耕文化の発展とともに、徐々に特定種への選別的狩猟への傾斜を物語るものである。

新開流遺跡：黒龍江省密山県

東北地方最大の湖である興凱湖と小興凱湖の間にある台地（崗）に立地する新石器時代の集落と埋葬址で、小興凱湖の増水時には、水はこの台地の西端（新開流）を通って興凱湖に注ぐ（黒龍江省文物考古工作隊1979）。台地周辺は平原と沼沢が続く環境となっている。この遺跡は上下2層に区分され、うち上層は人骨を素材にした炭素年代で6080±130BP（樹輪較正年代）の数値が得られている。哺乳動物の報告がなされたのは上層に属するもので、それらは以下の通りである。

 アナグマ　*Meles meles*
 オオカミ　*Canis lupus*
 イヌ科　*Canidae* sp.
 シカ科　*Cervidae* sp.
 ノロ　*Capreolus capreolus*
 マンシュウアカジカ　*Cervus elaphus*
 シフゾウ　*Elaphurus davidianus*
 ヒグマ　*Ursus arctos*
 イノシシ　*Sus scrofa*
 キツネ　*Vulpes vulpes*
 ネズミ科　*Muridae* sp.

個体数の計算はなされていないが、ここでは牙床や角で鑑定がおこなわれていて、それの総和ではシカ科26と圧倒的に多い。さらに多量に出土した骨角器はシカ科の骨が使用されていて、狩猟対象としてはシカ科が中心であったと推定できる。

大牡丹屯遺跡：黒龍江省寧安県

黒龍江に注ぐ牡丹江の第1段丘上にある集落址で、上下2層のうち下層が新石器時代に属する（黒龍江省博物館1961）。遺物からみると鶯歌嶺遺跡上層と同じ文化層に属すると考えられ、鶯歌嶺上層の炭素年代は3025±90bp（樹輪

較正年代 BC1240 ± 155) と 2985 ± 120bp (樹輪較正年代 BC1190 ± 145) と測定されている。狩猟具としては鏃と槍が多く出土している。この遺跡でも骨角で拵えた漁撈具の検出が多い。栽培穀物としてアワ、キビ、ダイズがあり、農耕を営んでいたことは確実である。家畜類にはブタとイヌがあり、狩猟哺乳動物としてはシカ科、ノロ、ウサギが報告されている。

東北西部台地
紅山後遺跡:内蒙古自治区赤峰市

紅山後遺跡は赤峰市の東北、なだらかに起伏を繰り返しながら広がる丘陵中に、紅山と呼ばれる海抜 690m の小山があり、その北側中腹部に集落と墓地が営まれている。遺跡の西側足下には英金河が北流し、西拉木倫河に注いでいる。東亜考古学会による調査では、紅山文化に属する第2住地と夏家店下層文化に属する第1住地及び夏家店上層文化期の墓地が発掘されている（東亜考古学会 1938)。第2住地では、

ウスリージカ *Cervus nippon hortulorum*
マンシュウアカジカ *Cervus elaphus*
マンシュウノロ *Capreolus capreolus mantchricus*
ヒツジ *Ovis* sp.

が見られ、第1住地では、

ブタ *Sus scrofa*
マンシュウアカジカ *Cervus elaphus*
ウシ *Bos taurus*
モウコノウマ *Equus przewalskii*

が検出されている。さらに墓地からは、

イヌ *Canis familiaris*
ブタ *Sus scrofa domestica*
ウスリージカ *Cervus nippon hortulorum*
ウシ *Bos taurus*
メンヨウ *Ovis aries*

この遺跡ではイヌ以外の家畜動物が出現するのは夏家店下層段階であること

が示される。

富河溝門遺跡：内蒙古自治区巴林左旗

　富河溝門遺跡は大興安嶺の南端、烏爾吉木倫河の東岸丘陵の中ほどに位置し、河面からの高さ25～60mにある新石器時代の集落址で、発掘の結果37基の方形または円形住居址が検出されている（中国社会科学院考古研究所内蒙古工作隊1964）。住居址内部から出土したシラカバの皮による炭素年代では5300±145BP（樹輪較正年代）の数値が得られている。狩猟具として明確なのは鏃だけであり、この他には細石刃が検出されていることから銛が使用された可能性もある。この遺跡で検出された哺乳動物類は以下の通りである（劉・徐1979）。

　　イノシシ　*Sus scrofa*
　　ジャコウジカ　*Moschus moschiferus*
　　ノロ　*Capreolus capreolus*
　　シフゾウ　*Elaphurus davidianus*
　　モウコガゼル　*Procapra gutturosa*
　　キツネ　*Vulpes vulpes*
　　アナグマ　*Meles meles*
　　キタリス　*Sciurus vulgaris*
　　イヌ科　*Canidae* sp.
　　ウシ科　*Bovidae* sp.

　このうちシカ科が出土獣類の半数を占め、イノシシが17％、アナグマ9％でこれに続き、ウシ科は2％に過ぎない。動物学者の鑑定によるが、頭数か骨数かの記述はない。これらの動物相は草原性の奇蹄類は皆無ですべて森林性を示し、現在の草原性景観とは異なっていたことが窺える。また出土遺物の中にも、釣針や銛などの骨製の漁撈具が多く見られること、マンシュウグルミ *Juglans mandschurica* が採集されていることからも水量が豊富で、落葉樹林を中心とした生態環境が展開していたことを物語っている。

水泉遺跡：遼寧省建平県

　水泉遺跡は、大凌河の支流の老虎山河が貫流する緩やかな起伏が続く熱河台地の中にあり、東側には枯れることない泉に接している。遺跡は層位により3層に区分され、下層は夏家店下層文化段階に、中層は戦国期に比定できる（遼

寧省博物館・朝陽市博物館 1986）。炭素年代では下層は 4130 ± 110BC（樹較正年代）、中層のアワを素材にした年代は 2510 ± 100BC（樹輪較正年代）である。狩猟具には骨製鏃以外にはみあたらない。下層段階で占骨としてウシ、イノシシ、ヒツジの肩甲骨が使用されているのが注目される。動物骨の報告は張鎮洪によりなされている（張鎮洪 1989）が、必ずしも層位的に記述がなく、不充分な論及に留まっている。ここで出土した哺乳類には、ウスリージカ、ノロ、キバノロ、ドール、ダウリアハタリス、イヌ、ブタ、ウシ、ウマ、メンヨウ、ヤギなどがみられ、個体数ではブタ 87、イヌ 37、ウシ 31、羊 20、ウマ 4 となっている。このうち家畜と認定されたメンヨウ、ウシ、ウマはいずれも戦国期である。またブタに関しても大多数が幼年と老年であることから張は狩猟対象と想定している。しかし、年齢構成からすると、ブタと認定しても良いであろう。むしろこの段階でシカ科の比重が低下していることが重要な点である（大貫 1995）。

南山根遺跡：遼寧省寧城県

　南山根遺跡は老哈河の上流、崑都倫河の上源近くの小丘陵上に立地し、遺跡付近は山塊に挟まれた小盆地状をなしている（中国社会科学院考古研究所内蒙古工作隊 1975）。遺跡は夏家店下層文化段階の集落址と上層文化段階の集落址と墓地で構成されている。上層段階では、

　　ブタ *Sus scrofa domestica*

　　イヌ *Canis familiaris*

　　ウシ *Bos taurus*

　　ヒツジ *Ovis domestica*

　　ウスリージカ *Cervus nippon hortulorum*

　　ウマ *Equus cafallus*

　　ウサギ *Lepus* sp.

　　キツネ *Vulpes* sp.

が見られ、イヌとブタの頭数が比較的多く、ブタは皆幼年と成年の年齢構成となっている。下層段階では

　　ブタ *Sus scrofa domestica*

　　イヌ *Canis familiaris*

ウシ *Bos taurus*

ヒツジ *Ovis domestica*

ウスリージカ *Cervus nippon hortulorum*

がある。下層段階ではブタの個体数が比較的多く、それらは幼年よりも成年のものが多いと報告されている。

大井古銅鉱遺跡：内蒙古自治区林西県

　大井古銅鉱遺跡は夏家店上層文化段階の採銅遺跡であり（遼寧省博物館文物工作隊 1983）、遺構として採掘にかかわる3基の住居址、製作所及び採銅址が検出されている。出土動物骨は採掘にかかわった人々の食料と推定され、骨には破砕痕や焼痕が認められるという。発見された哺乳動物は種類のみ列記されている。それらにはシカ、キョン、野生ウマ、ヤギュウ、ヒツジ、オオカミ、キツネ、イヌ、タヌキ、ノウサギ、クマなどが見られる。動物相からは森林草原状の景観が看取できる。

関東車遺跡：内蒙古自治区克什克騰旗

　関東車遺跡は西垃木倫河流域、河から4km北に離れた大青山の南側に広がる緩やかな傾斜地に立地する（吉林大学辺疆考古研究中心・内蒙古自治区文物考古研究所 2004）。ここでは多くの夏家店上層文化の遺物とともに、6種31個体の動物骨が採取されている。それらにはヤギ（9個体）、メンヨウ（1）、ブタ（8）、イヌ（5）、ウシ（6）、ウマ（1）、オオカミ（1）で、ヤギと綿羊で3割を占め、数が最も多いとされる。しかしこれは包含層が流失して大型の骨鑿が残された結果であると見ることが可能なことは、シカ骨で製作されたと思われる骨鏃があるのに、シカ科の動物骨が未発見であるという事実からも類推できる。ヒツジ類に次いでブタが多いことから、夏家店上層文化段階においても、穀物栽培がなされていたという消極的な資料と考えるのが妥当であろう。

遼東沿岸部

郭家村遺跡：遼寧省大連市

　郭家村遺跡は遼東半島先端部に聳える老鉄山の西斜面、海抜が約60mの沿岸台地上に立地する集落址と貝塚である（遼寧省博物館・旅順博物館 1984）。遺跡は上下2層に区分され、下層は小珠山中層に、上層は小珠山上層に並行す

第1節　東北アジアの狩猟動物　157

る時期のものと想定される。炭素年代は木炭とアワでなされ、下層は 4870 ± 100BP と 5015 ± 100BP、上層は 4180 ± 90BP と 4060 ± 90BP（いずれも未補正）との数値が得られている。

　出土した哺乳類は下層では、

　　ブタ　*Sus scrfa domestica*
　　イヌ　*Canis familiaris*
　　ウスリージカ　*Cervus nippon hortulorum*
　　ノロ　*Capreolus capreolus*
　　ジャコウジカ　*Moschus moschiferus*
　　アナグマ　*Meles meles*
　　ヤマネコ　*Felis bengalensis*

この中でブタは 88 個体と最も多く、イヌが 11 個体、ウスリージカ 19 個体、ジャコウジカ 4 個体、ノロ 1 個体で、シカ科は全体の 2 割を占めるに過ぎない。上層では、

　　ブタ　*Sus scrfa domestica*
　　イヌ　*Canis familiaris*
　　ウスリージカ　*Cervus nippon hortulorum*
　　キバノロ　*Hydroptes inermis*
　　マンシュウアカジカ　*Cervus elaphus*
　　ノロ　*Capreolus capreolus*
　　ジャコウジカ　*Moschus moschiferus*
　　アナグマ　*Meles meles*
　　ヤマネコ　*Felis bengalensis*
　　ヒョウ　　*Panthera pardus*
　　クマ科　*Ursus* sp.
　　タヌキ　*Nyctereutes procyonoides*
　　ネズミ科　*Ratuus ratuus*

上層ではブタが出土総数の約 5 割を占め最も多く、シカ科は併せて 1/3 に達しているのに反して、イヌは 8 個体と全体の 4％弱を占めるにすぎない。

羊頭窪遺跡：遼寧省大連市

遼東半島先端部の西側鳩湾に面する台地上に形成された双砣子第3期の貝塚を伴う集落址である（東亜考古学会1942）。検出された哺乳動物には以下のような種がある。

オオカミ Canis lupus
イヌ Canis familiaris
タヌキ Nyctereutes procyonoides
アナグマ Meles meles
ドブネズミ Ratus norvegicus
ノウサギ Lepus mantshuricus
イノシシ Sus continentalis
ブタ　Sus sp.
マンシュウジカ Cervus nippon mantchuricus
ウスリージカ Cervus nippon hortulorum
マンシュウアカジカ Cervus elaphus
ノロ Capreolus capreolus
ジャコウジカ Moschus moschiferus

出土野獣類の中では、タヌキ、ジャコウジカが多く、家畜ではイヌとブタが多い。アシカは小型で1頭であろう。なおマンシュウジカと同定するのは直良のみであり、一般にはウスリージカに含めるものと思われる。

大嘴子遺跡：遼寧省大連市

大嘴子遺跡は大連湾内の最北奥に扇形に突き出た半島の付根部分に存在する双砣子第3期文化の集落址である（大連市文物考古研究所2000）。海抜が約10mの台地上に集落を構え、その周辺に薄い貝層が部分的に散在している。炭素年代は第3期の事例で穀物を素材としたもの、3090 ± 110BP（較正年代）、木炭では3365 ± 145BP（較正年代）が知られていて、紀元前千年紀に属することが分かる。狩猟具としては石鏃37点と石槍6点があるに過ぎず、この遺跡では漁撈具の出土が卓越している。検出された哺乳類は次の通りである。

イヌ Canis gfamiliaris
ネコ Felis sp.
タヌキ Nyctereutes procyonoides

ブタ *Sus scrfa domestica*
マンシュウアカジカ *Cervus elaphus*
ウスリージカ *Cervus nippon hortulorum*
キバノロ *hydropotes inermis*
ジャコウジカ *Moschus moschiferus*
ノロ *Capreolus capreolus*
ヒツジ属 *Naemorhedus* sp.

これらの中ではブタが30個体と最も多く、出土総数の42％を占め、次いでイヌが14％、シカ科はあわせて19％に過ぎない。家畜動物が断然優位であることを示すが、シカ科の骨は多く道具に使用されていて、本来的にはもっと多くの頭数があったことが予想される。

小珠山遺跡

　小珠山遺跡は遼東半島の東側に位置する長山列島中にある広鹿島の中央に海抜20mほどの山腹に営まれた貝塚で、戦前よりいくつかの試掘がおこなわれたいた（三宅1957）。1957年以降遼寧省博物館などのより本格的な調査がなされ、長山列島の代表的な自然遺物の動向を掴む事が可能となった（遼寧省博物館・旅順博物館・長海県文化館1981年）。文化層は上中下の3層に区分され、この地域の先史文化の標識遺跡とされている。炭素年代では以下の数値が得られているが、いずれも未補正年代である。

　　　5015 ± 100bp、4020 ± 90bp、4110 ± 90bp、4180 ± 90bp、3960 ± 70bp

検出された哺乳動物には以下のような種がある。

クマネズミ *Rattus rattus*
イヌ *Canis familiaris*
アナグマ *Meles meles*
ヒョウ *Panthera pardus*
タヌキ *Nyctereutes procyonoides*
ヤマネコ *Felis bengalensis*
オオカミ *Canis lupus*
クマ *Ursus* sp.

マンシュウアカジカ *Cervus elaphus*
キバノロ *Hydropotes inermis*
ノロ *Capreolus capreolus*
ジャコウジカ *Moschus moschiferus*
キョン *Muntiacus* sp.
クジラ目 *Cetacea* sp.

下層では鹿が最も多く、キバノロとイヌがこれに次ぐ。中層では鹿が最も多く、ブタがこれに次ぎ、上層ではブタが最も多くなるとされる。シカ科の狩猟からブタ飼育へとの変遷をたどることができ、大貫が指摘するようにシカ科の狩猟とブタ飼育が反比例することが窺える（大貫1995）。

沿海州内陸部
チェリトヴィボロータ遺跡

チェリトヴィボロータは沿海州南部、シホテアリン山脈の東南裾に営まれた新石器時代の洞窟遺跡である（Андреева 1991）。炭素年代によりその時期は約6800 - 5900BPと想定されている。但しこの遺跡では出土地点と層位により時代幅があることが考えられるので（大貫2002）、おおまかに新石器時代の前半期と想定しておく。ここで検出された哺乳動物には次のような種がある。

オオカミ *Canis lupus*
タヌキ *Nyctereutes procyonoides*
クマ（ツキノワグとマヒグマ）*Ursus actos, Ursus tibetanus*
カワウソ *Lutra lutra*
イタチ *Mustella sibirica*
アナグマ *Meles meles*
トラ *Panthera tigris*
イノシシ *Sus scrofa*
ヘラジカ *Alce alce*
ノロ *Capreolus capreolus*
マンシュウアカジカ *Cervus elaphus*
ニホンジカ *Cervus nippon*

ジャコウジカ *Moschus moschiferus*
ゴーラル *Naemorthaedus goral*
ウサギ目 *Leporidae* sp.

　これらの中で個体数が算出されているのは、タヌキ9、クマ54、アナグマ30、イノシシ16、マンシュウアカジカ5であり、クマが多く狩猟されていることが顕著である。シカ科の捕獲数が極めて少ないことは、資料自体に疑問を投げかける。あるいはチェリトヴィ・ボロータ遺跡は特定動物を狙い撃ちする特定の場所であったのかもしれない。

日本海沿岸部
ボイスマンI遺跡

　ボイマンI遺跡はピョートル大帝湾に望む低い丘陵上に形成された新石器時代中期から後期にかけての集落遺跡で、中期に属する遺構や遺物が主体となっている。豊富な漁撈具と魚骨が検出され、日本海沿岸部に立地する代表的なこの時期の遺跡とすることができる（Vostretsov et. al.1998）。哺乳動物は細かな層位により区分されて報告がなされているが、土器編年との対応が必ずしも充分でないために、ここでは中期に一括して扱うことにする。

イヌ *Canis familiaris*
オオカミ *Vulpes vulpes*
タヌキ *Nyctereutes procyonoides*
カワウソ *Lutra lutra*
アナグマ *Meles meles*
イタチ *Mustela sibirica*
イノシシ *Sus scrofa*
シカ科 *Cervidae* sp.
ノロ *Capreolus capreolus*
マンシュウアカジカ *Cervus elaphus*

　これら出土哺乳類の最小個体数は、イヌ6、オオカミ3、タヌキ7、カワウソ1、アナグマ3、イタチ1、イノシシ17、シカ科10、ノロ16、マンシュウアカジカ18となっている。ここではシカ科が出土獣類全体の5割を占め、主たる狩

猟対象であったことを窺わせる。その中でもマンシュウアカジカが最も多く捕獲されているが、肉量としては最大の供給源となっていたことは重要である。

ザイサノフカ 3 遺跡

ザイサノフカ3遺跡はボイスマン遺跡から南に下ったポセット湾の最奥部の低い台地上に形成された新石器時代中期の集落遺跡で（Vostretsov et. al.1998)、年代的にはボイスマンよりも時期的に新しく位置づけられ、紀元前三千年紀初頭から三千年紀末期に相当する。ここでは以下のような哺乳動物骨が検出されている。

　　ウサギ目 *Lepus* sp.
　　イヌ *Canis familiaris*
　　カワウソ *Lutra lutra*
　　クマ科 *Ursus* sp.
　　イノシシ *Sus scrofa*
　　ブタ *Sus scrofa domestica*
　　ジャコウジカ *Moschus moschiferus*
　　ノロ *Capreolus capreolus*
　　マンシュウアカジカ *Cervus elaphus*

それぞれの個体数はウサギ1、イヌ4、カワウソ2、クマ科2、イノシシ3、ブタ1、ジャコウジカ1、ノロ13、マンシュウアカジカ6であり、出土哺乳類の6割をシカ科で占めている。ブタがこの時期に登場することは注目され、本格的な農耕生産段階を迎える段階に達したことを物語る。この時期沿海州南部地域では中国東北部と共通の石製農具のセットが出揃う。栽培穀物もアワ、キビなどがみられ（Komoto and Obata 2004)、採集堅果類も各種に達している。

なお近隣のザイサノフカ7遺跡ではザイサノフカ文化段階のマンシュウアカジカ、ニホンジカ、ノロ、イノシシ、イヌ、オオカミの骨が発掘されている（Komoto and Obata 2004)。

西浦項貝塚

西浦項貝塚は、朝鮮東北部豆満江河口右岸にある小さな山塊の南側中腹に立地する、新石器時代前期～青銅器時代に及ぶ貝塚を伴う集落址である（金用桔・徐国泰1972)。この遺跡では新石器時代中期以降、農耕関係遺物が少しずつ付

加されてゆき、青銅器時代に農耕関係の石器組成が完成をみる。狩猟具としては石鏃がすべてであるといっても過言ではなく、豊富に出土する漁撈具との差は極めて顕著である。出土哺乳類は金信奎により詳しく検討がなされている（金信奎 1970 及び 1990）。動物相は新石器時代と青銅器時代に区別して頭数の報告があり、今それを掲げると次のとおりである。

	新石器時代	青銅器時代
ノウサギ Lepus mantchuricus	4	7
カワウソ Lutra lutra	5	3
コウライアナグマ Meles meles	15	18
クロテン Martes flavigula	2	1
イタチ Mustela sibirica		1
ヒグマ Ursus arctos	4	5
コウライキツネ Vulpes vulpes	13	29
オオカミ Canis lupus		2
タヌキ Nyctreutes procyonoides	29	42
イヌ Canis familiaris	63	56
チョウセンヒョウ Felis pardus	2	1
オオヤマネコ Felis lynx		1
ヤマネコ Felis euptilura	18	10
ネコ属 Felis sp.	2	3
イノシシ Sus scrofa	87	118
ブタ Sus scrofa domestica	5	12
ノロ Capreolus capreolus	239	179
ニホンジカ Cervus nippon	53	21
マンシュウアカジカ Cervus elaphus	145	107
チョウセンカモシカ Naemorhedes goral		2

　西浦項貝塚出土陸上獣類の中では、シカ科が最も多く狩猟対象となったことは明瞭で、新石器時代では 64％、青銅器時代では 50％に達している。シカ科の中でも頭数としてはノロが多いものの、アカジカの体重はノロの 5～6 倍に及ぶので、西浦項遺跡を営んだ人々にとっては実質的にはアカシカが主要な

ターゲットであったことは容易に理解できる。家畜動物のうちブタの占める割合は微々たるものであり、イヌが新石器時代層と青銅器時代層でそれぞれ約9％と安定してやや高い比率を占めるのは、狩猟犬としての役割を担ったことの反映であろう。ゴマフアザラシ、トド、クロアシカ、オットセイ、スナメリ、セミクジラ等の海獣類はこの遺跡で出土した哺乳類の15％と13％を占めるにすぎないが、得られる肉量からすると、シカ科を凌駕するものであり、この遺跡における狩猟対象は海獣類とシカ科の動物であったことが判明する。青銅器時代に入り農耕を本格的に営んだとされる遺跡においても（黄基徳1970）、出土する狩猟動物相と量にさしたる変化は無く、生業活動の上においては依然として狩猟が重要な位置を占めていたことを窺わせる。

農圃遺跡

農圃遺跡は清津市の標高が30mほどの小丘上の斜面に形成された新石器時代後期の貝塚遺跡で、かつては油坂貝塚と呼称されていた（朝鮮社会科学院考古研究所1954）。出土遺物の中では狩猟具は鏃以外にはみられないのに対して、石製農具が完備し、漁撈具も豊富に認められる。出土した獣類には以下のような種がある。

　　　ノウサギ *Lepus mantchuricus*
　　　キタリス *Sciurus vulgaris*
　　　ドブネズミ *Rattus norvegicus*
　　　キツネ *Vulpes vulpes*
　　　オオカミ *Canis lupus*
　　　カワウソ *Lutra lutra*
　　　トラ *Felis tigris*
　　　イノシシ *Sus scrofa*
　　　ジャコウジカ *Moschus moschiferus*
　　　ノロ *Caprelus capreolus*
　　　マンシュウアカジカ *Cervus elaphus*
　　　チョウセンカモシカ *Naemorhedus goral*

この遺跡ではノロとアカシカが最も多く、シカ科で狩猟動物の半数以上を占めている。オットセイやアザラシなどの海獣類も多く、西浦項貝塚の新石器時

代と同様の狩猟活動が営まれていたことが窺える。

ペスチャヌイ遺跡

　ペスチャヌイ遺跡はウラディオストック湾の入り口近くの左岸にあり、扇型に突き出た岬の中腹部に立地している初期鉄器時代の集落址である（Окладников 1963）。貝層は放棄された住居址に堆積したものであり、新石器時代のそれとは区別できる。狩猟具としては石製の鏃や槍がある。打製の耕起具、磨製の収穫具、それに磨棒、鞍型磨臼と農耕具が一式見られるものの、量的には少なく、出土遺物の中では漁撈関係遺物が圧倒的に多い。この遺跡で検出された哺乳類は次の通りである。

　　イヌ *Canis familiaris*　74個体
　　ブタ *Sus scrofa domestica*　76個体
　　ウシ *Bos taurus*　2個体
　　ヘラジカ　2個体 *Alces alces*
　　マンシュウアカジカ *Cervus elaphus*　16個体
　　ノロ *Capreolus capreolus*　17個体
　　ジャコウジカ *Moschus moschiferus*　1個体
　　イノシシ *Sus scrofa continentalis*　6個体
　　ヒグマ *ursus arctos*　3個体
　　アムールアナグマ *Meles meles amurensis*　3個体
　　イタチ *Mustela sibirica*　2個体
　　キツネ *Vulpes vulpes*　1個体
　　ドブネズミ *Rattus norvegicus caraco*　5個体

　ペスチャヌイ遺跡においては出土した動物の中で、家畜が74％と圧倒的多数を占め、それに対して従来狩猟動物の約半数に達していたシカ科は17％に過ぎない。海獣類も少ないが、タラをはじめとする魚類の骨が検出されていて、多量の漁撈具の出土を勘案すると、鉄器時代には狩猟活動よりも農耕と漁撈に生業の比重が移ったことも想定できよう。

草島貝塚

　草島貝塚は羅津湾を塞ぐように、沖合い7kmに浮かぶ大草島の北側尾根に沿って形成された青銅器時代から鉄器時代の集落址である（朝鮮民主主義人民

共和国科学院 1955)。出土遺物には結合式釣針をはじめとして多数の漁撈具が見られる他に、農耕関係石器も少なからず発掘されている。検出された陸上哺乳類には次の種がある。

 イヌ *Canis familiaris*
 ブタ *Sus scrofa domestica*
 ウシ *Bos taurus*
 ノウサギ *Lepus mantchuricus*
 キツネ *Vulpes vulpes*
 イノシシ *Sus scrofa*
 ジャコウジカ *Moschus moschiferus*
 ノロ *Capreolus capreolus*
 ニホンジカ *Cervus nippon*
 マンシュウアカジカ *Cervus elaphus*
 チョウセンカモシカ *Naemorhedus goral*

 草島遺跡では出土した陸上哺乳類の中で家畜(ブタ、イヌ、ウシ) 3 種の占める割合は、頭数で 42% と約半数であり、家畜に対する依存度が新石器時代に比べて強まったことが分かる。鉄器時代になると狩猟動物よりも家畜に依存する度合いが高まったことを、草島やペスチャノイ遺跡出土自然遺物は物語っている。

北朝鮮内陸部
虎谷洞遺跡:咸鏡北道茂山郡

 虎谷洞遺跡は豆満江中流域の河谷平野に接する低位段丘上に立地する新石器時代から初期鉄器時代にかけての集落址である(黄基徳 1975)。新石器時代層からは伐採用の石斧、耕起用の石鍬がみられ、青銅器時代ではこれに石庖丁が加わり、農耕石器の組成が完成するとともに、アワ、モロコシやキビなどの穀物の出土が確認されるようになる。新石器時代層から検出された哺乳動物については、記述的な記載がされていないために、金信奎の論文の数値を引用することとする(金信奎 1790 年)。この遺跡の新石器時代層から 8 種動物の 57 点の骨が出土したが、ブタが 7%、イヌが 7.4% と勝ち勲比重は小さく、最も多

いのはイノシシであり、頭数で23.63％、ジャコウジカは18.52％、ノロとアカジカがそれぞれ11.11％を占めている。

　青銅器時代層ではブタとイヌの総計は頭数で46.2％を占めるのに対して、ノロ、アカシカなどの比重が徐々に低下していくことが示されるという。この時期注目すべきはクロテンの狩猟がはじまり、その頭数の出土全哺乳類の中で9.6％にも達することである。家畜動物の増加による食料獲得の安定化が、毛皮の入手などの狩猟目的の変化をもたらしたことも想定できる。

　初期鉄器時代層では狩猟動物の総頭数は出土哺乳動物全体の40.9％と半数以下になり、家畜動物が6割近くに達するようになる。それとともにシカ科の中では最も肉量の多いアカジカに狩猟対象が集中し、クロテン、アナグマ、ウサギなど毛皮を提供する動物の増加がみられることは、農耕生活の順調な発展を物語るものと言えよう。

五洞遺跡：咸鏡北道会寧郡

　五洞遺跡は豆満江の支流である会寧川下流にある河谷平野を望む低位段丘上に立地するもので、青銅器時代から鉄器時代にかけての集落址が発掘されている（朝鮮民主主義人民共和国社会科学院考古学及民俗学研究所1959）。土器の面では青銅器時代と鉄器時代ではさほどの変化はなく、深鉢形の大中小をもって器種とするもので、石器には黒曜石製の鏃や刃器、掻器があり、石斧、石鍬、石庖丁、磨石や磨臼なども完備している。また穀物としてアワ、アズキ、ダイズなどが検出されている。ここで発掘された哺乳動物には以下のような種がある。

　　ノウサギ *Lepus manchuricus*
　　アナグマ *Meles meles*
　　クマ科 *Ursidae* sp.
　　イヌ *Canis familiaris*
　　タヌキ *Nyctereutes procyonoides*
　　イノシシ *Sus scrofa*
　　ブタ *Sus scrofa domestica*
　　ノロ *Capreolus capreolus*
　　マンシュウアカジカ *Cervus elaphus*

ウシ Bos taurus
チョウセンカモシカ Naemorhedus goral
ウマ? Equus sp.

　青銅器時代層では51頭分の哺乳動物が出土している。このうちまとまって検出された8号住居址の動物をみてゆくと、ノロが23頭で57.5％、イノシシが15％、アカジカとアナグマがそれぞれ10％となり、狩猟対象動物の種が次第に限られる傾向にある。鉄器時代層では、6号住居址から出た動物26頭のうち野生動物は19頭で、これは全出土動物の73.1％にあたり、一転して狩猟動物が増加する数字が示されている。狩猟動物の中ではノロが頭数にして8頭で30.77％、マンシュウアカジカが7頭で26.9％、イノシシは2頭で7.7％に過ぎない。家畜動物のもつ比重が減少することは些か不思議ではあるが、狩猟対象として効率の良いアカジカが増加していることは注目される。

美松里洞遺跡：平安北道義州郡

　美松里洞窟は鴨緑江に注ぐ漢川の下流にある小盆地を望む石灰岩の洞窟遺跡である。（金用玕 1963）。青銅器時代層では哺乳動物の中の71％が野生動物で、シカ科が全体の3割を占め、そのなかでもニホンジカが最も多く、シカ科の1/3に達する。新石器時代層ではノロとニホンジカで出土総数の2/3を占めていたものが、青銅器時代になるとシカ科の動物が減少し、反対にブタ22.6％と増加したことが知られる。家畜動物の増加がシカ科の狩猟数を減らし、その中でもより小さいノロが減少し、より肉量の多いニホンジカに狩猟対象が移行したことを示している。

立石里遺跡：平壌市勝湖区

　美松里遺跡が山間の盆地に立地するのに対して立石里は大同江下流の沖積平野中に営まれた青銅器時代の集落遺跡である（李元均・白龍奎 1962）。ここでは家畜動物としてブタとウシが出土し、全頭数のそれぞれ8.6％と5.7％を占めている。野生動物の中ではアナグマが11頭ともっとも多く、キバノロ8頭、ニホンジカ4頭と続き、残りはアナグマ、イタチ、カワウソなどである。アナグマ、イタチ、カワウソなどの毛皮供給の動物が全体の1/3以上に達することは注目され、これにクマなどを加味すると野生動物の2/3近くがこれらで占められることとなる。立石里遺跡は後に楽浪郡の中心地であり、衛満以前にも政

治的な中心地であったことを考慮すると、これらは食料とするよりも交易用として齎された可能性が高いと推測される（甲元 1973c）。

西朝鮮沿岸部
弓山貝塚：平安南道温泉郡

弓山貝塚は西朝鮮の広梁湾に面した海抜が 20m ほどの小弓山と呼称される丘陵の上にあり、海進時期には裾まで海水の影響を受けたとおもわれる低地が眼前に広がっている朝鮮民主主義人民共和国科学院考古学及び民俗学研究所 1961）。ここでは新石器時代中期の住居址 5 軒が発掘され、少量ではあるが農耕関係遺物も出土している。この貝塚で検出された動物骨はイヌ、スイギュウ各 2 頭を除けばすべて野生種で、中でもシカ科に属する哺乳類が頭数で全体の 74.3％を占めている。シカ科の中ではニホンジカ 3 割、キバノロ 4 割にも達し、ノロも見られる。ニホンジカの下顎骨は 83 点も出土している。イノシシは 2 割ほどで、その他には、イヌ、ヒョウ、アナグマもみられる。弓山遺跡の出土遺物は調査後、朝鮮戦争の被害に遭遇し一部資料が散逸していることから、動物組成は完全ではない可能性もある。

南朝鮮沿岸部
古南貝塚

古南貝塚は忠清南道西部沿岸にある安眠島の沿岸台地上に立地する新石器時代後期から青銅器時代前期にかけての貝塚を伴う集落址である（漢陽大学校博物館 1990 ～ 97）。新石器時代後期の炭素年代は 3130 ± 60bp で、青銅器時代層は 2540 ± 50bp との数値が得られている。

　　ネズミ *Rattus* sp.
　　タヌキ *Nyctereutes procyonoides*
　　アナグマ *Meles meles*
　　キツネ *Vulpes vulpes*
　　ツシマヤマネコ *Felis bengalensis mandchurica*
　　ブタ *Sus scrofa domestica*
　　イヌ *Canis familiaris*

イヌ科 *Canis* sp.
ニホンジカ *Cervus nippon*
ジャコウジカ *Moschus moschiferus*

新石器時代と青銅器時代の哺乳動物が区別して報告されていないために、時期的な狩猟動物の推移は不明である。狩猟道具としては石鏃が挙げられるのみである。

煙台島遺跡

煙台島遺跡は韓国南海域にある小さな島にある新石器時代前期から中期にかけての貝塚を伴う遺跡で(国立晋州博物館 1993)、魚類や海獣類が豊富に検出されている。

クマネズミ *Rattus* sp.
タヌキ *Nyctereutes procyonoides*
イタチ *Mustela sibirica*
イヌ *Canis familiaris*
テン *Martes sibirica*
アナグマ *Meles meles*
カワウソ *Lutra lutra*
ウマ *Equus caballus*
イノシシ *Sus scrofa*
キバノロ *Hydropotes inermis*
ニホンジカ *Cervus nippon*
ウシ *Bos taurus*

ウシやウマの骨があることは後世の混入とも考えられる。狩猟動物の個体数は少ないらしく、また骨の部位も部分的であることから、本土からの持込であることが想定されている。

上老大島

上老大島遺跡は韓国南海岸にある周囲が7kmほどの小さな島に営まれた新石器時代前期の貝塚である(孫宝基 1982)。生態環境からも海産食料への依存度が高かったことが窺える。実際多量の魚・海獣類の骨と漁撈具が豊富に出土している。

イノシシ *Sus scrofa*　4個体
　　キバノロ *Hydropotes inermis*　2個体
　　ニホンジカ *Cervus nippon*　6個体
　　ウスリージカ *Cervus nippon hortulom*　7個体
　　カワウソ *Lutra ltra*　4個体
　　キツネ *Vulpes vulpes*　4個体
　　イヌ科 *Canis* sp.　1個体
　　セスジネズミ *Apodemus agrarius*　1個体
　　ドブネズミ *Ruttus norvegicus*　11個体

朝島貝塚

　朝島貝塚は釜山港の入り口近く、東三洞貝塚に相対する場所にある周囲18kmの小島の北側沿岸台地上にある初期鉄器時代の貝塚を伴う集落址で（国立中央博物館1976）、西南側60m離れて新石器時代の貝塚が存在している。出土した哺乳動物はブタ、ニホンジカ、ウスリージカの3種で、中でもニホンジカの数が圧倒的に多く、そのために朝島がシカの養鹿場であった可能性が示唆されている。

水佳里貝塚

　水佳里貝塚は金海平野にある海抜241mの錦屏山を中核とする小さな山塊で、遺跡形成当時は金海湾に浮かぶ小島であった。貝塚はこの錦屏山の東側裾部に3ヶ所に分かれて分布している（釜山大学校博物館1981）。貝層は3時期に層位的に区分され、上層は新石器時代後期末、中層は後期、下層は新石器時代中期に比定されている。

　　イヌ *Canis familiaris*
　　タヌキ *Nyctereutes procyonoides*
　　ヒグマ *Urusus arctos*
　　アナグマ *Meles meles*
　　ヤマネコ *Felis bengalensis*
　　イノシシ *Sus scrofa*
　　キバノロ *Hydropotes inermis*
　　ニホンジカ *Cervus nippon*

この他にウシが発見されているが、後世のものであろう。イヌは撹乱層からの出土である。タヌキは2個体、クマは1個体、アナグマ3個体？、イノシシは8個体、ニホンジカ10個体、キバノロ3個体となっている。南海岸地域でもイノシシとシカが主要な狩猟対象動物であったことに変わりはない。

東三洞貝塚

　東三洞貝塚は釜山港入り口の岬状に延びた丘陵の裾部分に立地する新石器時代の貝塚遺跡である。戦前より何回にもわたって発掘調査がおこなわれ、自然遺物を豊富に出土しているものの（横山1933、及川1933）、それに関する報告は充分ではなく、現在はサンプルの調査報告以外の様相は不明のままである（Sample 1974）。

　　イノシシ　*Sus scrofa*
　　ニホンジカ　*Cervus nippon*
　　キバノロ　*Hydroptes inermis*
　　マンシュウアカジカ　*Cervus elaphus mandchuricus*
　　タヌキ　*Nyctereutes procyonoides*
　　イヌ　*Canis familiaris*

この遺跡では海獣類の出土が多く、また魚類も多量に検出されている。陸上哺乳動物の出土はあまり多くはないようである。

　国立中央博物館により1969年から71年に発掘された報告書が2002年に刊行された（国立中央博物館2002）。それによると哺乳類では、

　　クマネズミ属　*Ratuus* sp.
　　マイルカ　*Delphinus delphis*
　　バンドウイルカ　*Tursiops gilli*
　　クジラ類　*Cetacea fam.* Indet.
　　ヒグマ　*Ursus arctos*
　　タヌキ　*Nyctereutes procyonoides*
　　イヌ　*Canis familiaris*
　　カワウソ　*Lutra lutra*
　　トラ　*Panthera tigris*
　　ニホンアシカ　*Zalophus californianus japonicus*

アザラシ科　*Phocidae gen. et* sp. Indet.
イノシシ　*Sus scrofa*
ニホンジカ　*Cervus nippon*
キバノロ　*Hydropotes inermis*
ウシ *Bos taurus*

　この報告で特徴的なことは、ニホンアシカが39個体出土したことである。その多くは幼獣であり、オス5個体、メス11個体に比べ圧倒的に多い。ニホンジカは最小個体数が19で、その他の獣類の数は極めて少ない。ニホンアシカの幼獣骨が多く検出される点に関しては、湾内の小島がアシカの繁殖地であった可能性も考えられよう。

先史時代東北アジアの狩猟動物の推移

　先史時代東北アジアの遺跡で検出される狩猟対象動物と中国の古文献に記載された狩猟対象動物との間では必ずしも一致しない点が多い。とりわけテンなどの特産物に関しては、むしろ商業経済との関連性が強いものであり、先史時代の一般的な狩猟活動とは弁別する必要がある。ここでは先史時代遺跡から検出される狩猟対象動物の時期的推移を検討して、日常生活必需品から特産物への転化の過程を検証することにする。

　東北北部内陸河川地帯では新石器時代を通して、シカ科の獣類が主たる狩猟対象であった。元宝溝遺跡では出土哺乳類のうちシカ科は72％であり、これにオオカミ、アナグマ、キツネ、シベリアモグラネズミなどの毛皮に供される動物が31％に達している。左家山遺跡ではイヌ、ブタの家畜動物が13％であるのに対してシカ科は35％、毛皮動物は26％となっている。新開流遺跡でもシカ科が圧倒的に多い。シカ科の動物の骨は骨角器に使用されることが多いことからも、基本的にはこの地域ではシカ科が狩猟対象の中心であったことは疑いえない。出土する魚骨や豊富な漁撈具からすると、東北北部内陸河川地帯ではシカ科の狩猟と河川漁撈が新石器時代においては生業の中核となっていたとすることが可能である。

　中国東北西部のいわゆる「遼西台地」とその周辺地帯では、紅山文化段階で

はシカ科の狩猟数が比較的多いものの、草原性の動物が少数見られ、夏家店下層段階になるとシカ科に代わって草原性動物が優位となり、夏家店上層段階に入ると森林性のシカ科動物が減少することが窺える。

　石製農具の組み合わせをみると、趙宝溝文化段階までは石耜、石鍬、石庖丁、磨棒、鞍型磨臼がセットになるのに対して、夏家店下層文化段階では石耜が無くなる。石耜は深耕するための農具であり、厚く堆積した腐植土を対象として用いられることから、石耜が無くなることは腐植土の補充ができなくなった状況を示唆している（甲元1989）。寒冷乾燥化現象のために森林が後退し、草原状況に変化したこと、それに対応するためにヒツジ飼育の増加は、森林の成育を妨げ草原状況を一層加速させるのを常とする。このことは狩猟・家畜飼育と初期的な農耕栽培が生業の基本であった夏家店下層文化段階から次第に農耕的要素が少なくなり、夏家店上層文化段階では家畜飼育に依存する牧畜的要素の拡大と変化しつつあったことを物語るものといえよう。

　遼東半島沿岸部では紀元前二千年紀にはコメやアワ、キビなどの穀物栽培を営んでいたが、豊富な海産資源に恵まれ、むしろ漁撈活動が活発に展開していたことが、出土する魚骨と発達した漁撈具に示される。哺乳動物も狩猟対象の範囲が広く、特定種に偏ることはない。このことは朝鮮半島南部地域でも同様のことが指摘できそうである。

　朝鮮の内陸地帯では北朝鮮の新石器時代から青銅器時代の遺跡では、特徴的にブタ飼育が盛んで、これに各種のシカ科動物が加わる。沿岸部にみられる漁撈活動の替わりに、より陸上動物に対する依存度が高かったことを示している。沿海州南部から北朝鮮の沿岸部に立地する遺跡では、共通して海獣や魚に対する依存度が高かったことは、西浦項貝塚出土資料に典型的に示されている。この地域でもキビなどの栽培穀物の出土が報告されており（小畑2004）、ザイサノフカ遺跡などにみられるように、石鍬や石耜が発見され、石庖丁が伴うことから（Komoto and Obata eds 2005）、一定程度の穀物栽培が営まれていたことは確かであるが、実際の生業活動の面では漁撈活動への傾斜が高かったことが、出土する魚骨や漁撈具により窺うことができる。これに対して内陸地帯に存在するクロウノフカ遺跡おいては狩猟動物の種類が少なく、またこの地域の小河川での魚種が少ないことから、農耕生産と植物採取への依存度が高かったこと

が想定できる。ロシア沿海州地域で最も古い穀物資料がクロウノフカ遺跡で検出されていることは (Komoto and Obata 2004)、沿岸部よりも穀物栽培の導入時期が早かったことからもそれを裏付けるものであるといえよう。このことは北朝鮮でも指摘することが可能で、虎谷と沿岸部の遺跡での動物相の量的差異に表されている。内陸部では農耕と家畜飼育への傾斜が一層はっきりとするのに対して、沿岸部地域では漁撈活動への比重が高いためか、農耕への偏りは顕著ではないといえる。

　北朝鮮の内陸平野地帯に分布する新石器時代遺跡では、シカ科を中心とする狩猟活動も盛んであるが、青銅器時代にはいると家畜飼育が隆盛することとなり、シカ科の捕獲数が減少し、アナグマ、イタチ、カワウソなどの毛皮を供給する動物が全体の1/3を占めるようになり、これにクマなどを加えると遺跡出土動物の頭数2/3近くに達する場合もある。これは穀物栽培が安定期にはいり、肉類の消費用としてブタを飼育し、その余暇に交易用の毛皮動物捕獲にあたっていたのではないかとの推測へと導く (甲元1973c)。

　東北アジア内陸地帯の先史時代狩猟活動の対象は、北部地域ではシカ科の中では大型のマンシュウアカジカが主で、ニホンジカやノロが従、南部地域ではシカ科の中で中型のニホンジカが主で、ノロが従という組み合わせとなっている。ロシア沿海州から北朝鮮の日本海沿岸地域では、海獣捕獲が一般的で時代が新しくなるとともに、マグロなどの近海の大型魚類の捕獲へと狩猟対象の重点が移動することとなった。それ以外の地域では狩猟活動はあくまでもその他の生業活動とバランスをとりながら行われていたことが推定できる。すなわち網羅的な経済活動類型に属する (甲元1992) と見ることが可能である。これが青銅器時代に入り特定種への依存度が高まってゆくことは、穀物栽培が中心となる生業活動が展開するようになったことを物語るものである。

挿図の出典

図18：甲元1998より

第2節　朝鮮の伝統的堅果類と果実

はじめに

　先史時代遺跡から検出される植物遺存体を分析することで、先史時代人の食生活を明らかにすることが、考古学研究にとっては必要なことは言うまでもない。これまでも朝鮮の先史・古代遺跡出土資料の検討が少なからずなされてきている（甲元 1991、1999b、2000a・b、後藤 1991、沈奉謹 2000）。これらによると先史時代遺跡で検出された穀物以外の植物性食料として確認されているのは、マンシュウグルミ *Juglans manschurica*、ヤマブドウ *Vitis coignetiae*、コナラ *Quercus serrata*、カシワ *Quercus dentata*、クリ *Castanea crenata*、アンズ *Prunus armeniaca*、モモ *Prunus persica* またはウメ *Prunus mume* など極めて小数であり、堅果類の多くはトトリ（ドングリ）として種別の鑑定ないままに報告されているにすぎない。日本の遺跡で出土が確認されている植物種子と比較して、質的にも量的のも大きな隔たりがあると言わざるをえない（渡辺 1975、寺沢・寺沢 1981）。南江ダム建設に伴う発掘調査において、部分的であるにせよ、水選別法による種子採取がなされ、多くの植物種子が検出されている（嶺南考古学会 1998）。今後遺跡の調査においてこうした方法による遺跡出土の植物遺存体を捕捉することの必要性を物語っているといえよう。その一方で、例え細かな単位での採取法がとられたにしても、植物遺存体が良好に保存されている遺跡には限りがあるので、先史時代人の食材のすべてが遺跡の調査により把握されるとは限らない。

　このためこれまでは、考古学的調査により補足しがたい食事内容は、所与の生態系の中での「可食植物」の検討からもたらされるものが多かった（鈴木 1979、安承模 2002 など参照）。この点において重要な暗示を与えてくれるものは、救荒食物や普段の主食以外の食材である。近世朝鮮王朝の正史である『李朝実録』をみても、3～4年に一度は飢饉が報じられている。これは天然の気候変動も想定できるが、降雨量の少なさを無視した李朝における急激な水田依

存政策による人為的行為が一因であったことも推測させる（甲元 2003a）。このためか、李朝時代の文献には食糧危機に備えての多様な植物利用の一端が記録されていることが多く、朝鮮に於ける可食植物の分析には格好の資料を提供してくれるともいえる。

　李朝時代の宗廟の祭祀に供えられる品目の中にも、果実が豊富に取り込まれている。それらは、3月（旧暦、以下同じ）は青橘、5月は杏、桜桃、6月林檎、李、真瓜、西瓜、7月は梨、榛、松の実、胡桃、青葡萄、8月紅柿、棗、栗、9月石榴、山葡萄、山苺、10月蜜柑、橘、柚子、銀杏、干し柿、11月唐柚子、12月乳柑、洞庭橘などがあることが指摘されている（鄭大聲 1979）。これらの中で、一見野生種に見えるものでも栽培化されていたことは、鄭若鏞の『山林経済』で窺うことができるが、これなどは朝鮮の伝統社会においては、「果実」が重要な社会的役割を担っていたことを示すに他ならず、常にこうした果実を備えておくために、野生種の栽培化への努力がなされていたことを暗示している。ここでは朝鮮の文献に記載された食材のうち、果樹や野生堅果類を中心とした多様な植物性食物についてみてゆくこととする。なお学名比定とその生態的特徴に関しては主として、次の書籍によった（村田 1912、服部・近藤 1935、水上 1977、李昌福 1979、朱有昌 1989、宋柱澤他 1989、崔ヨンジョン 1992、劉孟軍 1998、肖培根・連文浣 1999）。

古文献にみる果物と堅果類

　『三国史記』にみられる「桃李」の文言をもとに新羅時代からモモやスモモが栽培されていたとの言及がなされているが（鄭大聲 1979）、これは自然変異や社会変動の予兆としての文脈で取り上げられたもので、同様の表現は『漢書』「五行志、中之下」に見出しうるものであり、実際に存在していたか否かは別にして、『三国史記』は出展の多くを中国文献に依拠していることから、この文によって新羅時代にモモやスモモが栽培されてとする史料にはなりえない。こうした点に注意を払いながら朝鮮の代表的文献に記載された食材を見てゆこう。

許筠『屠門大嚼』1611 年（鄭大聲 1982）

　著者許筠が官僚として全国を巡り歩いた経験をもとに、朝鮮全土の地域的「うまいもの」を紹介する形で述べられ、粉にして粥・餅・菓子類に使用されるものと、果実に分けて記載されている。菓子の材料としてはクリ、クロマメノキが紹介されている。

　クロマメノキ *Vaccinium uliginosum* は高山の湿原に生えるツツジ科の低木で、10 月ころ直径が 6～7mm の卵形をした紫黒色の液果をつける。果実は生食されるほかに、液汁を冷却して飲料水とする。日本の軽井沢でアサマブドウと呼び習わされているものである。

　クリは『漢書』や『三国志』「魏書東夷伝」などに記載があり、また楽浪古墳からの出土（南井里 116 号墳）が認められることから、古くから食料となっていたことが窺われる。朝鮮でみられるクリにはシナアマグリ *Castanea bungeana*、クリ *Castanea crenata*、の 2 種がある。シナアマグリ（シブカワシラズ）はいわゆる天津甘栗で、菓底のへそは狭く、渋皮が離れやすいことが特徴であり、果肉は甘みに富む。果肉の大きさも丹波栗から榛までの違いがある。7 月に開花し、10 月に熟す。朝鮮の中部以北の各地に自生し、多様な食材に用いられている。クリは雌雄異花の落葉喬木で、5－6 月に開花し果実は 10 月ころ熟す。果底のへそは広く、渋皮は離れにくい。朝鮮の中部以南の地に多くみられ、『後漢書』には馬韓では大粒のクリが採れることが記され、その後も朝鮮西南地域での特産物であったことが窺われる。

　本書には果実として、ナシ、キンカン、ユズ、ザクロ、カキ、クリ、竹の実、ナツメ、ユスラウメ、アンズ、スモモ、ネクタリン、ブドウ、スイカ、ウリ、カリン、ヤマイチゴなどが掲げられている。

　ヤマイチゴ（山苺）と称されたものはキイチゴ属 *Rubus* の中の樹条をなすものを総称した可能性があり、この代表的なものとして、チョウセンキイチゴとナワシロイチゴがある。チョウセンキイチゴ *Rubus idaeus* は山野に自生する落葉の小潅木で 5 月ころ白色の花を咲かせ、夏季に黄色の実をつける。朝鮮にはチョウセンイチゴ、チョウセンウラジロイチゴ、ゴヨウイチゴ、クマイチゴ、クサイチゴ、チシマイチゴ、シロミノイチゴ、トゲツルイチゴ、エゾイチゴなど全土にわたって多数の種がみられ、夏から秋にかけて異なった時期に実をつ

け、補食として多くの地域で賞味されている。中にはフユイチゴのように1月頃採果できるものもある。ナワシロイチゴ *Rubus parvifolius* は東北アジアの産地に多く自生する小灌木で、6月に開花し、9月に熟果する。果卵状の果実が球形をなし、その直径は1.5～2cmほどになる。

カリン *Cydonina sinensis* は中国原産の落葉高木で、朝鮮にはいつ渡来したのか不明。朝鮮の南部地域で寺院址の近傍に野生状態のものが認められることから、仏教との結びつきのもとに将来されたものであろうか。5月に開花し11月には成熟する。カリンの産地としては公州付近が有名で、蜂蜜を加え煮てお菓子とする。カリンと類似したものにクサボケ *Chaenomeles japonica* がある。かつては栽培されていたものが、今日では野生状態で朝鮮の南部地域に偏在してみられる。漿果は長さ2.5cmほどの楕円形で、酸味が強いが、カリンよりも果肉は柔らかく、炒ったり蒸したりして食される。またザクロ *Punica granatum* もいつ朝鮮にもたらされたか不明であるが、平安時代の日本には存在していた（戸田秀典1973）。『京都雑志』には京城で盛んに栽培されていたとするが、実は大きくはならない。社会的上層部や寺院での趣嗜的産物であったのかもしれない。

カキ *Diospyros kaki* は山中に自生するが、多くは栽培化された落葉喬木である。弥生時代の日本にみられるのはシナノガキ *Diospyros lotus* であり、西アジア原産と想定されている種で、6月ころ開花し、9月には直径が1.5cmほどの小さな長楕円形の液果をつける。シナノガキに比べ1.8～2.1cmと果実の丸く大きなものはマメガキ *Diospyros lotus* と呼ばれ、朝鮮から中国東北地方に多く自生している。6月に開花し10月から11月に成熟する。液果は黄色で、霜にあたったり、長期間貯蔵すると黒褐色に変色する。果皮は少々硬い。朝鮮では極めて重要な果実であり、渋を搾り、生食し、あるいは沈柿または串柿として食される。沈柿とは塩水に漬けて渋みを抜いたものである。またこの渋は様々な器物のコーティングに使用される。「カキ」と称されるものは、朝鮮では古くはマメガキであった可能性が高い。

モモ *Prunus persica* は朝鮮各地に栽培されている代表的な果実である。中国陝西省から甘粛省にかけての地域原産の落葉高木で、朝鮮でも先史時代で発掘されるほかに、漢の植民地である楽浪の古墳からの出土がみられる。モモは朝

鮮では開城産が最も有名で、鬱陵島の「六月桃」が大きく美味なことは『京都雑誌』にうたわれている。これ以外に朝鮮から中国東北部には、熟果は小型で毛のないモモ *Prunus persica* Stokes var. *necturina* Max があり、これは初期段階の栽培モモが野生化した可能性もある。

スモモ *Prunus triflora* は朝鮮から中国東北北部にかけて盛んに栽培されている落葉灌木で、4月に開花し8月に2～3cmの球形の果実をつける。栽培化が盛んなために異種が多く、古代の特性は不明である。文献上はモモと併せて「桃李」と呼称されることが多い。

本書で言うブドウは栽培種であろうが、朝鮮ではヤマブドウ *Vitis coignetiae* が各地に自生し、先史時代の遺跡からも検出されている。果実は1cmほどの粒が房状にぶら下がる。酸味が多く、種が多い。7～9月に開花し、10月には熟果して黒色となる。またチョウセンヤマブドウ *Vitis amurensis*、サンカクズル *Vitis flexuosa*、エビヅル *Vitis thunbergii* という別種もあり、全土に自生している。これらは一般にはヤマブドウとして総称される場合が多い。いずれも9月から10月にかけて漿果が成熟する。

李時明夫人張氏『飲食知味方』1650年ころ（鄭大聲 1982）

著者は安東生まれで、慶尚の英陽李氏に嫁いだ人物であり、17世紀ころの慶尚北道地方に伝わる食材とその利用法が記された書物である。

リョクトウ、ソバ、オオムギ、コムギ、コメなどの麺や餅類を作るときに混ぜ物として使われる植物として、松の実、コショウ、サンショウ、シイタケ、マツタケ、イワタケ、ゴミシ、ゴマ、ツルニンジンなどが挙げられている。

松の実はチョウセンゴヨウ（チョウセンマツ）をさすものと推定される。チョウセンゴヨウ *Pinus koraiensis* は朝鮮全土から中国東北部に広く分布している常緑喬木で、高さは30～40mにも達する。球果は円錐状の卵円状をなし、長さは9～14cm、幅6～8cmと極めて大きく、1球果中には1～1.5cmの種子が80～90個内包されていて、1kgの球果中には約1800の種子を数える。5月に開花し9～10月にかけて熟果する。脂肪分が70%と豊富に含まれ、朝鮮では料理や菓子類にしばしば利用される重要な食材のひとつであった。新羅や高麗でこれが有名であったことは様々な文献に記載がある（韓致渇 1800頃）。

中国東北地方に現存する少数民族の間でも、チョウセンゴヨウの実は重要な食料源であることは良く知られている（甲元2001）。

サンショウ *Xanthoxyum piperitum* は東アジア各地に分布する雌雄異株の落葉低木で、幹の高いものは3m以上に達する。5月に開花し、9月から10月ころ果実を結ぶ。葉は食用にし、果実は薬用または香辛料になる。

朝鮮でゴミシ（五味子）と称されるものには、朝鮮南部や済州島にみられるサネカズラ *Kadsura japonica* と、とりわけ朝鮮中部以北の地域に多く分布するチョウセンゴミシ *Schizandra chinensis* の2種がある。ここではチョウセンゴミシを指すものであろう。チョウセンゴミシは多年生の落葉蔓木で、朝鮮全土から中国東北南部地域にかけての雑木林やカラマツの林間に生育する。5～6月に開花し、9～10月に熟果する。柄の先に10数個葡萄の房のように実をつける。実は5～8mmで内部に1～2個の種子を有し、これには脂肪分を多く含む。朝鮮では生食される他、球果は花や蜂蜜と擂り合わせたものは花菜と称され、間食として供される。

糯米や小麦を粉にして菓子を作るときに、カキ、クリ、ナツメ、松の実などが使用され、エゴマは揚げ油として使われる。

ナツメ *Zizyphus jujuba* はクロウメモドキ科の落葉樹で、高さは10mにも達する喬木であり、朝鮮の全土の山地に普通にみることができる。初夏に芽を出し、9月に大きさ2～3cmの核果をつける。果肉は甘く、生食のほかに乾燥して料理の素材として、あるいは薬用に使用される。またこのナツメはサネブトナツメ *Zizyphus jujube Mill* を栽培化したものであり、変種にホウオンナツメ *Zizyohus vulgaris* があり、忠清道の特産となっている。朝鮮ではカキ、クリとともに「三色果」と称され、冠婚葬祭には欠かすことのできない供物とされている。生食する以外に、蒸して餅などに混ぜたり、肉果を搗いて粟で包んで菓子とするなどに使用される。

ユスラウメは種子を抜き取って軽く湯がき、蜂蜜と混ぜ合わせて菓子とすることが本書に記されている。ユスラウメ *Prunus tomentosa* はバラ科の落葉低木で、木の高さ3mにも及ぶことがある。山地の日当たりのいい場所に育ち、4月ころ開花6月ころに1～2cmほどの果肉を多数つける。果実類の中では最も早く実がなるために、宗廟の供物として重宝されている。

魚肉類の調理の過程で植物を使用することも本書には書かれている。硬い牛肉を煮るときにはアンズの種を砕いたものとクワの葉を入れると柔らかくなるという。またユスラウメの木を一緒に入れてクワの木で焚くと柔らかくなるという。

アンズ *Prunus armeniaca* はバラ科の落葉小形高木で、4月に開花し、6～7月に直径が3cmほどの果肉をつける。若芽・若葉は茹でて食し、救荒時に老葉はいりこにする。種子には脂肪油が35％と多量に含まれ、杏仁油の素材に使われる他に、薬用としても利用される。

クワ *Morus alba* は朝鮮や中国東北部の山野に自生するが、本来は中国原産で、養蚕の飼料であり、朝鮮にはいつ導入されたかは不明。8月に長さ1～2.5cmほどの球形または楕円形の房となり、紫黒色の漿果をつける。これと同様に養蚕の飼料とされるものにヤマグワ *Morus bombysis* があり、材質が強靭なために、弓の幹として使用される。クワよりやや早く開花し、成熟も早い。

徐有本婦人李氏の『閨閤叢書』1815年ころ（鄭大聲1982）

本書の著者である李氏はソウル出身であるが、夫の弟は農政家として著名であり、現実の朝鮮の状況を把握していたことから、当時の食材に関しては史料的価値が高いと想定される。ここでは栽培種として、ユズ、ナシ、カキ、ナツメ、クリ、ユスラウメ、ホオズキに言及があり、野生種としてハシバミ、松の実、ヤマナシがとりあげられている。時代が降るに従って多様な食材が選択されるようになったことが知られる。ナシは李朝時代には大変重宝された果実であるが、栽培がいつまで遡上するかは不明である。

ハシバミ *Corylus heterophylla* は朝鮮の全土の山野に自生する落葉広葉樹で、皮核は円錐形をなし、1苞に1～3個の堅果をつける出仁率は36％で、5月に開花し9月に熟果する。100kgあたりの仁（実）は30kgで蛋白質は16～18％、脂肪は50～77％に達する。果実は生食、もしくは炒って食べられる。若芽は茹でて食することが可能である。ハシバミには別種としてオオツノハシバミ *Corylus mandshurica* があり、朝鮮の中部以北から中国東北部の地域に分布がみられる。角状の核斗内にある果実は長さ約5cmと大きく、仁内の脂肪分はその2/3に及んでいる。これに対してツノハシバミ *Corylus rostrata* は朝

鮮の南部地域以南に分布がみられる。やや小型の果実をもつ。

　栽培ナシのもとになった野生種であるヤマナシ *Prunus ussuriensis* は、朝鮮中部以北の東北アジアに自生する落葉喬木。5月に開花し、8月ころに熟果する。球果は直径が3〜6cmと小さくしかも硬い、そのために石梨の名称がある。『吉林通志』によれば、冬季に凍結させると甘く柔らかになるという。顎倫春族では貴重な食料源となっていることから（甲元 1996）、先史時代の朝鮮でも採取されていた可能性は大きい。これを栽培化したナシ *Pyrus pyrifolia Nakai* は朝鮮ではとりわけ重要な果樹であり、それは品種の多様性に表れている。水香梨 *Pyrus acidula* は黄海道の特産であり、楕円形をなして熟せば赤みを帯びる黄色となる。青梨 *Pyrus ovoidea Rehder* は大型倒卵形で、成熟すれば果実は黄緑色となる。味はやや酸渋であるといわれている。黄梨 *Pyrus vilis Nakai* は偏円形の大きな漿果で成熟すれば赤褐色を呈し、石細胞のために果肉は硬く、渋みがある。瓶梨 *Pyrus maximowicziana* の果実は徳利状の長い形状で、成熟すれば黄緑色となり果肉は柔らかく美味であるといわれている。この他に多数の変種があり、酸味や渋味のある種は、貯蔵保存することで次第に甘味が増してくるとされる。これら栽培梨がいつから朝鮮に持ち込まれたかは不明であるが、静岡県登呂遺跡での出土が確実であれば、少なくとも楽浪の時期には存在した可能性は高く、ヤマナシはそれ以前に遡上することが考えられる。

　料理関係の素材として多く取り上げられる柑橘類に関しては、いつまで資料が遡上するかは不明である。

『新東国輿地勝覧』1530年（朝鮮民主主義人民共和国科学院古典研究室 1959）
　『大元一統誌』など中国の地理書の体裁にならって作られた地誌は、まず世宗の時期に『八道地理志』が編纂され、1486年に『東国輿地勝覧』全55巻として再編された。これらは次々に増補され、今日みる『新増東国輿地勝覧』にまとめられたのは1530年中宗のときである。本書には「土産」の項目が設けられていて、地域に特徴的な物産が掲げられている。そうした中に植物性食物も断片的にみられる。一部同定できない種も含まれているが、知られる範囲で最大限取り上げてゆこう。
　咸鏡道：チョウセンゴミシ、チョウセンゴヨウ、ナシ

平安道：チョウセンゴミシ、チョウセンゴヨウ
黄海道：チョウセンゴミシ、チョウセンゴヨウ
江原道：チョウセンゴミシ、チョウセンゴヨウ
京畿道：チョウセンゴミシ、チョウセンゴヨウ、カキ
忠清道：チョウセンゴミシ、チョウセンゴヨウ、カキ、ナツメ
慶尚道：チョウセンゴミシ、チョウセンゴヨウ、カキ、ナツメ、サンシュユ、カヤ、ザクロ、ユズ、ナシ、クルミ、クリ、ウメ
全羅道：チョウセンゴミシ、チョウセンゴヨウ、カキ、ナツメ、ザクロ、ヒシ、オニハス、ハス、クルミ、ウメ、クリ、ユズ、ビワ
済州島：ミカン、タチバナ、ユズ、ビワ、クリ、オオザンショウ

　遺跡の発掘では確認が難しいが、チョウセンゴミシは朝鮮半島全土に広くみられ、イザベラ・バードの紀行記にもしばしば登場する（イザベラ・バード 1993）ことは、古くからの利用を暗示させるであろう。

　ウメ *Prunus mume* は中国原産のバラ科の落葉潅木で、4月に開花し、6月に採果する。朝鮮では生食以外に核を取り去って藁火の煤で燻じて乾かし、漢方として利用することが多い。また救荒時には若芽をよく茹でて黄色になるまであく抜きをして食べる。

　ヒシ *Trapa natans* はアカバナ科の一年草本で、朝鮮全土の池沼に生育し、7〜8月に開花し、10月に熟果する。実を食用とするほかに、葉と茎は雑炊の食材として使われる。実には蛋白質と澱粉を多く含み、漢方にも供される。

　オニハス *Euryale ferox* はスイレン科の多年生草本で朝鮮中部以南の沼沢地に自生する。種子および地下茎を食用とする。7〜8月に開花し、10月に採果する。

　ハス *Nelumbo nueifera* もスイレン科の多年草草本で、朝鮮全土の池沼水田で栽培されている。地下茎（蓮根）、種子および若葉を食用に供す。種子は10月ころ熟果する。

　朝鮮でクルミと汎称される種には、マンシュウグルミ、テウチグルミ、サワグルミ、ノグルミの4種が存在する。マンシュウグルミ *Juglans manshurica* は朝鮮の中部以北から中国東北部にかけての水分の多い山野に分布する。5月に開花し、10月に熟果する。核果は次に述べるテウチグルミよりもやや小さく、長さ4〜6cm、直径は3〜4cmを測る。仁には脂肪分60％、蛋白質27％と栄

養に富み、生食される他に汁の実として食われ、また菓子の原料や油に供用される。テウチグルミ *Juglans sinensis* は朝鮮中部以南の腐植土の多い山地に生育する落葉喬木である。核は大きくかつ球形で先端は尖らない。核は薄く容易に割ることが可能である。マンシュウグルミよりも栄養素に富み、朝鮮では多方面の食材として使用される。5月に開花し10月には結実する。サワグルミ *Pterocarha stenoptera* は山間渓谷の湿地に育つ落葉喬木で、核は長さ6〜7mmの長楕円形をなす。花期は4〜5月で、果熟期は8〜9月で、脂肪分を多く含む。ノグルミ *Platycarya strobilacea* は朝鮮南部、済州島、巨済島などの日当たりのいい山野に生ずる落葉喬木で、核は小さく、染料などに利用され、食用にはならない。以上の点から、朝鮮の古書にいうクルミはチョウチグルミ（別名チョウセングルミ）をさす可能性が高い。

『新東国輿地勝覧』によると、チョウセンゴミシとチョウセンゴヨウが済州島以外の地域ではまんべんなく食料として食されたことが明らかであり、朝鮮においては重要な野生食品であったことが窺われる。ヒシ、オニハス、ハスなどの湿地に生える植物が全羅道に見られるのは、中国江南地域と共通するものであり（甲元2001）、全羅道は朝鮮の中でも最も水田栽培が卓越する地域であることで充分に頷ける。

1921年の統計によれば（朝鮮総督府勧業模範場1923）米の作付け反別および反あたり収穫量の一、二位である全羅道と慶尚道にかえって多種の果物や堅果類がみられることは注目に値する。古代の朝鮮全道における米の収穫量の地域的比率が李朝時代とさほど変わらないものであったとの仮定が許されるならば、米の収穫量が高い地域で堅果類の食物が多いことは、韓国では栽培穀物以外の食材に依存する度合いが強いことを示していると想定できる。また米の反当りの収穫量や堅果類の少ない地域では蔬菜などの類への依存度が高かったことを示唆するものであろう。このことは時代が遡るに従って、食材の中での野生食物も持つ比重が大きかったことを予想させるのである。

その他の食材

次に、上記以外の植物で鄭若鏞の『山林経済』に「山野果品」として記載さ

れた果実（鄭若鏞 1800 頃）や崔ヨンジョン氏の『韓国民俗植物』（崔ヨンジョン 1992）に記載された堅果類、果物類とその生態的特色を見てゆくことにしよう。

　サルナシ *Actinidia argua* は朝鮮中部以北の山野に自生し、中国東北部に分布が及ぶ蔓性の落葉潅木。漿果は球形あるいは楕円形をなし、長さ 1.2 ～ 3cm。成熟した果実は柔らかくかつ果汁が多い。9 月 10 月にかけて成熟する。これと類似したものにマタタビ *Actinidia polygama* があり、朝鮮の山野に普遍的に認められる。果実は先端が尖った砲弾形をなし、長さは 2.5 ～ 3cm、果熟期は 6 月から 10 月と長期間にわたる。

　ブナ　*Fagus crenata* は落葉喬木で、6 月に開花し 10 月に熟果する。朝鮮での分布は多くはない。実は三角形で長さ 1.5cm と小さく、広卵形の殻斗内に 2 個ずつ含まれている。これを炒って皮をむいて食用とすることができる。

　カシワ *Querucus dentata* は朝鮮全土に分布する落葉広葉樹で、モンゴリナラ（カラフトナラ）、ミズナラなどと類似した環境に生育し、南面する乾燥山麓で比較的厚い土層に育つ。雌雄同株で殻斗は皿形、堅果は楕円形で長さは 1.5 ～ 2.5cm。5 ～ 6 月に開花し、10 月に果熟期を迎える。皮は染料に、葉は養蚕の飼料として使われることが多い。堅果は長さが 1.5 ～ 2.5cm の卵形や楕円形をなす。渋皮のタンニン酸含有量は 3 ～ 5% とナラ類の中では少ない。カシワの実は、慶尚南道鳳渓里遺跡の後期有紋土器の住居址や慶州朝陽洞無文土器時代住居址からの出土が知られている（小畑他 2003）。

　クヌギ *Quercus acutissima* は中国東北南部から朝鮮一帯に広く分布する落葉広葉樹で、ナラ属の中では比較的温暖な地域に自生する。5 月に開花し 10 月に結実する。朝鮮では実の外皮を取り、乾燥させた後に水に浸して渋みを除き、粉にして水晒してタンニン酸を除去してから煮詰め、心太状にして冷却したものが食される。堅果の直径は 2 ～ 3cm、長さは 1cm 前後を測る。渋皮のタンニン酸の含有量は 33 ～ 38% と極めて高い。先史時代の遺跡ではソウル岩寺洞有紋土器中期の住居址や慶尚南道鳳渓里有紋土器後期住居址、忠清北道早洞里無文土器時代の住居址からも発見されている（小畑他 2003）。

　コナラ *Quercus serrata* は朝鮮全土の山中に広くみられる落葉広葉樹で、比較的温暖地域に自生する。堅果は円柱状長楕円形で、長さは 1.5 ～ 2cm。5 月

に開花し、9月には堅果が採取できる。澱粉質を多く含むが、タンニン酸は微量である。日本の民俗事例では多くの利用法が記されているが、①熱湯で20〜30分煮て6日間ほど日光に曝し、皮を搗いて剥離し、赤い水が出なくなるまで水に浸し、日光で乾かした後に、碾き臼で製粉する。②実皮を剥離した後に、栗皮の灰汁で煮て渋みを除去し、その後水に浸し、乾燥させるなどの手法がとられている（服部・近藤1935）。コナラはピョンヤン南京里有紋土器後期住居址、慈江道深貴里無紋土器時代前期住居址などでの出土が確認されている（小畑他2003）。

ミズナラ *Quercus crispula* は朝鮮の山野にて最も普遍的にみられる落葉広葉樹で、比較的寒冷地に適応する種であり、北方地域にはことに稠密に分布がみられる。カシワとともに樹皮は染料に、葉は養蚕の材料として利用される。5月に開花し、10月に果実が熟果する。堅果は長い紡錘形を呈し、長さ2.6cm、幅は1.2〜1.5cmとなる。ミズナラは、先史時代の遺跡では江原道鰲山里遺跡、南京里遺跡、鳳渓里遺跡、深貴里遺跡、朝陽洞遺跡などからの採集が報告されている（小畑他2003）。

ナラガシワ *Querucus aliena* は主として朝鮮全土の山麓に自生する落葉喬木で、カシワに特徴が類似するが、堅果はそれよりもやや小さい砲弾形をなす。ソウル岩寺洞有紋土器時代住居址、朝陽洞遺跡などの先史時代遺跡で発掘されている（小畑他2003）。

アベマキ *Quercus variabilis* は朝鮮中部以南の日当たりのいい山野に生ずる落葉広葉樹で、高さは15mにも達する。堅果は2年目に熟し、円形。直径が1.8〜2cmにもなる。タンニン酸は13〜26％と極めて多く含まれる。

アカガシ *Quercus acuta* は堅果類を産出する常緑広葉樹の中で、唯一朝鮮南端部の地域や諸島に分布がみられる種である。雌雄同株で5月に開花し、10月に熟果する。堅果は楕円形で長さは2cmほどに成長する。類似した種であるアラカシ *Quercus glauca*、シラカシ *Quercus myrsinaefolia*、ウラジロガシ *Quercus stenophylla* は済州島にのみ生育する。

タウエノキ *Celtis bungeana* は朝鮮全域の山地渓谷に自生するニレ科の落葉喬木で、4月に開花し、10月に果実が成熟する。核果は球形で直径が6〜7mmと小さく、紫黒色を呈する熟果は甘みがある。これと同類にエノキ *Celtis sinensis*、ムクエノキ *Aphananthe aspera* があり、朝鮮の南部地域に偏在している。

ハルニレ *Ulmus davidiana* は朝鮮全域に自生する落葉広葉樹。4〜5月に開花し、1月ほどで実をつける。若葉は茹でて野菜とし、または米粉や蕎麦粉と混ぜて蒸し、お菓子とするほか、実は栗、米粉などと混ぜて餅に供される。またアキニレ *Ulmus parvifolia* も朝鮮の山野に普通にみられる落葉広葉樹で、10月頃楕円形の果実を結ぶ。ハルニレと同様に利用される。

カヤ *Torreya mucifera* は高さ20mにも達する常葉針葉樹で、密生することなく、腐食質で排水の良好な土壌に生える。種子は卵形で1苞内に実は1個で長さ3〜4.5mm、5〜6月に開花し、9〜10月に熟す。殻は臭気を放つが、土の中で果皮を腐らせて①蒸してから干すか、②灰汁に3日ほど浸けて渋みを取り除くか、③炒り焦がして殻皮を除去し白仁を食用にする。また核や実には多くの油分を含み、それから取れる油は食用に供すことができる。

イチイ *Taxus cuspidata* は朝鮮全土から中国東北部、シベリア東部に分布する常緑喬木で、高さは20m以上に達する。3〜4月に開花し10月に1cmほどの大きさの赤い肉質の液果をつける。この赤みの仮種皮が食用となる。日本では奈良時代の史料に登場する（関根1969）。

ガマズミ *Viburnum dilatatum* は朝鮮各地から沿海州南部の山野に自生するが中国東北部にはあまり見られない落葉灌木で、初夏に開花し、初秋に赤もしくは黒色の小果をつける。ややすっぱい味があるが、霜が降りるころに甘味をます。液果を生食する。

エゾニワトコ *Sambucus racemosa* は朝鮮北部より中国東北の山野に分布する落葉灌木である。朝鮮では若芽を茹でて乾燥させ、揉み砕いて調味料を加えてものが茶飯采で、葉は骨折を癒し筋骨を継ぐのに薬効があるとされ、「接骨木」の名はこれからきている。これと類似した用いられかたをするものに、クサニワトコ *Sambucus javanica* がある。これは多年生草本類で、茎は条をなす。

オオサンザシ *Crataegus pinnatifida* は朝鮮の中部以北に多く生じる落葉性の喬木。5〜6月に開花し、9〜10月が果期である。実は球形をなし大きさ1〜1.5cm熟したときは深紅で、白色の斑点がみられる。同属としてウスバサンザシ *Crataegus tenuifolia*、エゾサンザシ *Crataegus maximowiczii* があり、オオ

サンザシよりも実が小さい。『吉林外記』にいう「北山査、有大小二種。北者小肉堅」はこれらにあたる。実は生食し、あるいは羊羹の素材とする。

エゾノウワミズザクラ Prunus padus は朝鮮から中国東北部にかけて至る所に生じる落葉喬木で、5月に開花し7月には黒色の小さな果粒をつける。これには2、3の変種がある。またこれ類似したものにシロザクラ Prunus maximowiczii があり、これは小粒の赤い実をつける。漢字で「棒李子」とされるものはこれらの総称であろう。これ以外にエゾノウワミズザクラに似た種として、『盛京通志』には「秋子」が登場するが、これはシナノミザクラ Prunus pseudocerasus である。果実は長柄をもち、紅黄色に熟す。甘味が多く生食に適する。

ハマナス Rosa rugosa は朝鮮半島の全土の沿岸地域に落葉低木で、6～7月にバラのような花を咲かせ、8～9月に球状の果実をつける。実は生食するほかに飯に炊き、あるいはお菓子の材料とする。これに似た種としてヤマハマナス Rosa davurica があり、東北朝鮮から沿海州南部の荒野に生じる。実はハマナスよりやや小さいが、用途はハマナスと同じ。

ノイバラ Rosa multiflora は朝鮮各地に偏在し、中国東北南部地域にも分布する落葉潅木で、高さは1～1.5mに達する。初夏に五弁の花を開き、実は1cmの球状で秋には赤く熟す。実は生食するほか、若芽を茹でたり、煮たりして食べる。朝鮮南部沿岸地域にはこれと同種のテリハノイバラ Rosa luciae がみられ、ノイバラよりもやや大きな実をつける。

アキグミ Elaeagnus umbellata は東北アジアの至る所の山野に生じる落葉低木。4～5月に開花し8月に直径が8mmほどの赤い実をつける。完熟するのは9～10月で、肉果を生食する。同類にナツグミ Elaeagnus multiflora、ツルグミ Elaeagnus glabra があり、前者は朝鮮から中国東北部にあって、夏季に大粒の漿果をつけ、後者は朝鮮南部の沿海地方に分布が見られ、11月に熟果する。この他にもグミには変種が多く認められているが、多くは10月ころに漿果が得られる。

ミツバアケビ Akebia trifoliata は朝鮮南部以南の地域に自生する落葉性の蔓で、若芽は茹でて菜とし、9月ころ果肉を生食し、種子は搾って食用油とする。またアケビ Akebia quinata も朝鮮の全土の山地に普通にみることができる。こ

れと類似したムベ（トキワアケビ）*Stauntonia hexaphylla* は済州島をはじめ、朝鮮南端部の諸島に自生している。ムベの完熟時期はアケビより約1ヶ月遅れる。

サルトリイバラ *Smilax china* は南部朝鮮の山野に自生する木質の宿根草である。5月に黄緑色の花をつけ、直径1cmほどの球状の実が緑色から秋には赤実に変化する。実は生食が可能。葉は餅を包むのに用いられる。

ズミ *Malus toringo* は山地や原野の日当たりの良いところに生じる落葉低木。果実は紅熟または黄熟で、球形をなし、その直径は6〜10mm。これの別種にオオズミ *Malus toringo var. .Zumi* がある。

ケンポナシ *Hovenia duleis* は朝鮮の中部以南の地に自生する落葉喬木で、6〜7月に緑白色の花を咲かせ、初冬に実は完熟する。果実は大変甘く、生食するほかに果汁を発酵させて酒とする。

コリンゴ *Malus baccata* は朝鮮各地の山野に生じる落葉喬木で、エゾノコリンゴ *Malus baccata Borkh var. mandshurica* とシベリアコリンゴ *Malus baccatavar. siberica* の2種がある。5月に開花し10月に完熟する。栽培林檎に比べやや小さいが美味であるといわれ、庶民に親しまれている。

おわりに

朝鮮の遺跡から検出される堅果類はミズナラやカシワを中心とするもので、東北アジアのモンゴリナラ林帯に展開する植生との関連性が極めて高いことが窺える。このモンゴリナラ樹林帯に属する中国東北地方中部以南、沿海州南部のほぼ北緯45度以南の地域では紀元前四千年紀に既にアワやキビの栽培を開始していたことが明らかで（小畑2003、甲元2000a、2003b）、またこの時期、朝鮮においても智塔里遺跡（朝鮮民主主義人民共和国科学院考古学及民俗学研究所1961）や馬山里遺跡（辺サセン・高ヨンジン1989）、東三洞貝塚出土種子の年代に示されるように（河仁秀2001）、アワやキビなどの畑作農耕が確実に営まれていた。このことは佐々木高明のいう「ナラ林文化論」（佐々木1993）が基本的には朝鮮半島の大部分にも適応されることを暗示している。すなわちモンゴリナラ樹林帯の生態環境下に展開した営みの中に、農耕文化受容のメカ

ニズムを求める必要を物語っているものといえよう。

　以上のような最近の考古学の研究成果によると、東北アジアにおける農耕文化の第1次波及は、ナラ林帯に展開していた堅果類利用の延長上に一部畑作栽培が取り入れられたものであったことを窺わせる。鞍型磨臼（有光1953、加藤2002）の普遍的な存在は、製粉具として両者を結ぶ重要な鍵となる資料と考えられよう。東北アジアにおいて稲作栽培を伴う農耕の第2次波及は畑作栽培の導入から遅れ、早くとも紀元前三千年紀の後半から二千年紀初であり、稲作栽培が開始された後も鞍型磨臼は各所の遺跡から少なからず検出されている。東北アジアに展開した初期農耕文化は、長江流域の稲作栽培を基本とする選別的な経済類型ではなく、食料として網羅的に各種品目を備えていたものであり（甲元1992a）、中でも植物性食料に対する依存度が高かったことが推測される。果実類を含めてそれら植物性食料を中心とする多様な素材が、全体としてどのように食料体系の中に組み込まれていたのかが重要なテーマとなってくる。

　次に朝鮮の文献に記載された果実類の収穫時期をみてゆくことで、生業カレンダーの中に位置づけると、次のようになる。

　夏季：ユスラウメ、ナツメ、スモモ、イチゴ、アンズ、ヤマナシウメ、ヤマモモ、ナツメ、スモモ、イチゴ、アンズ、ヤマナシ、アケビ

　秋季：クリ、クロマメノキ、マメガキ、カリン、チョウセンゴヨウ、チョウセンゴミシ、サンシュウ、ハシバミ、ヒシ、ハス、クルミ、カヤ

　秋季には収穫が多いものの、夏季にも果実が食されていたことが窺える。また日本よりも北方に位置するために、一般的に春季では果熟期は遅く、反対に秋季では果熟期が早くなり、春季でも夏季に近く、秋季でも夏季に接近した時期に成熟するものも多い。このために6月から11月ころまで時期を少しずつずらしながら堅果類や果実が万遍なく入手できたのである。さらに若芽などの植物性食料が春季に利用されていたことが文献からも知られ、朝鮮では冬季を除く各季節に一通り、植物性食料を食卓に取り入れていたことを示している。一方、日本の奈良時代の文献に記載された果実類としては、ウメ、スモモ、モモ、ビワ、ナシ、ナツメが夏季に、タチバナ、ミカン、クルミ、カキ、ヤマモモ、アケビ、クリ、シイ、イチイガシ、カヤ、ヒシなどは秋季に採取されてい

て、夏季と秋季の収穫時期に断絶が認められる（関根1969）。ちなみに『万葉集』で詠われた果実には、ウメ、スモモ、モモ、ニワウメ、ナシ、ノイバラ、サネカズラ、エノキ、ナツメ、ヤマグワ、クワ、イヌビワ、ハルニレ、クリ、アラカシ、クヌギ、カシワ、コナラ、シラカシ、イチイガシ、ツブラジイ、タチバナ（ミカン）、カラタチ、ヒシ、ハスなどがある（廣野1998、猪股2002）。以上の文献に記載された事実から日本では、基本的に収穫される果実は秋季に集中していることが窺える。また反対に日本では堅果類が多く注目されていることに特徴があり、果物や液果は少ない。これらのことは、朝鮮での果物に対する関心が日本よりはるかに高かったことが窺えるのであり、祭祀行事に数々の果実が供えられることにも、その重要性があらわされているといえよう。

　平安時代の果実としては、ザクロ、ナシ、ヤマナシ、ミカン、サルナシ、ハシバミ、グミ、アンズ、イタビ、リンゴ、ヤマモモ、モモ、スモモ、ナツメ、タチバナ、ユズ、ウメ、カキ、ヤマガキ、ビワ、ムクなど、奈良時代よりも果物を中心とした種が増加していることが分かる（戸田1973）。これは奈良時代の記録が多くは正税帳などの公式文書によるのに対して、平安時代の史料は『倭名抄』などのより民衆に近い史料がとりあげられた結果とすることもできよう（戸田1973、P184）。しかし一方、ザクロやミカン、ユズなどの栽培種が増加していることが注目される。奈良時代の地方においては国司による果樹栽培の積極的な奨励策がとられていて（『続日本紀』養老二年四月条、道君首名の卒伝など）、こうした結果が次の時代に果樹の多様化といった現象が生じたことも想定できよう。栽培果実の殆どが列島以外の起源であることは、朝鮮においては日本より古くからこうした営みがなされていたことを示すにほかならない。穀物栽培以外の園芸的な農耕がいつの段階から備わってきたものであるか、今後の重要な検討課題であろう。

第3節　オロチョン族の生業活動

はじめに

　狩猟採集生活段階から初期の農耕生産社会への転換のメカニズムについては、最初に農耕生産を開始した中核地帯での在り方とそれが二次的に波及した地域では、在来の生活システムとの関連の点で一応別な問題として取り扱う必要がある。後者の二次的波及地域での実際の様相についてはこれまでに幾つかのモデルが提示され論じられてきた。ある地域での農耕生産の開始についての伝統的な考え方の代表は、農耕民による未開地への積極的な、波状的進出による「植民活動」に由来するとするもので、ヨーロッパでは炭素 14 年代測定法による先史時代の年代決定が受け入れられる以前の段階（Childe 1947、Piggott 1954）、もしくはその初期の段階（Case 1969）では一般的な意見であったとすることができる（Bradley 1978、Bradley and Edmonds 1993）。

　これらに対して、炭素 14 年代決定法による先史時代遺跡の編年的再検討が行われた 1970 年代以降、土器を有する農耕文化以前の段階にすでに農耕の痕跡があったとして、中石器時代人の農民化が唱えられ、植民開拓に対する否定的意見が強力に提示されてきた（Renfrew 1973）。さらに「農耕とは何か」「家畜飼育とは何か」という命題自体を問い直して、中石器時代以降の長いスパンでの環境に対する人間の操作、適応の過程といった観点から農耕起源の問題が根本的に検討しなおされ、自然遺物の分析に重点をおいた研究の成果も手伝って、「農耕民による植民活動」という考えは否定されるに至った（Higgs 1975、Jarman and Baily 1982、Dennell 1983）。その結果農耕の成立において重要なのは農耕的要素の導入ではなく、農耕的生活様式への適応こそが意味ある過程であるとの認識が一般的となってきた。いわば農耕民と非農耕民が分布上モザイク的に入り組んで、かつ長期間にわたる相互の接触と交渉を通して、狩猟採集民が農耕民に変質するとするものである（Zvelebil 1981、1986）。最近では、ドイツの紀元前六千年紀のバンド・ケラミーク文化期の墓地分析におい

て、人骨に含まれるストロンチュウム 87 と 86 の同位体元素の違いを指準として、非農耕民の女性が農耕民に嫁いでいたとする分析結果が提示され、具体的な交流関係が明らかにされてきている（Bentley et. al.2003）。「長期間にわたる農耕民と非農耕民の接触と交渉」という考え方はまた、個々の新石器時代遺跡での数多く認められる「残存する」非農耕的要素、あるいは前代からの文化的伝統をどのように解釈するかという問題とも関係し、結局は農耕社会の成立をそれ以前と弁別するときには、従来の社会的システムとの差異のみがとりわけ重要な点であるとの考えが登場するに及び、考古学的遺物や遺構の社会システムとの関係を重視する意見が提示されるにいたっている（Bradley 1978、Bradley and Edmonds 1993、Moffet, Robinson and Straker 1989）。

　こうした複雑に入り組んでの相互接触の過程で社会が変質を遂げるにしても、変質の具体的な動機づけとその過程は、依然として解明されるべき課題として残されているし、東アジアではそうした検証はほとんど手付かずといっていい。そこでここでは狩猟民社会がどのようにして農耕を受容するかという点に問題を絞り、中国東北地域に現存するオロチョン族の生業活動を分析することで、農耕受容のひとつのパラダイムを提示してみたい。その分析対象として顎倫春族を取り上げることにする。

　中国東北地方北部の大、小興安嶺の山中に住むオロチョン（顎倫春）族はトナカイの訓鹿で著名な北ツングース系の一群として知られ、今日なお狩猟採集社会を持続してきている。彼らは古層のシャーマニズムの様相を色濃く残していることから、幾つかの民族調査がなされて来たし（秋葉 1936、泉 1937）、シャーマンの祭式と道具立の類似性から日本の古代の宗教儀礼を復元する折りに、多く取り上げられて来た（大林 1968、甲元 1987c）が、生活基盤の解析にまで立ち入っての分析は行われることはなかった。新中国成立後は秋浦や呂光天を中心として数多くの民族調査がなされ、質量共に戦前とは比較にならないほど調査資料が提出されていて、これら資料の中から各種生業活動の比重を分析することで、農耕導入のプロセスに関する一定の見通しを立てることができると想定されるのである（秋浦 1978、1981、1984、中国少数民族編写組 1981、呂天光 1981、顎倫春族簡史編写組 1983、韓有峰 1991、方衍主 1993、都永浩 1993、張碧波・薫国堯 1993）。

オロチョン族の生活環境

　オロチョン族の活動の場は大、小興安嶺の山界の中の、海抜が 500m から 1,500m にかけての地域であり、幅が 200km から 400km、長さが 1,400km にわたる範囲で生活を送っている。冬期が 8 ヶ月にも及び 1 月の平均気温が −40℃ と非常に寒く、一部には永久凍土がみられる。積雪は 100 日余りで、河川の凍結は約 5 ヶ月に達する。夏期は短いものの、7・8 月は太平洋からの季節風が吹き込んで、時として気温が 30℃ 以上になることもある。年平均気温は 0℃ 以下で無霜期間は約 4 ヶ月、春と秋には強烈な風砂が西方から襲う。年間の雨量は約 500mm であるが、1 年を通して湿潤な気候が続き、ために河川数も多く、水量も年間を通して常に豊富である。

　オロチョン族が居住する地域では寒温帯針葉樹林帯から温帯針広葉混交樹林帯が展開している（中国植被編集委員会 1980、中国科学院自然地理編集委員会 1985）。大興安嶺地域ではダフリアカラマツが森林面積の約半数を占め、モンゴルアカマツやチョウセンハリモミがこれに次ぐ。二次林にはシセンシラカバ、チョウセンヤマナラシ、モンゴリナラ、コオノオレがみられ、林床にはツツジ属が最も多くみられ、スギナの類いがこれに次ぐ。河川沼沢に近くにはケショウヤナギやハコヤナギ属、ドロノキの林がある。大興安嶺の海抜標高が低い地帯や小興安嶺地域ではチョウセンゴヨウを主体とする針葉広葉混交林で、チョウセンモミやイチイ、マンシュウアカマツ、ニオイネズコに混じって、モンゴリナラ、アムールシナノキ、チョウセンミネバリ、ヤチダモ、トネリコ、アムームキハダ、マンシュウシナノキ、ヤナギザクラ、マンシュウグルミ、ハルニレなどがあり、林の下層にはオオツノハシバミ、マンシュウウコギなどがみられ、サルナシ、マタタビ、ヤマブドウ、チョウセンゴミシなど顎倫春族にとっての重要な食料になる果物を産する樹木も多く存在している。

　こういった地域では広葉樹の枝葉、林床の草本、地衣類、キノコあるいは針葉樹や落葉樹の堅果類が動物の食料になっていて、豊富な動物相を形成している。有蹄類ではヘラジカ、マンシュウアカジカ、ジャコウジカ、ノロ、イノシシなどが普通にみられるが、ニホンジカ（ウスリージカ）は少数で、トナカイ

は今日では飼育されるもの以外にはみられない。落葉樹林帯ではマンシュウアカジカが優勢種でナラ類の葉が主食となっている。針葉樹林帯ではマンシュウアカジカ、ジャコウジカ、イノシシがかなりの個体数をもっていて優勢種を示している。この地域においては森林伐採後には二次林として広葉樹が発達するために、これらのシカ科の動物やイノシシにとっての自然開拓は有利に作用するといわれている。

　食肉類ではイタチ、タカネイタチ、ステップケナガイタチ、キツネ、オオカミ、ツキノワグマ、ヒグマ、シベリアトラ、カワウソ、キタリス、ドール、アナグマ、クロテンなどが一般的であり、中でもイタチが優勢である。針葉樹林帯ではオオヤマネコやクズリが普通種となっている。

　オロチョン族にとっての重要な狩猟対象である鳥類も多い。大興安嶺ではライチョウの類いが1kmの範囲に30～40羽、ときには100羽近くも集まるといわれている。森林や潅木の中では、カケス、ホシガラス、クマゲラ、ヒシクイ、ゴジュウガラ、ミユビゲラ、コアカゲラなどが普通に見ることができるのである。水域ではコガモ、アカツクシガモ、ハイイロガン、ツクシガモが繁殖し、冬期にはヌマライチョ、シロフクロウ、ユキホオジロなどが渡ってくる。キジは年間を通じて少なからずみられる。

　嫩江や松花江はかっては黄河水系に属していたために、この地域の河川や湖泊ではコイ科の淡水魚を中心とした魚類が豊富に分布している。そのうちでサケは黒龍江に注ぐすべての流域に遡上し、重要な食料資源となっている。またアムールチョウザメ、ダウリアチョウザメも有名で、古くから捕獲の対象であった。このほかの魚類には、コグチマス、アムールイトウ、ハス、コイ、フナ、ウスリーシロマス、ケツギョ、カモグチ、ナマズ、ウナギ、カワヒラなどが多く生息していて、これら魚類もオロチョン族にとっての重要な食料源となっている（甲元1994b、c）。

オロチョンの生業

　オロチョン族が農耕を始めたのは極めて近代（19世紀）に入ってのことであり、基本的には狩猟・採集・漁撈が活動のすべてであった。また農耕を行っ

たとしても生活の比重は従来の様式に寄り掛かっていた。オロチョン族の祖先が中国の文献にいう何に該当するかによっては、かつては一部に農耕を行っていたことも考えられる。しかし一旦本格的な農耕を導入した後に、再び狩猟採集経済生活に逆戻りする例がヨーロッパではないわけではない（Dolukhanov 19791、Barker 1981）ので、このことに関しては深くは立ち入らないことにする。

　オロチョン族は烏力楞という父系血縁集団により構成されている。これは斜仁柱という単婚小家族が住む家屋を単位とする集合体であり、これらが数軒若しくは十数軒集まってできるもので、これが社会の基本的単位となっている。十数軒のまとまりをもつ村落の出現は漢族と接触して以降の二次的な再編成の結果であり、20〜25人の人口で一つの集団が形成されているのが本来的である。烏力楞の上部に穆昆という10個の氏族集団があるが、これは生産には直接は関与しない。この烏力楞は狩猟集団の単位が基本になっているが、そのほかの経済活動においては、生業の内容によって集団行動から個人的（家族単位の）行為まで変異がみられる。

採集

　オロチョン族の採集植物の種類は豊富で、30種以上にも及んでいる。これらのうち主要な採集物は春と秋に集中する。春にはヨモギ類やセリ、ワラビ、ノビルなどが重要で、ヨモギは水で晒した後に乾燥させ、一年中の食料となる。7月には川辺や山裾に生える小さなマメガキが成熟する。これはシラカバの樹皮でつくる桶などの容器のコーティングに使われる他に、地下に埋めて冬期に掘り出して食料にもするし、酒の香辛料にも使用される。エゾノウワミズザクラは山野に自生する喬木で、8月に実が熟し、果肉を干して食用にする他に、その樹皮が薬用やお茶の代用になる。8月にはクサイチゴなどのイバラ科の苺類が多量に採集される。ヤマブドウは9月に成熟し、生で食される。その他サンザシ、チョウセンゴミシ、スグリ、オオズミなどの多数の果物がある。

　秋の主要な堅果類にオオツノハシバミ、ハシバミとチョウセンゴヨウ、クヌギの実があり、前者は炒めて食料にする他に、晒してアク抜きをし、保存食にしている。またチョウセンゴヨウは冬期に成熟するため、棹で雪の上に打ち落として採集し、炒めて食べるが、油分が多いために大変喜ばれるという。また

秋にはユリネなどの根茎類も多く採集される。

狩猟

オロチョン族は17世紀以降、満族などとの交流の結果、狩猟用として馬と鉄砲が導入されたが、それ以前にはトナカイに乗り、犬を使用しての槍と弓矢での狩猟が中心であった。狩猟は集団と個人に分かれるが、集団による長期間にわたる狩猟が専らであった。狩猟には3～4人が最適で、多くても5～6人で構成された。この組織を阿口戛（aga）といい、老年で経験が豊富な指導者を立ててこれを塔担達（ta-tan-ta）と称する。個人的な狩猟はあくまでもノロなどの小動物が対象で、1日内での行動ですませる種類のものである。

狩猟には季節性があり、2～3月を鹿胎期、5～6月を鹿茸期、9月から降雪期を鹿尾期、積雪期を打皮子期もしくは打肉期といい、それぞれ異なった狩猟方法がとられる。

アカジカ

春の鹿胎期には牝鹿は3～10匹と群れをなして、朝晩は川辺の柳の枝葉を食べ、日中は山裾や谷間のヤマナラシなどの枝葉を食べることから、薮に逃げ込まないように風下から接近する。牡鹿は角があるために薮に逃げ込めず却って捕獲しやすいという。夏の鹿茸期には鹿は天然の塩がとれる場所に来るため、木で櫓を組み、そのうえで待機する。昼間、鹿は涼しい川辺の薮に来ることが多いために、川に舟を浮かべて、川岸にいる鹿を捕獲することが多い。秋の白露前後は鹿の交尾期にあたり、牡鹿の鳴き声に牝鹿が寄って来ることから、烏力安（Niao li an）と呼ぶ、鹿笛を使用して、牝鹿をおびき寄せる（注）。烏力安には2種あって、シナノキなどの柔らかな枝を中空にして、空気を吸い込みながら声を発生するもの、他は草笛で息を吐きながら音を発する。

この他にも仕掛け弓、落とし穴、虎挟みなどの方法がとられる。

ヘラジカ

ヘラジカは体重が300Kgにも及ぶ巨大な鹿類で、肉は食用、角は薬品、皮は衣服にと多様に利用され、オロチョン族にとって最も有益な狩猟対象である。夏期にはヘラジカは川辺の涼しい箇所で水草を食することから、舟で接近して捕獲するか、あるいは天然の塩がとれる場所と水辺を往復する習性を利用して

の待ち伏せが行われる。冬期には鹿の足跡を追って迫る。ヘラジカは直線的に逃げ、突然直角に回る習性を利用して追い込む。また密林の中では犬を使っての巻き狩りが行われる。

ノロ

　ノロは草食動物で山岳、森林、平原、沼沢と随時移動して生活するが、1年を通して狩猟され、オロチョン族にとっては衣服や屋根を葺く材として欠くことのできない狩猟対象である。ノロの習性を良く把握して、彼らは狩猟に当たる。春には日の当たる丘の上での青い草を食べにくるのを狙い、6月には出産するので、シラカバの樹皮で作った笛で子鹿の鳴き声を出して、母鹿を誘う。夏には密林の深いところで棲息するが、アブやブヨに攻められるために、夕方水辺の草むらで転がり回るのを待ち受ける。秋には林の中で活動するので見通しがよく、冬には風よけのために谷間や山裾にいることが多く、捕獲しやすい。

イノシシ

　イノシシは嗅覚が鋭く、また500～600m以内ではそのスピードは早く、捕獲しにくい。さらに牡のイノシシには30～40cmにも及ぶ牙があり、時として人間を死に追い込むこともあるので、「一猪二熊三老虎」として、イノシシを捕らえた人はいたく尊敬される。イノシシは10匹から5、60匹と群れて生活することが多いが、秋の交尾を終えた後の牡イノシシは単独行動を取るので、捕獲しやすい。また春にはイノシシは痩せて旨くなく、夏には深い薮の中に潜むために、この両期間には狩猟は余り行われない。秋にはハシバミやマツの実、トチの実などを食べて太っているので美味しく、さらに樹木が落葉して見通しがいいために、狩猟しやすく、冬は格好の捕獲季節となる。

　イノシシを巻き狩りする方法には2種類がある。イノシシには一定の活動傾向があり、遁走するときには必ず元の道を帰る。このためにイノシシの先回りをして追い立てる1、2人と元の道で待ち伏せする1、2人で構成される。犬を使っての巻き狩りではイノシシの群れを取り囲んで犬を放ち、追い立てると子のイノシシを保護するために親イノシシが犬に向かう。犬は150～200Kgのイノシシにでも咬み付いて倒すので、近寄って槍や刀で止めをさす。一方囲いを逃れたイノシシは騎馬により追跡して仕留める。最も危険なのは秋の単独行動をとる牡イノシシで、時として犬が被害に遭うこともある。

クマ

　クマにはツキノワグマとヒグマの2種がある。ヒグマの毛は褐色を呈し、体は大きく、体重は250～300Kgにも及ぶ。ツキノワグマはこれに反してやや小さく、毛は黒色を呈し、胸に白い一筋の月形の毛の装飾がみられる。クマは約5ヶ月間冬眠するが、ツキノワグマは巨大な樹木の穴を好み、ヒグマは地下穴か天然の洞窟に棲む。クマを捕らえるのは大変困難で、冬以外では極めて危険である。冬眠中のクマの穴に石や燃えている樹木を投げ、緩慢に穴から出たところでこれを捕獲する方法がとられるのが一般的である。

オオヤマネコ

　オオヤマネコはネコ科の肉食動物でノロやノウサギを好んで食べる。この皮革は、柔らかく、光沢があってかつ暖かなために上等な衣服や帽子に使用されている。オオヤマネコは嗅覚が鋭く、また敏捷に行動するが耐久力に乏しい。主に冬期に捕獲される。取り方には2種類がある。一つは仕掛け罠で、オオヤマネコの通り道にわっかにした鉄線を横木か枝から吊して、ノウサギを餌としておびき寄せるもの、他の一つは雪道で足跡を追跡して、樹上に逃げたオオヤマネコを撃ち落とすものである。

　以上の他に、トラ、タヌキ、カワウソなどの狩猟もみられるが、その多くは冬期での活動が殆どである。

漁撈

　オロチョン族にとっては漁撈も重要な経済活動で、季節にあわせて様々な漁撈方法がとられている。春には魚は群れをなして黒龍江を遡上し、アムールイトウやコグチマスなどはその支流の浅瀬で交尾して産卵をする。この時期魚は肥えているので釣りには不適当であり、ヤスやマレックで突き刺すか、漁網や梁撈で捕らえる。夏には魚は痩せているので、釣りには格好の季節となる。秋には魚は黒龍江に帰って冬を越すために川を下り、またサケが産卵のため遡上することから梁撈が広く行われる。冬期には一般的に漁撈を行うのは少なく、少数の大家族かもしくは狩猟技術の劣った者がこの季節漁撈に当たる。個人的な漁撈は凍結した氷面に穴を穿ち、光を当てて集まって来る魚をヤスで刺すか、釣り針10数個付けた棒を水中に入れて掻き回し、魚を針に引っかける方法が

とられる。この時期の大規模な漁撈は大拉網と呼ばれる網撈で、氷に穴を穿って網を通し、引き上げるもので、大量の漁獲が期待される。

集団で漁撈を行うのは春の獣猟が少なく食料の不足した時、秋の梁撈、及びチョウザメを捕獲する時であり、狩猟と同様に塔担達もしくは烏力楞（niao-li-leng）と呼ばれる老人の熟達者によって指揮される。

オロチョン族の漁撈方法は釣針、刺突具、マレック（推針）、梁、網そしてシラカバ製の舟に乗って行うものに分けられる。

釣針

針によるものは普通の餌付釣り、ルアーを使用するもの、掛針、延縄、浸針などがある。普通の河川湖沼では昼間に行われ、底面近くの魚はミミズを、水面近くの魚はバッタ、アブを餌として釣られる。ルアー釣りにはキタリスやネズミを利用し、夕暮れ時に水面を走らせると、アムールイトウ、コグチマスといった大物が食いつく。7、8月の暑い季節には魚は大挙して河川の涼しい箇所に集まる傾向にあることから、1本の縄に数多くのバッタやミミズを餌にした釣針を数10本吊り下げ（延縄）、縄の一方を岸に固定し、他方の縄の端に石を結んで水中に沈めて、1～2時間後、あるいは翌早朝に引き上げる。掛針は餌を付けない針を数100本も延縄につけて、水中に漂わせるもので、4～5mおきに木柱を立てて沈まないように工夫したもので、チョウザメ、ハスあるいはコイといった大きな魚が遊泳中に引っ掛かる。浸針は生きた小魚、蛙を餌として水面を漂わせ、大型の魚を釣るもので、糸は岸辺につないでおく。

刺突具

刺突具には長さが1.5mほどの木製の柄に2本から5、6本の逆の付いた歯を装着したヤスと、5、6mの長さの木製柄に紐を付けて、歯の付いた部分が離れる、いわゆる離頭銛とがある。普通には舟に乗って使用されるもので、離頭銛は大物が狙われる。夜間には魚の行動が鈍るために、舟を操る人、光を当てる人、刺突具を使う人の三人一組で活動がなされる。

マレック（推針）

マレックは約20cmの大きさの釣針を長さ6、7mの木製の柄に上下逆に付けて魚を突くもので、春にアムールイトウやコグチマス、秋にはサケが群をなして遊泳する時に、舟を使って魚群の中にマレックを突き刺すことで捕る方法

であり、東北アジア沿岸漁民の間では共通してみられるものである。この方法による捕獲では熟練者は十中八九捕り逃がすことはないといわれる。

梁

　春秋期に魚が大挙して移動するときに使用されるもので、3種類がみられる。一つは木製の杭を川の中に立て並べ、1ヵ所か2ヵ所隙間をつくって、そこに柳で編んだ箱を川上に向かって据えるもの、一つは木と石で川をせき止め一部に隙間を作って柳の箱を置くもので、いずれも川の急流地域で使用される。流れの速さと高低差によって魚は箱から出られない。他の一つは筌で、流れの緩やかな場所で数多く並べて使用される。

　春秋の梁撈は烏力楞の団体による活動で成人男女がすべて参加する。

網

　網漁撈には刺網と投網の2種みられる。刺網は長さが10数m、幅1mほどの網を河川や湖水に張り、魚が掛かるのを待つものと、氷が張る季節や洪水の時期に河川と泡（水たまり）の境目に網を張るもの、そして冬期に氷の張った下面に網を数枚繋げて張る大規模な大拉網がある。

　オロチョン族の漁撈は春期や秋期以外の多くは狩猟が芳しくない時の食料獲得に行われ、秋期にはサケ、イトウ、コグチマス、カワヒラといった魚を保存加工するために、大掛かりになされる。加工保存の方法には3種類がある。一つは乾燥させた後に2枚におろし、塩を振りかけて涼しい場所で晒すもの、一つは火で炙った後に木の棚で乾燥させ、その後燻製にするもの、残りの一つは塩水に浸した魚を桶の中に入れて、塩を撒くか、塩水を振りかけ、その後乾燥させるものである。こうして春までの食料備蓄とされる。

オロチョン族の生業暦

　以上のようにオロチョン族の生業を見て行くと、季節的な変化にあわせての生業活動の差異が顕著に窺えるのである。

　採集に関しては春、夏、秋になされるが、重要なのは春と秋であり、春は新鮮な疏菜、秋の前半は野生の果物と堅果類の採集が中心となる。これは家族単位のいわば個人的な営みに帰することができる。採集活動は女性の役割ではあ

るが、小動物の狩猟には女性も参加することは、清の方式済の『龍沙紀略』に

　　顎倫春婦女、皆勇決善射。室至、腰数矢上馬、獲雉兎、作炙以餉。

とあり、また『皇清職貢図』に描かれた図とそこに書き込まれた、

　　婦女亦善伏弩捕貂、衣帽多以貂為之。

との一文によっても知ることができる（図19）。但しこれは男性の狩猟のように、組織的に行われたか否かは不明である。

図19　『皇清職貢図』に描かれた貂を射る女性

男性を中心とした集団による狩猟が重要性を占めるのは春、秋、冬であり、とりわけ秋期後半から冬期には活動が活発となる。上記した以外の狩猟対象動物としては、クロテンの狩猟が古くから有名である。クロテンは東北北部を代表する動物で、針葉樹林もしくは針葉広葉混交林中に分布する。体長35〜50cmの長胴短足で全身を黒褐色の毛に覆われている。行動は敏捷で、性格は凶猛、白昼は樹の穴、洞穴、あるいは岩の割れ目に潜み、夜間出歩いてリスや小鳥、鳥の卵、蜂蜜、堅果類などを食べて生活する。東北には3亜種類の貂が棲息していて、大小興安嶺と長白山系にそれぞれ亜種が存在する。このうち大興安嶺の貂が最も大きく、品質が良いとされる。かつて嫩江流域に生活していた室韋について、『隋書』「契丹伝」には

　　俗皆貂為業。

とあって、頗る重要な生業であったことを示している。これらは漢代以降貂皮として、代々中国への朝貢品に挙げられていた。とりわけ明代には最も高価な貴重品となり、女真の経済に頗る貢献していた。これらを捕獲する季節に関しては、『魏書』「勿吉伝」には、

　　其父母春夏死、立埋之冢上作屋、不令雨湿。若秋冬、以其屍捕貂、貂食
　　其肉、多得之。

とあって、秋から冬にかけてが、貂の捕獲時期であったことを物語っている。このように見て来るとオロチョン族では白露から冬期にかけての時期に、重要な狩猟が集中していて、それが春にまで及ぶことが窺える。

　漁撈はサケが遡上してくる夏の終わりから白露にかけての時期が最も重要であり、春はあくまでも狩猟の補助的な地位を占めているに過ぎない。また夏には暑さのために魚や網が腐敗する恐れがあり、この季節の漁撈はあくまでも個人的な、食料補充的レヴェルに止まるのである。

　これらオロチョン族による生業の暦を掲げると下記のようにまとめられる。

	1月	2月	3月	4月	5月	6月	7月	8月	9月	10月	11月	12月
採　集				○	◎	○	○	○	◎	○		
狩　猟	◎	◎	◎	○	○	○	○	○	○	◎	◎	◎
漁　撈	○			○	◎	○	○	○	◎		○	○

このように見て来ると6月から8月の中旬にかけての時期には、集落全体が共同して当たる主たる生業活動は行われておらず、この期間は食料が枯渇して、家族単位のいわば個人的な行為によってそれを補っていることが窺われるのである。またこの時期チョウザメなどの大型魚類を捕獲する以外には、集落全体にとっては共同作業による行動が希薄になること、いわば集落内での「共同性」が薄れて行く時期であることを示している。

オロチョン族と同様に非生産経済に依存した生活を送っていたホジェン族（赫哲）は、男性による狩猟と漁撈が時期を違えながら相互補完的に行われ、結果として通年的に狩猟・漁撈活動を営んでいたことが報告されている（凌純声1934）。

狩猟は一人で行う移動猟と大勢で行う巻き狩りに分けられる。春季（以下旧暦）は正月5日から2月15日まで行われ、ベニギツネ、アナグマ、イタチ、オオカミ、ノロを対象とする。4月初めから6月終わりまでは茸角を主な狙いとしてニホンジカ、アカシカなどが選ばれ、その他にヒグマやイノシシが対象となる。茸角は5月5日前後が最も良質であるとされる。秋季は8月中頃から9月15日までの期間で、ノロ、シカ（ニホンジカ、マンシュウアカジカ、ヘラジカ）、クマ、イノシシが狩猟対象となる。冬季は11月初めから12月半ばまでで、この期はテン、カワウソ、ベニギツネ、アナグマ、イタチ、ノロ、リス、クマ、トラ、ヒョウなど毛皮を入手するための狩猟が営まれる。とりわけテンの毛皮は重要な産物で、中国皇帝への貴重な進貢品となっていた。

これら狩猟が行われる期間以外は川漁にあてられる。すなわち2月終わりから3月終わりまで、次は7月初めから8月中頃、冬は川に氷が厚く張る12月に各種の漁撈活動が営まれる。第1次は氷が解け始める頃であり、淀みの氷下に棲む魚を狙い、羅網と称される大掛かりな漁が行われる。夏には簗漁が大規模に行われる他に、離頭銛を使用してのソウギョやチョウザメなどの大型魚を対象とする漁が中心となる。またこの時期には釣針を使用した漁も行われ、女性も参加する。冬季には氷下に長い網を入れて魚を獲る大掛かりな網漁がなされる。

このようにホジェン（赫哲）族に於いては、男性は通年的に共同作業を営むために他の生業活動に労力を振り向ける余裕はない。その中でも比較的共同作

業が希薄となる時期は夏季に限られる。巻き狩りを行う単位はツングース系住民にとっては集団生活の基本であったらしく、満族の八旗制度もこの巻き狩りの集団が基礎となっていたことが指摘されている。すなわち10人ごとにニルという班をつくり、1人を班長となして、ニルイエジュンと称した（ニルは矢、エジュンは主の意）。5ニルでジャランとなし、5ジャランをもってグサ（旗）としたのであり、これは女真時代に遡上するとされる（若松1987）。狩猟集団がこのように社会集団の基礎単位となる場合では、個別的な生業活動への対応は困難であって、ことに男性は夏季の一時期に単独行動が唯一取れる可能性があるのに対して、女性も夏季に於いては生業活動から比較的自由であることが指摘できる。

　オロチョン族が農耕を導入したことが明確に知られるのは、19世紀の中頃になって漢族の進出を被り、その影響を受けて一部の人々が行ったに過ぎない。それによると、畑での粗放農業では、コムギ、オオムギ、ソバ、エンバクとキビであり、畝立を行って、栽培する種にはアワ、トーモロコシなどがあり、園芸作物としてハクサイなど耕地面積はわずかであるに過ぎないので、従来の社会的システムには殆ど変化はなかった。

　黒龍江流域から嫩江、松花江流域にかけてかって生活を送っていた諸民族についての中国文献の記載から、この地域でかつて生活していた人々がこれまでにどのような穀物を栽培していたのか、次に見てゆこう。

挹婁

　『後漢書』挹婁伝

　　　有五穀麻布、出赤玉好貂。

　『三国志』魏書挹婁伝

　　　有五穀牛馬麻布。

勿吉

　『魏書』勿吉伝

　　　其国無牛有車馬、佃則偶耕、車則歩推。有粟及麦蒙、菜則有葵。

　『北史』勿吉伝

　　　其国無牛有馬、車則歩推。相與偶耕。土多粟麦蒙、菜則有葵。

靺鞨

『隋書』靺鞨伝

　　相與偶耕、土多粟麦。

『新唐書』黒水靺鞨伝

　　畜多豕無牛羊、有車馬、田　以耕。車則歩推。有粟麦、土多貂鼠白兎白鷹。

室韋

『魏書』失韋伝

　　有粟麦及穄。唯食猪魚養牛馬。穄

『北史』室韋伝

　　有粟麦及穄。

烏洛侯

『魏書』烏洛侯伝

　　夏則随原阜畜牧、多豕、有穀麦。

『北史』烏洛侯伝

　　夏則随原阜畜牧、多豕有穀麦。

挹婁伝に見られる「五穀」に何が含まれるかについては議論を呼ぶところであるが、清の官僚として斉斉哈爾に赴任していた西清は『黒龍江外記』の中でこれらを、黍、稷、穄、麦、菽に当てている。しかし稷は穄と同一であることから（『龍沙紀略』による）文字比定に間違いがあると想定され、可能性としては蜀稷（モロコシ）もしくはコウリャンが含まれると考定するのが妥当であろう。紀元前後頃までのこの地域では、これまでに出土が確認されている穀物としては、アワ、キビ、ダイズがあり（甲元1992a）、これよりやや下った時期に黒龍江以北でもオオムギの出土例がある（村上1987）。また朝鮮の東北部まで考察の範囲を広げるとモロコシが検出された事例があり（甲元1991）、中国東北地方においても同様にこれら穀物が古くから栽培されていた可能性は高いとみられる。

　こうした穀物はいずれも耐寒性に富み、かつ乾燥地でも生育が可能で、しかも生育期間が短いことが特徴であることが知られている。主として清代の地方志を集成して民国の時代に編纂された『黒龍江志稿』ではこの地域で栽培される作物の生育期間について、次のような注目すべき記事が掲載されている。

　　大麦　清明種、立秋前収　　　蕎麦　夏至後下種、秋分前数日収穫

蜀黍　立夏節前種、秋分熟　　稃　芒種前後下種、白露前後収穫
黍　　小満種、処夏後熟　　　稗　穀雨下種、白露収穫

『龍沙紀略』によると嫩江流域の下流では粟、黍、大小麦が、中流では黍と燕麦が、上流では稷が栽培されている。また中でもキビが在地適応型であったことは、『大金国志』に収録された許元宗の『奉使行程録』に、松花江流域では「地宜稷黍」とあることで示される。これは穀物の生育期間と耐寒性に関係することであり、西清の『黒龍江外記』には『説文』を引いて、

　　　黍子五月種、八月即熟。俗称六十日還家。

として、黍がこの地域で適合的であったことを記すことからそのことが容易に窺われよう。今日ではキビは播種から収穫までは80〜90日、アワでは90〜100日であり、上記の文献記録とよく符合する。この他に出土例は知られていないが栽培された可能性のあるものとして、ソバ (60〜70日) とエンバク (80〜90日) がある。ダイズも生育期間は100日以内である。もしもこれらの穀物を史料のようにオオムギ4月初旬、ソバ6月半ば、モロコシ5月初旬、モチキビ6月初旬、キビ5月下旬、ヒエ4月下旬に各々播種すると、オオムギとソバ、モロコシは8月上旬、モチキビとヒエは9月上旬、キビは8月下旬にそれぞれ収穫することができる。このことは食料の乏しくなる夏期にこれら穀物によってこれを補うことができることを示している。但し無霜期間が約4ヶ月と短いために、オオムギは4月の初めに播種することは不可能であるいは播種の時期が下ることもあったかも知れない。また古くからこの地域においては穀物栽培を行っていたことを窺い知ることができるが、『後魏書』「鮮卑吐谷渾伝」に、

　　　亦知種田、有大麦粟豆、然其北界気候多寒、唯得蕪青大麦。

とあり、また近代に入っても施肥や除草を行わなかったために、これら作物が必ずしも充分に生育しなかったことも考慮する必要があるのかもしれない。

　以上のことを念頭において、顎倫春族の生業に農耕が加わったと仮定すると、彼らの季節的営みは以下のようになると想定される。

	清明〜小満	小満〜白露	白露〜寒露	寒露〜清明
採集	◎	○	◎	
狩猟	○	○	○	◎

漁撈		○		○	◎	○
農耕		○		◎		

　このように農耕を導入することで四季を通しての安定的な生業暦が完成することになる。また農耕が常畑ではなく焼畑を含めた移動耕作が行われていたとすると、開墾を行って自然林を伐採し、耕作地を放棄した後にできる植生は、潜在的な食料を提供することで鹿科の動物に有利に働くことから、結果的には狩猟活動を容易にし、その効果を高めることとなる（Tauber 1971、Mellars 1976、甲元 1989）。さらにこの期間男女とも個人的な生業活動に依存していた彼らの行為が、農耕という集団的行為を実践することで、社会集団の結束性を増す方向へと展開し、狩猟、漁撈活動とをあわせて、「通年的な社会的結合」をより強めてゆくことが想定できるのである。すなわち農耕が補助的な段階である（栽培穀物が集落全体にとっての主要な生産物とはならない）限りにおいては、たとえ農耕を導入しても旧来の社会のシステムを逆に強化するように働くことになるのである。

おわりに

　紀元前一千年紀の以降東北アジアの第二松花江流域以南の地域では、箱式石棺墓に象徴される西団山文化が開花した。この文化期にはアワやダイズ、アサを栽培しブタ、イヌを飼育していたことが確実で、この地域での最初の農耕文化に比定できる（薫学増 1993）。ちょうどこの時期第二松花江流域や嫩江流域にかけての地域では、白金宝文化という漁撈技術が発達した先史文化が並行して展開している（譚英杰・孫秀仁・趙虹光 1991）が、この文化では農耕の存在は未だ明確ではない。あるいはここで可能性を述べたように、オロチョン族が 19 世紀中頃漢族の影響を受けて一部に農耕を導入したような現象が遡上って見られたのかどうか、ケーススタディとして興味がもたれる。
　狩猟採集漁撈といった経済生活を送っていた集団が、新たな農耕文化を受容するにあたって、従来の生活様式を一変させて新しい生産基盤の基に新たな社会的結合への道をたどるだけでなく、たとえ初期の段階では農耕の生産性は低

くても共同作業を通して、在来の社会的まとまりを逆に強化してゆく方向に転化することもありうることが、オロチョン族の生業暦を分析することで窺われた。17世紀以来の中央政府による政治的圧力にもかかわらず、従来の生活習慣を今日まで保持し続けることができたのは、東北北部地域の生態系に適合した社会的適応性にその要因を求めることができるであろう。農耕の導入よりもかれらの生活を支えてきた生態系の破壊こそが、人口の減少を招き、結果的に社会的組織変更を余儀なくさせ、定着的な農耕生活への傾斜を深めることとなったと推測させるのである。

　農耕文化が各地に波及する過程は欧米の学者が唱えるように、「社会的システム」の問題にまで立ち入る必要があるとすれば、こういった社会的結合の観点からの分析が必要であることは言うまでもない。どのような受容と変貌を遂げたかという問題は、決して狩猟社会集団の解体と農耕社会の確立という一方的な方向性だけではないことを念頭におく必要があろう。地域的集団が形成されるメカニズムこそが、農耕社会成立過程で解明すべき最も重要な課題として浮かび上がってくるのである。

補注

　文献に記載された限りにおいて、鹿笛の存在は遼代にまで遡上する。しかもその技術は女直と呼ばれた民族で卓越していたことが知られる（『三朝北盟会編』政宣上帙三、及び『大金国志』巻三十九）。鹿笛の使用法には2種類あった。一つは塩分を産する場所での誘いで、『遼史』巻百十六に「鹿性嗜鹹、灑服於地、以誘鹿、射之」とあり、また『遼史』巻三十二には秋の狩猟において「夜将半鹿飲鹽水、令猟人吹角効鹿鳴、既集而射之」と記す。第2の類型は牡牝が違いに求めあうことを利用するもので、『遼史拾遺補』巻五に引く『人海記』に「毎歳於白露後三日、猟者衣鹿皮、戴鹿頭、天未明、潜伏草中、吹木筒作声、牡鹿聞之、以為求其偶也、遂踊躍至、至則利鏃加焉、無得脱者」と顎倫春族とは牡牝反対の声となっている。

挿図の出典

図19：『皇清職貢図』より

第 3 章　漁撈活動

第1節　東北アジアの漁撈復元

はじめに

　穀物栽培が卓越していたと想定されている中国の初期農耕文化期においても、漁撈関係の生業に対する依存度がかなり高かったことが指摘されるにもかかわらず（甲元 1992a）、これまでは充分に検討されているとは言い難い。ましてや中国東北地方においては、家畜飼育や穀物栽培が具体的な生業活動の中で決して大きな比重を占めていた訳ではないので（甲元 1989、1991）、漁撈、狩猟、採集活動に依拠する度合いは、長江や黄河流域とは比較にならないほど重要であったことは容易に予想される。実際中国東北地方北部地域に居住していた民族についての文献の記述にも「捕魚為食」（『遼東志』巻九）とか「夏食魚、冬食獣」（『柳辺紀略』巻三）といった表現がしばしばみられることも、そのことを裏付けるものであるといえよう。

　しかし漁撈関係の遺物として考古学的に把握しうるものには、釣針、刺突具、網、梁と形態的に変化に富むが、その素材の範囲は狭く、素材の組み合わせで多様な道具が作成されるために、先史学的資料から漁撈技術全体を復元するには多くの困難が伴う。網漁撈にしても石錘だけを手懸りにするだけでは、比較的近代まで行なわれてきた中国の網漁撈にみられるヴァリエーション（岡本 1940）を復元することは不可能である。さらにこの地域では先史時代漁撈を代表的する遺物である釣針の出土例は多くはなく、具体的な漁撈活動の復元には困難が伴う。そこでここでは先史時代の東北地方に展開していた漁撈を復元する手だてとして、代表的な中国の歴史書、方志、紀行文などの文献に記載された内容を拾い集めて、そのアウトラインを把握することにしよう。

記録された魚類と海獣類

　中国東北地域での先史時代漁撈技術の復元にあたっては、具体的な漁撈技術

の把握とその対象である魚や海獣の同定が重要なことは言うまでもないが、貢納品を除いてはこの面での研究は殆どなされてこなかった。そのために20世紀前半期に行なわれた各種の調査をとりまとめた文献を手始めに、魚の種と文献上の魚名の対比からはじめることとする。

① 『満支の水産事情』（岡本 1940）

中国東北地方での行なわれた各種の調査に基づいた水産関係資料を跋渉して全体像をとりまとめたもので、最も基本的な書物といえる。ここで主要な水産魚類として掲げられた魚種は以下のようである。

チョウザメ科
  アムールチョウザメ *Acipenser shrencki Brandt*
  ダウリアチョウザメ *Huso dauricus Georgi*
  チョウセンチョウザメ *Acipenser dabryanus Dumeril*
カケ科
  サケ *Oncorhynchus Keta*
  アムールイトウ *Hucho taimen*
ヨルメギ科
  コグチマス *Brachymystax lenok*
  ウスリーシロマス *Coregonus ussrienss*
  ダウリアシロマス *Coregouns chadary Dybowski*
  ウオノハナ *Thymallus articus*
コイ科
  コイ *Cyprinus carpio*
  フナ *Carassius auratus*
  コウライニゴイ *Hemibarbus labeo*
  ゴマニゴイ *Hemibarbus maculates*
  モツゴ *Pseudorasbora parva*
  ホソカマツカ *Saurogo biodabryi*
  キタノウグイ *Xenocypris macrolepis*
  ハス *Opsaruchthys uncirostris*

オイカワ　*Zacco platypus*
ボウウオ　*Elopichthys bambusa*
カワアカメ　*Squaliobarbus curiculus*
ソウギョ　*Ctenopharyngodon idellus*
カワイワシ　*Hemiculter leucisculus*
カワヒラ　*Culter alburnus*
アカヒレ　*Culter erythropterus*
モウコカワヒラ　*Culter mongolicus*
ツマリカワヒラ　*Culter brevicauda*
カワヒラ　*Culter brovloaupa*
ヒラウオ　*Parobramis bramula*
トガリヒラウオ　*Parabramis terminalis*
ハクレン　*Hypophthalmichthys molitrix*
キタヒガイ　*Sarcocheilichthys sinensis*
アムールヒガイ　*Ladislavia taczanowskii*
ズナガウオ　*Pseudaspius leptocephalus*

ナマズ科
　ナマズ　*Earasilurus asotus*
　コウライギギ　*Pseudobagrus fulvidraco*
　ウスリーギギ　*Leiocassis ussuriensis*
　ギギモドキ　*Leocassis brashnikowi*

カモグチ科
　カモグチ　*Esox reicherti*

タイワンドジョウ科
　カムルチー　*Ophiocephalus argus*

スズキ科
　ケツギョ　*Siniperca chuatsi*
　スズキ　*Lateolabrax japonicus*

ヤツメウナギ科
　タウナギ　*Fluta alba*

ウナギ科
　　ウナギ *Anguilla japonica*

② 『シベリア東部生物記』（玉貫 1980）
　本書は19世紀以降、多くのロシア人によってなされた紀行文や報告書を中心として取り纏めた博物誌で、烏蘇里江地域の淡水魚については詳細な紹介がなされている。烏蘇里江流域では魚相は貧弱ではあるが、少数の大型の魚が量的に多く棲息していることが特徴となっている。

　　スナヤツメ *Entosphenus ressneri*
　　シベリアヤツメ *Entosphenus kessleri*
　　カワヤツメ *Entosphenus japonicus*
　　チョウザメ *Acipenser medirostris*
　　コグチマス *Brachymystax lenok*
　　ウスリーシロサケ *Coregonus ussriensis*
　　アムールイトウ *Hucho taimen*
　　サケ *Oncorhnchus keta*
　　カラフトマス *Oncorhynchus gorbuscha*
　　マスノスケ *Oncorhynchus tscawytscha*
　　ギンマス *Oncorhynchus kisutch*
　　サクラマス *Oncorhynchus masu*
　　ベニマス *Oncorhynchus nerka*
　　アメマス *Salvelinus leucomaenis*
　　オショロコマ *Salvelinus malma*
　　キュウリウオ *Osmerus dentex*
　　カモグチ *Esox reicherti*
　　コイ *Cyprinus caprio*
　　フナ *Carassius auratus*
　　ワカサギ *Hypomesus olidus*
　　アカハラ *Leuciscus taczanowskii*
　　ウグイ *Leuciscus hakonensis*

キタノウグイ *Leuciscus waleckii*
トガリヒラウオ *Parabramis pekinensis*

③『顎倫春族風俗志』（韓有峰 1991）

　顎倫春族は中国北部の大小興安嶺の山中に居住する養鹿民として有名な南ツングース系の少数民族である。かつては嫩江から松花江、黒龍江中流域にかけての地域を広範囲に占拠していた。かれらは狩猟ばかりでなく漁撈活動も重要な生業の一つとなっていた。彼らが使用する漁具は釣針、叉、マレック（推針）、梁、網で、季節と対象である魚種の違いにより多様な漁撈が営まれていた。顎倫春族が捕獲する代表的な魚類には次のようなものが挙げられる。

　ダウリアチョウザメ（鰉魚）、サケ（大馬哈魚）、コイ（鯉）、フナ（鮒）、ウスリーシロマス（白魚）、アムールイトウ（哲羅魚）、コグチマス（細鱗魚）、カワヒラ（花翅魚）ケツギョ（鰲花魚）、カモグチ（狗魚）、ナマズ（鯰）、ウナギ（柳根魚）

④『松花江下游的赫哲族』（凌純声 1934）

　赫哲族は烏蘇里江から黒龍江下流域にかけての地域に居住し、主として漁撈活動に比重をおいて生活をおくっていて、魚で拵えた衣服を身に纏っていたことから「魚皮鞭子」と呼ばれたツングース系の民族である。ロシアではナナイ（ゴルド）と呼称され、隋・唐代には黒水靺鞨と、五代から宋代にかけては生女真とされていた民族の一部にあたる。

　赫哲族の漁撈具としては釣針、叉、網、魚伏籠などがあり、叉には固定式と離頭式の両種がみられる。マレックの有無は分からない。彼らの捕獲する魚類には、次のような種がある。

　ダウリアチョウザメ（鰉魚）、アムールチョウザメ（鱘魚）、サケ（鮭魚）、ウスリーシロマス（白魚）、ソウギョ（草根魚）、コイ（鯉）、フナ（鮒）、アムールイトウ（遮鱸魚）、カモグチ（狗魚）、ウスリーギギ（鮠魚）、ハクレン（胖頭魚）、ケツギョ（鰲魚）、ヒラウオ（鯿魚）、コグチマス（細鱗魚）、トガリヒラウオ（発羅魚）、ナマズ（鮎魚）、コウライギギ（狗牙魚）、ギギモドキ（牛尾魚）、ドジョウ（泥鰍）、カムルチー（小烏魚）、タナゴ（胡蘆）

　『シベリア東部生物記』とは魚種にややズレがみられるが、大勢には変化は

ない。

⑤『吉林通志』

　光緒17年から編集が始まり光緒26年（1900）に完成した清代の方志のひとつである。編纂の開始から完成までの期間が短く、その内容は『盛京通志』を主に、その他宋代以降の方志の類から集められた素材で構成されている。本書には現在の吉林省から黒龍江省南部、朝鮮東北部、沿海州の一部を含む地域が扱われている。この巻三四「物産下」の条にはこれら地域で捕獲される魚類について、その特徴とともに魚名が記されている。

　フナ（鮒）、アオウオ（青魚）、ケツギョ（鰲魚）、ヒラウオ（鮩魚）、カムルチー（鱧魚）、ニベ（鮸魚）、サメ（鯊）、ウナギ（鰮）、トガリヒラウオ（発禄魚）、コウライギギ（鮠魚）、ナマズ（鮎）、ハクレン（鱮）、コウライニゴイ（重唇魚）、キタノウグイ（黄鋼）、ホソカマツカ（船諏魚）、コチ（箭頭魚）、キングチ（黄花魚）、ソウギョ（鯠）、ボウウオ（鹹）、オイカワ（鯈）、チョウザメ（鱘鱧魚）、チョウザメ（牛魚）、ベニマス（烏互路魚）、サケ（達発哈魚）

　また海獣類については次の類が挙げられている。

　アザラシ（海豹）、オットセイ（海狗）、トド（海驢）、ジュゴン（海牛）、イルカ（海豬）、ビーバー（海狸）、クジラ（鯨）

　チョウザメは松花江や豆満江で捕れたという記事が引用され、さらに清代のこととして舟に乗ってクジラに銛を打ち込み、縄をかけて引揚げることやベニマスは舟で袋網をひいて捕る方法などが紹介されている。

⑥『黒龍江外記』

　19世紀初め嫩江流域に5年間滞在した清の官僚であった西清の見聞録で、巻八には満語と漢語が対比され魚名の報告が記載されている。

　　黒龍江と嫩江の魚名を挙げると枚挙に暇がない。チョウザメ（鱏鱧）の他には、手短に言えばケツギョ（敖花）、アムールイトウ（哲禄）、コグチマス（紐摩順）、ヒラウオ（発緑）、ソウギョ（草根）、ボウウオ（感條）、コウライギギ（昴次）、サケ（達発哈）、ダウリアチョウザメ（屈爾富）、カモグチ（勾辛）、コウライニゴイ？（虫虫）がある。どれも長大である

が旨さはたりなし。一網で千万尾捕れ、魚が多いために大変豊かである。

　この他に長い縄の付いた叉を背中に打ち込んで引き寄せ、鼻を敲いてチョウザメを捕る方法などが記されている。

⑦『寧古塔紀略』

　本書が出版されたのは清の道光10年（1843）のことであるが、その内容は17世紀後半に牡丹江上流の東寧で20数年間配流生活を送った呉振臣の記録である。この中で著者の少年時代のこととして次のような文章がみられる。

> 牡丹江の魚は大変肥えていてしかも数が多い。形は頭が縮んだヒラウオに似て、満語で発緑（トガリヒラウオ）という。満州人は好んでこれを食べ、夏の間最も多い。私も少年時代喜んで釣りに行き、夕方に釣り糸を垂れると、一時で数匹捕れ、持ち帰った。また牡丹江にはチョウザメがいて、またアオウオ、コイ、ヒラウオ、フナなどは最も数が多い。

また冬季での魚の捕獲について興味ある記述がみられる。

> 冬、河の水が凍って厚さが四、五尺になると、夜間に井戸のように穴を穿って火を灯すと、魚がその下に集まってくるので、鉄の叉でこれを刺すと必ず大魚が得られる。

これなどは『遼史』の記事と一脈通じるものであり、さらに黒龍江沿岸に住む黒斤や非牙哈と呼ばれる人たちについて、

> またの名を「魚皮韃子」というが、これは魚皮を着て魚肉を食べ生活するために、その名がある。

とその来歴が語られている。

⑧『遼東志』

　清の嘉靖16年（1537）に編集されたものが今日伝わっているが、これは本書の第二次刊行であり、最初、明の正統8年（1443）から王祥と華恭により編纂がなされ、弘治元年（1488）に完成した原本に集成を加えたのがこの嘉慶本であるといわれている。これにより『遼東志』に記載された内容には、15世紀以前の事柄が含まれていることになる。『遼東志』に類似した『全遼志』はこの『遼東志』に1537年前後の資料を加えて改修されたもので、物産の條な

どは殆ど変わりがないが、「外志」には一部手直しが認められる。『遼東志』巻一「物産」條には現在の遼寧省一帯にみられる海獣の類にアザラシが挙げられているが水族のうち淡水魚としては次の種が列挙されている。

　フナ（鮒）、ナマズ（鮎）、コイ（鯉）、コクレン（鱅）、ハクレン（鰱）、チョウザメ（鱏）、ウグイ（鱌）、ヒラウオ（鯿）、ウナギ（鰻）、シラウオ（銀魚）、トガリヒラウオ（魟）、カムルチー（烏魚）、コウライニゴイ（重唇）、ギギ（黄骨）

　今日でも多くはないが渤海湾から西朝鮮にかけての地域ではゴマフアザラシが棲息しているのが確認されていて（遼寧省科学技術委員会他 1988）、記事の信憑性を高めている。また清代に書かれた記録でもチョウザメが棲息することを掲げたものも少なくない。

　この巻九「外志」には東北アジア諸民族の風俗に関する記載がある。それぞれについて歴史的にまとめられていて、従来の歴史書と同じスタイルをとるが、その後半部分では新しい知見が多く含まれている。そのうちに関係する部分を抜き出すと次のようである。

　　乞列迷　　居草舎、捕魚為食、不櫛沐、着直筒、衣暑用魚皮、寒用狗皮。（中略）溺死者者以魚叉叉、其屍裏以海豹皮、埋之曰変海豹矣。熊虎傷死者、裸躑其熊虎勢、令人射中帯矢、埋之曰変熊虎矣。
　　北山野人　乞列迷之別種。養鹿乗以出入。水産海驢（トド）、海豹（アザラシ）、海豬（イルカ）、海牛（ジュゴン）、海狗（オットセイ）皮、受（セイウチ）角、魟鬚（クジラ）、以為異物。

　これら黒龍江下流域に居住していた民族は、大多数今日のギリヤーク（ニブヒ）にあたると想定できるが、それ以外の民俗を含む可能性もある。同文に続いて、

　　昔入貢今不通焉。

とあり、これらは清代の情報ではなく、それ以前のものであることが窺われる。

⑨『大明一統志』

　明の天順2年（1458）から編纂が始まり、天順5年（1461）に完成した地理書である。編纂期間が短いことが示すように、洪武3年（1370）の『大明志書』以来の各種の地理書や紀行文を百科辞典風に取りまとめたもので、『遼東志』

より古い記録が含まれている。但しこれに先行し、そのスタイルが模倣されたと思われる『大元一統志』の「外夷」にあたる部分は残存していないので、それとの関係は不明である。

巻八九の「外夷」の條には「女直」の土産として列挙された品目の中に、アザラシ、ビーバー、イルカ、ジュゴン、オットセイなどのそれぞれの皮、セイウチの牙、クジラの鬚、オットセイの内臓などがあり、14世紀以前には盛んに海獣狩りが行われていたことを示している。さらに黒龍江流域においてはチョウザメ漁も注目の的であったことが窺われる。

この『大明一統志』以前に遡上する文献においては、各種の魚及び海獣類に具体的に言及したものはなく、殆どが中国を対象とした入貢品目（特産物）としてのアザラシの皮が貂の皮と並んで取り上げられるにすぎない。唐代以前の記録は基本的にはこうした立場が貫徹されている。そこでこれら明代の文献記録のニュースソースがどの時代まで遡るかを検討しなければならない。それまでは入貢の対象地域であった東夷の世界に女真族が登場し、金という中国王朝に匹敵する勢力が誕生したことで、その内情を探るために派遣された人々により『松漠記聞』や『三朝北盟会編』などの従来には見られなかった報告文が相次いだ宋代の記録が取り入れられたことがまず想定できる。それは例えば北宋の周麟之の『海陵集』などの記述に窺えることで頷ける。するとこれら史料は紀元二千年紀前半期の情報が含まれているとすることができよう。

先史時代遺跡出土の魚・海獣類

東北アジアの地域での先史時代遺跡で発見された魚や海獣類について、正式鑑定がなされている事例は多くはない。内陸地帯では3ヶ所、沿岸部では4ヶ所にすぎない。

オロス貝塚

嫩江の下流にある細石器を伴う遺跡で採集された魚骨が直良信夫と金子浩昌により報告されている（直良・金子1987）。それらは以下の通りである。

コイ *Cyprinus caprio*

フナ *Carassius auratus*

ソウギョ *Ctenopharyngodon idellus*

コイ科の一種 *Cyprinidae gen. et. sp. Indet.*

ナマズ *Parasilurus asotus*

コウライギギ *Pelteobagrus fulvidraro*

カムルチー *Ophicephalus argus*

元宝溝遺跡（吉林省文物考古研究所 1989）

嫩江の支流である伊通河近くの、農安県にある新石器時代の集落址で、洪水によって形成された水たまり「泡」を望む台地上に立地している。検出された魚骨には次のものがある。

コイ *Cyprinus caprio*

ケツギョ *Siniperca chuatsi*

ハス *Opsaruchthy unicicrosatris*

アオウオ *Mylopharyngodon piceus*

ソウギョ *Ctenopharyngodon idellus*

カワヒラ *Culter alburnus*

タウナギ *Fluta alba*

新開流遺跡（黒龍江省文物工作隊 1979）

黒龍江省のハンカ湖の北岸に位置する新石器時代前期と後期の集落遺跡で、回転銛、固定式刺突具などの多様な漁具とともに、魚保存のための多数の坑が発見されている。ここで出土した魚類には、上層文化期では、

サケ *Oncorhynchus keta*

コイ *Cyprinus caprio*

アオウオ *Mylopharyngodon piceus*

ナマズ *Parasilurus asotus*

があり、下層文化期ではコイとナマズがみられる。

ペスチャヌイ遺跡（Окладников 1963）

沿海州南部ウラディオストックの西側対岸にあるペスチャヌイ半島の先端近くに立地する青銅器時代の貝塚遺跡で、漁具として回転式離頭銛や結合式釣針、単式釣針その他に刺突具など豊富に検出されている。魚類や海獣類には、

 コマイ *Eleginus gracillis*

 カサゴ科 *Sebastodes* sp.

 マルフグ科 *Spheroides* sp.

 硬骨魚綱 *Pisce* sp.

 カジカ科 *Cottidae* sp.

 ゴマフアザラシ *Phoca vitulina*

などが報告されている。

西浦項遺跡（金信奎 1990）

 豆満江下流の沿岸部に所在する新石器時代から青銅器時代にかけての貝塚遺跡で、回転式離頭銛や固定式刺突具などが多量に発見されている。魚類も豊富に検出されたと思われるが、海獣類しか正式報告はなされていない。

 ゴマフアザラシ *Phoca vitulina*　42頭

 トド *Eumetopias jubata*　1頭

 ニホンアシカ *Zallophus californus*　78頭

 オットセイ *Callorhinus ursinus*　47頭

 スナメリ *Phocaenoides dalli*　9頭

 セミクジラ *Balenoptera* sp.　7頭

発掘の面積に比べて海獣類の出土量が多いことが注目される。

農圃遺跡（金信奎 1962）

 現在の海岸線から約2kmほど内陸に入った丘陵上に立地する新石器時代後期の貝塚遺跡で、骨製の銛頭や貝製釣針、回転式離頭銛、結合式銛などの漁撈具が発掘されている。この遺跡で検出された海獣類には、ゴマフアザラシ、クジラ類オットセイなどがある。

 以上により確認された魚類と文献上の記事の対応関係を示すと次のようにな

る。文献番号は書籍番号と一致する。なお⑩は1921年発行の『奉天通志』⑪は『長白淮征録』『吉林外志』など東北北部の方志、⑫は『錦県志』『広寧県志』などの東北南部の方志である。

魚　名	文　献								
コイ	①	②	③	④	⑦	⑧	⑨	⑩	⑪ ⑫
ケツギョ	①	③	⑤	⑥	⑩	⑪			
ハス	①	⑩							
アオウオ	①	⑤	⑦	⑩	⑫				
ウナギ	①	⑤	⑧	⑩	⑪	⑫			
ソウギョ	①	④	⑤	⑥	⑩	⑪			
カワヒラ	①	③	④	⑤	⑪				
フナ	①	②	③	④	⑤	⑦	⑧	⑩	⑪ ⑫
コウライギギ	①	④	⑤	⑥	⑩	⑪	⑫		
ナマズ	①	③	④	⑤	⑧	⑩	⑪		
サケ	①	②	③	④	⑥				
カムルチー	①	④	⑤	⑧	⑩	⑪	⑫		
アザラシ	⑤	⑧	⑨	⑩	⑫				
トド	⑤	⑧	⑩						
アシカ									
オットセイ	⑤	⑧	⑨	⑩					
イルカ	⑤	⑧	⑨	⑩					
クジラ	⑤	⑧	⑨						

以上のように、先史時代遺跡で発掘される魚類は殆ど文献上に求めることができ、魚種に関しては歴史時代とさほど変化がなかったことを窺わせる。コグチマスやアムールイトウといった北方地域に棲息する魚類は文献上にはあるものの、実際の遺跡からの検出例がないのは今後の調査により補われるであろう。海獣類のうちセイウチとアシカには対応関係が認められないが、文献上でその区別がなかったのか、あるいは私の比定の間違いによるものかのどちらかであ

る。海獣類のうち鰭脚亜目については学名と中国語の文献上での表現、及び英語名称とは一致しないという中野の指摘が正しいものとすると（中野1991）、そうした結果によるものかもしれない。するとジュゴン以外はほぼ一致を見ることとなる。こうしてみると清代以前に記録された魚類、海獣類は先史時代まで遡上させてもさほどの不都合はないと考えられよう。

　新開流遺跡で検出された魚保存用の坑と同様な構造物は今日の赫哲族の間でもみられることは（黒龍江省文物考古工作隊1979）、技術面でもつながりがあることを物語っている。ただチョウザメは東北アジアでは沿岸部の遺跡1ヶ所で確認されているのみであるが、同一の技術水準にあるシベリアの中石器時代、新石器時代遺跡からは大量に出土することが報告されている（甲元1987a）。松花江や黒龍江流域でも古くから捕獲されているにもかかわらず、発掘資料の鑑定が充分になされていないにすぎないのかもしれない。上述した文献によると黒龍江ばかりでなく、嫩江、松花江、牡丹江、豆満江においてもチョウザメが棲息していたことが知られるのは、先史時代漁撈具との共通する面からも指摘できよう（甲元1994b）。

漁撈の方法

　魚を捕獲する具体的な方法については、歴史文献にはさほど明確には語られていない。こうした書籍の常として普通に見られる風俗習慣は記録されないことが多く、『遼史』や『寧古塔紀略』に描かれた冬期の捕魚は中国人にとって珍しい事柄であったに他ならない。したがって一般的な漁撈の復元においては近現代人が報告した民族誌に頼らざるをえないのである。

網漁撈

　黒龍江省寧安県東康遺跡は、牡丹江上流、鮒で有名な鏡泊湖の約20km下流に位置する団結文化期の集落址である（黒龍江省博物館1975）。多量の石庖丁の出土やアワ、キビの炭化粒の出土に示されるように、穀物栽培を行なっていたことは確実であるが、伴出するその他の考古資料からは、狩猟や漁労に生活の多くを依存していたことは充分に想定できる。

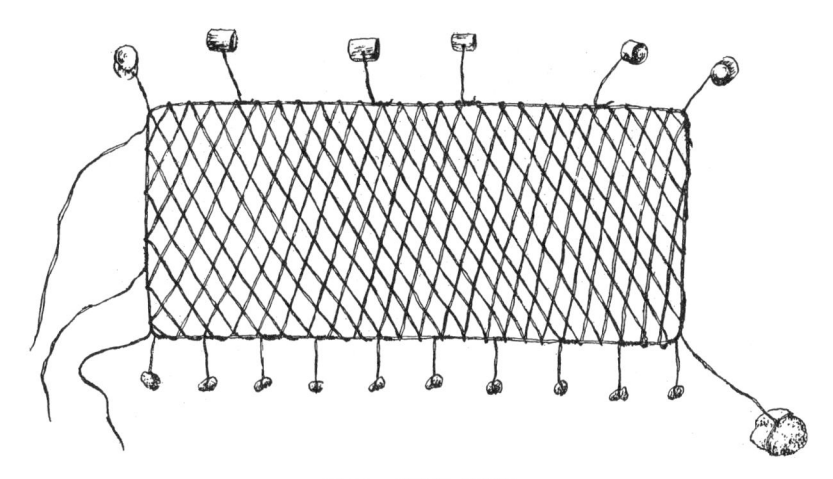

図20 赫哲族の刺網

　この遺跡のF2号住居址から一塊になって18個の土器片と1個の石錘が発見されていて、これらが同一の網に使用された単位である可能性を物語っている。赫哲族が使用する網は図に示すように、一幅の長さ3丈5尺、深さ1丈5尺、網の目6寸、網の上に浮かぶ浮木を36個付け、その間の幅は1尺2寸である。端につける1個の石錘の他はいずれも土錘で、東康遺跡出土例と同様である。この赫哲族の網から（図20）東康遺跡の網を復元すると、5.1mの長さになる。東康では4軒の住居址が検出されていて、出土する石錘は7点、土錘は142個であり、土器片錘18個か19個に1個の石錘が付いて網が構成されていることがわかる。すると住居址毎には2個の網を使用することも考えられるが、これをつないでも10mほどの網に過ぎなくなる。これから想定される漁撈は河川を横断する刺網としては長さが不充分であり、洪水で溢れてきた「泡」（氾濫地）と河川間を行き来する中型の魚を捕獲する時に使用される刺網の可能性が高い。袋網にして回遊魚を捕る方法は、碇石ほどの重さのある石錘が大量に必要になるが、考古学の報告の報告書ではそれは確認できない。

疑似餌

　『顎倫春族風俗志』によると（韓有峰1991）、ネズミやキタリスなどの毛皮を使って疑似餌とし、アムールイトウやコグチマスといった大型の魚を釣るこ

とがみられる。夕方から夜間にかけてこの疑似餌を水面すれすれに走らせることで、魚が本物のネズミやキタリスと間違えて釣針にかぶりつくので、容易に捕獲することができるという。

　東北アジアでは疑似餌に使用されたと思われる考古資料には二つの類型がある。一つは顎倫春族の事例にみられるように、ネズミなどを使用して疑似餌にするもの、他は材質の特徴から疑似餌とするものである。

　東康遺跡の第1次調査では鈎網器として大小2点の骨角製疑似餌が紹介されている。大型のものは長さが9.3cm、幅1.9cmで一方の上端に孔が空けられ、他方の先端部は鈎状になり上方に突起がある。第2次調査でも獣の肢骨を利用して、中央部に孔を空け一方の先端部を鈎状に尖らしたものが3点出土している（黒龍江省博物館考古部他1983）。この先端部の尖りは疑似餌がはずれないようにするための拵えである。この遺跡の第2次調査では組み合わさる釣針として逆T字形釣針が3点出土している。

　新開流遺跡ではイノシシの牙を扁平に加工して、先端部を斜めにそぎ落とし、末端部に孔を空けた、長さ6.8cm～4.3cmのものが24点発見されている（黒龍江省文物考古工作隊1989）。さらに牙飾りとして分類されている7点の装飾品もこれにあたるであろう。この新開流出土品には東康出土品とは利用法が異なって、白く光る素材を使用することで、それ自体が水面を飛び跳ねる小魚に擬したもので、いわばルアーにあたる。類例には吉林省腰井子遺跡出土のカラスガイ製の疑似餌がある（吉林省文物考古研究所他1992）。長さ11.6cm幅2.2cmほどの大きさに淡水産カラスガイの片側をそのまま使い、末端部近くに孔を1個穿つもので、貝自体のもつ内面の光沢は、薄明かりの中での使用時にはイノシシ撚りもいっそう効果的である。

離頭銛

　黒龍江流域やオホーツク海沿岸部に居住する人々の民族誌では、チョウザメなどの大型魚を捕らえたり、アザラシなどの海獣類を捕獲するために離頭銛が使用される記述がみられる。これは一撃の下では捕獲が難しい大型魚や海獣類を対象とした時に離頭銛が用いられるもので、銛に縄をかけそれを引きつけるか、あるいは銛に繋いだ縄の先端部に目印をつけて対象が衰弱するのをまっ

て捕らえる（ドッゴルコフ 1981）。この地域の離頭銛については山浦清により論じられている（山浦 1983）が、その後数多くの遺跡からの出土報告があり、内陸地帯においては、嫩江下流域から松花江流域にかけての地域に展開する紀元前二千年期の白金宝文化段階に極めて隆盛をみる。沿岸部においては朝鮮西浦項貝塚出土品に示されるように、新石器時代の当初から存在しているので、沿岸部における離頭銛の出現が早いと想定できるが、内陸地帯での遺物発見例が少ないことから、現在のところその当否は不明である。新開流下層文化段階の遺跡が拡がりをみせると将来はほぼ同時期とみなされるようになるかもしれない。

いずれにしろ離頭銛による漁撈は内陸河川地帯においてはチョウザメなどの大型魚、沿岸部ではアザラシ、オットセイなどの海獣類を対象とした漁撈方法であった。

おわりに

以上のように、文献史料から窺える中国東北地域の漁撈と考古資料がある程度対応関係を示すのは、淡水の中型魚を対象にした網漁撈、イトウやコグチマスを対象にした疑似餌使用の釣り漁、アザラシなどの海獣類とチョウザメを対象にした離頭銛漁撈である。

紀元前一千年期後半期になると、東北地域の北端にまで長江型土（石）錘が登場するようになる。これは投網に使われるものであり（甲元 1993）、これに鉄でつくるマレックが加わることで、この地域の漁撈技術の基本的要素はできあがったとみることができる。

しかしこうした様々な漁撈技法は決して通年的に営まれるわけではない。海獣狩は冬期か出産期であり、淡水漁撈も季節的多様性をみせている。そのリズムを把握するためにここでは顎倫春族の事例を取り上げてみよう（韓有峰 1991）。

> 春暖かくなって花が咲く頃になると、各種の魚が群をなして黒龍江から支流に入る。群をなすイトウやコグチマスなどの大型魚は競って浅瀬で交尾し卵を産む。この時には魚は肥えているので釣りには不向きであり、ヤ

スや網で捕らえる。夏には魚は痩せているので、釣りには絶好の季節である。秋には魚が黒龍江へ下り、あるいはサケが遡上するので、梁で魚を捕らえる。冬になると河川は凍結するので、氷面に穴を空けて魚をヤスで刺し、あるいは氷の下に網を張って魚を捕らえる。一般に冬期に魚を捕る人は少なく、少数の大家族あるいは漁撈技術が比較的上手な人がこれを行なう。

　冬季においては生業活動の中心は狩猟であり、食料としての鹿類や毛皮用の貂などの捕獲が主体となる。漁撈活動に最も比重がかけられるのは秋季であり、この時期には梁などを使用してのサケの捕獲がなされる。日干しにより乾燥し、あるいは薫製にすることで保存食に供される。春季に使用される網漁が袋網などであれば集団での活動になるが、夏季には魚が腐敗しやすく、決して大規模な漁撈は行なわれていない。夏季に河川を遡上するチョウザメ漁を除いては、いわば少人数による「個人的な」営みであり、その意味に於いても余暇的なものと言えよう。

　この点に於いて、集団的な生業活動が不活発になる夏季に、短期間で収穫することが可能な穀物、すなわち播種から収穫までの必要日数が90日以下と少ないアワやキビ、ソバ、豆類がこの地域に取り入れられたことは（甲元1996a）、こうした従来の漁撈、狩猟、採集活動の季節的偏りを補う意味でも、最も適合的な農耕であったとすることができよう。

　網羅的な農耕文化が展開したと想定される東北アジアに於いては（甲元1991）、基本的にはこうした定着的な漁撈・狩猟・採集民が主体であり、彼らの日常的な生活のメカニズムの中で、初現的な農耕が受容されたとすることができる。

挿図の出典
図20：凌純声1934年より

第2節　東北アジア内陸部の先史漁撈

はじめに

　中国東北部は第二松花江流域を境として、大きく南北に分けられる。東北アジアの青銅器時代を代表する墓制である箱式石棺墓の分布はこれ以北には及ばない。また中国的生活様式を示す炊飯具の鬲の、紀元前までの分布の北限も第二松花江流域である。さらに下って遼代の熟女真と生女真の区別もほぼこの辺りであった。新石器時代から青銅器時代にかけて初期農耕の存在を示す道具や穀物の出土も、北緯45度の線で限られ、それ以北の地域に於いては、穀物栽培は生態環境の面で不可能であり、狩猟・漁撈・採集といった自然依存の生活が継続していたのである（甲元1989、1991）。但し農耕は営まれていなかったにしても、後の女真族の勃興にみられるように、独自の文化が形成されていたことは、その生活様式がある意味では自然条件に適合的であったからに他ならない。この地域にはとりわけ大河川や小湖沼（泡）が点在し、種的には少ないにせよ大形の魚類が豊富に存在することから、冬季に集中するシカやクマあるいはテンなどの獣類の捕獲と並んで、コイ科を中心とした淡水産漁撈への依存度が高かったことが窺えるのである（岡本1940、甲元1993a）。
　しかしこの地域を特徴付ける漁撈については、山浦清の回転銛についての簡単な紹介（山浦1983）以外には殆ど本格的に手掛けられていなくて、個別的な漁撈関係遺物の分析はまったくなされていないと謂っても過言ではない。
　東北地域の漁網錘には新石器時代の当初から、楕円形をした小型礫の両端を打ち欠くか、切目を入れた石錘が、青銅器時代（西団山文化）以降は管状土錘と長江型土錘が分布している。管状土錘や長江型土錘はいずれも中国の江淮地帯から青銅器時代にもたらされたもので（甲元1987b）、彼の地では刺網と投網の機能分化がみられたが、東北地域にまでその機能差が生きていたか否かを知る資料は発見されていない。東康遺跡出土の一括石錘を基に、赫哲族の用いる網から復元される在来の石錘を使用する網の大きさは、せいぜい長さが5.1m

ほどであり、しかも石錘の重さが軽いために大形の魚の捕獲用とは考え難いし（岡本 1940）、追い込みのための網とも想定できない。さらにこの種の錘が分布する南朝鮮の東三洞貝塚で出土した櫛目文土器の表面に刻まれた網目から推定される漁網の目の大きさは、2.5〜3cm であり、黒龍江省出土清代の網も同じくらいの大きさである。これらのことから大型の魚類捕獲用の刺網ではなかった事が窺われ、この地域の漁撈技術を代表する遺物とは必ずしも言えない。また内陸河川地帯では単式釣針と逆 T 字形釣針が存在するが、形態的変化に乏しく、また量的にも多いとは言い難いので、先史時代の中国沿岸部や日本などのような、その地域の代表的な漁撈具と見なすことはできない。さらに民族事例などでは梁や筌による漁撈法も存在するが、考古学的には未だ資料不足であるので分析の対象とはなりえない。従って目下のところ、残された銛（刺突具）による漁撈が中国東北内陸部に於いては重要な鍵を握ることになる。

　オクラドニコフによって初めて注目された疑似餌を使っての釣漁撈は、この地域を特徴づける漁撈法の一つであるとも考えられるので、離頭銛に言及する前に疑似餌についての考察から始めることにする。

疑似餌の出土例

　東北アジアにおいて疑似餌の存在について最初に指摘したのは今から 50 年以上も前のオクラドニコフである（Okladnikov 1963）。彼は黒龍江下流域のコンドン遺跡出土の石製品を取り上げて民族事例と比較し、疑似餌と想定した（図 21）。さらにコンドン遺跡と同様な出土品は黒龍江流域のノヴォペトロフスカ遺跡でも発見されていることを述べているが、ノヴォペトロフスカ遺跡の報告書では該当するものが見つからない。

　コンドン遺跡出土の疑似餌は長さ 11.6cm、幅 2.4cm ほどの隅丸長方形

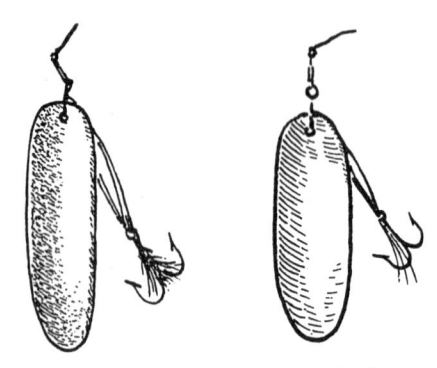

図 21　オクラドニコフによる疑似餌の推定図（左：民族事例　右：復元図）

をなし、胴部の片側が抉れた軟玉製品で、一方の端に一孔が穿たれている。水面を早く走らせることで、あたかも小魚が河川を横行するかのごとく思わせるのであろう。

次にこれと同様に疑似餌と考えられる東北アジア出土遺物を取り上げてみよう。東北アジアでは2種類の疑似餌がみられる。1種類はコンドン遺跡出土品と同様に、それ自体が疑似餌となるルアーとも言うべきもの、他は疑似餌を巻き付ける胴部と想定されるもので、棒状をなす。

左家山遺跡（吉林大学考古教研室 1989）

吉林省農安県の松花江の一支流である伊通河を望む台地上にあり、河面との比高差が約20m余りを測る。層位関係から3時期に区分され、うち疑似餌は第2期層で発掘された。淡水産貝の殻の前面部を少し細く加工し、先端部に一孔を空けた半分の残存品で、残長5.1cm幅2.1cmを測る。釣針の出土は見られないが、逆刺をもつ離頭銛2点、刺突具などが発見されている。この時期の炭素14による年代は4870 ± 180BPを示す。

腰井子遺跡（吉林省文物考古研究所他 1992）

吉林省長嶺県の大沼沢地区に浮かぶように南北に走る台地上に立地する新石器時代の遺跡で、各層にわたり魚骨が厚く堆積していたと記されるが、その鑑定報告はない。漁撈具には固定式銛の他に、逆刺の付いた離頭銛などとともに疑似餌が出土している。一つは報告では蚌匕とされているもので、長さ10.7cm幅2.2cm、先端部に孔をもつ。他の形態は骨飾とされるもので、長さ4.2cm幅1.5cmの長方形を呈し、両端近くにそれぞれ一孔を穿っている。周辺は磨光してあるという。

伴出する遺物には磨棒などはみられるものの典型的な農具はないことから、農耕文化段階に至っているとは想定できない。左家山遺跡とほぼ同じ時期のものであろう。

白金宝遺跡（黒龍江省文物考古工作隊 1980）

白金宝遺跡は嫩江の下流、約10kmで第二松花江と接する地点にあり、付近は河川の氾濫でできた幾多の沼沢を点在させる平原と砂丘や沖積台地からなり、遺跡は比高差が20mほどの嫩江左岸段丘上に立地する。白金宝文化の標識遺跡であり、炭素14による年代では、2900 ± 100BP、3290 ± 170BPの数値

を示す。多数の固定式銛や離頭銛、回転銛に混じって骨製の疑似餌がある。動物の肢骨を利用してつくるもので先端部に孔を空け、中央から下位部分を半裁する。長さは 8.5cm を測る。

漁場遺跡（吉林省博物館文物隊・吉林大学歴史系考古専業 1976）

吉林省大安県の洮児河と嫩江が混ざる地点にできた湖の南岸にある漢書二期の墓地で、3 点の蚌製疑似餌が出土している。前面は細く加工して刀状を呈する。先端部には一孔が穿たれている。

新開流遺跡（黒龍江文物工作隊 1979）

烏蘇里江の源である興凱湖とその北側にある小興凱湖に挟まれた丘上にある、新石器時代早期から後期にかけての集落遺跡で、回転銛、離頭銛、固定式刺突具などの多数の漁撈具に混じって、上層期にはイノシシの牙を加工した疑似餌が出土している。報告では牙刀もしくは牙飾とされているもので、牙刀は末端部に孔をもち、その反対部分を斜めにそぎ落としたもので、牙飾は一方の端を尖らせて他方は平坦に加工し、両端に孔をそれぞれ 1 個空ける。前者は 24 点、後者は 7 点の出土をみる。さらに鷹の口頭部を模倣した彫刻も長さが 7.3cm と手頃で、疑似餌の一つかもしれない。

東康遺跡（黒龍江省博物館 1975、黒龍江省博物館考古部他 1983）

牡丹江上流、渤海時代の上京龍泉府がおかれた東京城の東 6km にあり、牡丹江に注ぐ馬蓮河北岸の第二段丘上に遺跡は立地する。いわゆる団結文化に属し、漁撈とともに初期的農耕を営んでいたと想定される段階にある（村上 1987）。

鈎網器と報告されたものがこれで第 1 次調査では 7 点出土している。大きなものは長さが 9.3cm 幅 1.9cm で一方の端を上向きに尖らせ、他方の端に一孔をもつ偏平な作りで、小さな類例は長さ 3.5cm 幅 1.1cm を測る。

第 2 次調査出土品は 3 点あり、獣の骨を偏平に加工して一端を尖らせ、中央部付近に孔を空けている。長さについては記載がなく不明。またこの遺跡では「く」の字をした「逆 T 字形」釣針が 3 点出土している。組み合わせからみて疑似餌に付けられていたことが想定される。

これら疑似餌の年代をみてゆくとコンドン遺跡出土品や左家山遺跡、腰井子遺跡のものが最も遡上し、ほぼ 5000 年前にあたる。今のところ年代的にはこ

の技法は、黒龍江水域での淡水魚を捕獲する手法として発明されたように窺える。こうした伝統は今日の東北北部に居住するツングース系の少数民族の技法に直接繋がる可能性は高い。

　顎倫春族の民族誌によると、毛の付いたネズミやリスを使っての疑似餌釣りにより、イトウとかコグチマスといった1mを越す魚を釣り上げる方法がみられる（韓有峰1991）。夕方から夜間にかけて疑似餌を水面すれすれに走らせると、大型の魚がかぶりつき、容易に捕獲できるという。上で挙げた東康遺跡の例は、このようにネズミやイタチあるいはリスなどの皮を巻付けて疑似餌とするものであり、左家山遺跡などの貝で作るものはそれ自体が夕方水面を跳びはねる小魚を彷彿させるのである。後者の素材として使われる貝、軟玉、動物の骨はいずれも光りに反射しやすい性質のものである点で一致をみる。

　中国東北部の新石器時代遺跡においては各遺跡から殆ど魚骨の出土を伝えるが、鑑定された事例は3ヶ所に過ぎない。

　オロス貝塚　コイ、フナ、ナマズ、コウライハゲギギ、カムルチー
　元宝溝遺跡　コイ、ケツギョ、ハス、アオウオ、タウナギ、ソウギョ、カワ
　　　　　　　ヒラ
　新開流遺跡　アオウオ、コイ、ナマズ、サケ

　これら数少ない報告の中から疑似餌釣りの対象となるのは、ネズミやイタチといった小型動物を食べる種類が挙げられ、元宝溝遺跡出土のケツギョがまず対象として想定できる。その他遺跡出土の報告はないが中国東北の北部地域についての地方誌にはしばしば登場する（岡本1940）イトウやコグチマス、カモグチもその重要な対象であったと想定され、いずれも今後の新石器時代から青銅器時代の遺跡発掘調査で検出が期待される。

離頭銛の出土例

　東北アジアで離頭銛と想定できるものには、非回転式と回転式の両者があり、後者は閉窩式と開窩式に別れる。その他に石鋸を組み合わせてつくる銛、石銛などは使用方法によっては離頭銛としても使われた可能性があるが、今は取り上げない。さらに基部の短い固定式銛も弓弭状角製品や環状角製品などを使っ

て離頭銛として使われることもあるが、この地域ではそうした付属品は未だ注目されていない。

　この地方に回転式離頭銛が存在することは前田潮によって指摘され（前田1974）、後に山浦清により日本海北方水域との関連が述べられた（山浦1980、1983）。また宋兆麟は中国新石器時代出土の銛を分析する中で昂々渓遺跡の銛などに言及し、離頭銛を有孔銛と有帯銛に区分し、顎倫春族のマレックとの比較で、その使用法を復元している（宋兆麟1979）。ただし顎春族のマレックは必ずしも柄と先端部が切り離されないために、有孔銛は離頭銛の一種として扱いたい。ここではこれまでに中国東北北部地域やその隣接地で発見されている離頭銛を集成して、その年代と分布を把握することにする。

昂々渓遺跡（尹達1955）

　細石器を中心として、一部に磨製石器や土器を含む文化層から骨製の逆刺をもつ銛が発見されている。数回にわたって発掘がなされているが、全体を統括する報告がないためにその概要が必ずしも明らかではない。またその所属年代も確定し難い。

　図示されたものの中には末端部に孔をもつ離頭銛がある。

二克浅遺跡（安路・賈偉明1986）

　嫩江上流の左岸段丘上に立地する墓地群で、白金宝文化と漢書二期文化の中間に位置する時期と想定されている。この墓地のうち6号墓から3点の片側に逆刺のある有孔離頭銛が検出されている。図示された1点には孔から紐を嵌め込むように浅い筋が彫られている。長さは14cm（図22-4）。

官地遺跡（趙善桐1965）

　嫩江左岸台地上の小高い丘にある白金宝文化期の遺跡で、墓の副葬品として2点の銛頭が出土している。中央部に2孔をもつが、説明や図によっても閉窩式か開窩式か不明。

黄家圍子遺跡（吉林省文物考古研究所1988）

　嫩江の支流である呼爾達河の流域にあり、遺物包含層から大量の貝、魚骨、小動物の遺骸とともに細石器、隆起文土器が発見されている。図示された1点の銛は逆刺を1個もち末端部近くに紐を縛るための抉り込みがみられるもので、長さ9.3cm、幅1.7cmを測る（図22-1）。

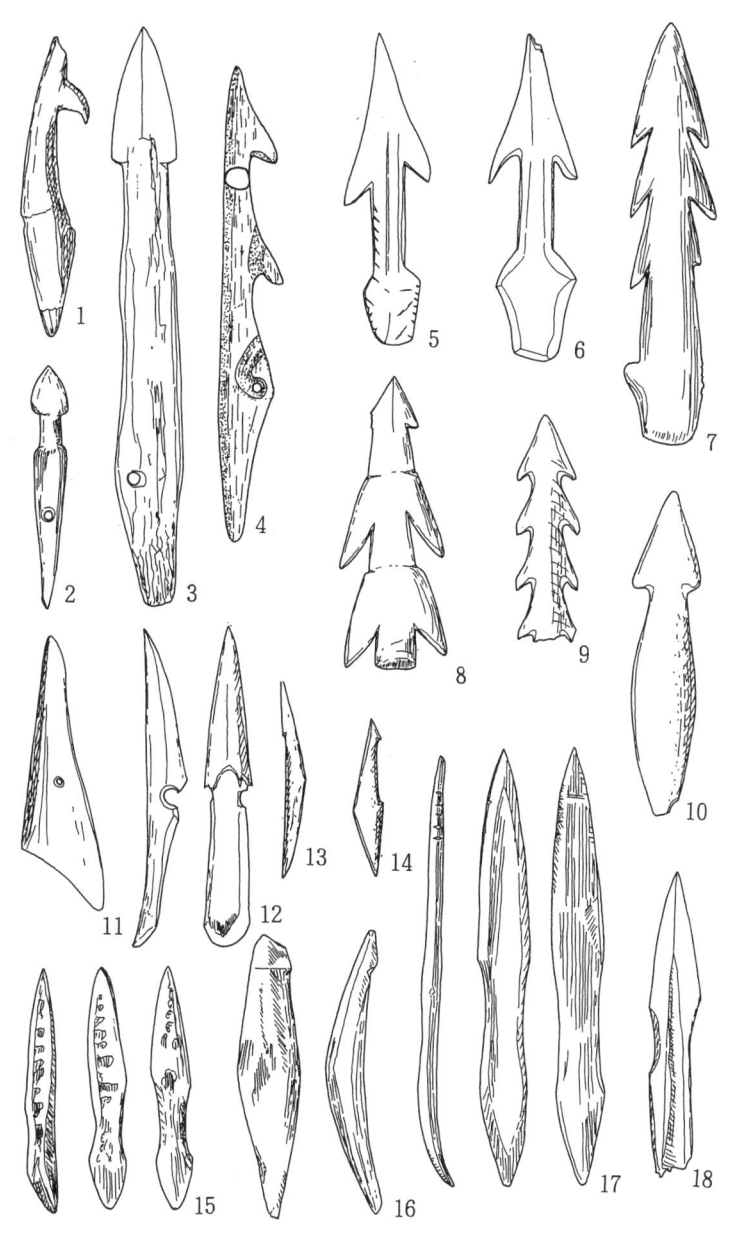

第2節　東北アジア内陸部の先史漁撈　235

図22　**離頭銛実測図**（縮尺1/2.5）（1：黄家圍子、2〜3、12：白金宝、4：二克浅、5〜6、8：西浦項、7：農圃、9、13、14：新開流、10：前山、11：東山頭、15〜17：ペスチャヌイ、18：老山頭）

東山頭遺跡（吉林省博物館 1961）

遺跡は嫩江右岸に展開する底湿地から、約30mの高さをもって南北に細く延びる台地上の北端に立地する。白金宝文化期の墓地が3基発掘され、うち1基の男性墓の左股骨上から閉窩式の離頭銛が1点出土している。長さは8.3cmで三角形をなし、中央に1孔をもつ（図22‐11）。

漢書遺跡（吉林大学歴史系考古専業・吉林省博物館考古隊 1982）

漢代と並行する頃と想定される漢書第二期文化層から帯孔骨器が出土したことが記されている。離頭銛の事とも受け止められるが確実ではない。なおこの遺跡から滑石製の釣針の鋳型が検出されている。

左家山遺跡（吉林大学考古教研室 1989）

松花江の支流である伊通河の北岸の段丘上にあり、河面からの高さが約20mばかりである。新石器時代の小珠山下層段階以降、新石器時代の終末にかけて連続する大規模な集落遺跡であり、その第3期に逆刺をもつ骨製の有帯銛頭が確認されている。長さは12.6cmで末端部は斜めに殺ぎ落とされ、着柄の便をなしている。

泡子沿前山遺跡（吉林市博物館 1985）

吉林市内の泡に囲まれた丘陵の上に立地する西団山文化期の居住地と石棺墓からなる遺跡で、住居址の中から逆刺をもつ開窩式の回転離頭銛が1点出土している。動物（シカ科？）の管骨を利用してつくる、内面がやや窪むもので、長さは9.9cm、幅1.9cmを測る（図22‐10）。

腰井子遺跡（吉林省文物考古研究所他 1992）

吉林省のほぼ中央部にあり、広々とした草原と大規模な沼沢地に囲まれた低い丘上に遺跡はある。左家山遺跡の第一期から第三期に相当する時期の集落址で、逆刺をもつ離頭銛や紐を結ぶための抉りをもつ骨製品が数多く発見されている。遺跡では魚骨が厚く堆積していたと記されるが、分析はなされていない。

白金宝遺跡（黒龍江省文物考古工作隊 1980）

嫩江が第二松花江と交わる付近の左岸台地上にある紀元前1000年前後の白金宝文化の標識遺跡で、住居址から多数の銛頭が出土している。それらは孔をもつ離頭銛（図22‐2・3）と閉窩式の回転式離頭銛に分けられ、前者の出土量が多いらしい。回転式離頭銛は中央部に孔を1対もつ長さが9.6cmのもので、

孔のすぐ上にわずかな逆刺がみられる（図22-12）。なお離頭銛の一部は矛として分類されるほどの大形のものがある（図22-3）。長さが17.4cmほどで、末端部近くに孔が1点穿たれている。

老山頭遺跡（趙善桐1962）

松花江右岸の河面をみおろす低い山の頂きにある集落遺跡で、大量の魚骨とともに1点の回転式離頭銛が出土している。動物（シカ科？）の管骨を利用し、中央部に浅い抉りをもつ簡単なもので、開窩式銛であろう（図22-18）。

大牡丹屯遺跡（黒龍江省博物館1961）

牡丹江上流の団結文化に属する遺跡から開窩式離頭銛と想定できるものが出土していることが、山浦によって指摘されている（山浦1983）。写真でしか知り得ないが、形態的には妥当するようだ。

牛場遺跡（黒龍江省博物館1960）

牡丹江上流の第1段丘上にあり、石灰場遺跡や東康遺跡とは指呼の間にあり、また渤海の上京龍泉府の4km東に位置している。団結文化の文化層のなかで大量の魚骨に混じって、1点の離頭銛が採集されている。円みを帯びた逆刺の両下に紐掛けのための浅い抉りをもつもので、矛として報告されている。

新開流遺跡（黒龍江省文物考古工作隊1979）

遺跡発掘報告では逆T字形釣針とされたものは、山浦によって開窩式離頭銛であることが突き止められている。併せて7点出土していて、大きさは4.5～6cmとまちまちであるが、湾曲する片側にかすかな逆刺をもつ（図22-13・14）。この他にも有帯銛が多数みられるが固定式銛か離頭銛かの区別ができない。いずれも上層文化期に属するもので、炭素14年代では6080±130BPを示している。

ペスチャヌイ遺跡（Окладников 1963）

ペスチャヌイ半島先端部の周辺海岸段丘上に形成されたヤンコフスキー文化の代表的な遺跡で、多数の開窩式回転離頭銛（図22-15・17）、結合式釣針、単式釣針などが多数出土している。回転式銛の中には新開流遺跡と同様な型式もみられる（図22-16）。この遺跡からは大型の海獣や魚の骨が大量に発見されている。

クラーク5遺跡（Komoto and Obata 2007）

沿海州南部ピョートル大帝湾に面する入江の砂丘上に立地するザイサノフカ文化からヤンコフスキー文化期の集落址で、ヤス以外に、開窩式と閉窩式回転離頭銛、逆T字形釣針、イヌの犬歯で拵えた結合式釣針の針などが発掘されている。採取された魚骨には、淡水、汽水、沿海と様々に異なった水域に棲息するものがみられた。

ザイサノフカ7遺跡

ザイサノフカ遺跡群はエクスペヂシア湾に注ぐグラドカヤ川下流に形成された砂丘とその周辺の台地上に立地する先史時代遺跡群である。ザイサノフカ1遺跡がアンドリエフに紹介された地点で、第2地点はヤンコフスキー期の貝塚遺跡である。7地点は砂丘のほぼ中ほどに位置し、前面には湾を背後には湿地帯を控える生態環境にある。ザイサノフカ文化に属する開窩式の回転離頭銛1点が発掘されている（Komoto and Obata 2005）。また閉窩式回転離頭銛と推測される破片2点もみられる。

ポポフによるとボイスマン文化期に属する遺跡でも各種の銛や単式釣針が発掘されている。またポセット博物館にはエクスペヂシア湾からポセット湾一帯の遺物が採集されていて、その中に逆T字形釣針や結合式釣針の針も存在する（Obata 2007）。

西浦項遺跡（金用玕・徐国泰 1972）

豆満江出口の裏側にあたり全面に広いラグーンを望む小高い丘陵上にあり、新石器時代の初期から鉄器時代にいたる大規模な居住遺跡である。大量の海獣が発掘され、豊富な漁具も報告されている。離頭銛と断定できるのは両側に逆刺をもつ長さが9.2〜9.7cmのもので（図22-5・6）、新石器時代の初頭に属する。そのほかにも新石器時代中期の三段の逆刺をもつ長さが8.8cmの骨製銛頭もみられる（図22-8）。小型の銛は固定式か離頭銛か判定できないものが多い。青銅器時代（紀元前一千年紀）になると明らかに開窩式離頭銛と想定できる型式が登場する。

この遺跡では多数の海獣類が出土している。今その数量を掲げると、ゴマフアザラシ43頭、トド1頭、クロアシカ78頭、オットセイ47頭、スナメリ9頭、セミクジラ8頭であり、発掘面積に比べて出土料の多さが目を引く。

農圃遺跡（考古学研究室 1957）

朝鮮東北部の海岸平野に浮かぶ新石器時代後期の集落遺跡で、西浦項遺跡と同様な逆を三段もつ長さが 12.6cm の離頭銛と逆刺が片側にのみある離頭銛がそれぞれ 1 点ずつ出土している。

離頭銛と捕獲対象

片側に逆刺をもつ銛は旧石器時代後期からすでに認められ、新石器時代初頭には東北各地で報告されている。これらはいずれも固定式の銛と想定され、離頭銛がいつからこの地方に出現するか明らかではない。非回転離頭銛で年代が最も遡上するのは、黄家園子遺跡や西浦項遺跡の例で次いで新開流遺跡の例が挙げられる。これと形態的に近いものに左家山遺跡出土品がある。これらは銛の端部に節を作り紐で括るものであるが、非固定式銛であると断定するには疑問の余地がないわけではない。より明確に離頭銛と想定できる有孔の離頭銛は二克浅の墓地副葬品で春秋期にあたる。昂々渓遺跡の例もこれと同類であるが、その所属年代は必ずしも明らかではない。もしも昂々渓遺跡の出土品が新石器時代初頭に属するのであれば、先の黄家園子遺跡の例も離頭銛として推定でき、新石器時代の当初から節帯をもつ離頭銛と孔をもつ離頭銛の二種類が存在していたことになる。下っても新開流上層段階には確実に登場していたことが知られる。

回転式離頭銛も最古のものは新開流遺跡の事例である。しかし東北アジア北部で一般的にみられるようになるのは白金宝文化以降の段階であり、紀元前二千年紀のある段階で、かなり急速にこの漁撈法が東北アジアに展開して行ったことを窺わせる。

こうした銛漁撈はその対象として想定できるのは沿岸部では海獣類であり、内陸河川では大型魚類である。黒龍江流域に生活する赫哲族は離頭銛を使用してソウギョを捕獲することが知られている（凌純声 1934）。しかし、それ以外にチョウザメも離頭銛の主たる対象になっていたことは、例えば 19 世紀初めに斉斉哈爾に赴任した清の官僚である西清の『黒龍江外記』巻八には、

　　捕之法、長縄系叉、叉魚背縦去徐挽縄以従数里外、魚倦少休、敲其鼻、
　　鼻骨至跪、破則一身力竭、然后戮其腮使痛、自然一莒登岸、索倫尤壇能。

とあることによって、離頭銛によるチョウザメの捕獲が行われていたことを窺うことができる。同様の記述は光緒13年10月に記録された曹廷杰の『西伯東偏紀要』にも窺うことができるし、今日顎倫春族の漁法にも見ることができる。するとこれら東北アジア出土の銛などは主として、チョウザメなどの大型魚類の捕獲にまずは充てられていたと想定できよう。

文献にみられるチョウザメ

中国東北地域で今日までに報告された発掘調査例のなかではチョウザメの出土は確かめられていないので、漁撈技術と捕獲対象動物の関係が明確になりにくい。しかし文献史料においてはチョウザメがしばしば登場し、チョウザメ捕獲の記事さえ記録されている。チョウザメは古くは秦王魚もしくは牛魚と呼ばれ、後に鱏魚、鰉魚、あるいは鱘魚の名称が一般的となる。そこでここではこうした文献史料によって窺われるチョウザメについて見て行き、考古学的遺物との関連を考えて行こう。

今日中国東北地域で見られるチョウザメには3種類がある。

　　アムールチョウザメ *Acipenser schrencki Brandt*（図23-1）
　　ダウリアチョウザメ *Huso dauricus Georgi*（図23-2）
　　チョウセンチョウザメ *Acipenser dabryanus Dumeril*（図23-3）

アムールチョウザメ（鱘魚）は主として松花江に産し、全長が3mほどを普通とする。肉は大変美味しく、頭骨は煮干しにされ、鰉魚脳として珍重された。ダウリアチョウザメ（鰉魚：カルーガ）は黒龍江の泥底に住み、夏季に河を遡のぼって産卵し、松花江では三姓（依蘭）まで上り、まれに嫩江まで達する。また烏蘇里江や興凱湖でも産卵するために上るチウザメがみられる。チョウセンチョウザメ（カラチョウザメ）は渤海湾に注ぐ河川に棲息する類で、鴨緑江から朝鮮中部地域にもたまに見ることができる。長江流域に棲息するものと同種で、冬に海に下るものもある。

東北アジアで当面対象となるのはアムールチョウザメとダウリアチョウザメの2種である。中国東北地方でのチョウザメについて記載された文献として、以下のようなものが挙げられる。

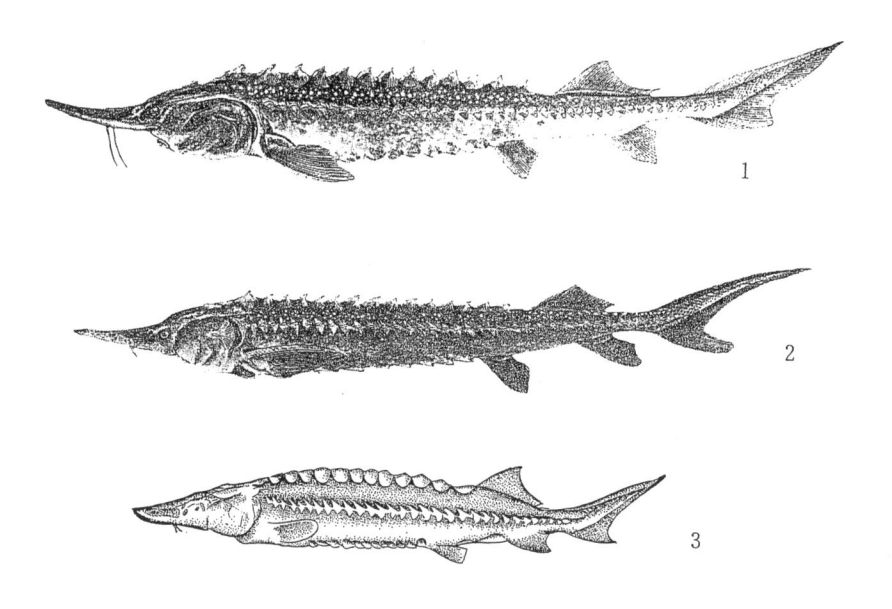

図23 チョウザメ実測図（縮尺約1/40）（1：アムール・チョウザメ、2：ダウリア・チョウザメ、3：チョウセン・チョウザメ）

嫩江のチョウザメ史料

北宋程大昌の『演繁露』には

　　契丹主撻魯河釣牛魚、以占歳。

とある。契丹（遼）の皇帝は春夏秋冬居住地を巡行するのを常とし、春正月から3月までの捺鉢（ナポ）は鴨子河（嫩江）下流にあった（『金史』巻三十二、「営衛志、中」）。そこで氷下の魚を捕獲していたという記載が少なからずみられる。撻魯河は今日の洮児河に当たり、春居住地近くの嫩江の下流で合流することから、このチョウザメ釣の記述は正月恒例の占いとも想定される。

先に引いた西清撰『黒龍江外記』では嫩江下流の斉斉哈爾城付近での魚についての記載がみられる。その巻八には

　　鱏鰉魚古名秦王魚、音之訛也。大者首専車。捕之之法……

とある。しかしこれより以前、17世紀に父の配流に従ってこの地域を訪れた方式済の『龍沙紀略』には、清への貢納品として魚類ではアムールイトウを挙

げ、物産には夏にはコイ、冬にはヒラウオ、ケツギョがあるとするほかカモグチに話が及んでいるが、チョウザメには言及していない。これからすると嫩江流域ではチョウザメは量的に多くはなかったことも考えられる。

松花江および黒龍江のチョウザメ史料

　北魏、隋唐時代には第二松花江は速末水もしくは粟末水と呼ばれ、遼の太宗の時に混同江と改称され（946年）、さらに聖宗の時に第一、第二松花江が一筋の河川と認識されて、混同江と統一的に呼ばれるようになった（1024年）が、一部土地の人は松阿里江または松花里江とも称した。また大きな川という意味の満語の烏喇をつけて烏喇江と呼ぶ場合もある。黒龍江は隋唐時代以来黒水の呼称が一般的であるが、文献によっては時に松花江、混同江と混乱している場合がある（『金史』巻一に「混同江亦号黒龍江」とある。また下って清代の文献にも混同江が海に尽きることを記述する例もあり、黒龍江が松花江と合流して海に流れるまでは、黒龍江とも混同江とも称されてこの河に関する呼称は必ずしも一定しなかったらしい）。

　『金史』巻二四、「地理志上」には

　　　　会寧府旧歳貢秦王魚、大定十二年（1172）罷之。

とあり、金の上京会寧府は哈爾濱近くの阿什河流域にあり、その下流は松花江に注いでいる。首都近くでの捕獲であれば東流松花江を指すとみられるが、金の会寧府の支配領域は、北は海倫から南は長白山に及ぶために、捕獲場所は松花江流域としか特定できない。北宋周麟之撰『海陵集』に記された、

　　　　有梁大使者、先朝内侍官也。入館伝旨、賜金蘭酒二瓶、銀魚、牛魚二盤。
　　　　又云出渾同江、其大如牛。

は、宋から金への使者として遣わされた人の記録であり、また次の南宋周必大撰『二老堂雑志』は周麟之のことにも言及しているので、事例としては同一である。

　　　　金主愛之、亨以所釣牛魚、非旧例也。

『大明一統志』巻八九「女真」には、

　　　　鱏鰉魚牛魚、混同江出、大者長丈五尺、重三百斤、無鱗、骨脂肉相間、
　　　　食之味佳。

とある。以上の文献の上では場所の特定できないまでも松花江流域でチョウザメが棲息していたことを記すのに対して、以下の記録は第二松花江中流域の烏喇地方でのチョウザメについて記述したものである。

『清太祖実録』天聡九年十一月発丑の条。

又遼河向無鱘鰉魚、惟烏喇江黒龍江有之。

南懐仁撰『韃靼旅行記』

烏喇是臨江城市、去吉林三十三里、稍上流所、盛産鱘鰉魚。

高士奇撰『扈従東巡日記』

我太祖高皇帝攻取烏喇地為我有。山多黒松、結松子甚巨。土産人参、水出北珠、江有鱏魚、禽有鷹鵰、海東青之類。

『扈従日記』

去大烏喇據村、八十里、地名冷塮、産鰉魚據。

また次の文献は清代においての松花江流域でのチョウザメの特産について記すが、場所は特定できない。第二松花江流域一帯での事柄であろう。

『大清一統志』

牛魚出女真混同江、大者長丈余、重三百斤、其肉脂相間、食之味佳。

薩英額撰『吉林外記』巻七、物産條

鱏鰉即鱘也。長丈余、鼻長有鬚、口近頷下。

『盛京通志』

牛魚出混同江。

姚元之撰『竹葉亭雑記』巻八

鰉魚肥骨、鰉魚頭也。出黒龍江一帯、魚頭大者、須一車載之。

『東海小志』

鱘魚遼名色里麻魚、鰉魚即鱘魚、肉白脂黄、遼時名阿八児魚、今出混同江。

以上の他に15世紀中頃の原本をもとに嘉靖16年（1537）編纂した『遼東志』やそれを補綴した『全遼志』にもこの地方の物産として、チョウザメの記載がみられる。また以下の三点の記録は清代後半期の烏喇でのチョウザメ猟を記録したものである。

英喜撰『打牲烏喇志典全書』巻二

採捕鱘鰉魚条

『欽定大清会典事例』巻八百八十九

　　毎旗選壮丁十九名、於冬夏二季、専捕鱏鰉魚、免捕貂鼠。

『打牲烏喇地方郷土志』物産の条

　以上の記録は宋代以降において、チョウザメが松花江や黒龍江流域では特産物であったことを窺わせる。清への貢納品であったことは、そのことを強く物語るものである。さらに朱国忱と魏国忠によると、チョウザメの捕獲は渤海時期まで遡上することができる（朱国忱・魏国忠 1984）。

牡丹江の史料

　清の呉振臣撰『寧古塔紀略』は17世紀後半に父に従って寧古塔（今日の寧安県）で生活した時分の記録で、その流域に住むギリヤークなどの少数民族を含めて、牡丹江流域の風俗が数多く描かれている。その中で牡丹江上流域での魚類について次のような記載がある。

　　（牡丹）江中有魚（トガリヒラウオ）、極鮮肥而多。有形似縮項鱏、満名発祿。満州人喜食之、夏間最多。……亦有鱏鰉、他如青魚、鯉魚、鯿魚、鮒魚其最多者也。

　清の楊賓撰『柳辺紀略』は父親が南明の政治活動に係わりあいがあったとして、17世紀後半に寧古塔に流されたために、後1671年から72年にかけて父を尋ねて寧古塔（寧安県）を訪れた時の記録が中心となったものである。その巻三には、

　　牛魚鱏也。頭略似牛、微与南方有別、土人直呼為鞘、中土人或謂之牛耳、重数百斤、或千斤、混同、黒龍両江、虎児哈河皆有之。

とあって松花江や黒龍江、牡丹江でチョウザメが捕られたことがわかる。また今日の吉林市周辺の物産として

　　柳条辺外山野江河産珠人参貂獺……鱏鰉諸物。

が掲げられて、第二松花江でチョウザメ猟が行われていたことを記録している。

　以上の文献の記するところによると、渤海期から清代にかけて松花江流域や嫩江下流域、それに牡丹江流域や黒龍江流域ではチョウザメは確実に捕獲されていたことが分かる。なかでも第二松花江の吉林北部烏拉街では、チョウザメの清への朝貢品を捕獲する特定の場所が、17世紀以降設定されていたほどで

あった。しかし、清代末期に作成された『長白匯征録』によれば、第二松花江上流地域においては棲息する主な魚として、コイ、ヒラウオ、フナ、ハクレン、コクレン、ケツギョ、カムルチー、ウナギ、タウナギ、イノシシギギ、アカメマス、アオウオは掲げられているもののチョウザメに関する記述はなく、この地域はチョウザメの自然分布範囲から外れていた可能性が高い。

すると第二松花江中流域から松花江それに黒龍江にはチョウザメがかなりの密度で棲息していたと推定できるし、嫩江も下流地域には分布していたといえよう。またこれまでの文献による記述の違いから、松花江流域では大型のアムールチョウザメが、黒龍江流域ではそれよりやや小型のダウリアチョウザメが捕獲されていたと考定される。

離頭銛による漁撈は、沿岸部においてはその対象が海獣類であったことはこれまでに推定されてきた（前田 1974、山浦 1980）。実際、離頭銛が出土する遺跡では海獣類が多く出土している（ペスチャヌイ、西浦項、農圃、東三洞各遺跡など）（甲元 1993a）し、離頭銛の分布範囲に海獣類も多く発見されている。従って離頭銛は海獣類あるいは大型の魚が捕獲対象であったことがまず想定できる。バイカル湖周辺の中石器時代から新石器時代にかけては銛や結合式釣針によって、チョウザメが多く捕獲されていたことが知られるし（甲元 1987a）、歴史時代の中国においてもこのようにチョウザメに対する漁撈が重要であったこと、さらに内陸河川一帯に離頭銛が分布することなどを併せ考えると、新石器時代の遺跡からチョウザメの骨の出土はこれまで報告されていないものの、東北北部において離頭銛によってチョウザメが捕獲されていたと想定することは充分可能である。

おわりに

先史時代の東北アジアの内陸部においてはこのように多種多様な漁撈具が存在していて、それが一つの大きな特色となっている。そしてそれらは機能分化しながら、使用されていたことを窺わせるのである。在来の石錘や土錘による網漁撈は中小の魚類が対象であり、長江型土錘が導入されるとハクレン、コクレンそれにソウギョといったコイ科の淡水魚が捕獲の対象となり、疑似餌を使

う釣り漁撈はイトウやコグチマス、あるいはカモグチといった大型の肉食魚類が、離頭銛はチョウザメなどの大型の魚類が主たる対象であったと考えられる。

問題なのは内陸河川と沿岸部という魚種が異なる地域に、少しずつ組み合わせや形態を変えながらも共通する漁撈具が分布する現象をどのように理解するかである。ちなみに東北アジア内陸部と沿岸部それに朝鮮の南部地域の先史時代漁撈具をまとめると次のようになる。

　　　東北アジア内陸部　　網漁撈－切目・打ち欠き石錘
　　　　　　　　　　　　　釣漁撈－逆T字形釣針、単式釣針、疑似餌、
　　　　　　　　　　　　　銛漁撈－固定銛、離頭銛（回転式、非回転式）
　　　東北アジア沿岸部　　網漁撈－切目・打ち欠き石錘
　　　　　　　　　　　　　釣漁撈－結合式釣針、単式釣針
　　　　　　　　　　　　　銛漁撈－固定銛（組み合わせ銛）、離頭銛（回転式）
　　　朝鮮南部沿岸　　　　網漁撈－切目・打ち欠き石錘
　　　　　　　　　　　　　釣漁撈－結合式釣針
　　　　　　　　　　　　　銛漁撈－固定式（組み合わせ銛）、離頭銛（回転式）

結合式釣針は未だ中国東北部の内陸部では存在が確認されていないが、シベリア東部地域には分布しているので、今後発見される可能性は高い。対称的なのは非回転銛と固定式とした組み合わせ銛の分布である。石鋸はシルカ洞窟や朝鮮東北の茂山といった内陸地点から出土している以外は、いずれも朝鮮以南の沿岸部にのみ分布がみられる（山﨑1988）。この二者は現在までの分布状況を見て行くと、いわば棲み分けの状態にあり、非回転式の離頭銛の代用として石鋸を使う組み合わせ銛が出現した可能性が高いことを物語っている。

東北アジアにみられる共通する漁撈方法は、明確には新開流遺跡段階からはじまり、考え方によっては新石器時代初頭にまで遡上することがその所属年代により分かる。すると基本的には内陸河川一帯で開発された漁撈技術が沿岸部に及んで魚種の異なりに対する処方から、幾つかの展開がなされたのではないかと想定もできよう。この想定を裏付けるものとして、沿岸部地域においては北部から南部に下るとともに、海獣類の種類が減少してゆき、それが西北九州に及んでいることである。朝鮮北部沿岸地域では、オットセイ、アザラシ、アシカ、イルカ、クジラが捕獲されているが、朝鮮南部ではこの組み合わせから

オットセイが脱落し、西北九州ではアザラシが抜け、中・南九州や山陰ではアシカが無くなる状況が描かれる。離頭銛、結合式釣針、組み合わせ銛にみられる漁撈具は豊富な海獣類や大型魚類が棲息する地域にあってこそ有効な道具であることから、こうした傾斜は日本海北部沿岸地域が海獣狩猟の出発点であった可能性を物語っているといえよう。さらに遡上すれば、内陸大河川流域で創造された大型淡水魚捕獲の方法が、回遊魚を求めての沿岸部地域との交渉の過程で、海獣類の捕獲へと転化していったと考えるほうが、出土漁撈具の年代的な観点からも符合する。

補註

(1) マークによれば黒龍江流域では大型魚を離頭銛で捕獲することがみられるが、魚種についての言及はない（マーク、北方産業研究所訳「アムール河流域民族誌（二）」『ユーラシア』6号、1972）。

挿図の出典

図21：Okradnikov 1963より、図22：各報告書より、図23：『中国経済動物志』淡水魚類、科学出版社、1963年より

第3節　黄・渤海沿岸地域の先史漁撈

はじめに

　新石器時代を対象とした考古学研究において、欧米と東アジア各国ではその手法に大きな異なりがみうけられる。ヨーロッパでは先史時代の文化遺物とりわけ土器の出土量が希少なために、分析の対象は動物や植物遺存体が中心であり、狩猟・漁撈・採集活動にともなう人類の行為を所与の生態的環境の中で具体的に叙述する点に特徴がみられる。こうした研究態度は土器や建物遺構などが卓越する西アジアを研究対象として取り上げる場合にも、原則的に引き継がれている。この方法は一定地域内での先史時代人の「環境に対する対応と適応」の側面では最もその有効性を発揮するものであり、花粉分析などによる環境の復元や動植物の生態的特色が有効裏にそのパラダイムに組み込まれるのである。ところがそれ故に生業活動に反映された技術的展開が結果論でしか語れないし、文化遺物自体で年代的枠組みが決定されないために、他地域との文化的関連性に対する比較検討が困難であり、先史時代特定地域の人類の特殊な行為が、すぐさま人類共通の行為として一般化される傾向にある。ヨーロッパの中石器時代から新石器時代への変換過程に対して提示された様々なパラダイムはこの軋轢から逃れ得ないのであり、この対局に位置するチャイルド的な取り組みへの回帰と離反は、学説的には必然的とも言えるのである。

　一方東アジアにおいては自然遺物の残存しにくい土壌環境の下で、土器や石器などの文化遺物が豊富に分布し、これらを型式学的に処理することで、広範囲に及ぶ編年的枠組みが可能となり、また特定地域の人類の文化的対応を相対化し、「確実な証拠」を用いて具体的に比較検討する有利さを備えている。このために東アジア諸地域においてはいわばチャイルド的取り組みが比較的容易に実践し得る歴史的環境にあると言えよう。ところがこれら文化的遺物のみを対象とした方法では、学説がいくら精緻に組み立てられても具体的な自然遺物の分析に基づいての具体的裏付けから導き出されることが希薄なために、一定

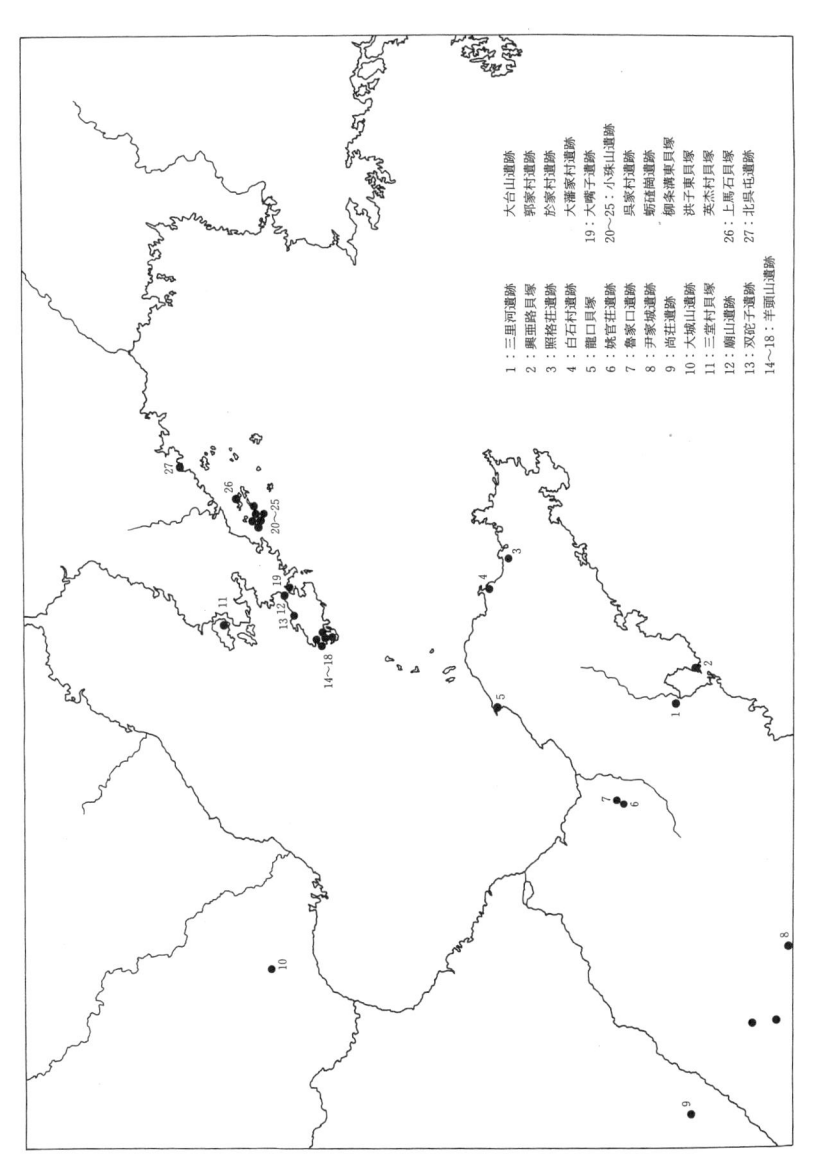

第3節 黄・渤海沿岸地域の先史漁撈 249

図24 本文に関連する遺跡

1：三里河遺跡
2：興亜路貝塚
3：照格荘遺跡
4：白石村遺跡
5：龍口貝塚
6：筅官荘遺跡
7：魯家口遺跡
8：尹家城遺跡
9：尚荘遺跡
10：大城山遺跡
11：三堂村貝塚
12：蛸山遺跡
13：双砣子遺跡
14〜18：羊頭窪遺跡
19：大嘴子遺跡
20〜25：小珠山遺跡
大台山遺跡
郭家村遺跡
於家村遺跡
大澤家村遺跡
呉家村遺跡
蛎碴崗遺跡
鮑条溝東貝塚
洪子東貝塚
英杰村遺跡
26：上馬石貝塚
27：北呉屯遺跡

の生態的環境下における人類の特殊個別的な行動の結果であるはずの行為が、何の媒介もなく一般化されやすい状況にある。そのため発掘により得られた個々の事象と一般化された認識の間の乖離は、歴史学的な理論により埋められる傾向にあることは否めない。

　こうしたいわばヨーロッパ的研究スタイルと東アジア的研究スタイルの間に横たわる溝は、東アジアをフィールドとする場合には、自然遺物を埋蔵する低湿地や貝塚遺跡を対象とした研究において埋められる可能性が高いことは自明の理であり、この分野においてヨーロッパ的に通年的な人間の行為の補足に成功していることは当然の帰結といえよう（Akazawa 1986）。これまでに先史時代遺跡出土の自然遺物を有効に活用することは、東北アジアを対象としても充分に可能であると知られたので（甲元 1991）、ここでは黄渤海沿岸地域の先史時代遺跡で出土する自然遺物とそれに対応する文化遺物を分析して、先史時代人の具体的な活動を把握するための第一歩としたい。

自然遺物を出土する遺跡

　山東半島は黄河の新旧河道により南北を区画されているために、黄河がもたらす大量の土砂によって、歴史的に地形がかなり変化を受けている。後氷期の最温暖期の海水面上昇期の半島部は、狭い回廊を通してわずかに大陸と繋がるだけの島状を呈していた可能性もある。今日渤海から約 50km 内陸に入った広饒県五村遺跡ではカキ、ハマグリ、アカガイなどが出土し、さらには 270Km 黄河を遡上した茌平県尚荘遺跡でハマグリが発見されていることも、その証跡とすることができよう。

　山東半島部での自然遺物を豊富に包含する貝塚については今日、社会科学院考古研究所の袁靖により精力的に調査がなされ、予察的な報告もなされているので、全体像が明らかにされる日も近いことであろう（袁靖 1995a、1995b）ここでは貝塚を含めて自然遺物の報告のある幾つかの遺跡の内容を取り上げることにする。

三里河遺跡　山東省青島市膠県

三里河遺跡は膠州湾に注ぐ膠菜河の支流である南河の北岸台地上に立地する大汶口文化から龍山文化に及ぶ集落と墓地で構成されている（中国社会科学院考古研究所 1988）。今日膠州湾からの距離は 10km を測るが、遺跡で検出された自然遺物から、遺跡形成当時には沿岸部に位置していたことが窺える。大汶口文化に属する灰坑内の焼土から炭化したアワが多量に発見されている他に、自然遺物も豊富に出土している。

○貝類
　　クボガイ　銹凹螺　*Chlorastoma rustica*
　　スガイ　朝鮮花冠小月螺　*Lunella coronata coreensis*
　　ウミニナ　縦帯灘栖螺　*Batillaria zonalis*
　　ヘナタリ　珠帯似蟹守螺　*Cerithidea cingulata*
　　イボニシ　疣茘枝螺　*Purpura clavigera*
　　チリメンボラ　脈紅螺　*Rapana venosa*
　　オカミミガイ　中国耳螺　*Ellioboium chinese*
　　サルボウ　毛蚶　*Arca subcrenata*
　　スミノエガキ　近江牡蛎　*Ostrea rivularis*
　　ハマグリ　文蛤　*Meretrix meretrix*
　　アサリ　蛤仔　*Ruditapes philippinarumu*
　　オキシジミ　青蛤　*Cyclina sinensis*
　　シオフキ　四角蛤蜊　*Mactra venerifarrnis*
　　タガソデモドキ　亜克稜蛤　*Trapazium sublaevigatum*
　　イシガイ　円頂珠蚌　*Unio douglaisiae*
　　ササノハ　剣状矛蚌　*Lanceolaria gladsala*
○軟体動物
　　ヤリイカ　針烏賊　*Sepia anadrcana steeslnup*
○棘皮動物
　　ウニ　細雕刻海膽　*Temnapleurus toreumaticus*
○節肢動物
　　イシガニ　日本鱘　*Charybdis japonica*
○魚類

ヒラ　庶魚　*Ilisa elongata*
ボラ　梭魚　*Mugil cephalus*
クロダイ　黒鯛　*Sprus macrocephalus*
サワラ　藍点馬鮫　*Scomberomorus niphonius*

　豊富な骨角製道具に反映される狩猟動物に関しては、大汶口文化期や龍山文化期のいずれの時期にもブタとシフゾウがみられることが本文中に簡単に言及されているに過ぎない。墓の随葬品としてブタやイノシシの頭骨、下顎骨、牙が多くあり、シフゾウの角、キバノロの牙も一般的な副葬品であった。大汶口文化期の墓中出土の魚骨に完形に近い遺存体が認められることから、魚を随葬する習慣があったことを示唆している。またイボニシやハマグリが身体の関節部付近に副葬される事例も11基の墓にあり、死者にまつわる特殊な観念の存在を窺わせる。この遺跡で出土した骨角製品には刺突具や鏃が多く（図25-1～8）、鏃の中には牙、骨製の他に蚌と称されるイシガイ科の貝で作られた製品もある。

　サワラは回遊魚で春4～5月頃産卵のために沿岸に近づき、ヒラやクロダイは本来沿岸の岩礁や浅い海を棲息地域とし、ボラは汽水性の魚であることから、膠州湾内の膠莱河の河口付近での漁撈活動に因ったことが推測される。貝類の中で淡水産のイシガイ、ササノハ、汽水性のオカミミガイの存在は、魚類と同様に遺跡形成当時には海岸線により近い位置にあったことを示している。海水産の貝はいずれも潮間帯や浅い潮下帯の泥砂海底や砂礫地帯に棲息するものであり、海水面からの深さが10mほどしかない膠州湾内での採集であることを窺わせる。

興亜路貝塚　山東省青島市

　戦前に神尾明正により発掘された資料で、膠州湾に面する海抜が25mほどの丘陵の末端部に位置している（神尾1942）。2時期にわたり貝層が形成されているが、出土した文化遺物はさして多くはなく、貝類について詳しい報告がある。

○貝類
　キサゴ　*Umbonium moniliferm costatum*

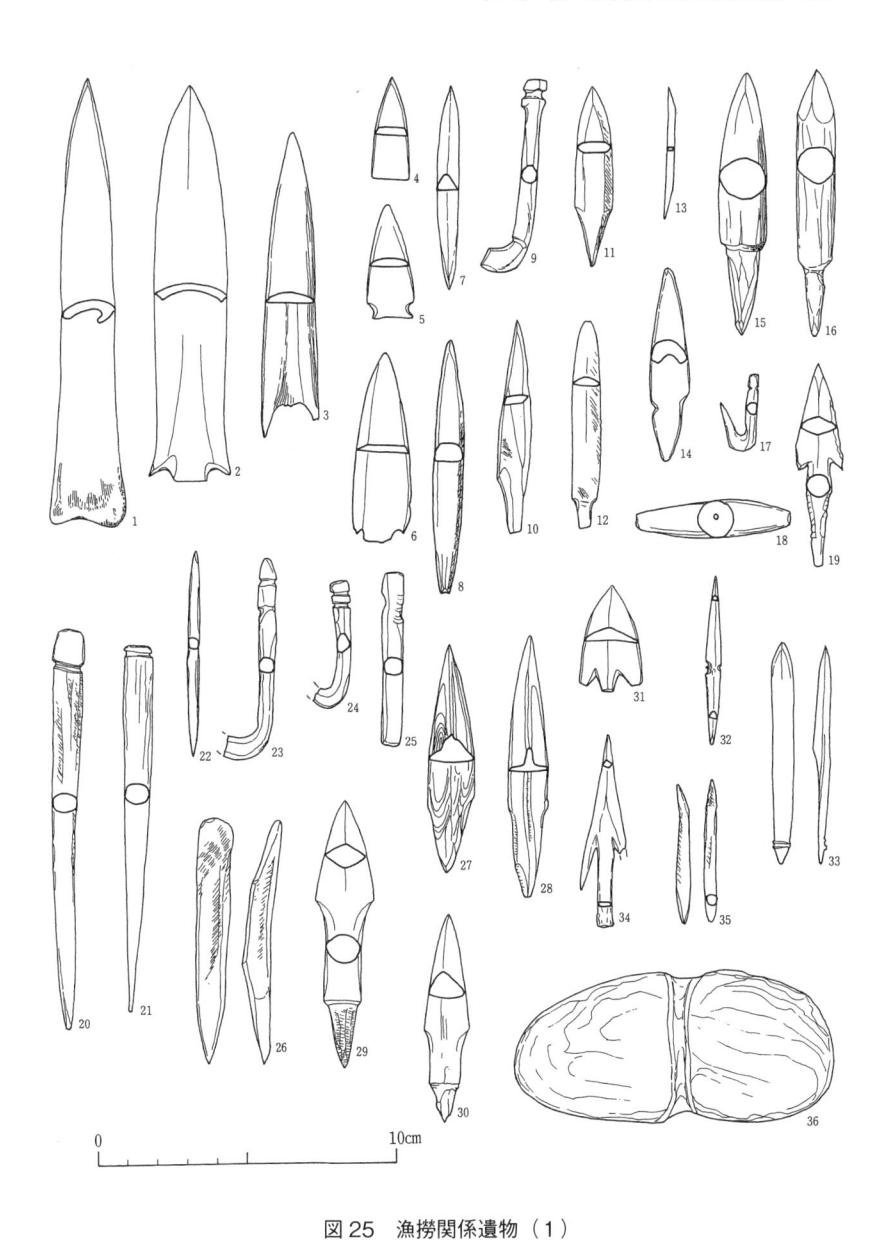

第3節　黄・渤海沿岸地域の先史漁撈　253

図25　漁撈関係遺物（1）
1～6：三里河遺跡、7～13：照格荘遺跡、14～19：姚官荘遺跡、
20～30：魯家遺構跡、31～36：白石村遺跡

スガイ *Turbo coronatus coreensis*、
オオタニシ *Viviparus japonicus*、
ウミニナ *Batillaria multiformis*、
ツメタガイ *Polinices didyma*
ブマフダマ *Nactica maculosa*
アカニシ *Rapana thomasiana*、
レイシ *Thais bronni*
イボニシ *Thais clavigera*
マガキ *Ostrea gigas*
アサリ *Venerupis philippinarum*
ユウフシゴカイ *Tellina juvenilis*
オオツノガイ *Mya arenaria*

オオタニシ以外は海水産で内湾製の貝類であり、前述の三里河遺跡出土種と大きな変化はない。このほかに哺乳類と魚の骨、ヤマネコの下顎骨が発見されている。

照格荘　山東省烟台市牟平県

遺跡は烟台市の東南に位置する牟平県城から東へ 1.5km の所にあり、南から北へ浅い切れ込みをもちながら緩やかに傾斜する台地の一端に位置し（中国社会科学院考古研究所山東発掘隊・煙台市文物管理委員会 1986）、黄海とは 6km 離れている。遺跡の東 2km に黄海に注ぐ秘水河がある。この遺跡は岳石文化に属する貝塚で、炭素 14 年代測定では 3,700 〜 3,800 BP を示す。

○貝類

タマガイ科　玉螺　*Natica* sp.
アカニシ　紅螺　*Rapana thomasiana*
サルボウ　毛蚶　*Arca subcrenata*
マガキ　大連湾牡蛎　*Ostrea tailienwhanensis*
アサリ　蛤仔　*Venerupis philippinarum*
ヒメアサリ　雑色蛤仔　*Venerupis variegata*
オキアサリ　等辺浅蛤　*Gomphia aequilatera*

ハマグリ　文蛤　*Meretrix meretrix*
○魚類
　クロダイ　黒鯛　*Sparus macrocephalus*
　サワラ　藍点馬鮫　*Scomberomorus niponius*
○哺乳類
　ブタ　猪　*Sus scrofa domestica*
　ウシ　牛　*Bos* sp.
　ヒツジ　羊　*Ovis* sp.
　イヌ　家犬　*Canis familiaris*
　サンバー　黒鹿　*Cervus unicolar*
　シフゾウ　麋鹿　*Elaphurus davidianus*
　ノロ　麅　*Capreolus caprelus*
　イノシシ　野猪　*Sus scrofa*
　タヌキ　貉　*Nyctereutus procyonoides*

　貝類はいずれも潮間帯もしくは浅い潮下帯の岩礁や砂地に棲息する類で、採集にはさほどの困難は伴わない。クロダイはマダイに比べて汽水域を好み、時には淡水域に遡上することもある。シカ科の中に水鹿（サンバー）がみられることは、遺跡付近には広大な湿地が展開していたことを示し、当時の海水面の上昇にあわせて後背湿地帯が形成されていたことを物語っている。家畜動物の中ではブタが最も多く、イヌがこれに次ぐ。野生動物の中ではシカ科に属する類が大多数を占め、それら大部分は道具の材料となったものであった。

　道具の中では石器は少なく骨角牙製品が量的に多くを占め、その中でもとりわけ刺突具が多数に及ぶ。釣針の出土は先曲げ部分を欠いたもの１点と逆Ｔ字形釣針と想定されるものが数点あるに過ぎない（図25-7〜13）。

白石村遺跡　山東省烟台市芝罘区

　烟台湾の背後に聳える金黄頂から芝罘湾に向かって傾斜する丘陵の先端部、海抜が61〜74mに貝塚は立地している（煙台市文物管理委員会1992）。文化層はⅠ期、Ⅱ期前、Ⅱ期後と三分され、Ⅰ期は遼東の小珠山下層に、Ⅱ期前は大汶口前期に、Ⅱ期後は小珠山中期にそれぞれ比定されている。

貝類や哺乳類についての言及はないが、Ⅰ期にハマグリを利用した組み合わせの腕輪が12点出土している。
○魚類
　　クロダイ　　黒鯛　　*Sparus macrocephalus*　　2体
　　マダイ　　　真鯛　　*Pagrosomus major*　　2体
　　スズキ　　　鱸　　　*Lateolabrax japonicus*
　　トラフグ　　紅鰭東方鲀　　*Fugu rubripes*
　これら報告された魚類はいずれもⅡ期に捕獲されたもので、骨から推定されたクロダイやマダイは中型から大型で、スズキは体長50cmと大型に属する。マダイは一般には海中深く棲息する類であるが、春の産卵期には沿岸近くに移動する性格をもっている。
　Ⅰ期では狩猟、漁撈（多くは組み合わせの銛と鏃）、農耕関係の遺物が比較的バランスをとって出土するのに対して、Ⅱ期では農耕関係石器とともに多数の骨角製品があり、その多くは刺突具と鏃で、その他に銛頭や2点の逆T字形釣針、結合式釣針もみられる。また雲母片岩を利用した大型の有溝石錘も3点出土しているが、漁網の両端に使用されたものか、逆T字形釣針の錘として利用されたものであろう（図26-31～36）。黄・渤海湾地区では最古の逆T字形釣針の出土例である。
　これら白石村遺跡で認められる漁撈関係遺物の増加は、大汶口文化前期における温暖化と海水面の上昇に合わせての漁撈活動の活発化を反映したものとみることができる。

龍口貝塚　　山東省龍口県

　龍口の北方に延びる砂丘が西側に半島状に屈曲する付け根あたりに位置し、小規模な墳丘状に盛り上がった海岸砂丘上に形成された点在する貝塚で、戦前駒井和愛などにより簡単な試掘調査が行われている（駒井1931）。
　出土する土器は岳石文化に属する段階のものと思われる。貝類は専門家により鑑定を受けていて、それらには下記のような種類がみられる。
○貝類
　　マガキ　*Ostrea laoerousei*

ツメタガイ *Polinices didyma*
アカニシ *Rapana thomasiana*
アサリ *Ruditapes philippinarum*
ウネウラシマ *Phalium japonica*
イボウミニナ *Batillaria zonalis*
フトヘナタリ *Cerithidea rhizoporarum*
ヘソアキクボガイ *Tegulaarigyrostoma*
クボガイ *Tegula umbilirata*
サルボウ *Arca subcrenata*
カキ *Ostera* sp.
貝類の中には貝輪の破片と推定されるものもあったという。

姚官荘遺跡　山東省濰坊市濰県

　山東半島の西部、白浪河の左岸にある小高い丘の裾平坦地に立地する龍山文化期の集落址である。自然遺物に関してはブタ、イヌ、シカ、ウシ、ヒツジの骨が出土して、家畜飼育が活発であったと記されるのみであるが、漁撈関係遺物の中には鏃に分類された開窩式の銛頭が3点と単式釣針1点がみられる（山東省文物考古研究所他1981）。刺突具は殆どなく、鏃は20点しか出土していない。また管状土錘も3点と少なく（図25‐14〜19）、この遺跡では漁撈に対する比重の低さを反映しているのであろうか。

魯家口遺跡　山東省濰坊市濰県魯家口村

　渤海湾に注ぐ白浪河の流域に開けた低湿地の中に浮かぶ海抜が11mほどの丘の上にある大汶口文化中期（炭素14年代では4,795 ± 90 BP）と龍山文化後期（炭素14年代では3655 − 3910 BPを示す）の集落と墓地遺跡で（中国社会科学院考古研究所山東隊他1985）、前述の姚官荘遺跡は白浪河を25km遡上したところにあり、莱州湾には白浪河を下って37kmで達する。出土した貝類の中に海水産の貝があり、魚は淡水産であることは注目される。
○貝類
　ハマグリ *Meretrix meretrix*

アカニシ *Arca inflata*

○魚類

アオウオ *Mylopharyngodon pieceus*

ソウギョ *Ctenopharyigodon idellus*

○哺乳類

ブタ *Sus scrofa domestica*

ウシ科 *Bos* sp.

ネコ *Felis catus*

ネズミ *Rattus* sp.

キヌゲネズミ *Myosplax psipalax*

シフゾウ *Elaphurus davidianus*

ニホンジカ *Cervus nippon*

キバノロ *Hydropotes inermis*

キツネ *Vulpes vulpes*

タヌキ *Nycteretes procynoides*

アナグマ *Meles meles*

ニホンジカ、キバノロやシフゾウの存在は、遺跡付近は当時森林と湿原が豊富であったことを示している。大汶口文化期と龍山文化期とでは哺乳類にはさしたる変化は認められないが、魚類と貝類は前者が多く後者は少ないことが報告されている。家畜動物にはブタ、ウシ、ネコ、アヒルがあり、魚類や貝類を除く動物の中では、ブタ 63.89％、ウシ 9.53％、ネコ 0.63％、アヒル 4.764％であり、ブタ飼育が卓越していたことを示している。これに反して獣類は全体で21％に過ぎず、経済活動に占める狩猟の割合の低さを物語っている。

漁撈関係遺物としては大汶口文化期には多数の刺突具の他に、骨製や蚌製の鏃、単式釣針2点（図25-24）があり、龍山文化期には石、骨、角、蚌製と各種の鏃が卓越してみられる。その他に組み合わせ式の銛や単式釣針2点、逆T字形釣針、管状土錘もある（図25-20～23・25～30）。

尹家城遺跡　山東省済寧市泗水県金荘郷

山東省の東南部の平原にあって、泗河の上流に注ぐ小河川により周囲を区画

された台地上に遺跡は立地している（山東大学歴史系考古専業教研室1990）。山東大学考古学研究室による数次に及ぶ発掘の結果、大汶口文化期から漢代にかけての大規模な集落址の全貌が明らかにされてきた。

貝類はすべて淡水産で8種確認されている。魚類にはボオウがあり、爬虫類にはヨースコウワニもみられる。哺乳類と鳥類に関しては時期別の割合が示されている。

○哺乳類
　イヌ *Canis familiaris*
　キツネ *Vulpes vulpes*
　ベンガルヤマネコ *Felis bengalensis*
　トラ *Panthera tigris*
　ブタ *Sus scrofa domestica*
　ニホンジカ *Cervus nippon*
　シフゾウ *Elaphurus davidianus*
　キョン *Muntiacus reevsi*
　コウギュウ *Bos taurus*

龍山文化期では193個体のうちブタ29.6％、イヌ2.6％、ウシ0.5％、ヒツジ0.5％、アヒル0.5％、シカ科64.8％であるのに対して、岳石文化期では171個体中ブタ38％、イヌ14％、ウシ8.2％、シカ科39.8％となり、殷周漢代では133個体中ブタ38.4％、イヌ12％、ウシ9％、シカ科36.8％をそれぞれ占めている。龍山文化期でシカ科の動物が6割以上を占め、その後は徐々に割合を減少して行くが、それでも3割強は狩猟動物であり、鏃が多いことと関連するものであろうか。

魚類の出土はボオウ1種と極めて限られているが、漁撈具と想定できる遺物は大変多く発見されている。龍山文化期では骨・角・貝製の鏃や刺突具が多量に出土し、その他に逆のついた銛、離頭銛も併せて9点ある。網錘は14点で、管状土錘と長方形の土板の両端に刻みを入れたもの、円形有溝土錘も見られる（図26-1・3～19）。岳石文化期でも骨・角・貝製の刺突具と鏃が多く、離頭銛や逆T字形釣針も少数出土し、網漁撈関係では管状土錘と円形有溝土錘、網針がある（図26-2・20～31）。殷代では刺突具が減少し、鏃も比較的多いが、

260 第3章 漁撈活動

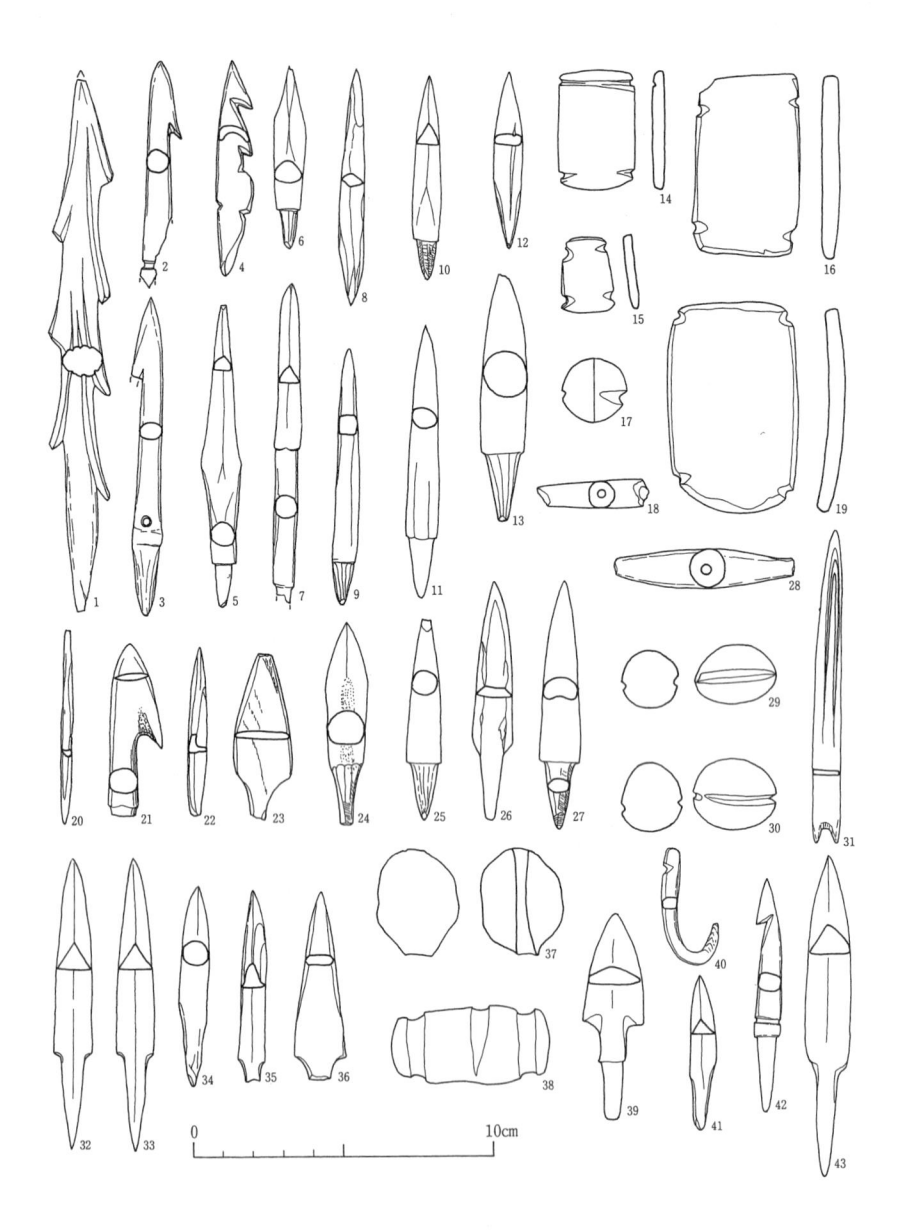

図26 漁撈関係遺物（2）
尹家城遺跡

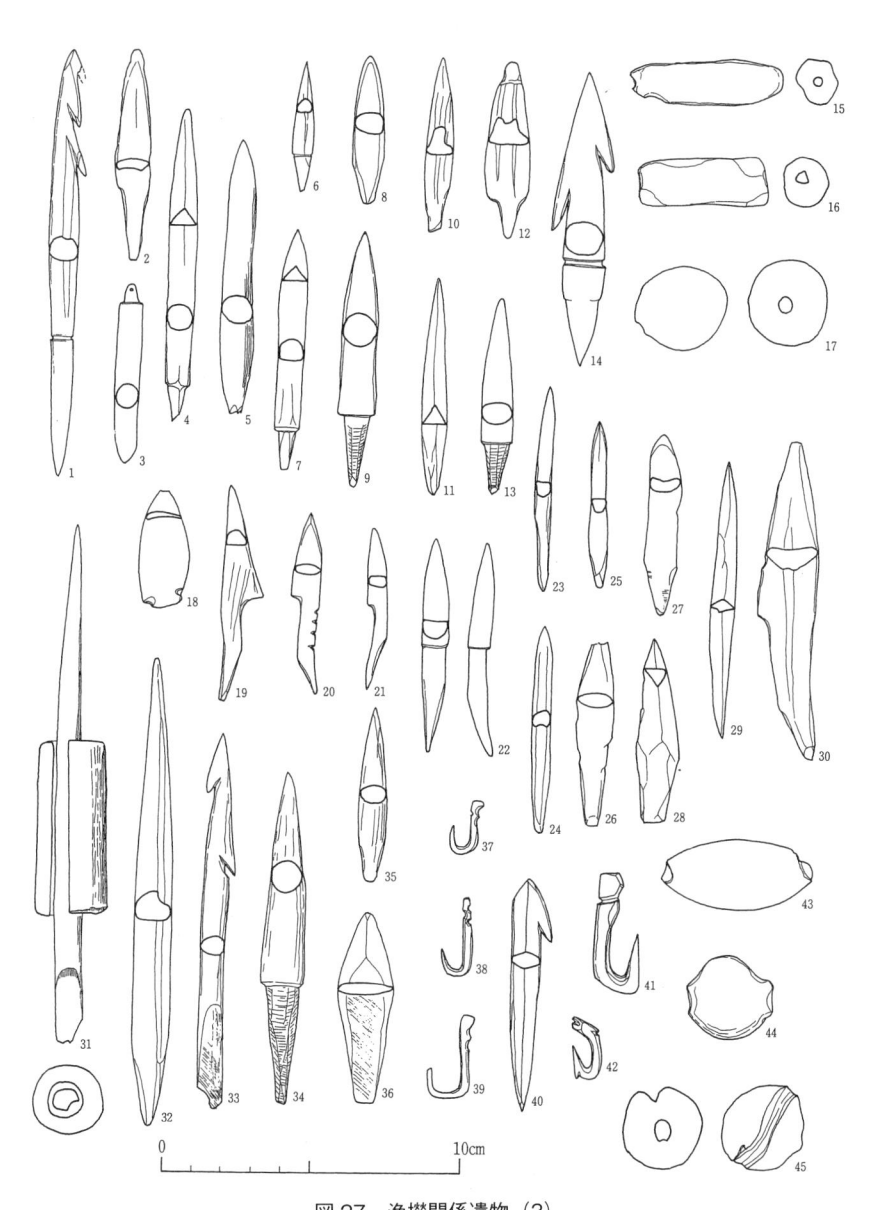

第3節　黄・渤海沿岸地域の先史漁撈　261

図27　漁撈関係遺物（3）
1：尹家城遺跡、2～17：尚荘遺跡、18～30：北辛遺跡、31～39：大汶口遺跡、
40～45：大城山遺跡

前代と比べると量的には少なくなっている。土錘には円形錘に混じって、長江形土錘が登場するようになる（図26-32〜38）。周代には蚌製の単式釣針があり、鏃の他に逆の付いた離頭銛も2点ある（図26-39〜43、図27-1）。

このような現象は生業に対する漁撈活動の割合の高さを示すものといえよう。

尚荘遺跡　山東省茌平県

今日の黄河河口から270km遡上した沖積平野の中にある崗子と呼ばれる、周囲から3mほどの高さに盛り上がった高地に形成された集落と墓地遺跡で、大汶口文化期から龍山文化期の遺物が出土する（山東省文物考古研究所1985）。淡水産の貝が遺跡広範に分布していて、それらに混じって海産の貝（ハマグリ Meretrix meretrix）もみられる。

出土する自然遺物については貝の他にウシ、ブタ、イヌ、ニホンジカ、キバノロ、シフゾウ、タヌキなどが挙げられているのみで、魚関係については何の言及もない。

大汶口文化期の漁撈具としては棒状の石錘と骨鏃が知られるだけであるが、龍山文化期では多数の骨・貝鏃の他に、逆刺の付いた離頭銛や14点の管状土錘などが挙げられ、割合は別として漁撈関係の生業も一定程度なされたことを窺うことができる（図27-2〜17）。

大城山遺跡　河北省唐山市路北区大城山

唐山市の北部平原地帯に大城山という海抜が400mたらずの山塊があり、その麓から南に延びる裾の末端部に立地する龍山文化期後期（夏家店下層期）の集落と埋葬遺跡である（河北省文物管理委員会1959）。

自然遺物にはウシ、ヒツジ、ブタ、イヌ、シカ、ネズミ、タヌキ、水鳥などがあり、貝類にはササノハなどのイシガイ科の蚌やハマグリ、タニシなどが発見されている。

漁撈具として各種の刺突具や骨鏃、逆刺の付いた銛、2点の骨製単式釣針などがあり、釣針の一つには外側に逆刺がつけられている。その他に円形と管状の土錘13点も発掘されている（図27-40〜45）。

大城山の現在の地理的位置は海岸線よりもかなり内陸に入った所にあるが、夏家店下層段階は紀元前二千年紀の海水面の上昇期と一致し、当該期には遺跡は海岸にかなり近接していたことを窺わせる。

三堂村貝塚　遼寧省瓦房店市長興島
　遼東半島中部の渤海湾側に位置する瓦房店の沖合に浮かぶ面積 $250km^2$ ほどの小島にある貝塚で、かつて、三宅俊成により発掘されたことがある。1985年と6年に発掘が行われ、文化層に2時期あって下層は高台山文化期に、上層は小珠山上層文化期に比定されている（遼寧省文物考古研究所他1992）。自然遺物は上下の区別なく報告され、文章中に次の種類が掲げられているに過ぎない。

○哺乳類
　　ブタ、シカ（ニホンジカ）、キバノロ
○貝類
　　アカニシ　*Rapana thomasiana*
　　マガキ　*Ostrea gigas*
　　クボガイ　*Chlorastoma rustica*
　　イボニシ　*Thais clanigera*
　　オキシジミ　*Cyclina sinensis*
　　ハマグリ　*Meretrix meretrix*
　　アサリ　*Ruditapes philippinarum*
　　オオノガイ　*Mya arenaria*

　これら貝類はいずれも潮間帯下部の泥砂に棲息する類であり、一部に淡水が混じる状況にあったことが貝の種類から推察される。

　魚類に関する報告はないが、許明綱によりアカエイの骨が発見されたとの教示を得た。第1期の高台山類型には多数の骨製刺突具とともに2点の逆T字形釣り針とそれに使用する大型の石錘が2点あり、上層では逆T字形釣針や骨製の銛や鏃もみられる（図28-1～6）。

廟山遺跡　遼寧省大連市金州区七頂山郷老虎山村

普蘭店湾の南沿岸に廟山という海抜が170m余りの小山があり、その山裾から東南に低く台地が延びている（吉林大学考古系他1992）。遺跡はこの廟山の麓にある双砣子第1期から第3期（紀元前二千年紀）の集落址で、その東南に続く台地上にはほぼ同時期の山龍積石塚が存在する。動物遺存体に関しては詳しい報告はないが、本文中に多数の貝とブタ、イヌ、ヤマネコ、シカ角、キバノロやイノシシの牙があることが記されている。

○貝類

マガキ（牡蛎）、アカニシ（紅螺）、クボガイ（銹凹螺）、イボニシ（疣荔枝螺）、アサリ（蛤仔）、オキシジミ（青蛤）、オオノガイ（沙海䗪）、フネガイ（魁蚶）、ウミニナ（縦帯錐螺）

この中でアサリとオキシジミ、アカニシが多いといわれる。

双砣子1期では土製品の管状有溝錘が5点あり、2期には管状土錘1点、管状有溝土錘9点、土器片を再利用した錘2点が出土している。管状土錘と土器片錘は通常の掛網に使用される部品で、管状有溝土錘は錘の緊縮を強固にする拵えがみとめられることから、掛網以外の用途が想定でき、この段階に新しい漁法が導入された可能性を示唆している。このほかに骨製の刺突具もあるが量的には多くはない。

双砣子遺跡　遼寧省大連市甘井区営城子

大連市の西郊、渤海湾に面して双砣子と呼ばれる二つの小山が並んでいる。満潮時には島に変わる低い地形に囲まれていて、この西側の山の南側裾部に遺跡は立地している（朝・中合同考古発掘隊1986）。戦前には双台子遺跡として紹介され、採集された石器の中に胴部中央を巡る溝を有する1点の閃緑岩製石錘がある（江上他1934）。戦後中国・朝鮮合同調査がなされ、多数の動物遺存体が検出されたが、報告書には何ら記載されていない。この遺跡の発掘により紀元前二千年紀の先史文化が編年され、山東半島との年代的な相互関係が明確にされただけでなく、豊富な漁撈関係遺物が豊富に出土し、それらの時期的変遷をたどることが可能となった遺跡であり、ここで取り上げることにする。

双砣子1期では土器片錘2点と方形柱状土錘1点、偏平有溝土錘1点がみられ、いずれも漁網の部品である。

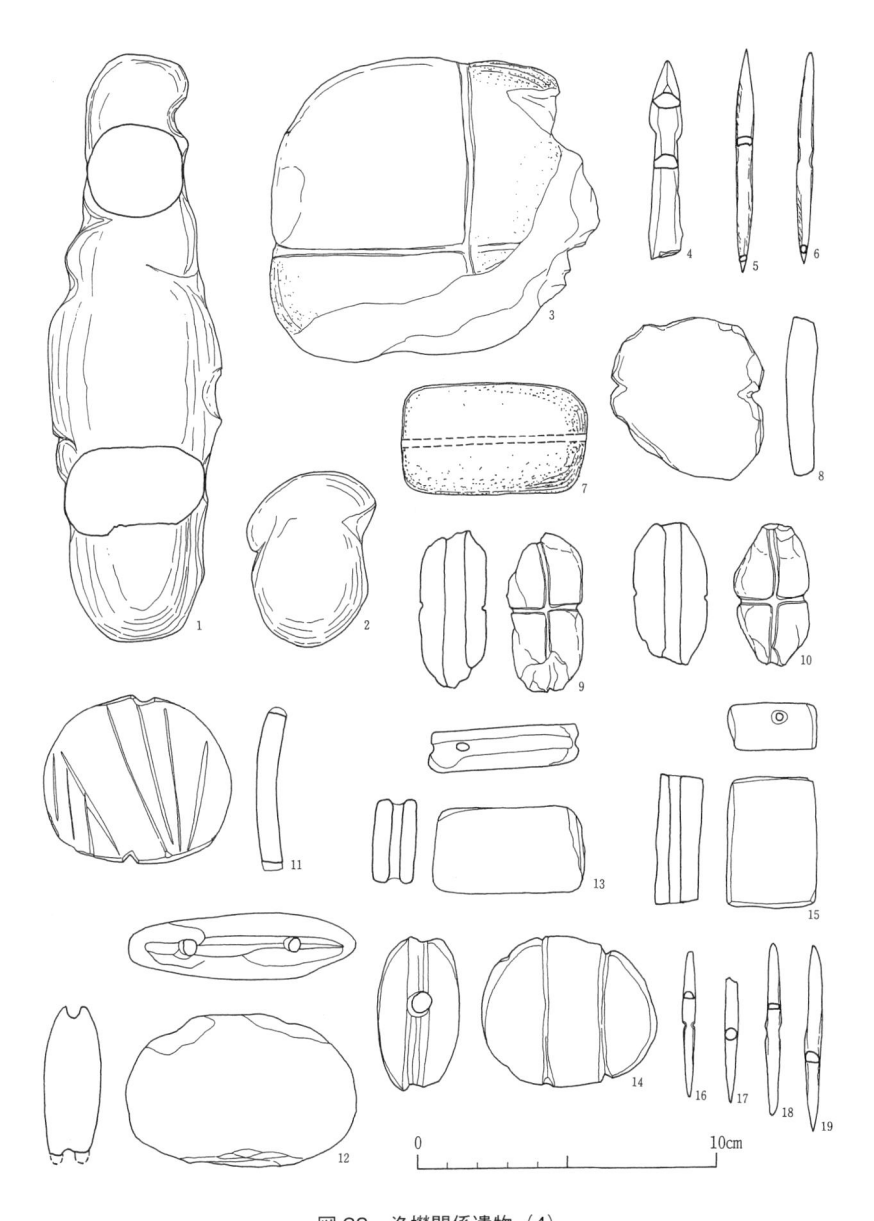

第3節　黄・渤海沿岸地域の先史漁撈　265

図28　漁撈関係遺物（4）
1〜6：三堂村遺跡、7〜10：廟山遺跡、11〜19：双砣子遺跡

2期になると偏平有溝土錘と刺突具、それに長さが4.5～6cmの小型逆T字形釣針5点が出土した。

 3期には有溝土錘も8点みられるようになり、管状土錘3点もある。骨製の逆T字形釣針2点と結合式釣針の軸1点があり、刺突具も多くみることができる。

 双砣子遺跡で出土する漁網錘は孔と溝とにより緊縮を強固にするものであり、管状土錘や土器片錘とは異なる用途が想定される。

 双砣子文化が所属する紀元前二千年紀は温暖期に相当し、それに併せてこの時期漁撈関係具の品目が増加していることは注目される（図28-11～19、図29-1～9）。

羊頭窪遺跡　遼寧省大連市旅順口区

 遼東半島先端部の西側鳩湾に面した北端に海抜80～90mの小山があり、遺跡はこの小山の南側傾斜地に営まれた紀元前三千年紀後半から二千年紀の貝塚である（東亜考古学会1942）。戦前日本人により発掘がなされ、豊富な自然遺物に関しての詳細な報告がある。

○貝類
　アワビ *Haliotis gigantean*
　ユキノカサ *Patelloida pallida*
　コシダカガンガラ *Tegularustica*
　イシダタミ *Monodonta labio*
　スガイ *Lunella coronata*
　ウミニナ *Batillariamultiformis*
　タマキビ *Litorivaga brevucula*
　エゾタマガイ *Nactica janthostoma*
　ツメタガイ *Neverita didyma*
　ウネウラシマ *Semicassis japonica*
　アカニシ *Rapana thomasiana*
　ヒガイ *Ceratostoma burunetti*
　レイシ *Thais bornni*

チョウセンボラ *Neptunea cumingi*

コロモガイ *Cancellaria spengleriana*

アカガイ *Anadara inflata*

サルボウ *Anadara subcrenata*

イガイ *Mytilus crassitesta*

アヅマニシキ *Chlamys farrei nipponensis*

スミノエガキ *Ostrea rivularias*

マガキ *Ostrea gigas*

カガミガイ *Dosinia japonica*

ウチムラサキ *Saxidomus purpuratus*

オオノガイ *Mya japonica*

アサリ *Ruditapes purupuratus*

これらの中でアワビ、レイシ、マガキ、アサリが極めて豊富に出土している。このことはアワビ採取の潜水漁撈の開始を暗示させる。またこの他にアカガイ、コロモガイ、マガキ、ユキノカサ、カガミガイなどを利用した装身具もみられる。

○魚類

サワラ *Sawara nipponica*

ヒラメ *Paralichthys divaceus*

アカエイ *Dasytis akajei*

○哺乳類

オオカミ *Canis lupus*

イヌ *Canis familiaris*

タヌキ *Nycteretes procynoides*

アムールアナグマ *Meles meles amurrensis*

アシカ *Zalophus lobatus*

ドブネズミ *Rattus norvegicus*

マンシュウネズミ *Lepus mandshuricus*

イノシシ *Sus scrofa continentalis*

ムカシマンシュウブタ *Sus* sp.

マンシュウジカ *Cervus nippon mantchuricus*

ウスリージカ *Cervus hortularum*
マンシュウアカジカ *Cervus elaphus*
ノロ *Capreolus capreolus*
ジャコウジカ *Moschus moschierus*

　これらの中でオオカミ、アナグマは少なく、イヌ、タヌキ、ブタ、マンシュウアカジカ、ジャコウジカの出土量は特に多いといわれている。
　発掘された石器の中で雑器に分類されたものに、輝緑岩製の石珠が1点ある。長さ13cmほどの礫石の中央部に横に溝を刻んだ製品で、遼東地域には多く認められる。骨角製品も豊富で大量の刺突具に混じって、逆T字形釣針は13点検出され、回転式離頭銛と想定される製品が1点ではあるがみられる。土製品には溝をもつ有溝土錘や管状土錘も出土している（図29-10〜23）。

大台山遺跡　遼寧省大連市旅順口区山頭村

　前述の羊頭窪遺跡がある鳩湾の北側に隣接する双島湾の奥行きにある大台山の北面と南面の2ヶ所で貝塚が発見されていて、羊頭窪遺跡とほぼ同時期の所産と想定される遺物が出土している（森1927）。動物の骨に関しては詳しい説明を欠くが、貝類ではカキが多いこと、北面貝塚では鳥獣類の骨が夥しいこと、獣類にはシカ、イノシシ、オオカミ、ネコ科の骨がみられることなどが断片的に記載されている。オオカミの牙を利用した小刀子などの骨角器の他に、逆T字形釣針1点が図示され、他の貝塚でもしばしば出土する普通の遺物であるとの紹介がある（図29-24）。

郭家村遺跡　遼寧省大連市旅順口区郭家村

　渤海に続く鳩湾に向かう谷間の最深部の小さな嶺の頂上と南側傾斜面に遺跡は立地し、海岸から約3Km内陸に入った貝塚である（遼寧省博物館・旅順博物館1984）。厚さが3mにも及ぶ貝塚の堆積層を2時期に区分して発掘の報告がなされているので、将来は細分される可能性が大きい。炭素14年代測定により、上層は約4,000年前、下層は約5,000年前と比定されている。上層期に炭化した穀物が発見され、最初はアワと報告されたが、後にキビと訂正された。
○貝類

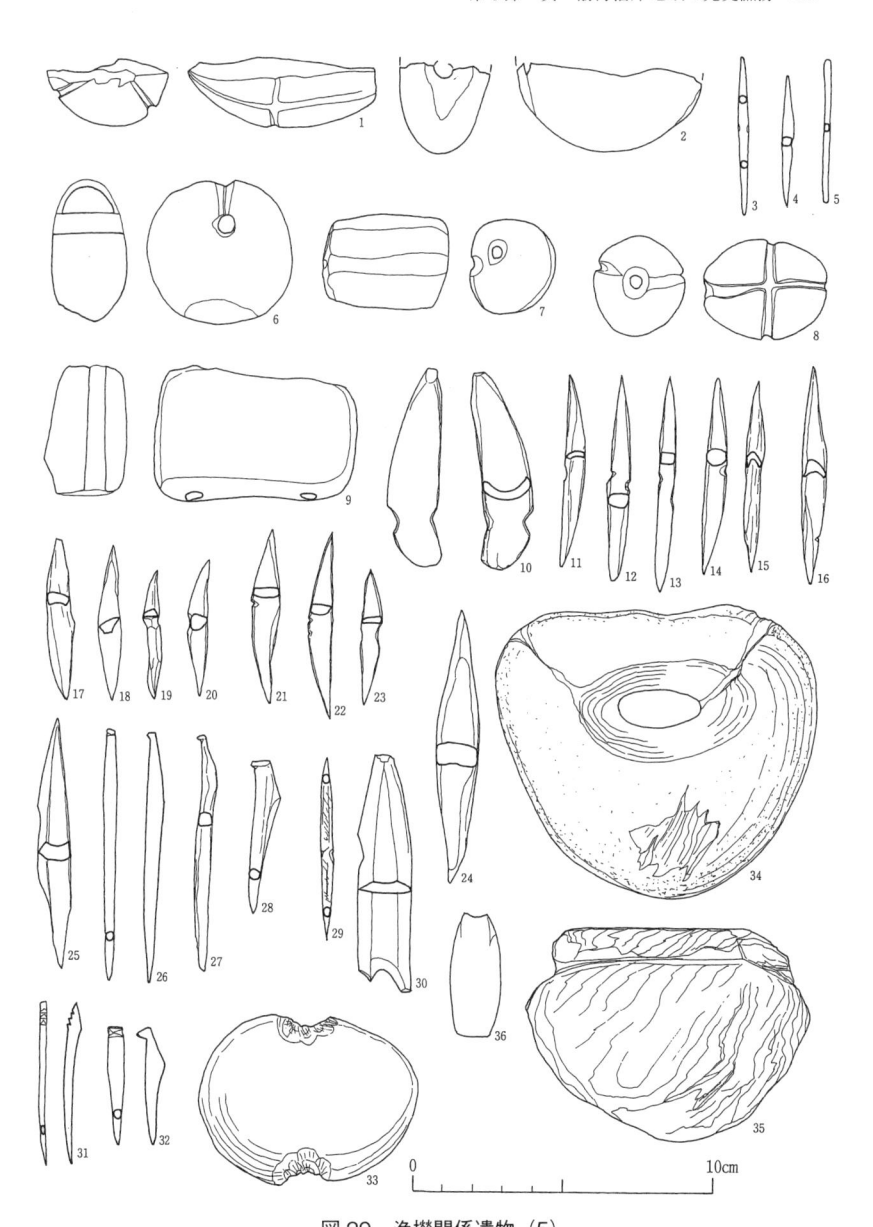

第3節 黄・渤海沿岸地域の先史漁撈 269

図29 漁撈関係遺物（5）
1～9：双砣子遺跡、10～23：羊頭窪遺跡、24：大台山遺跡、
25～35：郭家村遺跡、36：蛎碴崗遺跡

ユキノカサ *Patelloida pallida*
アワビ *Haliatis gigantean*
クボガイ *Chlorostoma rustica*
スガイ *Lunella coronata coreensis*
ウミニナ *Batillaria zoralis*
タマキビ *Natica clidgma bicolor*
アカニシ *Rapana thomasiana*
イボニシ *Thais clanigera*
フネガイ *Arca inflate*
イガイ科の一種 *Mytilus* sp.
イタボガキ科の一種 *Ostrea cucullata*
マガキ *Ostrea tailienwanensis*
アサリ *Ruditapes philippinarum*
オキシジミ *Cyclina sinensis*

○哺乳類

クマネズミ *Rattus rattus*
イヌ *Canis familiaris*
アナグマ *Meles meles*
ヒョウ *Panthera pardus*
タヌキ *Nyctereutes procynoides*
ヤマネコ *Felis chano*
オオカミ *Canis lupus*
クマ *Ursus* sp.
ブタ *Sus scrofa domestica*
ウスリージカ *Cervus hortularum*
アカジカ *Cervus xanthopygus*
キバノロ *hydrpotes inermis*
ジャコウジカ *Moschus moschiferus*
ノロ *Capreplus capreplus*
キョン *Muntiqus* sp.

下層出土の哺乳類個体数の総計は 126 体で、ブタ 88 体、ウスリージカ 19 体、イヌ 11 体、ジャコウジカ 4 体、アナグマ 2 体、ヤマネコ 1 体であり、上層では哺乳類の総計は個体数で 208 体、その内訳はブタ 116 体、ウスリージカ 53 体、キバノロ 13 体、アナグマ 6 体、ヤマネコ 2 体、ジャコウジカ 2 体、ヒョウ、クマ、タヌキ、ノロ、アカシカ、クマネズミ各 1 体となっている。郭家村遺跡全体ではブタは 200 体以上に達し、獣類の出土量のほぼ半数を占めているのに対して、シカ科の比重が 3 割以下と少ないことが特徴的である。このことは逆にブタのもつ意味の高さを物語っている。ブタを年齢別にみると成人が 55・4％、老人が 26.3％、幼年が 18.3％であり、成人・老人が極めて多くを占めている結果となっているので、ブタと鑑定された中にはイノシシが含まれている可能性を示唆している。

　自然遺物に関してはなおこの他に魚骨が豊富にあると記されているが、具体的な分析は行われていない。上層期にクジラの脊椎骨もみられ、ナガスクジラであろうと鑑定されている。

　狩猟・漁撈関係遺物も豊富に出土している。下層期では石や牙、骨製の鏃が多くみられ、結合式釣針 3 点以上、逆 T 字形釣針 1 点もあるが、漁網錘の報告はない。上層期では多数の鏃に混じって、大型の石錘や逆 T 字形釣針、結合式釣針、骨製刺突具などがある。郭家村遺跡の例は遼東での結合式釣針と逆 T 字形釣針の初源である（図 29-25 〜 36）。

於家村遺跡　遼寧省大連市旅順口区鉄山

　郭家村遺跡と同一の湾内北側に砣頭と呼ばれる半島状に海上に突き出た山塊があり、遺跡はこの砣頭の東南側裾部に位置している（旅順博物館・遼寧省博物館 1981）。文化層は上下に二分され、下層は双砣子 1 期に、上層は双砣子 2 − 3 期に相当すると想定できる。厚さ 60 〜 70cm に貝層が堆積しているので、自然遺物は豊富に含まれると予想できるが、これに関しての報告はない。

　漁撈関係遺物では大型の石錘 4 点、長さ 4.7cm の逆 T 字形釣針 2 点と、その他刺突具があり、上層では石錘 2 点と中間が破損した逆 T 字形釣針 1 点が出土している（図 30-1 〜 3）。

272 第3章 漁撈活動

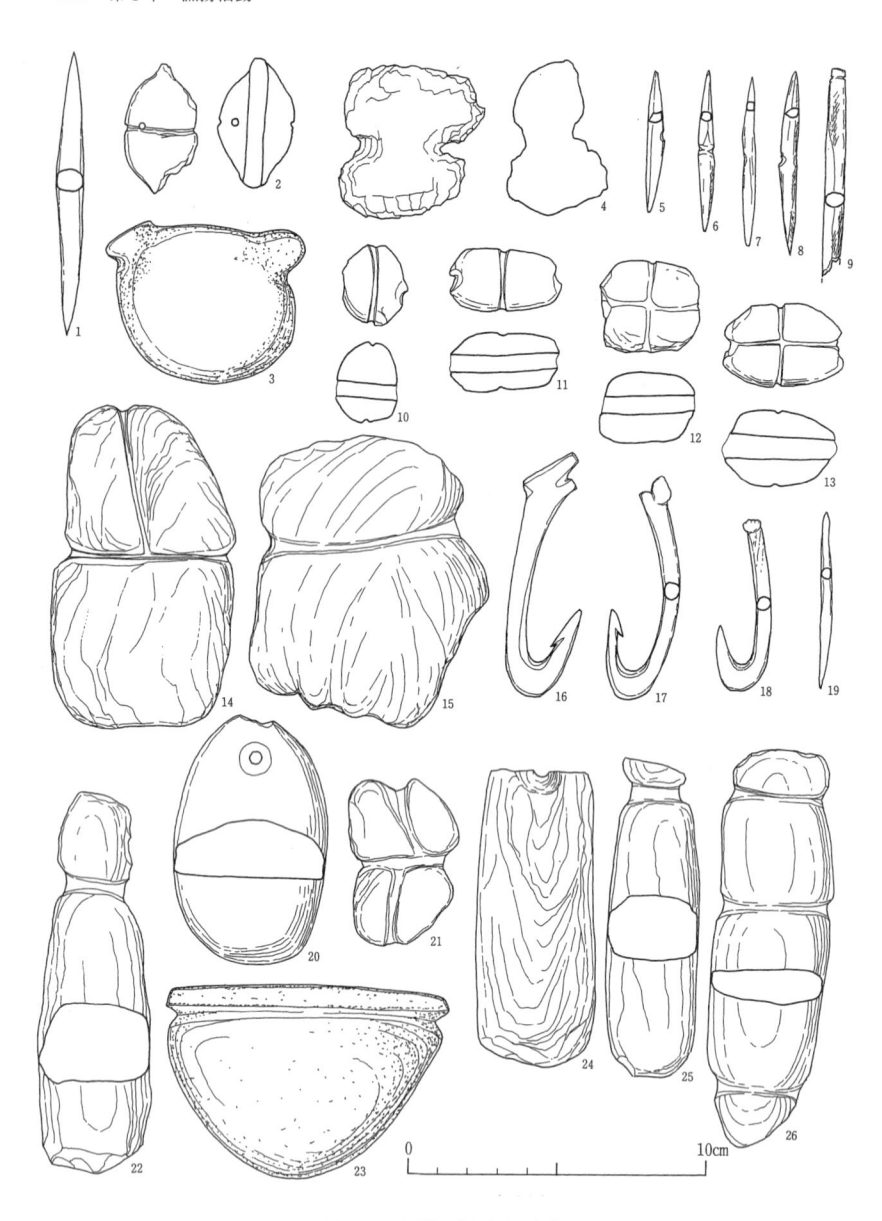

図30 漁撈関係遺物 (6)
1〜3：於家村遺跡、4〜13：大嘴子遺跡、14、15、17〜19、20、21：上馬石貝塚、
16、25：英杰村貝塚、22、26：柳条溝東貝塚、23：洪子東貝塚、24：小珠山

大潘家村遺跡　遼寧省大連市旅順口区江西鎮大潘家村

　羊頭窪遺跡と同様に鳩湾に面した小さな沖積地の奥に位置する新石器時代の集落址である（大連市文物考古研究所 1994）。カキやハマグリを主体とする貝層が 50 〜 60cm 堆積しているが、年代的には同一時期に属し、郭家村遺跡の上層と下層の中間に相当すると想定されている。自然遺物については本文中に品目が掲げられている。

〇貝類
　アカニシ（紅螺）、カキ（牡蛎）、アサリ（蛤仔）、タマキビ（扁玉螺）、イボニシ（疣荔枝螺）、アカガイ（魁蚶）、サルボウ（毛蚶）、イガイ科（貝台貝）、ホタテガイ（扇貝）

〇哺乳類
　ブタ、イノシシ、シカ、イヌ

　哺乳類の中ではブタの数量が最も多いことが記されている。その他には魚骨や魚鱗が多数出土しカニやウニもみられたと報じられているが、具体的な種名は不明である。植物遺存体としてはわずかにハシバミの核だけであったという。
　漁撈具としては石錘が 4 点の他に多数の刺突具がある。逆 T 字形釣針は 12 点発見され、長さは 5 〜 7cm と小型で、形態的にはかなりの変異が認められる。また逆 T 字形釣針の中央部には縄目の痕跡が認められると記されている。針と分類された骨器の中に郭家村型式の結合式釣針の針部が 5 点ある（図 31-1 〜 20）。

大嘴子遺跡　遼寧省大連市甘井子区大連湾鎮

　大連湾の中程に突き出た狭い丘陵が延び、その丘陵の付け根あたりは台地状に小高い高まりになっている（大連市文物管理委員会 1996）。遺跡はこの台地とそれに続く傾斜地にあり、大量の貝殻が散在している。文化層の厚さは約 2.6m にも達し、上中下に三分され、それぞれ双砣子 1 〜 3 期に該当するといわれる。炭素 14 による年代では上層は紀元前二千年紀の中頃から末の時期となっているが、従来の見解では紀元前二千年紀末葉が妥当する。上層で発掘された住居址出土の土器内部に炭化した穀物が相当あり、コメとコウリャンであったと鑑定されている。また住居址出土土器には魚を備えた例が 10 点以上

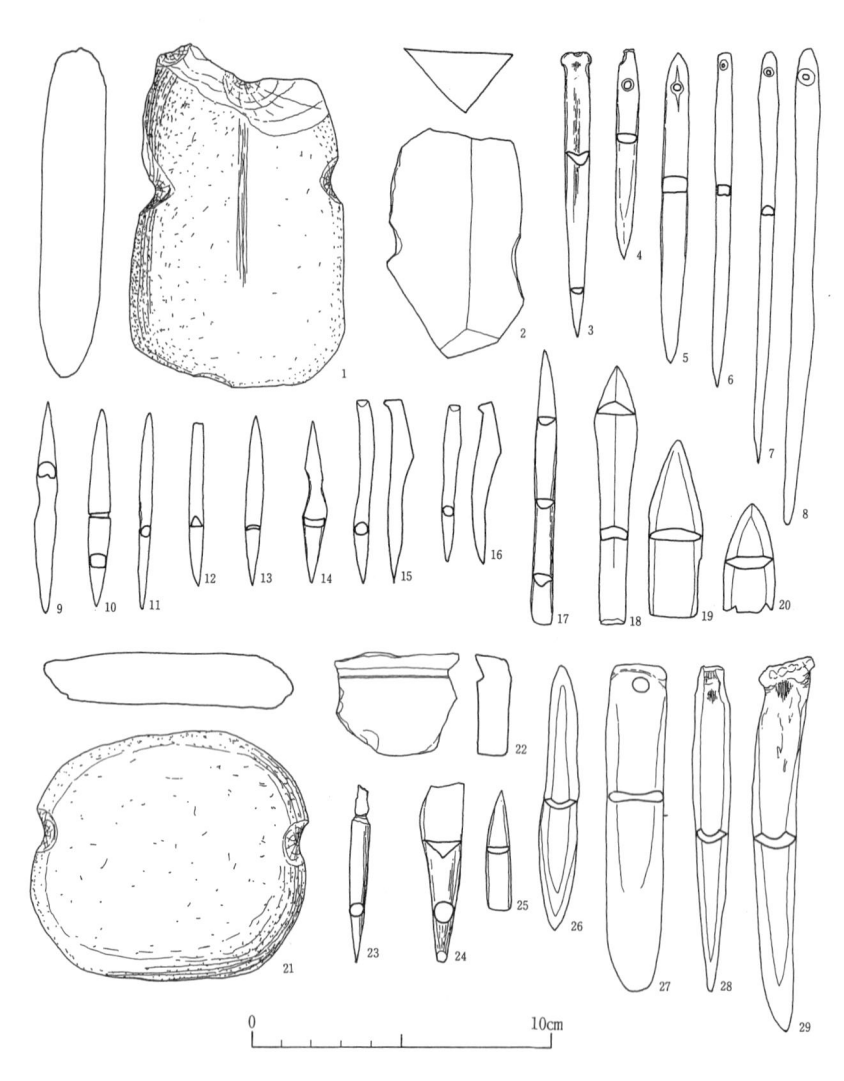

図31 漁撈関係遺物（7）
1〜20：大藩家村遺跡、21〜29：北呉屯遺跡

もあるが、魚の種類については言及がない。

　自然遺物についてはブタ、シカ、キバノロ、イノシシなどがあることが記され、貝類に関してはカキが最も多い他に、アカニシ、ハマグリ、クボガイ、アカガイ、サルボウなどが出土したことが本文中に述べられているに過ぎない。

　漁撈具は下層段階には大型の礫錘と逆T字形釣針、有溝管状土錘、中層では逆T字形釣針2点、上層では逆T字形釣針と有溝管状土錘などがあるが、総じてこの遺跡では鏃や刺突具の少ない点が多少気掛かりである（図30-4～13）。

小珠山貝塚　遼寧省長海県広鹿島

　遼東半島の南海岸に沿うようにして連なる長山列島の中の広鹿島中央部、呉家村の海抜が20mほどの小山の東側に広がる緩やかな傾斜面に形成された厚さ約1.5mの貝塚である（遼寧省博物館他1981）。発掘の結果文化層は3期に区分され、遼東半島地域の先史時代編年の基準とされている。動物に関する詳しい報告はないが、報文中に自然遺物について簡単に言及されている。それによると下層ではニホンジカが最も多く、キバノロとイヌが続き、中層ではニホンジカ、キバノロ、イヌ、ブタがみられ、ニホンジカが比較的多く、ブタがこれに続くという。上層ではブタの数が最も多く、ニホンジカ、イヌ、キバノロがみられ、その他にクジラや大量の貝類があると記される。貝の種類についての報告はないが、戦前にこの地方を精力的に調査した三宅俊成によるとカキが多いとのことである（三宅1975）。

　下層文化期では胴部に抉りを入れた大型の礫石錘や偏平な滑石の片側に溝を彫った石錘があり、中層では漁撈関係遺物は皆無で、上層でも砂岩製の大型石錘1点があるにすぎない（図30-24）。

呉家村貝塚　遼寧省長海県広鹿島

　広鹿島中央鞍部に位置する小珠山貝塚から約200m離れた地点にあるカキを主体とする貝塚で、小珠山文化中層に相当する時期の遺物が出土している（遼寧省博物館他1981）。自然遺物については報告の末尾に一括して記されている。
○貝類

マガキ（牡蛎）、クボガイ（銹凹螺）、イボニシ（疣荔枝螺）、アカニシ（紅螺）、サルボウ（毛蚶）、オキシジミ（青蛤）、ウチムラサキガイ（紫房蛤）、ヌノメアサリ（伊豆布目蛤）、カズラガイ（鬘螺）、イシダタミ（単歯螺）、シロフタケ（尹螺）、タマガイ科の一種（福氏玉螺）、カサガイ科の一種（帽貝）

　これら貝類は潮間帯もしくは潮下帯上部に棲息する類で、獲得のための潜水を必要とする種類は含まれていない。

○哺乳類

　ブタ、シカ、キバノロ、ネコ

　このうちブタが多くシカがこれに次ぐという。シカはウスージカなどのニホンジカの一種であろう。

　骨角製品には刺突具以外には明確な漁撈具は見当たらない。

蛎渣崗貝塚　遼寧省長海県広鹿島王屯

　広鹿島の西部、南太山の北側台地上に立地する貝塚で、小珠山上層文化期に属する（遼寧省博物館他 1981）。自然遺物についての記載はないが、ブタを利用した刺具が1点ある。漁撈関係の遺物には骨製刺突具の他に、石錘、逆T字形釣針、管状土錘などがある（図29-37）。

上馬石貝塚　遼寧省長海県大長山島三官廟

　大長山島東部の南海岸近くにある丘陵上に位置し（遼寧省博物館他 1981）、かつて日本人による大規模な発掘がなされた貝塚である（三宅 1975）。その時に単式釣針1点と逆T字形釣針5点が出土している。戦後に許明綱による踏査が行われ、1973年に本格的な発掘がなされた。この発掘により貝塚は三層に区分され、上馬石貝塚の下層は小珠山下層文化に、中層は小珠山上層文化に比定されることから、上層はそれに続く紀元前二千年紀末葉から一千年紀初頭頃の実態を表す格好の資料であることが判明した。

　自然遺物に関する記載はみられないが、下層文化に属する大型滑石製石錘2点、中層文化に属する有溝石錘3点、上層文化に属する逆T字形釣針36点、U字形の単式釣針2点、有溝石錘5点などが検出されている（澄田 1948、渡辺 1987）。

以上の他に許明綱の踏査により大型石錘が上馬石貝塚、英杰村貝塚、柳条溝東貝塚、洪子東貝塚などでも発見されており、英杰村貝塚では単式釣針もみられる（旅順博物館 1961、1962）（図 30 - 14 〜 23、25・26）。

北呉屯貝塚　遼寧省大連市荘河市北呉屯

荘河市の東、英郷河の川口近く、海抜 100m の東山と 60m の西山に挟まれた平坦な台地上に営まれた小珠山下層と中層期の集落址である（遼寧省文物考古研究所他 1994）。カキを主体とする貝塚の厚さが 2m にも達することから、この地域を代表する貝塚遺跡と想定できる。豊富な自然遺物の包含がみられるが、魚については大型魚の存在を臭わせているが詳しくは報告されていない。上層文化期にハマグリを利用した貝輪が 1 点出土している。

○貝類
　マガキ 長牡蛎　*Ostrea gigas*
　イタボガキ 密鱗牡蛎　*Ostrea denselamellosa*
　イタボガキの一種 僧帽牡蛎　*Ostrea cucullata*
　ハマグリ 文蛤　*Meretrix meretrix*
　オキシジミ 青蛤　*Cyclina sinensis*
　アッキガイ科の一種 脈紅螺　*Rapana venosa*
　アゲマキ 蟶　*Sinonovacula constricta*

○哺乳類
　モグラネズミ *Myospalax* sp.
　カワウソ　*Meles meles*
　ネズミ科 *Mustala* sp.
　ヒグマ *Ursus arctos*
　トラ *Panthera tigris*
　タヌキ *Nyctereus procynoides*
　イヌ科の一種 *Canis* sp.
　イノシシ *Sus scrofa*
　ウシ *Bovidae undet.*
　シカ科 *Cervus* sp.

キバノロ *Hydropotes inermis*
ノロ *Capreolus capreolus*
ウマ *Equus* sp.

　鑑定では下顎骨の形状からブタと認定されているが、第三大臼歯が生えそろった成人骨が多い点と、この地域の他の遺跡に照らして小珠山下層段階ではブタ飼育の確実な資料を欠くために、イノシシと認定するのが妥当であろう。出土動物骨の中ではシカ科、ウシ、イノシシが多い事が記され、イタチ、ヒグマ、トラ、ゾウ、タヌキは歯のみの発見である。この他に魚類にチョウザメ *Acipenser* sp. がある。

　漁撈具としては下層段階に礫石錘が8点、土錘11点の他に、骨角製の刺突具が多数みられ、上層では礫石錘6点、土錘24点と刺突具が多くある反面、釣具は全く見当たらない（図31-21〜29）。

　黄海北岸の丹東市東溝県内にも闇砣子、王砣子、趙砣子、蜊蟻子などの貝塚遺跡が点在し、石錘や土錘など漁撈関係遺物を出土するが、自然遺物に関する報告はない（丹東市文化局文物普査隊1984）。また貝塚を伴わない集落遺跡でも、石錘、土錘は普通に発見され、新石器時代の終末期には長江型錘も登場する趨勢にあるが、今詳しく検討しうる資料を欠いている。

漁撈技術の変遷

　先史時代遺跡で出土する貝類はアワビを除いてすべて潮間帯または潮間帯直下に棲息する類であり、採集活動においてはさほどの困難さはなかったことが窺えよう。アワビは郭家村遺跡ですでに報告されているが、量的に多くみられるのは紀元前二千年紀の段階であり、あるいはこの頃から潜水漁撈が普及化したことも想定できよう。

　魚骨ではヒラ、ボラ、クロダイ、マダイ、サワラ、スズキ、トラフグ、ヒラメ、アカエイ、タチウオなどが挙げられる。このうちヒラ、ボラ、クロダイ、スズキとトラフグの幼魚は淡水の混じる水域に棲息する魚類であり、マダイは一般には海中深く棲息する魚類であるが、春の産卵期には沿岸近くに移動して来る習性をもっているし、ヒラメ、アカエイ、マダイは晩春から初夏にかけて

浅瀬で産卵する習わしである。またサワラやタチウオは沿岸近くに集まる小魚を餌とすることから、これら先史時代遺跡で発見される魚類は総じて沿岸付近で捕獲されたことが推定できる。量が少ないことからクジラは湾内に迷い込んだものであろう。黄海沿岸部ではシャチに追われてイワシクジラが湾内に迷い込むことがある。このようにみてくると、遺跡出土魚に共通する季節は、春から初夏にかけてのサワラが回遊する頃が中心であるとまとめることができよう（甲元 1993b）。このような魚類を捕獲する漁法はいかなるものであったかについて次に検討してゆこう。

　黄渤海の沿岸部に於ける漁撈関係遺物としては網漁撈、釣漁撈、刺突具によるものが挙げられる。

釣具（図32）

釣具には単式釣針と逆T字形釣針、結合式釣針の三種がみられる。この地域で単式釣針を出土した遺跡には、

大汶口遺跡	大汶口文化中期	牙製	3点	逆刺なし
尹家城遺跡	西周代	蚌製	1点	逆刺なし
魯家口遺跡	大汶口文化後期	骨製	1点	不明
	龍山文化後期	骨製	2点	不明
姚官荘遺跡	龍山文化	骨製	1点	逆刺なし
照格荘遺跡	岳石文化	骨製	1点	不明
楊家圏遺跡	龍山文化		数点	不明
唖叭荘遺跡	龍山文化後期	骨製	1点	不明
大城山遺跡	夏家店下層文化	骨製	2点	外逆刺
英杰村遺跡	西周代	骨製	1点	内逆刺
上馬石遺跡	西周代	骨製	4点	内逆刺と逆刺なし

などがある。単式釣針は多くの場合、鹿角の本体と枝が別れる部分を取り込むように作られるために、構造上先曲部分が破損しやすく、また長時間の水中での使用により軟弱になってしばしば壊れた状態で出土することが多い。今のところ中国での釣針の出現は半坡遺跡の仰韶文化前期の事例が最初で、長江流域では殷代以降になって分布が認められる趨勢にあり、黄河下流域では大汶口遺

280　第3章　漁撈活動

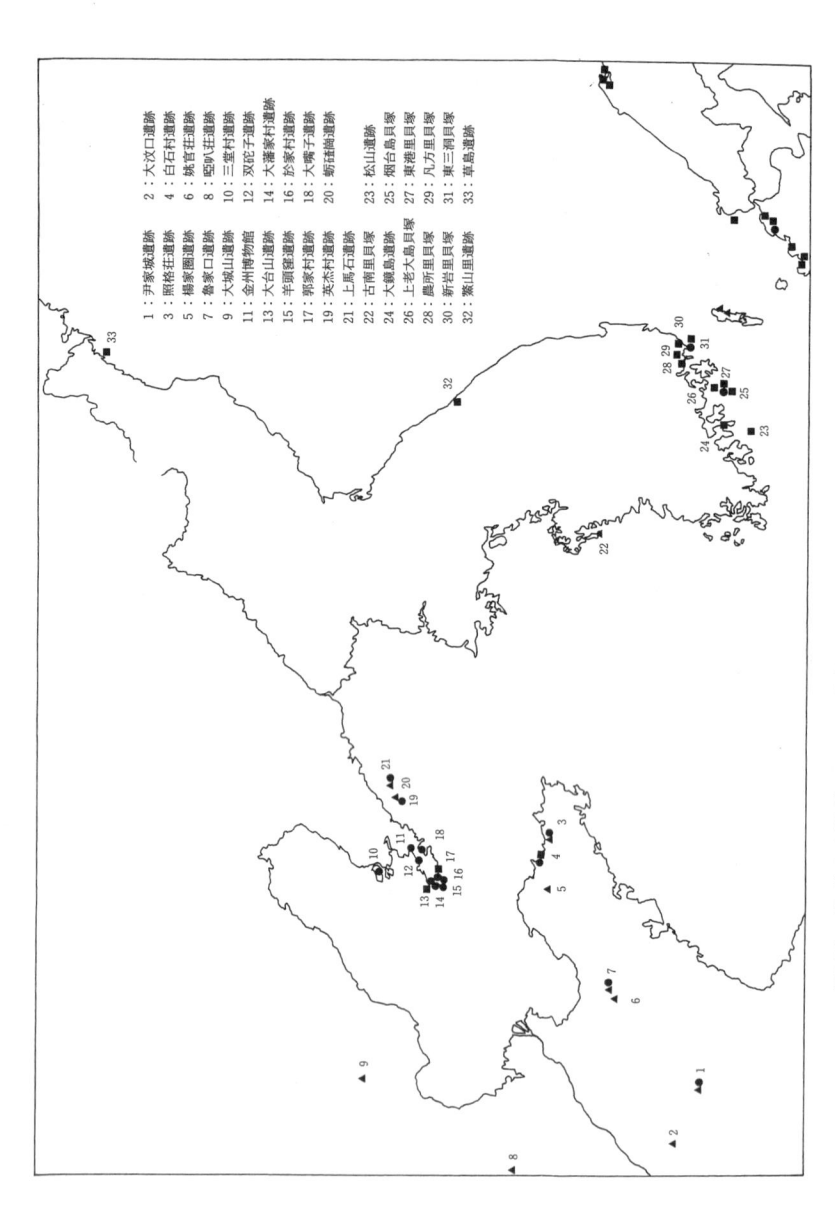

図32　釣針出土遺跡　▲：単式釣針，■：結合式釣針，●：逆T字形釣針

1：尹家城遺跡　2：大汶口遺跡
3：照格荘遺跡　4：白石村遺跡
5：楊家圏遺跡　6：蛾卩荘遺跡
7：魯家口遺跡　8：三堂村遺跡
9：大塚山遺跡　10：金州博物館
11：大台山遺跡　12：双砣子遺跡
13：羊頭窪遺跡　14：大潘家村遺跡
15：郭家村遺跡　16：於家村遺跡
17：呉家村遺跡　18：大嘴子遺跡
19：英杰遺跡　20：新石器晩期遺跡
21：上馬石遺跡　22：古㙋里遺跡
23：松山遺跡　24：大礪島貝塚
25：煙台島貝塚
26：上老大島貝塚　27：東港貝塚
28：農所里貝塚　29：凡方里貝塚
30：新岩里貝塚　31：東三洞貝塚
32：繁山里遺跡　33：草島遺跡

跡の事例が最も古い。また古い段階では単式釣針はすべて小型に属し、長さが5cm以上に大型化するのは殷時代以後であること、また逆刺の出現が紀元前二千年紀であることを勘案すると、中国に於ける単式釣針の大型化と逆刺付の出現は青銅製釣針の始まりと軌を一にするものであることが窺える。単式釣針は中国では内陸地帯で発達する魚具であり、内陸河川で開始された単式釣針による漁撈が沿岸地域に波及した可能性を物語っている。朝鮮においては戦国並行期の古南里貝塚（漢陽大学校博物館1991）や東北の虎谷洞遺跡（黄基徳1975）の2例見られるだけであり、先史時代の黄渤海沿岸部ではさほど展開を見せなかった漁具と考えられる。

　逆T字形釣針は長さ5～10cmほどの両頭を尖らした棒の中央部を紐で結んで釣針に使用する形式で、針を銜えた魚が逃げようとするとき、90度回転して縄紐と針とが逆T字形の様態を呈するために魚の口に引っ掛かる仕組みになるものである。この地域での逆T字形釣針の出土例は以下の通りである。

遺跡	文化	材質	数量	形式
尹家城遺跡	岳石文化	骨製	1点？	有溝式
照格荘遺跡	岳石文化	骨製	数点	無溝式
白石村遺跡	大汶口文化前期	骨製	2点	有溝式
魯家口遺跡	龍山文化後期	骨製	1点	無溝式
三堂村遺跡	高台山類型	骨製	5点	有溝式
	小珠山上層文化	骨製	1点	有溝式
双砣子遺跡	双砣子2期文化	骨製	2点（有溝式）、3点（無溝式）	
	3期文化	骨製	2点	有溝式
大台山遺跡	双砣子文化	骨製	1点	無溝式
大藩家村遺跡	龍山文化並行	骨製	7点（有溝式）、5点（無溝式）	
羊頭窪遺跡	双砣子文化	骨製	8点（有溝式）、7点（無溝式）	
於家村遺跡	双砣子1期文化	骨製	2点	無溝式
郭家村遺跡	郭家村下層文化	骨製	1点	無溝式
	上層文化	骨製	1点	無溝式
大嘴子遺跡	双砣子1期文化	骨製	1点	有溝式
	2期文化	骨製	2点	有溝式
	3期文化	骨製	1点	有溝式

上馬石遺跡　　　西周代　　　　　　骨製　41点（有無両式あり）
蛎渣崗遺跡　　　双砣子文化　　　　骨製　1点　無溝式

　この他に遼寧省の金州博物館には出土地不詳の逆T字形釣り針2点(有溝式)が展示されている。今日までのところ逆T字形釣針は黄渤海沿岸部に於いてのみ発見され、この地域独自の釣具と想定される。逆T字形釣針は中央部を縄もしくは紐で結ぶために、針中央部に刻み目あるいは溝が巡らされているものもある。実際に大藩家村遺跡では、この部分に縄目の痕跡が認められている。最古の事例は白石村遺跡の中層で約6,000年前の大汶口文化前期に相当するものであり、当初から中央両側に溝が浅く切り込まれている。無溝式の例は魯家村遺跡で龍山文化後期にあり、針中央部がやや薄くなる傾向にある。無溝式の逆T字形釣針と有溝式でも破損品の場合には認定が難しい点があることから、実際には未だ多数存在していたであろうと想定できる。郭家村下層期の例や羊頭窪遺跡の例のように、管骨を半裁して両頭を尖らせたり、アカエイなどの尾骨をそのまま利用しただけのさほど加工が施されていないものは、見落とされやすいからである。

　逆T字形釣針は大型の石錘と組み合わさって延縄漁撈に使用されるものであり（甲元1992、1996a）、一遺跡からの出土が単式釣針よりも多いことはそれを間接的に物語っている。逆T字形釣針の出土が確認されない場合でも、大型石錘の存在は逆T字形釣針もしくは次に述べる結合式釣針があったことを示すものと考えると、小珠山下層段階からこれを使用しての漁法が開始されていたとも想定できる。龍山文化後期から岳石文化期・双砣子文化期の地球温暖化に伴う海水面の上昇期に逆T字形釣針の出土例が量的に増加することは、注目に値する。

　結合式釣針は針先と軸を別々につくり結合する釣針である。単式釣針は構造上先曲部分が破損しやすいために大型魚の釣りには不向きであるのに対して、この型式の釣針は破損しにくいために大型魚の釣りに適している。黄渤海沿岸地域での結合式釣針の出土事例としては次の遺跡を挙げることができる。

白石村遺跡　　　大汶口文化前期　　骨製　1点
大藩家村遺跡　　龍山文化並行期　　骨製　5点
郭家村遺跡　　　郭家村下層文化　　骨製　3点以上

上層文化・・骨製　3点以上

　この地域に於いては結合式釣針の存在が中国人研究者に注目されていないために、出土数に関しては不明な点が多い。白石村出土品は片側の先端部をやや屈曲させて結びやすく拵え、大藩村遺跡と郭家村遺跡では結合部の末端に刻み目を入れるか、末端部をやや盛り上げて結びやすくしている。この地域での結合式釣針は針先部分のみが確認されているにすぎず、軸部は不明のままである。結合式釣針は民族事例によるとトローリング漁法により、大型魚を釣る時に使用されるが（甲元1987b）、約6,000年前の大汶口文化前期にすでに出現していることから、舟を利用してのサワラなどの群れをなす回遊魚を対象とした漁撈が既に存在していたことも考慮する必要もある。結合式釣針が出土する上記の3遺跡では必ず大型の石錘が確認されていることは、トローリング漁法の存在を強く示唆するとも言えよう。結合式釣針は逆T字形釣針とともにこの地域で発明された漁具と推定される。

　遼東半島一帯での伝統的な漁法は延縄であった。今世紀初め頃の小平島での漁撈では延縄により漁獲された魚類には、タイ、ブリ、タラ、タチウオ、サバ、サワラ、ニベ、ホウボウ、サメなどがある（岡本1940）。逆T字形釣針が延縄漁に、結合式釣針がトローリング漁に使用されたものであれば、先史時代の遺跡で発掘される魚の種類とは齟齬をきたさない。

刺突具

　刺突具による漁撈は柄と針が固定されたヤス、柄と針が使用時に分離する離頭銛とに区分される。ヤスと想定されるのは多くの場合「針」として報告される類で、末端部に小孔が穿たれるか溝が巡っている。これらを3〜4本組み合わせて末端部を揃えヤス（固定銛）に使用すると考えられ、この地域に於いても各遺跡から多く出土する。さらに逆刺をもつヤスも少数ではあるがこの地域で出土している（図26-1）。形態上、ヤス（固定銛）と想定する類も大汶口遺跡出土品のように弧状の付属品を着装することで離頭銛として使用することもできるために（図27-31）、厳密には区別できない。

　身に逆刺をもつ離頭銛には回転式と非回転式があり、非回転式は紐を結ぶための拵えの違いにより次の3型式に区分される（甲元1994a）。

Ⅰ式：基部に抉りや溝をもつもの
　Ⅱ式：基部に節帯をもつもの
　Ⅲ式：基部に孔をもつもの
非回転式離頭銛は黄渤海沿岸部では次の諸遺跡から出土している。
尹家城遺跡　　　龍山文化　　　骨角製　3点　Ⅲ式
　　　　　　　　岳石文化　　　骨角製　3点　Ⅰ式
　　　　　　　　西周代　　　　骨角製　1点（Ⅰ式）、1点（Ⅱ式）
楊家圏遺跡　　　龍山文化　　　骨角製　点数型式不明
尚荘遺跡　　　　龍山文化　　　骨角製　1点　Ⅰ式
唖叭荘遺跡　　　龍山文化後期　骨角製　1点（Ⅲ式）、1点（Ⅰ式）、1点
　　　　　　　　　　　　　　　不明
　　　　　　　　夏家店下層文化　骨角製　2点　Ⅲ式
回転式離頭銛はこれまでに以下の遺跡で出土が確認されている。
尹家城遺跡　　　龍山文化　　　骨製　2点　開窩式
姚官荘遺跡　　　龍山文化　　　骨製　3点　開窩式
羊頭窪遺跡　　　双砣子文化　　骨製　1点　開窩式

　離頭銛は黄河流域に於いて渭水流域で仰韶文化期に既に出現しているが、中下流域では龍山文化期に確認され、今のところこの地域での新旧は決め難い。離頭銛は対象物の皮膚が強いことが前提であり、黒龍江水域ではチョウザメの捕獲に使用されている（甲元 1994b）。同様に考えると黄河流域では離頭銛の捕獲対象となるのはチョウザメ（*Acipenser* sp.）かヨースコウワニ（*Alligator sinensis*）であり、大汶口遺跡で出土した弓耳状の拵えが離頭銛の初源であるとすると、内陸河川流域で発明された技法が黄渤海沿岸地帯に伝播した可能性が高い。沿岸部に於いてこれを使用しての漁の対象となる魚類の中としては、サメや北呉屯貝塚で出土したチョウザメなどが挙げられよう。
　黄海北部や渤海湾で今日棲息が確認されるサメの仲間には、
　ネコザメ 寛紋虎鯊 *Heterodontus japonicus*
　エビスザメ 扁頭哈那鯊 *Notorhynchus platycephalus*
　マオナガ 長尾鯊 *Alopias vulpinus*
　ナヌカザメ 陰影絨毛鯊 *Cephaloscyllium umbratile*

ホシザメ　白斑星鯊 *Mustelus manazo*
　　ドチザメ　皺唇鯊 *Triakis scyllium*
　　ヒラガシラ　尖頭斜歯鯊 *Scolidon sorrakowah*
　　ツマグロ　黒印真鯊 *Carcharinus melanopterus*
　　シロシュモクザメ　双髻鯊 *Sphyrna zygaena*
　　アブラザメ　薩氏角鯊 *Squalus suckleyi*
　　ツノザメ　法氏角鯊 *Squalus fernandinus*
　　ノコギリザメ　鋸鯊 *Pristiophorus japonicus*
　　カスザメ　扁鯊 *Squatina japonicus*
などがある。これらの中で最も普通に見かけるのは、エビスザメ、ホシザメ、アブラザメであり（趙春霧他 1995）、小型のサメは近代初め頃には釣りにより捕獲されている。また海獣には、
　　セミクジラ　黒露背鯨 *Balaena glacialis*
　　コクジラ　灰鯨 *Balaena gibbosa*
　　ナガスクジラ　長須鯨 *Balaena physalus*
　　イワシクジラ　小鰛鯨 *Balaena rostrata*
　　ザトウクジラ　座頭鯨 *Balaena nodosa*
　　アカボウクジラ　銀杏喙鯨 *Mesopldon ginkgodens*
　　シャチ　虎鯨 *Delphinus orca*
　　オキゴンドウ　偽虎鯨 *Pseudorca crassidens*
　　スナメリ　江豚 *Neophocanea phocaenodes*
　　バンドウイルカ　尖吻海豚　*Tursiops truncatus*
　　マイルカ　真海豚 *Delphinus delphis*
などのクジラ、アザラシ科の
　　ゴマフアザラシ　西太平洋斑海豹 *Phoca largha*
が棲息していることが確認されている（肖増恬他 1988）。クジラの類は主として冬季から春初めに黄渤海に出現し、その他の時期には北方地域に回遊するのに対して、イルカやシャチの類は夏季や秋季にこの地域で活動する。シャチは獰猛で魚類は言うに及ばず、アザラシ、イルカ、イワシクジラなども襲うことが多く、ためにシャチに追われた海獣などが湾内に逃げ込む場合が多い。先史

時代の朝鮮南部地帯ではアシカ *Zalophus californianus*、オットセイ *Callorhinus ursinus* などのアザラシ科の海獣骨が出土していることから（甲元 1993b）、これらもこの地域での捕獲の対象であった可能性もある。

以上の皮膚が堅く、皮下脂肪が厚く、従って離頭銛の使用に適した魚類または海獣類はしばしば魚群を追って沿岸地域や湾内に入り込む習性をもっており、捕獲のために舟を利用しての外海への漕ぎ出しは必ずしも必要ではなかったと想定される。

網漁撈

遼東半島と山東半島の先端部を除いて黄渤海沿岸の水深は浅く、遠浅の海岸が続くことから、今世紀初め頃までは満干潮を利用した小辺網や手繰網での漁撈が行われていた（甲元 1987b）。しかし先史時代の遺跡で出土する網漁関係の遺物は多くはない。漁撈関係資料の大部分は網錘であるが、礫石錘は植物を編む時の錘にも使用される事例があり、より確実には尹家城遺跡での岳石文化期の「網針」の存在により魚網の存在を窺うことができる（図 26-31）。

先史時代の中国に於いて漁撈に使用される錘は多様な形状をとるが、黄渤海沿岸地域では変異は多くない。土製では大きく①土器片錘、②管状土錘、③有溝土錘、④有溝有孔土錘、⑤長江型土錘の 5 種類があり、石錘は①小型礫石錘、②大型有溝もしくは大型有孔石錘にまとめられる。大型石錘は形状の偏差が大きく、紐で固定する方法も多様である。

大型石錘は掛網や手繰網（舟で曳く地曳網）、罟仔（人力で曳く小型地曳網）の両端に使用される他に、延縄漁撈の錘や結合式釣針の錘としても利用される類である。

小型礫石錘は掛網に使用される漁網錘で、河北省中部以北の東北アジアでは両短辺に抉りを入れる形式が通有であるが、遼東半島部や膠東半島部では量的には多くはない。

管状土錘はこの地域では大汶口文化期から龍山文化期にかけての内陸河川地帯に普及するもので、岳石文化期以降沿岸地帯にも分布が及ぶようになる。長江型土錘は投網に使用されていた漁網で（甲元 1987b）、新石器時代の古い段階から内陸河川流域に認められるが、東北アジアへ拡がるのは紀元前二千年紀

であり、しかも出土遺跡数が極めて少ないことは遼東地域の沿岸部では投網は余り使用されなかったことを暗示している。

遼東の沿岸地帯に於いて紀元前二千年紀の双砣子文化期に着装を強固にする有溝有孔土錘が量的に多く認められるようになる現象は、これら網錘が遠浅の海岸が続く低平な地形を控える三堂村、双砣子、大嘴子遺跡などに卓越して見られ、その時期が海水面上昇期と一致することを考慮すると、遠浅の海岸での小規模な地曳網（罟仔）の使用が始められた可能性が高いと見るべきであろう。

漁撈を巡る生活誌

先史時代の黄渤海湾沿岸地域では、採集する貝類はいずれも潮間帯または潮下帯上部に棲息する種類であり、アワビなどの潮下帯の下位に棲息する貝類が多く取られ始めるのは双砣子文化期以降のことである。遺跡から出土する魚類の大半は淡水の混じる汽水地帯か、沿岸部で捕獲しうる類に属している。サワラなどの回遊魚は舟などを利用して結合式釣針を使用してのトローリング漁であろう。網漁は紀元前二千年紀の双砣子文化期で一般化するものであり、この地域での漁撈は逆Ｔ字形釣針を使用しての延縄漁が伝統的な手法であった。単式釣針は黄渤海沿岸地域では紀元前二千年紀には登場するが、5cm以上と大型化するのは西周以降のことである。

こうした先史時代の漁撈の実際を復元するために、この地域の民俗誌を手掛かりとして漁撈の季節性を想定してゆこう。

近代的な漁撈方法が導入される以前の、19世紀末から20世紀初頭頃の黄海・渤海湾・山東沿岸部で捕獲された主たる魚の季節性は次の通りである（図33）（岡本1940）。

魚種類	最盛期	漁　期
キングチ	6月〜8月最盛	
タイ	4月〜6月最盛	11月終了
サワラ	5月下旬〜6月下旬最盛	9月〜11月中旬
タラ	冬季最盛	8月〜5月
ヒラメ	5、6月最盛	通年

288　第3章　漁撈活動

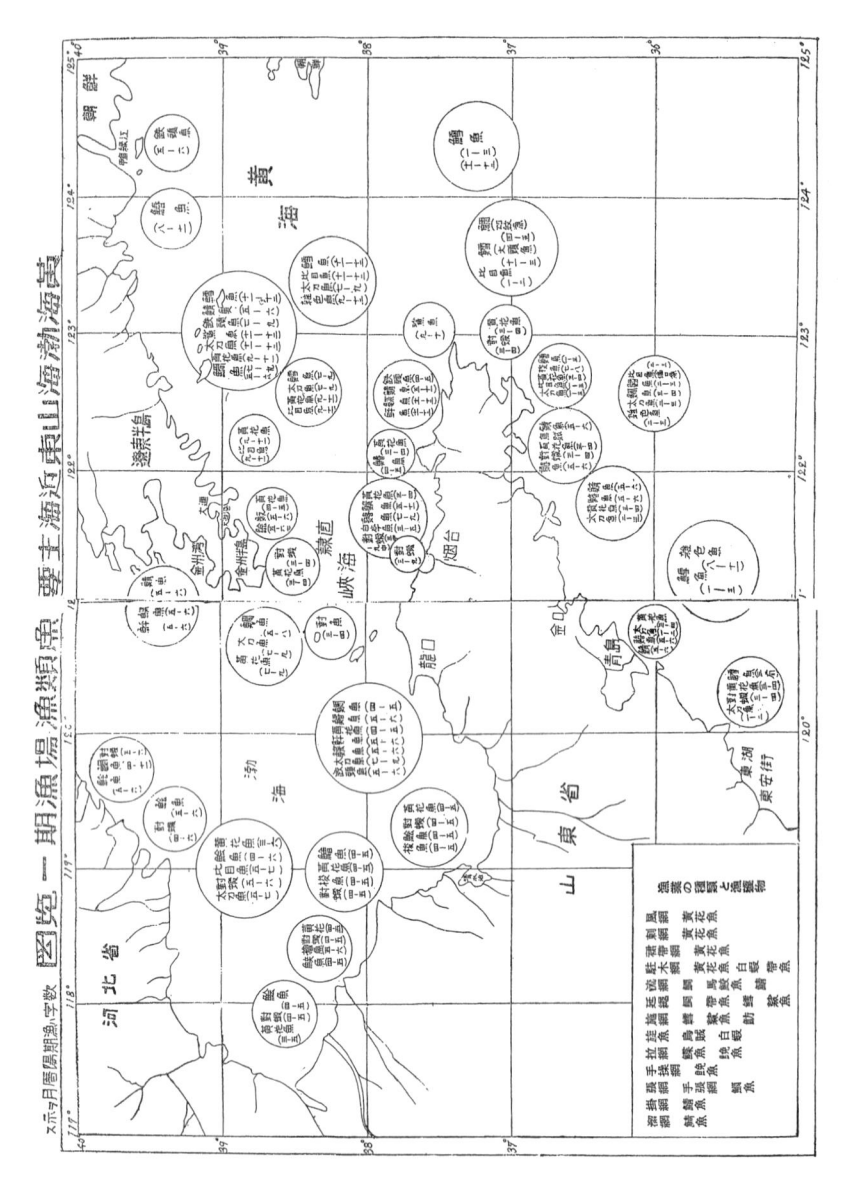

図33　黄渤海沿岸地域主要漁期一覽図

ニベ		7月～11月
サメ	8月～10月最盛	7月～12月
タチウオ	7月～9月最盛	6月～12月
ボラ		4月～11月
アジ		6月～11月
ホウボウ		11月～5月
サバ		5月～8月
イカ		6月～10月
ヒゲヌカエビ	4月～5月	9月～10月

　これを更に地域毎に細かく見てゆくと、タチウオが典型的に示すように5～6月頃渤海湾沿岸部で産卵し、7月～9月廟島群島周辺で成長して、越冬のために次第に黄海に移動するという周期的な回遊が上記の大部分の魚類にみられる（図33）。これは食物連鎖の基になるコウライエビ（*Penaeus orientalis*）を初めとするエビ類の繁殖と関係するもので（全国農業区画委員会1987）、エビ→イワシ→サバ→サワラ→サメ→シャチという食物連鎖がなされている。従って渤海湾奥地では初夏の一時期が漁撈最盛期であるのに対して、膠東半島と遼東半島沿岸部では晩春と初秋、山東半島南部では早春と晩秋の年二回の漁期があることとなる。しかし釣漁撈に関していえば春から初夏にかけての頃であり、先史時代の漁撈はこの時期に集中していた事が窺えよう。遺跡出土の魚類の種類からもこの想定に矛盾はない。

　この地域の貝塚を構成する貝類の中ではカキが主体であり、アサリがそれに次ぐ。強いて季節性を求めるとすると冬季から春季が最盛期と見なすことができる。すると夏季から秋季にかけての季節は別の生業に依存する必要があることを意味している。郭家村遺跡を初めとするこの地域の先史時代遺跡で、シカ科を中心とした数多く狩猟動物の存在は秋季から冬季頃にかけての時期における男性の活動の一端を象徴しているといえよう。

おわりに

　黄渤海沿岸地域の先史時代生業活動は、紀元前二千年紀以前と以後では大き

く変化を見せている。紀元前三千年紀までの古い段階に於いては、刺突具を使用する沿岸部での漁撈を主とし、逆T字形釣針と結合式釣針を使用しての釣漁と獣類や鳥類のヴァラエティに富む狩猟対象、それに広範囲に及ぶ貝類の採取を中心とした網羅的な生業形態を留めていた。紀元前二千年紀に入ると単式釣針が伝わり、罟仔（小規模な地曳網）または小辺網が導入され、多量のアワビの出土に示される潜水漁の始まりなど多角的な漁撈が登場してくる。またこの時期アワやコメの栽培が開始され、ブタ飼育が一般化するなどより農耕的生活への傾斜を深める時期とも符合する。狩猟活動も引き続き行われたが、多種類の獣捕獲からシカ科の動物、中でもニホンジカやキバノロといった中型獣に対象が収斂されることが窺え、特定種への集中が認められることから生業全体として農耕的性格を強く帯びて来るようになったことが推定されるのである（甲元 1991、1992a）。その結果として農耕・採集・狩猟・漁撈が季節的な営みのなかにシステム的に組み込まれた社会状況へと展開した様相が成立したことが窺えよう（甲元 1996a）。ある意味ではこの時期、黄渤海沿岸部に展開した先史文化は生態的適応が最も完成した段階に到達していたと言うことができる。

　こうした点において紀元前三千年紀末から二千年紀にかけての温暖化とそれに随伴する海水面の上昇は、魚類の棲息条件を好都合に変えるように働き、結果として漁撈活動を活性化させ、黄渤海沿岸地域との広範囲に及ぶ交流をもたらす契機となったばかりでなく（宮本 1990）、交流を介することにより、この地域に於ける環境的適応に向けての文化的対応を触発したことは、次代の変動的な社会的状況と対比する上で大きな意味をもっていたと想定されるのである。

挿図の出典
図24〜図31：各報告書より作成、図32：筆者作成、図33：岡本1940年より。

第4節　朝鮮半島の先史漁撈

はじめに

　先史時代の遺跡から出土する自然遺物を分析して、文化遺物との対比の上で具体的に生業や技術を考察するという研究スタイルが取られはじめたのは朝鮮考古学に関しては、ここ十数年のことであると言っても過言ではないが、考古学研究の当初から自然遺物については無視されたわけではない。朝鮮考古学の先駆者の一人であった鳥居龍藏は 1916 年に発掘を行った黄海南道長淵郡海安面夢金浦貝塚や龍崗郡龍磻里貝塚の報文では、自然遺物についても関心を抱いて報告しているし（鳥居 1917）、金海貝塚（濱田 1923）や東三洞貝塚（横山 1933、及川 1933）、油坂貝塚（横山 1934）の報告書にも自然遺物の鑑定結果は記載されている。しかしその後の発掘調査に於いては自然遺物に関しては冷淡であり、無関心であったと言えるであろう（藤田 1935）。

　自然遺物の豊富な出土が期待される朝鮮の貝塚遺跡に関しては、今西龍により研究が開始された（今西 1907）。今西は 1877 年のモースによる大森貝塚発掘、1979 年のマルガリートフによる沿海州シデミ河下流での貝塚の調査、1880 年のヤンコフスキーによるスラビアンカ貝塚発見調査などの極東の貝塚研究に刺激されて、朝鮮にも同種の遺跡が存在することを確かめるために、1907 年金海周辺の遺跡を踏査して土峴貝塚を発見した。これが朝鮮にも先史時代の貝塚遺跡があることを確認した最初であり、後の金海貝塚調査の引き金となったのである。鳥居龍藏による東北朝鮮の貝塚遺跡に関しての報告はなされなかったが、この金海貝塚の発掘に関して彼は時期的に新しいものであり、新石器時代の遺跡としては咸鏡北道の松坪洞と龍水洞や沿海州の貝塚遺跡があたることを指摘している（鳥居 1924）。

　1928 年に八幡一郎と中谷治宇二郎が中心となって編集した『日本石器時代遺物発見地名表』の中には朝鮮の貝塚遺跡として京畿道では矢島貝塚、慶尚南道では岩南洞、会峴里、東外洞、堂山、水南洞、平安南道では龍磻里、温泉里、

穀新里、咸鏡北道では龍水洞と松坪洞の計11ヶ所の貝塚が挙げられている（東京帝国大学1928）。

　1935年に朝鮮の新石器時代について概観した藤田亮策は貝塚遺跡として、石器時代前期から末期の時期に及ぶものとして松坪洞を、前期の貝塚は龍水洞以下6遺跡、後期の貝塚として東莱邑貝塚以下5遺跡を提示しているが（藤田1935）、『日本石器時代遺物発見地名表』とは異動が多く見られ、また1924年の報文とも異なる点があるが、その間の事情は不明である。

　戦後は1966年から金元龍と任孝宰により全羅南道の多島海地域での遺跡踏査が行われ、貝塚調査での自然遺物に関するレポートも掲載されているが（金元龍・任孝宰1968）、それ以降に発掘された南海岸地域の原三国時代貝塚出土の動植物遺存体に関しては、充分に報告されることはなかった。しかし1978年に行われた金海水佳里貝塚の発掘以降、自然遺物に関しても深い注意が払われるようになり、生態的環境から先史文化を考察する研究の出発点となったのである。また北朝鮮においても金信奎による遺跡出土の哺乳動物に関する詳しい分析があり、地域別、時代別に相互比較することが可能となった（金信奎1970）。

　今日に於いては殆どの貝塚発掘報告に於いて自然遺物に関する報告が掲載されて、こうした研究の基礎的資料となっているばかりではなく、動植物依存体の分析を通しての研究も盛んに進められてくるようになった（潘鏞夫・郭鐘哲1991、安德任1993、申淑静1994、金建沫1995、金子・中山1995）。ここでは朝鮮の新石器時代と青銅器時代に営まれた貝塚出土遺物に関して資料を収集し、漁撈関係遺物との対比をおこなってみたい。

動物遺存体を出土する沿岸部の遺跡

龍磻里貝塚　平安南道温泉郡雲霞里

　1916年に鳥居龍藏により発掘調査された貝塚で、今日の海岸から約4km内陸に入った、島状に海岸平野中に浮かぶ丘陵上の西側と東側の2ヶ所に営まれている。遺跡形成当時には島であったと想定され、出土する貝類にはカキ、ハマグリ、アカガイその他2、3種がみられたという（鳥居1917）。さらに魚骨

に関して頗る多いことが挙げられ、中にはタイを含むことが指摘されている。漁撈具に関しては礫石の両側に抉りもしくは切目を入れたタイプのものが多く出土したことが記され、それらは当時の釣針の錘や網錘に類似していることが説かれている。

弓山貝塚　平安南道温泉郡雲霞里

龍磻里貝塚の北方約2kmに位置する小弓山と呼ばれる標高20mほどの丘陵の斜面にあり、今日の海岸線から約2km東に入ったところに所在する。この小弓山の西側と北側には海抜5mの等高線が走り、遺跡付近は海抜9m以下の低平な沖積地が展開していることから、最温暖期には複雑に入り組んだ海岸線が海に向かって突き出た岬状を呈していたことが想定できる。この付近は干満の差が大きいために、満潮時には島となっていたかもしれない。

この遺跡は1950年に科学院考古研究所により発掘調査がなされ、有紋土器の編年の基準になったばかりでなく、自然遺物に関しても詳しい検討がなされている（朝鮮民主主義人民共和国科学院考古学及民俗学研究所1957）が、朝鮮戦争の影響により遺物が半数に減じたために、資料的に充分ではない側面を有している。

○貝類
　　ハマグリ *Meretrix meretrix*
　　マガキ *Ostrea gigas*
　　エゾイガイ *Crenomytilus grayanus*
　　エゾバカガイ *Mactra sinensis*
○魚類
　　トラフグ *Sphoeridea rubripes*
　　ボラ *Mugil cephalus*
　　マダラ *Gadus macrodephalus*
　　硬骨魚類 *Telestei* sp.
○哺乳類
　　アナグマ *Meles meles*（1個体数）
　　イヌ *Canis familiaris*（1個体数）

ヒョウ *Felis pardus*
イノシシ *Sus scrofa*
キバノロ *Hydropotes inermis*（422 骨数）
ノロ *Capreolus capreolus*（15 骨数）
ニホンジカ *Cervus nippon*（791 骨数〜 83 個体数）
スイギュウ *Bubalus bubalus*

　狩猟対象の大半はシカ科の動物で中でもニホンジカが飛び抜けて多く、キバノロがこれに次ぐ数を占めている。スイギュウと鑑定したのは裴文中で角と歯により同定された。しかしこの他の朝鮮や中国東北地方では先史時代遺跡でのスイギュウの骨出土報告はなく、問題を残している。あるいはマンシュウアカジカの同定ミスかもしれない。数と種は不明であるが、鳥類の骨が検出されている。

　石器には鏃が多く、石錘も偏平な河原石の両短側面に抉りを入れた小型品と卵形の礫に溝を巡らせた有溝の大型品の両種があり、骨角製品には刺突具が多くみられる（図34‐1 〜 4）。発掘資料は戦争による被害に遭ったためか、漁撈用の骨角製品の出土数が少ない。

古南里貝塚　忠清南道泰安郡古南面古南里

　古南里貝塚は中部朝鮮の泰安半島の南に接するように浮かぶ、安眠島の南端部に位置している。細長く入り込む谷を取り囲む海抜が5mほどの丘陵の奥行きにあり、有紋土器と前期無紋土器をともなう集落遺跡である。5回に及ぶ発掘がなされ、そのうち1次と2次調査分の自然遺物に関してのレポートがあるほか（漢陽大学校博物館 1990、1991、1993）、動物骨の分析研究を行った安徳任の論文がある（安徳任 1993）。

○貝類
　タマガイ科の一種 *Lunatica fortunei*
　スガイ *Lunella coronata*
　イボニシ *Thais clavigera*
　マクラガイ *Oliva mustelina*
　ウミニナ *Batilaria cumingu*

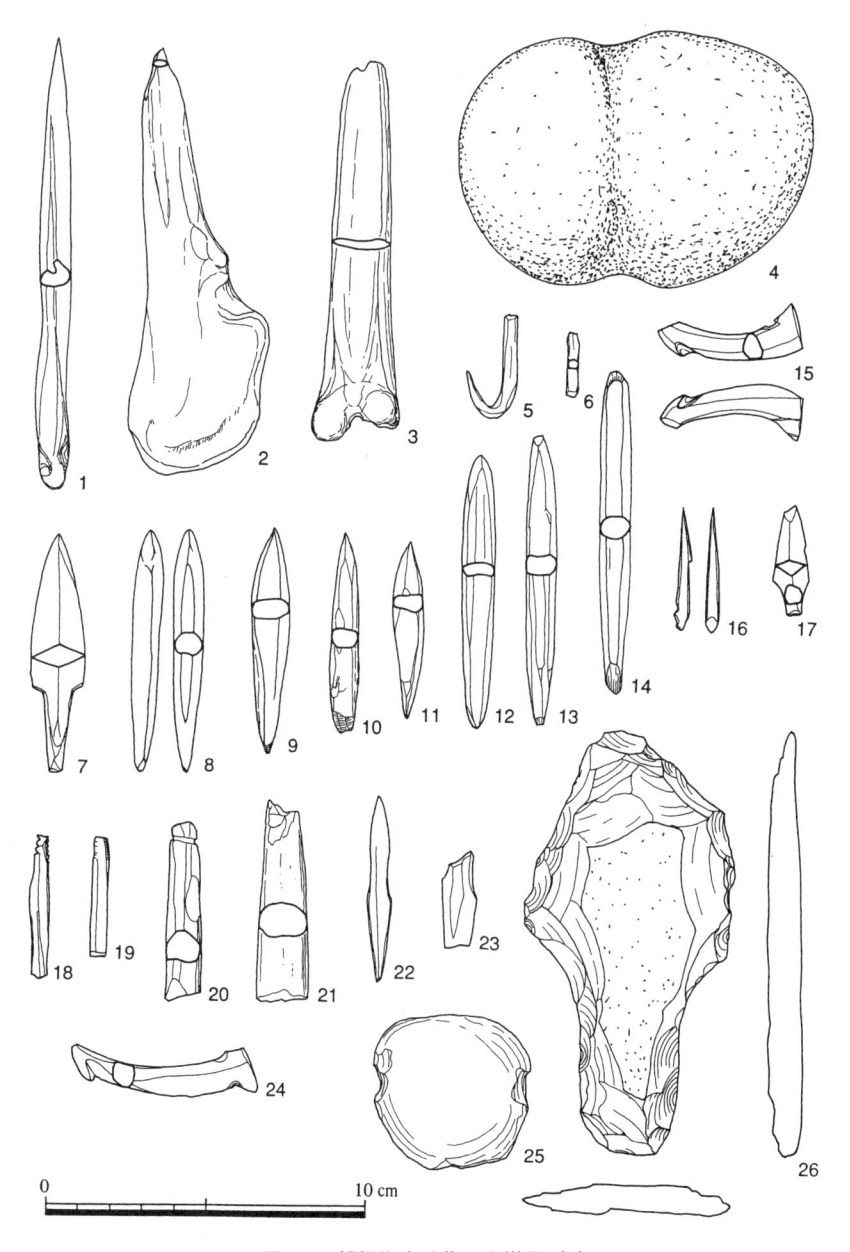

第4節　朝鮮半島の先史漁撈　295

図34　朝鮮先史時代の漁撈具（1）
1～4：弓山貝塚、5～14：古南里貝塚、15～17：松島貝塚、
18～26：欲知島東港里貝塚

フトヘナタリ *Cerithidea rhizophorarum*
クボガイ *Chlorostma argyrostoma lischkei*
ヘナタリ *Cerothideopsilla cingulata*
オオヨウラク *Ocenebra japonica*
ウラシマ *Semicassis persimilis*
タケノコガイ科の一種 *Diplomeriza exoluta*
ツメタガイ *Neverita didyma*
アカニシ *Rapana venosa*
アゲマキ *Sinonovacula constrica*
オキシジミ *Cyclina sinensis*
ハイガイ *Tegillarca granosa*
マガキ *Ostrea gigas*
オキアサリ *Gomphina veneriformis*
アサリ *Tapes philippinarum*
シナハマグリ *Meretrix petachiailis*
ミルクイ *Tresus keenae*
タイラギ *Atrina pectinata*
アカガイ *Scapharca broughtoni*
イガイ *Mytilus coruscus*

以上殆どの貝類が海深5m以内の砂質もしくは泥質の海底に棲息する類いで構成され、基本的には潮間帯もしくは潮下帯に棲息する貝類とすることができる。

○魚類
クロダイ *Sparus swinhonis*
マダイ *Pagrus major*
アマダイ *Broanchiostegus japonicus*
キダイ *Taius tumiforns*
タカサゴダイ *Argysops bleekeri osima*
スズキ *Lateolabrax japonicus*
ブリ *Seriora aureovitta*

トラフグ *Sphoeroides rubripes*
フグ科の一種 *Tetraodontidae* sp.
ヒラメ *Paralichthys olivaceus*
ガンギエイ科の一種 *Rajidae* sp.
トビエイ *Holorhinus tobijei*
ホウボウ *Chelidonichthys spinosus*
マイワシ *Sardina melanostica*
マゴチ *Platycephalus indicus*
ホンニベ *Argyrosomus miiuy*
サバ科の一種 *Scomber* sp.
ヒラ *Ilisa elongata*
イシモチ *Nibea argentatus*
マナゴ *Astroconger myriaster*
カタクチイワシ *Engraulis japonica*
ツノザメ科の一種 *Squalidae* sp.

上記の魚類の中ではマダイ、ブリ、スズキが多数を占めている。とりわけ2次調査の資料ではマダイが圧倒的に多かったとされる。大部分の魚は海面の表層に棲息する種類であり、マダイは産卵期には浅瀬に近づく習性をもっていることから、釣針や網漁あるいは刺突具による簡単な漁撈での捕獲が可能な種類である。マダイが多く捕獲されていることは、農閑期の春季に集中した漁撈活動をも推測させる。

○哺乳類
　ブタ *Sus scrofa domestica*
　ニホンジカ *Cervus nippon*
　ジャコウジカ *Moschus moschiferus*
　ネズミの一種
　タヌキ *Nyctereus procyonoides*
　ツシマヤマネコ *Felis bengalemsis manchurica*
　キツネ *Vulpes vulpes*
　アナグマ *Meles meles*

イヌ *Canis familiaris*
イヌ科の一種 *Canis* sp.
トド *Eumnetopias jubata*
　トドは上腕骨の一部である。トドは東北朝鮮にしか棲息しない類であり、アシカとの鑑定の誤りか、あるいは持ち込まれた物であるか不明。
　古南貝塚では以上のように豊富な自然遺物が出土しているにもかかわらず、多数の石鏃と若干の骨製刺突具、それに1点の管状土錘、2点の単式釣針を除いては、漁撈関係と特定できる遺物は多くは発見されていない（図34-5～14）。遺跡の主体をなすのが青銅器時代の集落址であることによるものであろうか。単式釣針はブタの牙を利用して製作された製品で、長さ3.2cm、幅0.4cmと極めて小型で、針先に逆刺は作られていない。他の1点は軸部の破損品である。小型の刺突具と分類した中に逆T字形釣針があるのかも知れない。

郡谷里貝塚　全羅南道南海郡松旨面郡谷里
　韓国の西南端に近い黄海に面する低い台地上に遺跡は立地し、眼下には海岸へと続く海抜が5mほどの低平な沖積地が開けている。青銅器時代から原三国時代に及ぶ集落址で、多量の卜骨が出土したことで名を馳せた。栽培穀物として炭化した米と小麦が発見されているが米はいずれも短粒系に属する。動物骨に関しては渡辺誠が報告している（木浦大学校博物館1987、1989）。
○貝類
　マガキ *Ostrea gigas*
　ハイガイ *Anadara granosa bisenensis*
　アサリ *Tapes philippinarum*
　オキシジミ *Cyclina sinensis*
　アゲマキ *Sinovacula constricta*
　イガイ *Mytilus coruscus*
　アカガイ *Anadara broughtonii*
　ハマグリ *Meretrix meretrix lusoria*
　ツメタガイ *Neverita didyma*
　サザエ *Batillus cornutus*

ヘナタリ *Cerithideopsilla cingulata*

タマガイ科の一種 *Lunatia fortunei*

クロツケガイ *Monodonta nevritoides*

イボニシ *Thais clavigera*

クロアワビ *Nordotis discus*

ヨメガカサ *Cellana toreuma*

キヌマトイガイ *Trapezium liralum*

アカニシ *Rapana venosa*

コシダカガンガラ *Omphalius rusticus*

オオウヨウラクガイ *Ocenebra japonica*

以上の貝類のうち二枚貝ではカキは出土量の7割を占め、ハイガイが2割弱、アサリが1割弱となっている。また腹足類ではヘナタリやクロツケガイが多くみられるが、アワビやイガイなどの潮間帯より下位に棲息する貝類が出土していることは注目される。

○魚類

ボラ *Mugil cephalus*

スズキ *Lateolabrax japonicus*

フエダイ属の一種 *Lutjanodae* sp.

マダイ *Pagrus major*

メカジキ属の一種 *Xiphidae* sp.

アジ科の一種 *Scombroidei* sp.

漁撈具として刺突具や骨鏃などは多数あるが、漁網錘はほとんど出土を見ない。第3次調査時に長さが14.3cmの大型の逆刺を内部にもつ鉄製釣針が1点発見されている。

○哺乳類

イヌ科の一種 *Canidae* sp.

イノシシ科の一種 *Susidae* sp.

シカ科の一種 *Cervidae* sp.

ウシ科の一種 *Bobidae* sp.

骨数においてはシカ科の動物が圧倒的に多く出土することが報告されてい

る。
　郡谷里貝塚の遺物は青銅器時代でも新しい時期に属するもので、主体となるのは原三国時代の遺物であり、新石器時代相とは様相を大きく異にする。

下苔島貝塚　　全羅南道務安郡黒山面下苔島

　下苔島は大黒山群島と小黒山島との中間にある苔島群島の最南端にあり、新石器時代後期の貝塚は島の北側入江を望む狭い台地上に位置している。小規模な発掘により出土した貝類にはイタボガキ、サザエ、マルスダレガイの一種、アカニシなどがあり、哺乳動物のアシカも発見されている（金元龍・任孝宰 1968）。漁撈具は採集されていない。

可居島里貝塚　　全羅南道務安郡黒山面大豊里

　小黒山島の北端にある灯台の西側、海抜 20m ほどの狭い丘陵上に貝塚は位置している。有紋土器を主として出土し、動物遺存体としてアシカの骨がある（金元龍・任孝宰 1968）。

頂里貝塚　　全羅南道務安郡黒山面牛耳島

　牛耳島は多島海地域の最も西側にある島で、この島の西側頂里部落の入江奥にあるカキを主体とした有紋土器を伴う貝塚である（金元龍・任孝宰 1968）。
　貝類にチョウセンハマグリ、マガキ、イタボガキ、アカニシがある。

松島貝塚　　全羅南道麗州郡突山邑

　麗水半島の先端部に隣接する突山島の西側にある、周囲が 4km ほどの小島に営まれた隆起文土器と前期有紋土器を主体とする貝塚で、出土した黒曜石は佐賀県腰岳産であることからも注目される遺跡である（国立光州博物館 1990）。木片による炭素14年代では、5440 ± 170 BP と 5430 ± 170 BP の数値が得られている。
　貝層中から採集された貝類には次のような種類が見られる。
　ヤマタニシ *Cyclophorus herklotsi*
　ニシキウズガイ科の一種 *Tegula lischkei*

イシダタミ *Monodonta labio*
ツメタガイ *Neverita didyma*
オオヘビガイ *Serpulorbis imbricatus*
サザエ *Batillus cornutus*
ミヤコボラ *Bursa rana*
レイシ *Thais bonni*
チョウセンボラ *Neptunea arthritica cumingii*
イセヨウラク *Ocenebrellus adunca*
ウチムラサキ *Saxidomus purpuratus*
フネガイ科の一種 *Tegillarca granosa*
オニアサリ *Protothaca jedoensis*
アサリ *Ruditapes philippinarum*
シロチョウガイ *Pinctada maxinma*
カスミニシキ *Chlamys farrei farrei*
イタボガキ *Ostrea denselamellosa*
マガキ *Ostrea gigas*
エゾイシカゲガイ *Clinocardium californiensis*

　貝類はいずれも潮間帯に棲息する類である。ミヤコボラやイタヤガイ科の一種を素材にして製作された貝輪が2点ずつ出土している。哺乳動物に関しての報告はないが、シカ骨を利用した刺突具が多くみられる。

　漁撈具としては結合式釣針の針先が2点ある。1点は鹿角を利用して作った外側に逆刺がつく製品で、他の一つは骨製の長さが3.8cmを測る小型品であり、結合部に2列の刻みを施している（図34-15～17）。89年の調査時には結合式の軸部が1点出土し、86年の地表踏査時には有溝石錘1点が採集されているという（趙現鐘1986）。

東港里貝塚　慶尚南道統営郡欲知島東港里

　東港里貝塚が所在する欲知島は慶尚南道の南海島と巨済島をフリルのように繋ぐ小島の一つで、島の中央部、入江の奥端に貝塚は立地している（国立晋州博物館1989）。この遺跡で出土する土器は有紋土器前期段階が主体で、遼寧省

郭家村や後窪遺跡出土品と極めて類似したイノシシ形土偶2点が見られる。自然遺物に関しての報告はないが、骨角製品の素材として、シカ、イノシシ、アザラシ、アカエイなどの骨が挙げられている。

　漁撈具は豊富に発見され、石製では礫石錘と石銛、結合式釣針の軸があり、骨角製品には結合式釣針の針先と軸、きれいに加工された逆T字形釣針と多数の刺突具がある（図34-18〜26）。この遺跡で出土した壮年－熟年の男性の左右側頭骨に外耳道骨腫が確認され、潜水作業に因るものであろうと推定されている。貝類や魚類の報告がなされると、そのことが裏付けされる可能性が高い。

烟台島　慶尚南道統営郡三陽面烟谷里

　烟台島は統営湾が外洋と接するあたりに位置する面積110,000m^{2}ほどの小島で、島の北端部の緩やかに岬状に延びた低い丘陵の上にある国民学校の敷地内に存在している。数回に及ぶ発掘調査の結果、隆起文土器から有紋土器にかけての貝塚であることが明らかにされている（国立晋州博物館1993）。

　出土した自然遺物に関しては金子浩昌により同定・分析がなされているが、貝類に関しては未報告である。この遺跡からは新石器時代の古い段階での貝輪が多数出土し、いずれもベンケイガイで製作された製品で、合計20点に達する。

○魚類

　　ネコザメ属の一種 *Heterodontus* sp.

　　アオザメ *Isurus glaucus*

　　ドチザメ *Triakis skyllia*

　　メジロザメの一種 *Carchainidae* sp.

　　ツノザメ科の一種 *Squalidae* sp.

　　アカエイ科の一種 *Dasyatidae* sp.

　　ボラ *Mugil cephalus*

　　アナゴ科の一種 *Congridae* sp.

　　メナダ *Liza haematocheila*

　　カマス類 *Sphyraena* sp.

　　タラ *Gadus macrocephalus*

マトウダイ *Zeus japonicus*
スズキ *Lateolabrax japonicus*
ハタ類 *Epineophelus* sp.
ニベ *Nibea mitsuskurii*
イシモチ *Argyrosomus argentatus*
ニベ科の一種 *Sciaenidae* sp.
マダイ *Pagrus major*
キダイ *Dentex tumiforons*
クロダイ *Acanntopagrus schlegeli*
アマズ *Trachurus japonicus*
ブリ *Seriola quinqueradiata*
マグロ類 *Thunnus* sp.
カジキマグロ類 *Istiophorus* sp.
マサバ *Scomber japonocus*
マカギギ科 *Istiophoridae* sp.
メカギギ科の一種 *Xiphidae* sp.
カンダイ *Semicossypyus reticulatus*
ベラ科の一種 *Labridae* sp.
カワハギ科の一種 *Monacanthidae* sp.
マフグ *Fugu hemiculate prophyreum*
ヒガンフグ *Fugu pardale*
カサゴ科の一種 *Sebastes* sp.
コチ *Platycephalus indicus*
ヒラメ *Paralichithys olivaceus*
ヒラメ科の一種 *Bothidae* sp.
アイナメ *Hexagrammos otakaii*
○哺乳類
　クマネズミの一種 *Rattus* sp.
　カマイルカ *Lagenorphynchus obliquidens*
　マイルカ *Delphinus delphis*

バンドウイルカ *Tursiops gilli*
タヌキ *Nyctereutus procynoides*
イタチ *Mustela sibirica*
イヌ *Canis familiaris*
テン *Martes sibirica*
アナグマ *Meles meles*
カワウソ *Lutra lutra*
ニホンアシカ *Zalophus californianus japonicus*
ウマ *Equus caballus*
イノシシ *Sus scrofa*
キバノロ *Hydropotes inermis*
ニホンジカ *Cervus nippon*
ウシ *Bos taurus*
クジラ類 *Cetacea* sp.

これらのうち、カワウソ、マイルカ、アナグマの歯は装飾品に利用される例が多い。

石器類には多数の石鏃の他に礫石錘と結合式釣針の軸がみられ、骨角製品としては多くの刺突具、結合式釣針の針先と軸などが出土している（図35-1〜10）。渡辺誠によると（渡辺1995）、この遺跡で検出された結合式釣針は、軸4点未製品1点、針先10点未製品1点に達する。

山登貝塚　慶尚南道統営郡欲知面上老大島

東港里貝塚が所在する欲知島の北側に位置する上老大島の西海岸にあり、有紋土器の中期から後期段階のマガキやイガイを主体とする貝塚である（釜山水産大学校博物館1989）。

○貝類
クロアワビ *Nordotis discus*
サザエ *Batillus cornutus*
マツバガイ *Cellana nigrolineata*
ヘソアキクボガイ *Chlorostoma argyrostoma*

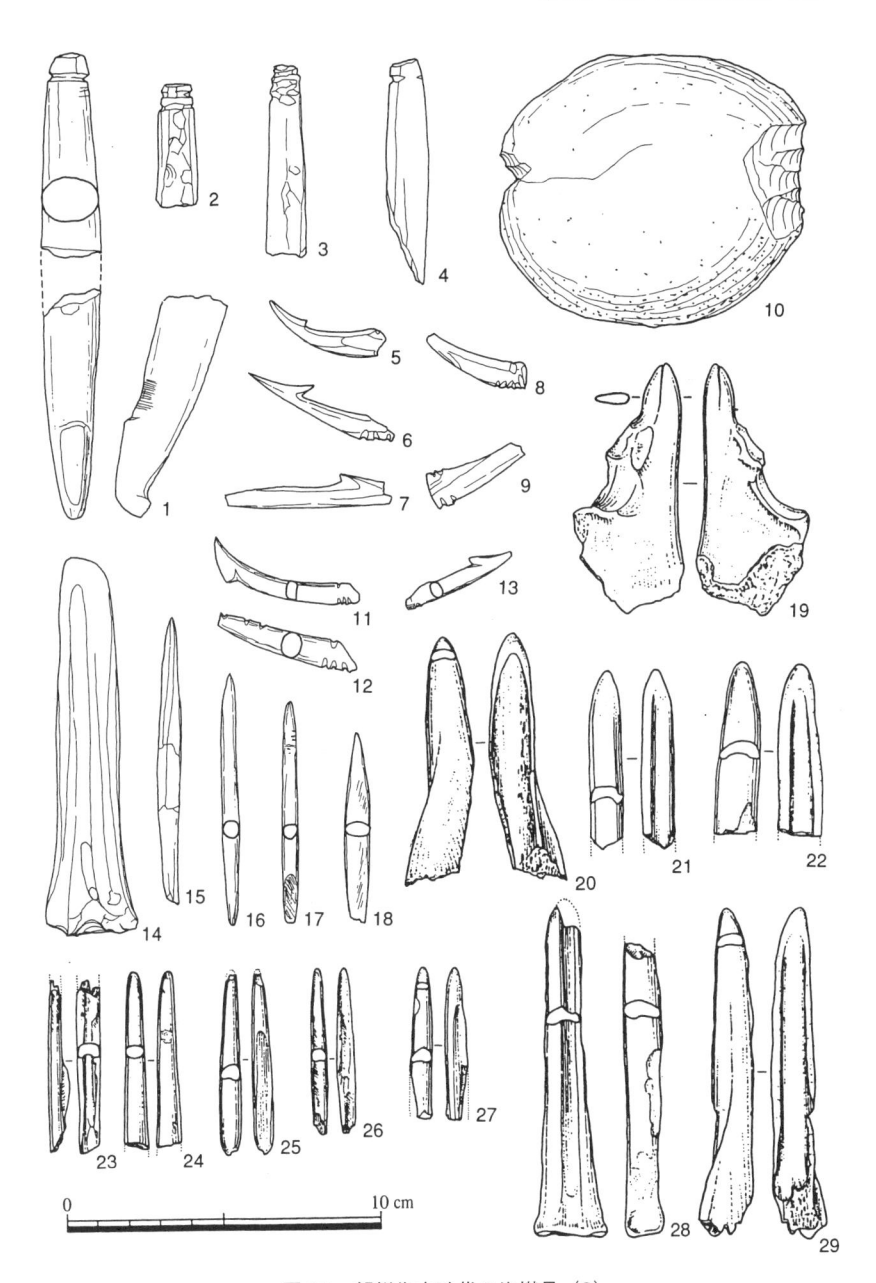

第4節　朝鮮半島の先史漁撈　305

図35　朝鮮先史時代の漁撈具（2）
1〜10：烟台島貝塚、11〜18：東三洞貝塚、19〜29：水佳里貝塚

オオヘビガイ *Serpulorbis imbricatus*
エゾフネガイ *Crepidula graxispina*
フジツガイの一種 *Monoplex australasiae*
ゴマガイ *Diplommatina tyosenica*
クダマキガイ科の一種 *Inquistor jeffreysi*
イガイ *Mytilus coruscus*
イガイ科の一種 *Modiolus elongatus*
ベンケイガイ *Glycymeris albolineata*
ウミギク *Spondylus barbatus*
マガキ *Ostrea gigas*
イタボガキ *Ostrea denselamellosa*
トヤマガイ *Carrita leana*
ウチムラサキ *Saxidomus purpuratus*

クロアワビは水深20m以下の海底に、またイガイは潮下帯から水深10mに棲息する類であり、それらが採集されていることは一部に潜水漁撈が行われていた可能性を説く資料となる。この貝塚からはベンケイガイの貝輪3点、マツバガイの貝輪2点が出土している。なおこの他に魚類ではニサダイ *Prionurus microlepidotus*、哺乳類ではシカ科、マイルカ、クジラ目などの骨が出土している。こうした豊富な自然遺物があるにも拘わらず、漁撈具としては刺突具があるに過ぎない。

上老大島貝塚　慶尚南道統営郡欲知面上老大島

前記山登貝塚の東南方向に約4km離れた、港を見下ろす台地上に遺跡は位置し、隆起紋土器から有紋土器にかけての時期に営まれた貝塚である。この遺跡はこれまでに延世大学校（孫宝基1982）と東亜大学校（東亜大学校博物館1984）による調査が行われ、このうち延世大学校の発掘では10層に分層されて調査されたが、詳しい報告書が入手できないために、各層と自然遺物の対比はできない。延世大学校発掘時に出土した自然遺物については崔サムヨンの論文で検討がなされ（崔サムヨン1988）、東亜大学校関係自然遺物は金子浩昌の同定がある（広瀬1986）。

延世大学校資料では出土骨数は1773点に達し、その内訳は下記の通りである。

○哺乳類
　　イノシシ *Sus scrofa*
　　キバノロ *Hydropotes inermis*
　　ニホンジカ *Cervus nippon*
　　ノロ *Capreolus capreolus*
　　カワウソ *Lutra lutra*
　　キツネ *Vulpes vulpes*
　　イヌ科 *Canis* sp.
　　セスジネズミ *Apodemus agrarius*
　　ドブネズミ *Rattus norvegicus*
　　イワシクジラ *Balanoptera acutorostrata*
　　クジラ目 *Cetacea* sp.
　　マイルカ *Delphinus delphis*
　　オットセイ *Callorhinus ursinus*
　　ニホンアシカ *Zallophus californicus japonicus*
○亀鼈類
　　アオウミガメ *Chelonia mydas*
○鳥類
　　オオワシ *Haliaeetus pelagicus*
　　ワタリガラス *Corvus corne*
　　ヒメウ *Phalacrocorax pelagicus*
　　オオミズナギドリ *Calonectris leucomelas*
○魚類
　　アカエイ科 *Dasyatidae* sp.
　　トラウツボ *Muraena pardalis*
　　イサキ科 *Pomadasyidae* sp.
　　スズキ *Lateolabrax japonocus*
　　マダイ *Pagrus major*

クロダイ *Acanthopagros schlegeri*
チダイ *Evynnis japonica*
ベラ科 *Labridae* sp.
ヒガンフグ *Fugu pardalis*
　東亜大学校発掘資料では、イルカ、サメ、ベラ、クジラ、マダイ、カンダイ、サワラ、キジなどの骨が出土している。
　具体的な漁撈関係遺物については不明であるが、渡辺によると延世大学校の発掘で結合式釣針の針先6点、軸1点が出土している（渡辺1995）。

朝島貝塚　慶尚南道釜山広域市影島区東三洞下里
　朝島は釜山市の南部にある影島から東へ約1km離れたところにある小島で、その島の西海岸にある狭い台地上に無紋土器時代（Ⅰ地区）と有紋土器時代（Ⅱ地区）の貝塚が地点を異にして分布している。発掘はⅠ地区で行われ、Ⅱ地区の採集遺物とともに、動物遺存体も報告されている（国立中央博物館1976）。
○貝類
　ヒアオウギ *Chlamys noblis*
　ナデシコガイ *Chlamys irregalaris*
　サザエ *Turbo cornutus*
　クロアワビ *Haliotis discus*
　マダカアワビ *Haliotis gigantea*
　オオベビガイ *Serpulorbis imbrcatus*
　ホタテガイ *Ptinopecton yessoensis*
　イタボガキ *Ostrea belcheri*
　ナガニシ *Fusinus perplexus*
　ミガキボラ *Kelletia lischkei*
　フジツガイ科の一種 *Gymatium parthenopeum*
　フジツガイ科の一種 *Charonia lampus*
　ツメタガイ *Neverita didyma*
　エゾバイ科の一種 *Helcioicus nigrisquamates*
　スガイ *Lunella coronata*

ウニレイシ *Purpura mancinella*
アリソガイ *Colomactra antiquata*
タマガイ科の一種 *Nactia ianthostomum*
マルスダレガイ科の一種 *Venus* sp.
フジツボ科 *Balanus* sp.

魚類ではタイ類、哺乳類ではクジラ目、オットセイ、ニホンジカ、イノシシなどの骨が検出されている。その中ではニホンジカが圧倒的に多く出土していることから、鑑定者は小島を利用しての養鹿業が営まれていた可能性を説いている。

漁撈関係遺物では骨製の刺突具や骨鏃、管状土錘の他に、鉄製単式釣針も1点発見されている。有紋土器時代では土製や石製の錘も見られた。貝類の中でクロアワビやマダカアワビなどの水深が深い場所に棲息する貝類が採集されていることは注目に値する。

東三洞貝塚　慶尚南道釜山広域市影島区東三洞

釜山市の対岸に位置する影島の東南部の小さな丘陵の末端傾斜部に営まれた、カキ、サザエ、イガイ、クボガイなどの貝で構成される新石器時代の貝塚で、戦前より数回にわたる発掘が行われているが、自然遺物に関しては3回分しか発表されていない。横山将三郎の発掘では次のような自然遺物が出土している（横山1933）。

貝類ではトリガイ、クボガイ、オキシジミ、トコブシ、イガイ、イタボガキ、イワガキ、アサリ、イタヤガイ、レイシ、サザエ、魚類ではマダイとサワラ、哺乳類ではニホンジカ、マンシュウアカジカ、アザラシ、クジラがみられる。

出土遺物の中にトリガイを加工した貝輪が3点報告されている。

漁撈具関係では結合式釣針の軸1点と針先が8点あり、針先のうち逆刺のあるもの3点が含まれている。また逆T字形釣針と想定される製品もある（図35-11～18）。

及川民次郎の発掘では貝類には、カキ、イガイ、オキシジミ、アサリ、ナデシコガイ、ホタテガイ、サザエ、レイシ、クボガイ、ヨメガササ、チョウセンヒガイ、フジツボ、ヘビガイ、アカニシ、ツメタガイ、スズメガイ、マツバガ

イがあり、哺乳類ではイノシシ、シカ、イルカ、クジラ、その他が見られる（及川 1933)。魚類にはタイとサメその他が出土した。漁撈具には刺突具の他に結合式釣針の針先が4点以上あり、逆T字形釣針と推定される製品も1点ある。両側に刺をもつ組み合わせ銛の頭もみられる。

貝輪が2点あるが素材の同定はなされていない。

戦後行われた国立博物館の報告はなされていないが、サンプルによる発掘に関しては詳しいレポートが提出されている（Sample 1974)。サンプルはこの報告の中で東三洞貝塚の遺物を朝島期、牧島期、釜山期、頭島期、影島期に5区分して説明を行っているが、型式的序列と年代は必ずしも一致しない。炭素14による年代では牧島期は 3940 ± 140BC、釜山期は 2995 ± 125BC、頭島期の初期は 1450 ± 120BC、影島期は 1450 ± 215BC となっている。

貝類の中で主要な種類は以下の通りである。

イガイ *Mytilus coruscus*
イタボガキ科 *Ostrea* sp.
ミミガイ科 *Haliotis* sp.
サザエ *Turbo cornutus*
ハイガイ *Tegula lischkei*
フジツボ科 *Balanus* sp.
ヘビガイ *Serpularbis imbricata*
イボニシ *Thais clavigera*
スガイ *Lunella coronata*
オキシジミ *Cyclina sinensis*
ハマグリ *Meretrix meretrix*
イシダタミ *Monodonta labia*
フネガイ *Crepidula aculeata*

これらのうちイガイは全期間通して出土貝類の6割弱から7割強を占め、イタボガキ科は2割から1割であり、この2種類の貝で貝塚が構成されているといって過言ではない。サザエは釜山期に34％とイガイに次ぐ数字を示すが、その時期以外は4％未満でしかない。サザエが大多数を占める状況は一面潜水漁の存在を示唆するが、遺跡形成の初期段階から多数見られるという報告は、

傾斜面での堆積であることを考慮すると、層位的混乱があった可能性を推測させる。貝輪は 160 点出土したが、それに使用された貝類にはベンケイガイ、アカガイ、マクラガイがある。
○魚類
　マダイ *Pagrus major*
　マグロ *Tunnus* sp.
　タラ *Cadus morrha macrocephalus*
　サメ科 *Isuridae* sp.
　ボラ *Mugil cephalus*
　ブリ *Seriola quinqueraditata*
　魚類について骨数で出土率を掲げると、総計 436 点のうちサメ 34.17％、ボラ 1％、マグロ 18.3％、ブリ 7.9％、マダイ 27.8％、タラ 11.9％となり、マダイやマグロが多く食されていたことが窺える。時期別では牧島期に漁撈活動が最も活発で全魚骨出土の 7 割を占めている。
○哺乳類
　ニホンアシカ *Zalophus californianus japonicus*
　イルカ科 *Delphidae* sp.
　クジラ目 *Cetacea* sp.
　キバノロ *Hydropotes inermis*
　マンシュウジカ *Cervus mantchuricus*
　イノシシ *Sus scrofa*
　タヌキ *Nycterius procyonoides*
　イヌ *Canis familiaris*
　アザラシ科 *Phocidae* sp.
　マンシュウジカと鑑定されたものはウスリージカではないかと推測される。ニホンジカよりもやや大きな種である。朝島の報告書でタイリクジカとされる種に相当する。哺乳類総計 985 点のうち、イノシシ 1％、マンシュウジカ 26.4％、キバノロ 10.8％、クジラ目 28％、アシカ 26.6％となり、海獣類で全体の 6 割にも達することは注目される。しかしクジラ目が全体の 1/4 以上を占めるという数値には疑問が残る。魚漁と同様に牧島期で海獣類の漁が最も盛んで、

アシカ、クジラ、イルカの骨がこの時期に多数見られる。東三洞貝塚では漁撈関係遺物が豊富に発見され、刺突具の他に結合式釣針の針先と軸、逆Ｔ字形釣針などがあるが、銛がまったく見られないことに疑問が残る。

　最近国立博物館が発掘した第１次から第３次までの調査報告書が刊行され(国立中央博物館 2002 － 2005)、結合式釣針や逆Ｔ字形釣針が多数出土したことが分る。動物遺存体についても詳しい報告がなされている。

○貝類
　マツバガイ *Cellana nigrolineata*
　アワビ類 *Haliotis* sp.
　クボガイ *Chlorostoma lischkei*
　ヘソアキクボガイ *Chlorostoma argyrostoma*
　コシダカガンガラ *Omphalius rusticus*
　バテイラ *Omphalius pfeifferi pfeifferi*
　イシダタミ *Monodonta labio*
　サザエ *Turb cornutus*
　スガイ *Lunella cornata coreensis*
　アズキガイ *Pupinella rufa*
　キクスズメ *Hipponix conica*
　オオヘビガイ *Serpulorbis imbricatus*
　ツメタガイ *Glossaulax didyma*
　ハネナシヨウラガイ *Ceratostoma rirufluum*
　レイシ *Thais bronni*
　イボニシ *Thais clavigera*
　アカニシ *Rapana venosa*
　ヒメエゾボラ *Neptunea arthritica*
　ミガキボラ *Kelletia lischukei*
　イソニナ *Japeuthria ferrea*
　テングニシ *Hemifusus tuba*
　ナガニシ *Fusinus perplexus*
　アカガイ *Scpharca broughtonni*

サルボウ *Scpharca kagoshimensis*
ベンケイガイ *Glycymeris albolieata*
イガイ *Mytilus coruscus*
アズマニシキ *Chamys farreri nipponensis*
イタヤガイ *Pecten alblicans*
マガキ *Ostrea gigas*
イワガキ *Ostrea nippona*
シオフキ *Mactra veneriformis*
ミルクガイ *Tresus keenae*
フジナミガイ *Soletelina boeddingharusi*
シジミ科の一種 *Corbiculaadae* sp.
アサリ *Ruditapes philippinaraum*
ウチムラサキ *Saxidomus purourata*
ハマグリ *Meretrix lusoria*
チョウセンハマグリ *Meretrix lamarckii*
オキシジミ *Cyclina sinensis*

○魚類
ネズミザメ *Lamna ditropis*
メジロザメ科の一種 *Carcharhinidae* sp.
ツノザメの一種 *Squalidae* sp.
カラスザメ科の一種 *Squatinidae* sp.
エイ目の一種 *Rajiformes* sp.
マダラ *Gadus macrocephalus*
カサゴ科の一種 *Scorpaenidae* sp.
アイナメ科の一種 *Hexagrammidae* sp.
ブリ類 *Seriola* sp.
クロダイ *Pagrus schlegeli*
マダイ *Pagrus major*
コブダイ *Semicrossyphus reticulatus*
マグロ類 *Thunnus* sp.

サワラ類 *Scomberomorus* sp.
ヒラメ *Paralichthys olivaceus*
フグ科の一種 *tetradonitidae* sp.
○哺乳類
クマネズミ属の一種 *Rattus* sp.
マイルカ *Delphinus delphis*
バンドウイルカ *Tursiops gilli*
クジラ類 *Cetacea* sp.
ヒグマ *Ursus arctos*
タヌキ *Nyctereutes procyonides*
イヌ *Canis familiaris*
カワウソ *Lutra lutra*
トラ *Panthera tigris*
ニホンアシカ *Zalophus carifornianus japonicus*
アザラシ科の一種 *Phocidae* sp.
イノシシ *Sus scrofa*
ウスリージカ *Cervus nippon hortulorum*
キバノロ *Hydropotes inermis*

　貝類の中ではサザエをのぞいてはほぼ潮間帯に生息する類であり、カキが多いことは汽水域に近いという遺跡立地を物語る。哺乳類の中ではウスリージカとアシカが多いことは注目される。中でもアシカは39体もあり、ウスリージカも19体に達している。

水佳里貝塚　慶尚南道金海市長有面水佳里佳洞
　水佳里貝塚は西洛東江の支流である朝満江が大きく蛇行しながら形成する金海平野の南端を、金海湾から区画するように聳える錦屏山の東に延びる丘陵の先端部に所在する、有紋土器中期から後期にかけてのカキを主体とする遺跡である（釜山大学校博物館1981）。
　層位的発掘により韓国南海岸地域の有紋土器の編年を確立したことで知られ、またニホンジカの骨を利用した多数の刺突具の出土で名をはせている（図

35-19～29)。
○貝類
　スガイ *Lunella coronata*
　シラギクガイ *Psedoliotia*
　タマキビガイ *Littorina brevicula*
　ウミニナ *Batillaria multiformis*
　シマハマツボ *Diffalaba picta*
　アカニシ *Rapana venosa*
　イボニシ *Thais clavigera*
　マルテンスマツムシ *Indomitrella marutensi*
　アオモリムシロガイ *Reticunassa fratercula*
　フネガイ科の一種 *Striarca tenebrica*
　ヒメエガイ *Nipponica bistrigata*
　カリガネエガイ *Barata virescens*
　サルボウ *Scapharca subcrenata*
　ハイガイ *Tegillarca granosa*
　タマキガイ *Glycymeris vestita*
　イガイ *Mytilus corusucum*
　エゾイガイの一種 *Adula atrata*
　アズマニシキ *Chlamys ferreri*
　ナミマガシワ *Anomia sinensis*
　マガキ *Ostrea gigas*
　イタボガキ科の一種 *Ostrea* sp.
　シロクチベニガイの一種 *Corbicula* sp.
　キヌマトイガイ *Trapezium triatum*
　シコロガイの一種 *Meretrix* sp.
　アサリ *Redititapes philippinarum*
　シオフキ *Mactra veneriformis*
　カワニナ *Aspidopholas yoshimurai*
貝の種類から淡水の混ざる水域の砂泥地に棲息する類で構成された貝塚であ

ることが窺える。貝輪に使用された貝にはサルボウ2点、ベンケイガイもしくはタマキガイ13点ある。
○魚類
　トビエイ *Holorhinus tobijei*
　マダラ *Gadus macrocephalus*
　スズキ *Lateolabrix japonocus*
　クロダイ *Acanthopagrus schlegeli*
　ヒガンフグ *Fugu parale*
スズキやクロダイが見られることは貝類の棲息条件と良く一致している。
○哺乳類
　イルカ科 *Delphidae* sp.
　クジラ目 *Cetacea* sp.
　イヌ *Canis familiaris*
　タヌキ *Nyctereutes procyonoides*
　ヒグマ *Urusus arctos yesonensis*
　アナグマ *Meles meles*
　ネコ科の一種 *Felidae* sp.
　イノシシ *Sus scrofa*
　キバノロ *Hydropotes inermis*
　シカ科 *Cervidae* sp.
全体的に哺乳類は海獣類を含めて種類は多いものの、個別の出土数は少ないと報告されている。

凡方貝塚　慶尚南道釜山広域市江西区凡方洞
　水佳里貝塚から1km南に離れた同じ丘陵上の南側に位置する隆起紋土器から有紋土器前期にかけての、マガキやスミノエガキを主体とする貝塚である（釜山直轄市博物館1993）。
　第1次の報告書が刊行されているが、土器以外のものに関しては未報告なので、金子浩昌の論文から引用することにする（金子・中山1995）。
○貝類

マガキ、スミノエガキ、コシダカカンガラ、イシダタミ、スガイ、レイシ、イボニシ、イガイ、イタヤガイ
○魚類
マダイ、スズキ、イシモチ、カサゴ類、ヒラメ、ツノザメ科の一種
○哺乳類
イノシシ、シカ、ニホンアシカ、マッコウクジラ、イルカ類
出土した漁撈関係遺物に関しては未報告である。

先史時代の漁撈技術

　新石器時代から青銅器時代にかけての朝鮮半島沿岸部での基本的な漁撈具としては、各種の骨製の刺突具が挙げられる。シカ科の動物の管骨を利用して作られるものが多く、すべての沿岸部に所在する先史時代の遺跡で発見されると言っても過言ではない。この刺突具は形態が変化に富み、組み合わせによっては銛や叉、そして結合式釣針になることもある（Stewart 1977）。また刺突具による漁は潮間帯や潮下帯上部で行われるだけでなく、欲知島東港里貝塚発見の壮年～熟年男性に表れた外耳道骨の異常から推測されるように（国立晋州博物館 1989）、潜水しての刺突漁撈も早い段階から行われた可能性を示唆している。朝鮮で貝類の中でアワビが出土し始めるのは、紀元前二千年紀に入ってからであり、遼東での出現と軌を一にしている。この漁撈の開始が男性による潜水漁が女性に転化したのか、遼東地域での潜水漁が伝わったのか、朝鮮西沿岸地域での様相が不明にために今のところ明確ではない。
　刺突具を除く漁撈法には、釣針、鏃、銛、網による漁が想定できるが、このうち骨鏃は中国黄渤海周辺地域ほどには発達せず、石鏃による弓漁撈の存在も予想される。ここでは遺跡出土海中棲息動物の分析から、先史時代漁撈の一端を推察することにする。
　朝鮮半島を中心として、黄渤海沿岸と日本海沿岸地域の先史時代遺跡で発見される外皮が堅い海獣類とサメ類、チョウザメは以下の通りである。
　　羊頭窪遺跡　　　アシカ
　　北呉屯遺跡　　　チョウザメ

古南里貝塚	トド（？）、サメ
下苔島貝塚	アシカ
可居島里貝塚	アシカ
頂里貝塚	アシカ
東港里貝塚	アザラシ
烟台島貝塚	サメ、イルカ、アシカ、クジラ
上老大島貝塚	クジラ、イルカ、オットセイ、アシカ、サメ
朝島貝塚	クジラ、オットセイ
東三洞貝塚	アザラシ、クジラ、イルカ、サメ、アシカ、アザラシ
水佳里貝塚	イルカ、クジラ
凡方貝塚	サメ、アシカ、クジラ、イルカ
金海貝塚	アシカ
勒島貝塚	アシカ
農圃洞	アザラシ、オットセイ、クジラ、サメ
草島貝塚	サメ
西浦項貝塚	アザラシ、トド、アシカ、オットセイ、スナメリ、クジラ、ペシュチャヌイ　アザラシ、イルカ

　アシカ *Zalophus californianus* は北太平洋沿岸地域から日本海とその近隣地域に先史時代棲息した海獣類で、うち日本海周辺と東日本に棲息していたニホンアシカ *Zalophus californianus japonicus* は絶滅したとされるが、先史時代この地域で出土する種類はこのニホンアシカである。日本海西部では竹島や沖の島が繁殖地となっていたことが知られている。西日本では対馬の志多留貝塚、佐賀貝塚、壱岐の原の辻遺跡、カラカミ貝塚、福岡県沖の島、佐賀県小川島、菜畑遺跡、長崎県宮の本遺跡、山口県綾羅木遺跡など玄界灘沿岸地域でアシカの遺体が発見されていて、この地域がアシカ棲息域の南限と想定される。羊頭窪遺跡でアシカの骨が検出されることは、次に述べるアザラシと同様にかつては黄海周辺でも広く棲息していた可能性が高い。

　アザラシは朝鮮南部の2遺跡と東北朝鮮以北の出土例があるが、今日黄渤海沿岸地域でも棲息が確認されていて、先史時代の朝鮮半島周辺には一般的に分布していたと推定される。この地域に棲息するのはゴマフアザラシ *Phoca largha Pallas* であり、黄渤海を棲息域とする類は 11 月に渤海に入り、1 月～ 2 月に河口近くの凍結した氷上で繁殖し、次第に南下しながら、6 月～9 月は黄海北部地域でイカ、タコ、エビなどを索食する（遼寧省科学技術委員会 1988）。このために遼東半島一帯ではアザラシの捕獲は、冬季から春季の幼獣を伴って行動する時期もしくは陸地に接近した氷上での捕獲が予想される。東北朝鮮での棲息状況は不明であるが、遼東地域との同様の捕獲季節が想定されよう。

オットセイ *Callorhinus ursinus* の骨が出土しているのは西浦項貝塚、農圃洞遺跡、朝島貝塚と上老大島貝塚の 4 遺跡に過ぎない。日本海周辺に見られるオットセイは樺太沖合のロベン島（海豹島）で初夏に繁殖した後、冬から春にかけては、リマン海流に乗って朝鮮の東北沿岸まで南下し、時には朝鮮東海岸まで下って大きく旋回し、大和礁や奥尻島を経て北上する習性をもっている（西脇・藪内 1965、和田 1971、江原道 1980）。朝鮮でのオットセイの骨の出土遺跡はまさしくそうした回遊コースに当たる場所に位置しており、上老大島貝塚でのオットセイの捕獲はその南限である。

イルカの類にはマイルカ *Delphinus delphis*、バンドウイルカ *Tursiops gilli*、カマイルカ *Lagenorphynchus obliquidens* が捕獲されているが、大部分はマイルカである。マイルカは日本の東シナ海沿岸部では南西諸島にまで、広範囲にわたって捕獲されていて、紀元前二千年紀以降この地域の代表的な漁撈対象であったことが窺える。イルカは集団で行動することが多く、また時にはサカマタ（シャチ）に追われて沿岸や内湾に接近することがあり、クジラなどとともにそうした状況下で内湾に迷い込んだ時の捕獲も想定できよう。

サメ類は草島遺跡出土のホシザメ例を北限として東シナ海周辺地域では一般的に見ることができる。黄渤海周辺地域では古南里貝塚のツノザメ科の例を北限として出土事例はないが、今日この地域ではエビスザメ、ホシザメ、アブラザメが普通に見られることが報告されている（張春霧他 1995）。朝鮮南部ではネコザメ、アオザメ、ドチザメ、メジロザメ、ツノザメが出土しており、玄界灘沿岸地域での出土例とほぼ共通する。またサメ類の出土は日本の南西諸島にまで広く分布し、海獣類よりは広範囲に出土例が認められる。このようにアザラシ、オットセイは朝鮮沿岸地帯、アシカは西北九州が南限であり、クジラ、

イルカ、サメは日本海と黄海、東シナ海全域に広がりを見せている。
　先史時代の朝鮮で出土する漁撈具には釣針と沈子、銛、漁網錘などがある。このうち最も多く発見されるのは銛の類である。骨角製の刺突具は組み合わせにより多種類の銛や叉に変化することからその実態が把握しにくいために除外

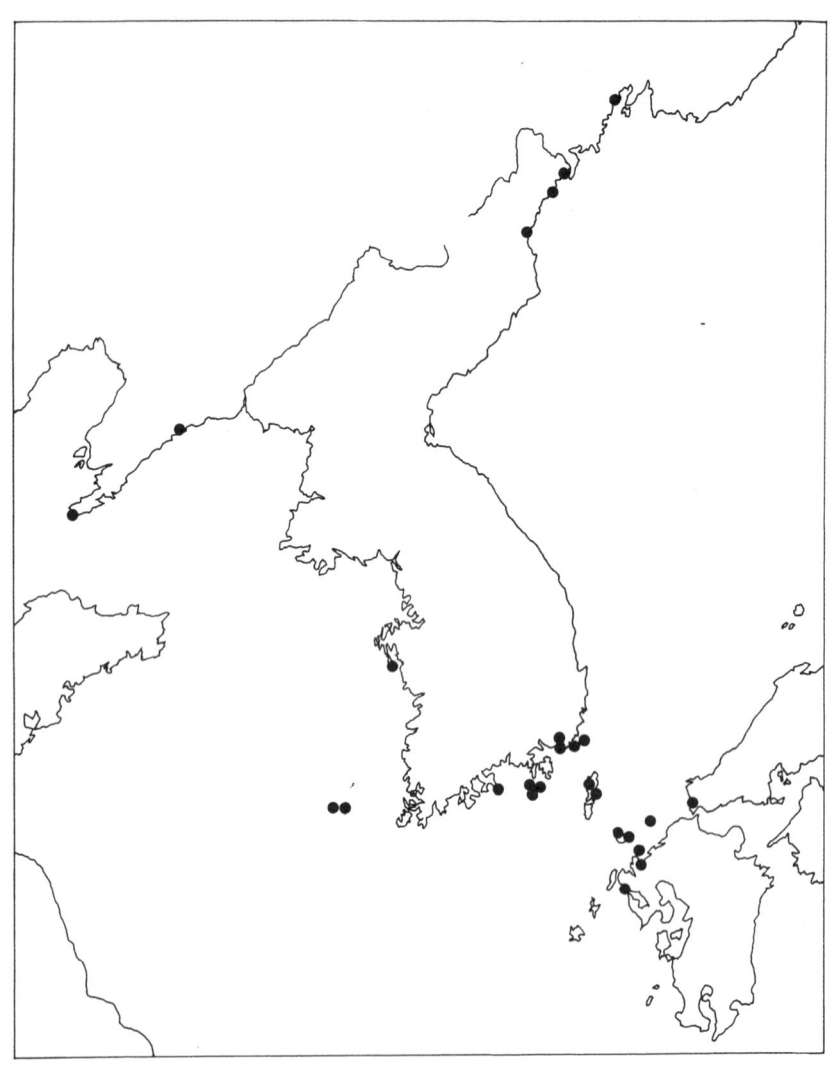

図36　オットセイ、アシカ、トド、アザラシ、チョウザメ出土遺跡

第4節　朝鮮半島の先史漁撈　321

すると、銛には石鋸と称される組み合わせの銛頭と1個の石で製作された単式の銛頭、それに骨角製の固定式銛や離頭銛などがある。

石銛は蛇頭状に設えた長さが5cm〜12.3cmの製品で、石鏃と形態が類似しているがそれよりも一回り大きい。朝鮮では欲知島東港里貝塚での出土が確認されているに過ぎないが、九州では橘昌信によると（橘1979）、縄紋時代前期から後期にかけての対馬から鹿児島に至る西海岸一帯に広く分布がみられる。朝鮮ではあまり注目されていないために石鏃の大型のものとして扱われているのかもしれない。

組み合わせ銛は石鋸と称される石器数点を骨や木に挟み込んで使用するもので、山崎純男（山崎1988）や渡辺誠（渡辺1995）によると朝鮮では茂山、雄基貝塚、農圃洞貝塚、東三洞貝塚、上老大島貝塚、安島第1遺跡の6ヶ所の出土が知られている。一方日本では玄界灘から九州西海岸、五島列島に分布があり、鹿児島県市来貝塚がその南限となっている。対馬越高遺跡の出土例が縄紋前期と最も古いが、大部分は後期に属し、単式の石銛とは隆盛する時期に差異が認められる。このことを重要視すると、単式の石銛から組み合わせ銛に変化しただけで、基本的な役割には大きな変化がなかったことを窺わせるとともに、日本海の西部沿岸地域から九州西海岸地域に及ぶ共通した漁撈の存在を指摘することができる。組み合わせ銛は咸鏡北道の茂山遺跡が唯一、内陸に所在する遺跡であるが、咸鏡南北道沿岸に棲息するチョウザメ（崔基哲他1990）は豆満江を遡上する可能性が高く、雄基（松坪洞）貝塚や農圃洞貝塚で出土することと同一のレヴェルで考えることができよう。

回転式離頭銛はペスチャヌイ貝塚を含めて、沿海州のヤンコフスキー文化で卓越する漁法で（Андреева 1986）、朝鮮北部では西浦項貝塚で多数出土している。これに対して南朝鮮では原三国時代の熊川貝塚で知られるのみであり、西日本では対馬佐賀貝塚、志多留貝塚、壱岐カラカミ貝塚、国柳遺跡、佐賀県の小川島遺跡、五島列島の江湖貝塚、白浜貝塚、岐宿貝塚、宮下貝塚、長崎本土の脇岬貝塚、有喜貝塚それに天草沖の原貝塚でいずれも縄紋後期から弥生時代前期に属する文化層から発見されていることから（田中1978）、朝鮮でも新石器時代後期には存在していた可能性が高い。

これら各種の漁撈具がどのような対象物の捕獲に用いられたかという点に関

しては未だ明確に把握されたとは言い難い。島津義昭は日韓の漁撈文化を比較した論文の中で石銛はクジラ、アシカ、イルカなどの海獣を、組み合わせ石銛はサメ類を対象としたと推定している（島津1992）。東北アジアで離頭銛が分布する地域は渤海湾周辺と日本海西部地域、西北九州沿岸地域と内陸の黒龍江流域に限られ、そのうち黒龍江流域においてはチョウザメを捕獲する時に使用されていたことが確かめられている（甲元1994b）。その他の離頭銛が出土する地域において共通する海獣類としては、渤海湾ではアシカとゴマフアザラシ、日本海西海岸ではオットセイ、アシカ、イルカ、ゴマフアザラシ、西北九州ではアシカがみられ、イルカやクジラは沿海州沿岸から琉球列島にかけて広範に分布している。離頭銛の出土分布との一致から、離頭銛による漁撈ではオットセイ、アシカ、アザラシなどの海獣類が主要な対象であったことが窺える。

　単式の石銛や組み合わせ石銛はこれら海獣類の分布域よりも広く、クジラ、イルカ、サメ類の分布と重なり合う傾向がある。このことは最初石銛が海獣類やサメ類の主要な漁具として登場した後に、特定の海獣類に対してより効果的な漁撈具として黒龍江流域で展開していた離頭銛漁による海獣類の捕獲が始まり、その分布はアシカの南限である西北九州にまで及んだことが推定できる。すなわち石銛はこれら大型魚類や海獣に共通する漁撈具であったが、紀元前二千年紀にアザラシ、オットセイ、アシカなどの海獣類に対してはより効果的な回転式離頭銛が導入され、石銛によるサメなどの漁法と共存していたことが窺える。

　釣針には単式釣針、結合式釣針、逆Ｔ字形釣針がみられるが、単式釣針はこの地域では新石器時代にはあまり発達しない。原三国時代になり鉄製釣針が韓国南沿岸地域で多くみられるようになる。単式釣針が出土する遺跡は次の通りである。

忠清南道古南里貝塚	青銅器時代	1点（無逆刺）
慶尚南道東港里貝塚	新石器時代	2点（軸破片）
烟台島島貝塚	新石器時代	1点（軸破片）
咸鏡北道西浦項貝塚	新石器時代後期	3点（無逆刺2点、内逆刺1点）
草島貝塚	青銅器−鉄器時代	2点（無逆刺1点、外逆刺1点）
虎谷洞遺跡	青銅器時代	2点（無逆刺2点）

第 4 節　朝鮮半島の先史漁撈　323

　　沿海州ペスチャヌイ　　　青銅器－鉄器時代　　1 点（内逆刺）
　　　　ボイスマン　　　　　新石器時代　　　　　3 点（内逆刺）
　これらのうち逆刺の無い釣針は 5cm 以上と大きく、逆刺のある釣針は小さい傾向にあるが、何を対象としたかについては例数が少なく、明らかにすることができない。
　これに対して結合式釣針は半島の東海岸と南海岸地域を代表する釣具となっている。結合式釣針を出土する遺跡は以下の通りである。

　　沿海州ペスチャヌイ　　　青銅器－鉄器時代
　　　　クラーク 5　　　　　青銅器時代
　　咸鏡北道西浦項貝塚　　　新石器時代
　　　　草島貝塚　　　　　　青銅器〜鉄器時代
　　江原道鰲山里遺跡　　　　新石器時代
　　慶尚南道東三洞貝塚　　　新石器時代
　　　　農所里貝塚　　　　　新石器時代後期
　　　　凡方貝塚　　　　　　新石器時代後期
　　　　烟台島貝塚　　　　　新石器時代
　　　　上老大島貝塚　　　　新石器時代
　　　　東港里貝塚　　　　　新石器時代
　　　　旧坪里貝塚　　　　　新石器時代
　　全羅南道大鏡貝塚　　　　新石器時代
　　　　松島貝塚　　　　　　新石器時代

　これらの結合式釣針は軸部分を頁岩などの石で製作する鰲山里遺跡や東三洞貝塚で出土した型式のものと、骨角製で拵えたその他の型式に区分され、前者は、シベリアでの結合式釣針の型式をそのまま踏襲しているのに対して、後者の型式は郭家型が基本とすることができ、両者は系統を異にするといえよう。針部は陸獣や海獣類の骨や牙で作られるのが一般的である。シベリアに於いて、結合式釣針は出土した魚骨との関連から、チョウザメやイトウといった大形魚の捕獲に用いられたと想定されている（甲元 1987a、1994、1997b、小畑 1996）。結合式釣針はトローリング漁に使用される漁具であり、この対象と想定されるのは草島貝塚ではブリ、スケトウダラ、松島貝塚ではブリ、マグロ、

324　第3章　漁撈活動

■単式釣針
●結合式釣針
▲逆T字形釣針

1　古南里貝塚
2　大鏡島遺跡
3　松島貝塚
4　旧坪里貝塚
5　烟台島貝塚
6　上老大島貝塚
7　欲知島東港里貝塚
8　農所里貝塚
9　凡方里貝塚
10　東三洞貝塚
11　鰲山里遺跡
12　松坪里貝塚
13　西浦項貝塚
14　虎谷洞遺跡

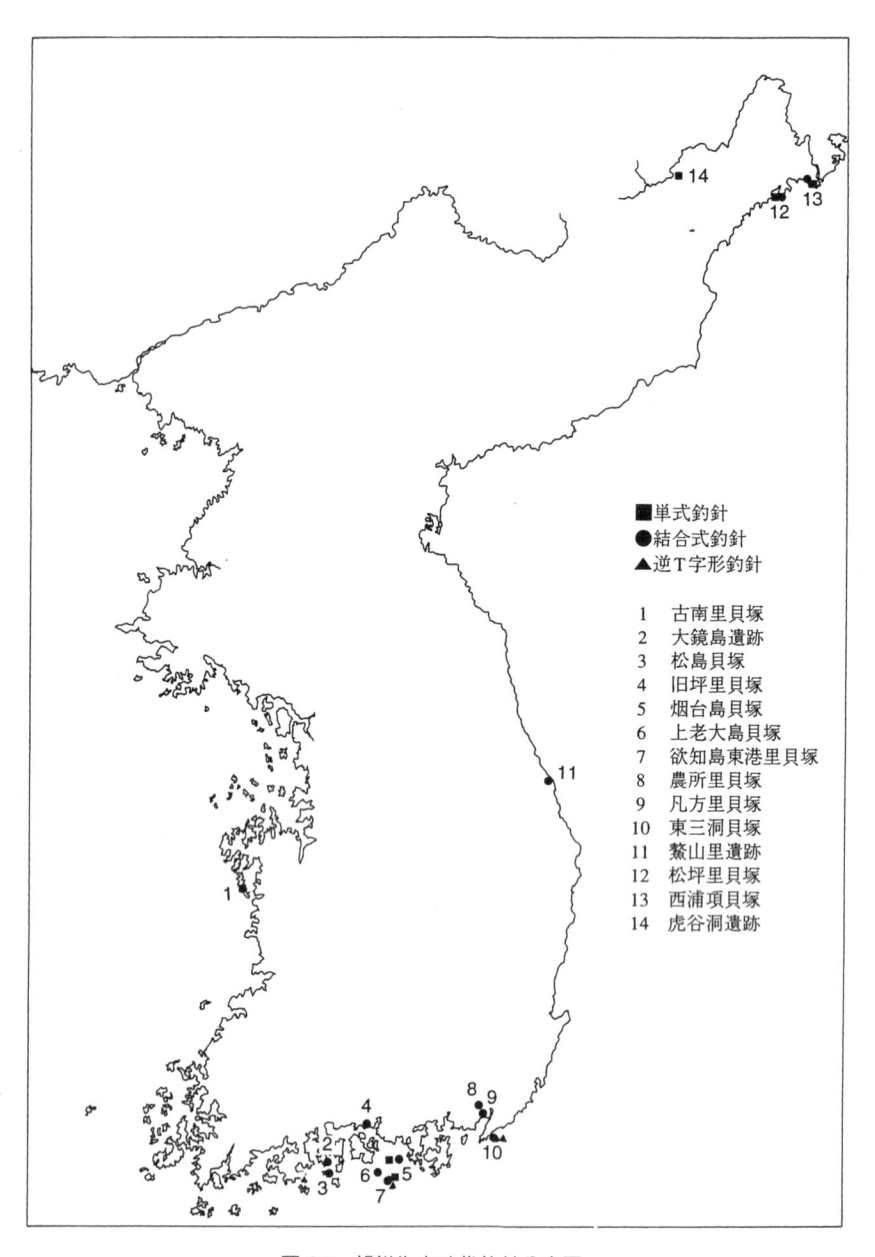

図37　朝鮮先史時代釣針分布図

上老大島ではサワラ、東三洞貝塚ではマグロ、サワラ、ブリ、タラなどがこれにあたる。とりわけ東三洞貝塚では魚類のうちマグロ、ブリ、タラは出土魚骨の4割を占めていて、結合式釣針との関連性の強さを窺わせる。以上の魚種はいずれも大形の回遊魚であり、結合式釣針が季節的な漁法であったことを示している。

　逆T字形釣針は大きな石錘に結んだ縄に何本もの釣針を装着する延縄に使用される漁具であり、先史時代の朝鮮では東三洞貝塚と欲知島東港里で検出されている。この種の釣針は黄渤海周辺地域でとりわけ発達する道具であり、マダイ、クロダイ、ヒラ、ボラといった類との相関性が高いことが知られている（甲元1997b）。東三洞貝塚でマダイの出土量が1/4以上を占めていることは、黄渤海周辺地域との類似性が高いことが分かる。このことは銛漁や結合式釣針が日本海西沿岸地域と強く関係する漁法であるのに対して、イノシシ（ブタ）塑像との近似性を加えて、約6,000年前頃黄渤海地域との強い繋がりの中で出現した漁法であることを示している。

　以上のように見てくると銛は海獣やサメ類、結合式釣針はブリ、マグロ、サワラ、スケトウダラなどの大形回遊魚、逆T字形釣針は沿岸に生息するタイなどの中形の魚などが主たる対象であったことを物語るものである。

おわりに

　先史時代の朝鮮では東三洞貝塚の土器に付着した網目の存在や石錘が発見されることから、網漁は存在したことは明らかではあるが、沿岸部地域での新石器時代の石錘の多くは大型品であり、結合式釣針や逆T字形釣針の錘と想定されるので、具体的な網漁については不明な点が多い。青銅器時代になり東北朝鮮を除いて銛漁の衰退とともに長江型錘や管状土錘が一般化するに及んで、漁撈を含めて大きな生業形態の変化の中で、主として内陸河川地帯を中心として網漁が普及したことが窺われる（甲元1997a）。

　朝鮮先史時代の基本的な漁撈具はシカ科の骨を利用した刺突具であるが、これらは形態的にヴァラエティに富み、具体的な形状と捕獲対象、捕獲方法などについては今日知る術がないが、欲知島東港里貝塚出土人骨が示す潜水漁撈の

存在は、約6,000年前から男性による刺突具を用いての潜水漁撈が始まっていたことを物語っている。

　この地域に多数見られる銛のうち、離頭銛の分布の南限はアシカの出土遺跡とほぼ一致する。離頭銛による漁撈が日本海北部沿岸地域やオホーツク海沿岸地域と共通して、海獣を対象とした漁撈具であったことを窺わせる。朝鮮での離頭銛は西浦項貝塚出土品が最も遡上するが、朝鮮の東・南沿岸部及び西日本沿岸地域に分布が広まるのは、紀元前二千年紀であり、沿海州では遅れた時期まで離頭銛が使用される。逆刺をもつ銛は農圃洞貝塚や西浦項貝塚で出土していて、西浦項貝塚では第1文化期に既に認められる。このことから沿海州チェルトヴィ・ヴォロータ遺跡（Андреева 1991）と同様に紀元前六千年紀にはこの種の漁具の使用が始まっていたことを示している。単式の石銛や組み合わせの石銛などは離頭銛とは分布が広く、西日本では縄紋時代前期からその存在が知られている。朝鮮でもほぼ同時期に両方の石銛が存在し、サメ類などを中心とした共通の捕獲対象が想定できる。

　単式釣針はこの地域では紀元前二千年紀に入ってわずかにみられるに過ぎず、紀元前一千年紀以降、青銅器や鉄器で製作するようになってはじめて普及したことが窺える。こうした単式釣針に関する状況は中国の黄渤海沿岸地域と差異はない。

　逆T字形釣針は朝鮮南海岸地域の2遺跡で確認されているだけであるが、この遺物は注意深い観察がなされなければ識別が困難なことから、未だ多くの遺跡で出土している事が予想される。東三洞貝塚や黄渤海沿岸地域での事例を念頭におくと、とりわけ沿岸地域でのタイ類の骨が多く出土する遺跡では発見される可能性が高い。

　先史時代の朝鮮では、基本的には刺突具による漁撈が中心であるが、紀元前七千年紀から六千年紀にかけての頃と、紀元前二千年紀の頃の2時期に大きくピークを迎えていた事が窺える。前者の時期には刺突具以外の漁撈具が揃い、後者の時期にはそれが広く東北アジアから西日本の海域にかけて分布を広げることが分かる。この時期には相対的に漁撈関係の比重が増加したかあるいは、季節的な生業の変異が適合的に行われていた可能性を示している。生業の季節的異なりに関しては、朝鮮の南部に於いてはアシカが陸上で繁殖し、オットセ

イとアザラシが回遊する春から初夏にかけての時期に捕獲された可能性が高いが、この時期にはまたサワラ、マグロなどの回遊魚が集まり、タイ類が産卵のために沿岸の浅瀬に接近し、サメ類も訪れることから、この時期に漁撈活動のピークがあったことが想定できる。またこれら回遊魚が南に下る時期はまたタラが回遊してくる季節でもあり、春から初夏、秋が漁撈の季節だったことが窺える。貝類の採集もカキを除いてはこの季節が予想されることから、シカ科の獣類を中心とした狩猟を冬季に想定することで通年的な生業の営みが復元されるのである。

　こうした状況が大きく変質するのは紀元前一千年紀に入って稲作が普及することと軌を一にするのであり、基本的な流れは銛を中心とした海獣類や大型魚類の捕獲から、網漁撈を主体とした中小の魚類の捕獲へと対象が変化する。このことに関しては網の沈子である長江型錘や管状土錘の分析と併せて別な角度からの検討を必要とするであろう。

挿図の出典
図34、図35とも各報告書より、図36、図37は筆者作成

第5節　東北朝鮮の貝塚遺跡

はじめに

　朝鮮の考古学研究に於いては土器や石器などの「文化遺物」の分析を通して、先史時代住民の生活を綴る方法がこれまでは一般的であった。しかしこの方法のみでは狩猟・漁撈・採集といった分野に於ける概念化された生活の実相しか把えにくいのであり、生活実態の把握のためには、遺跡から出土する自然遺物を検討し、環境的背景を考慮しつつ、生活を送るための具体的な獲得対象とその方法・技術の究明が必要とされるのである。

　ところが最近になり、韓国の学者の間では先史時代の生業に関しての具体的な分析や論述がなされるようになり（潘象夫・郭鐘哲 1991、安徳任 1993、申淑静 1994、金建洙 1995）、この地域に於いても環境と先史時代人との係わりの中での生活を綴るというヨーロッパ的な研究スタイルが着実に始まったと言うことができる。先に黄渤海沿岸地域での先史時代遺跡から出土する自然遺物を分析して漁撈技術と自然遺物の関係に考察を加えたのに続いて（甲元 1997）、本文では貝塚が多く分布する東北朝鮮の遺跡を取り上げて、同様の分析を試みることにする。

東北朝鮮貝塚の研究史

　朝鮮での貝塚の調査研究は今西龍により触発される形で開始された。1877年のモースによる大森貝塚の発掘、その2年後のマルガリトフによるシデミ川下流での貝塚の調査、1880年のヤンコフスキーによるスラビヤンカ貝塚の発見調査に刺激を受けた今西龍は、1907年金海周辺での遺跡踏査を行って貝塚を発見し、1920年の浜田耕作による金海貝塚発掘の契機をつくりあげたのであった（今西 1907）。

　その後程なくして鳥居龍藏は朝鮮東北地域の遺跡踏査を行い、この地域の貝

第5節　東北朝鮮の貝塚遺跡　329

塚を含む先史時代の遺跡を発見したが、この間の鳥居による調査資料は龍水洞と松坪洞の貝塚の写真が公表されただけで調査内容に関しては明らかにされなかったが（鳥居 1924）、金海貝塚の報告書にコメントを付けた論文の中で、金海貝塚と咸鏡北道の貝塚では時代が異なるものであることを指摘するにとどまり、遺跡の実態は不明のままに残された。鳥居の調査結果の一部としては、東

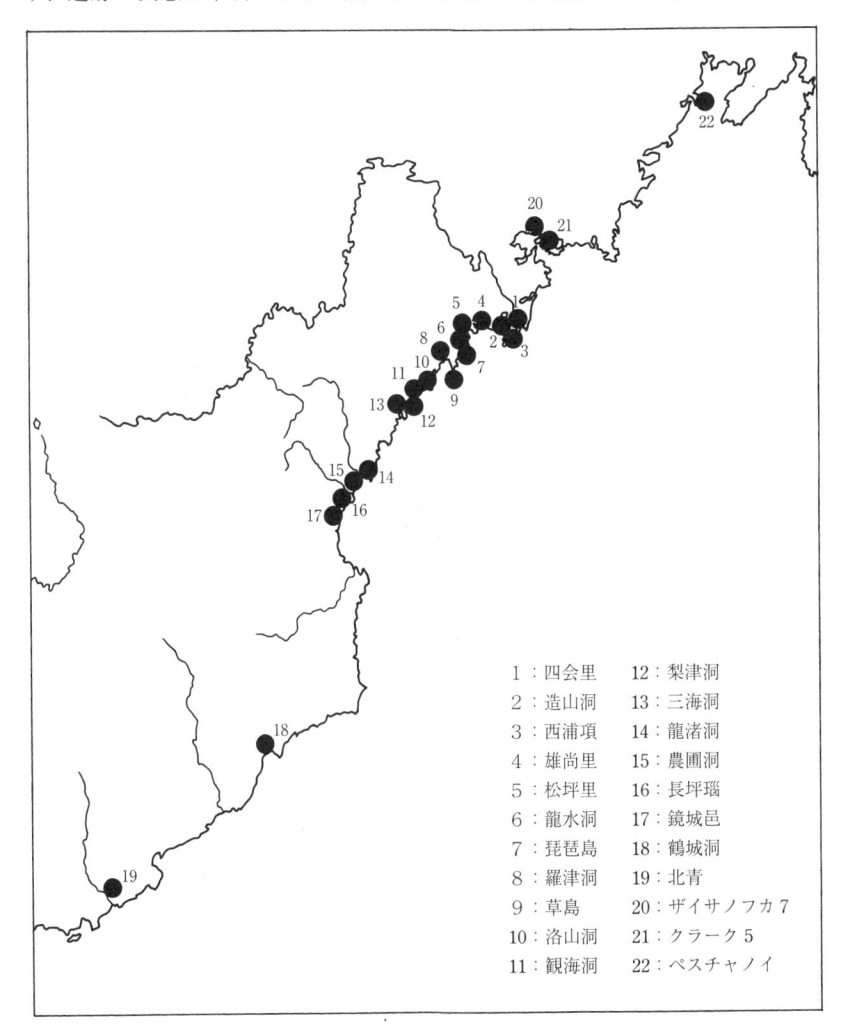

1：四会里	12：梨津洞
2：造山洞	13：三海洞
3：西浦項	14：龍渚洞
4：雄尚里	15：農圃洞
5：松坪里	16：長坪瑙
6：龍水洞	17：鏡城邑
7：琵琶島	18：鶴城洞
8：羅津洞	19：北青
9：草島	20：ザイサノフカ7
10：洛山洞	21：クラーク5
11：観海洞	22：ペスチャノイ

図38　東北朝鮮の貝塚分布図

京帝国大学人類学教室の八幡一郎と中谷治宇二郎が中心となって編まれた『日本石器時代地名表』の第5版に遺跡の存在が記されるのみである（東京帝国大学 1928）。それによると鳥居により 32ヶ所の遺跡が発見された事が窺え、そのうち貝塚は 2ヶ所であったことが知られる。また第 2 次世界大戦前にはこの地域での貝塚を含めての大規模な発掘調査がなされたが、本格的な遺跡調査報告書は出版されぬままに終わったものが少なくない。そうした中、これら戦前の朝鮮での発掘に於いて指導的役割を果たした藤田亮策は、石器時代の遺跡を概観した文中で貝塚に言及し、咸鏡北道に所在する遺跡として、西水羅、造山洞、雄尚洞、松坪洞、龍水洞、羅津、富居面、油坂、城津、鶴南面の 10ヶ所の遺跡を挙げている。また龍水洞貝塚や鶴南面の貝塚が前期だけの短期間の遺跡であるのに対して、松坪洞貝塚は前期から末期にまで長期間に及ぶと指摘している（藤田 1935）。

戦後になり、有光教一は戦前の日本人による発掘資料を丹念に収集して、櫛目文土器に関する資料を公表したが（有光 1962）、戦前の日本人による調査では関心が薄かったらしく自然遺物に関しては多くは語られていない。1965 年に出版された金元龍の地名表では咸鏡北道では 8ヶ所所の貝塚遺跡が挙げられているが（金元龍 1965）、うち 7ヶ所までは戦前の資料に拠るものであることが窺える。

戦後、この地域での先史時代遺跡の調査研究を改めて精力的に行ったのは黄基徳で、1957 年には西浦項、松坪、草島、羅清、内浦、三日浦、農圃、元帥台と 8ヶ所の遺跡が紹介され（黄基徳 1957）、1959 年には雄尚里が加えられているが（無署名 1959）、西水羅遺跡に関しては何も触れられていない。この間とその後、咸鏡北道地域では貝塚遺跡の発掘が次々に行われ（無署名 1986）、調査資料が公表されてその内実を知りうるようになった。また 1994 年には『朝鮮考古研究』誌上に咸鏡南北道の遺跡地名表が掲載され、今日把握される貝塚遺跡の分布が明らかになるとともに、地名変更による旧来の呼称との対比ができることとなった（無署名 1994）。一方韓国においても貝塚遺跡への関心は高まり、1992 年の考古学会での中心テーマとして取り上げられ、朝鮮全域にわたる新石器時代と原三国時代の貝塚についての地名表が掲載され、貝塚研究の問題点がまとめてある（韓永熙 1993、崔盛洛 1993）。

第5節 東北朝鮮の貝塚遺跡

表7 東北朝鮮の貝塚遺跡

番号	遺跡名（旧呼称）	遺跡所在地	所属時代	文献
1	四会里	咸鏡北道先鋒郡四会里		①
2	造山里	造山里	新石器	③⑧
3	西浦項（屈浦里）	屈浦里	新石器～鉄器	①②
4	雄尚労働者区（雄尚里）	雄尚里	新石器～青銅器	⑥
5	松坪洞（雄基貝塚）	先鋒邑	新石器～青銅器	①③④⑤
6	龍水洞	先鋒邑	新石器～青銅器	③⑥
7	琵琶島		新石器～青銅器	①⑦
8	羅津洞（羅津貝塚）	羅津市	新石器	③⑧⑨
9	草島		青銅器～鉄器	①⑩
10	洛山洞（三日浦貝塚）	洛山洞		①
11	観海洞（素清）	観海洞	新石器	①③⑦
12	梨津洞	梨津洞	新石器	①
13	三海洞（内浦）	三海洞	新石器～青銅器	①
14	龍渚洞	清津市青岩区	新石器	⑦
15	農圃洞	松坪区	新石器～青銅器	①⑪
16	長坪里（元帥台）	長坪里	新石器～青銅器	⑫
17	鏡城邑	鏡城郡鏡城邑	新石器	③⑦
18	鶴城洞（双浦）	金策市鶴城洞	新石器	③⑥⑧
19	北青	咸鏡南道北青郡北青		⑧

地名表文献
①黄基徳「咸鏡北道地方石器時代の遺跡と遺物」(1)『文化遺産』1957年1期
②金用玕・徐国泰「西浦原始遺跡発掘報告」朝鮮民主主義人民共和国科学院考古学及民俗学研究所編『考古民俗論文集』第4集、1972年。
③東京帝国大学『日本石器時代遺物発見地名表』1928年
④藤田亮策「雄基松坪洞石器時代遺蹟の発掘」『青丘学叢』第2号、1930年
⑤八木奘三郎『咸鏡北道石器考』東京人類学会『人類学叢刊』2、1938年
⑥無署名「我が国原始遺跡の分布状況」『文化遺産』1959年1期
⑦無署名「朝鮮歴史遺跡遺物地名表」『朝鮮考古研究』1994年1期～3期
⑧藤田亮策「朝鮮古蹟及遺物」『朝鮮史特別講義』1924年
⑨有光教一『朝鮮櫛目文土器の研究』京都大学、1962年
⑩朝鮮民主主義人民共和国科学院考古学及民俗学研究所『羅津草島原始遺跡発掘報告』1955年
⑪考古学研究室「清津農圃里原始遺跡発掘」『文化遺産』1957年4期
⑫「咸鏡北道で新たに知られた遺跡と遺物」『考古民俗』1965年2期

　こうした研究成果を踏まえてこれまでに把握された咸鏡南北道での貝塚遺跡は表7に示す通りである。このうち咸鏡南道唯一の貝塚と想定される北青邑遺跡に関しては藤田亮策の論文に見えるだけで、他の研究者による検証はできない（図38）。

貝塚出土の自然遺物と漁撈具

　上記の貝塚遺跡のうち漁撈具はもとより出土した自然遺物に言及するものは多くはない。具体的に分析が可能なのは、北朝鮮では西浦項、草島、農圃洞の3ヶ所の貝塚に限られるので、沿海州のペスチャヌイ半島の貝塚もここで取り上げることにする。

西浦項貝塚

　西浦項貝塚は豆満江の下流が日本海に注ぐ地点を背後にして、西側に東藩湖をはじめとする広大なラグーンを望む海抜が200mほどの台地上に営まれた、カキを主体とする遺跡である。1947年に発見され1960年から64年にかけて大規模な調査が営まれた（金用玕・徐国泰1972）。発掘した面積674.5m^{2}の範囲内に新石器時代の住居址21基、青銅器時代の住居址9基、墓2基があり、旧石器時代や鉄器時代の遺物も発見されている。

　この遺跡で出土した自然遺物のうち哺乳動物については金信奎により詳しい検討がなされている（金信奎1970、1990）。それによると西浦項貝塚で検出された哺乳動物骨は1947頭に該当する骨数9,578個に達し、5目20属、26種に及ぶ。それらには下記の種類がある。

食肉目
　イタチ科
　　マンシュウノウサギ *Lepus manchuricus* Radde
　　カワウソ *Lutra lutra*
　　コウライアナグマ *Meles mekes* L.
　　アオテン *Martes flavigula*
　　シベリアイタチ *Mustela sibirica* Pallas
　クマ科
　　ヒグマ *Ursus arctos* L.
　イヌ科
　　コウライキツネ *Vulpes vulpes* L.

オオカミ *Canis lupus* L.
コウライイタチ *Nyctereus procyonoides* Gray
イヌ *Canis familiaris*
ネコ科
チョウセンヒョウ *Felis pardus* L.
オオヤマネコ *Felis lynx* L.
ヤマネコ *Felis euptilura* Elliot
ネコ属(種未定)

鰭脚目
アザラシ科
ゴマフアザラシ *Phoca vitulina* L.
アシカ科
トド *Eumetopias jubata*
ニホンアシカ *Zallophus californianus Japonicus*
オットセイ *Callorhinus ursinus* L.

鯨目
イルカ科
スナメリ *Phocaenoides dalli* True
セミクジラ科
セミクジラ *Eubalaena Glacialis*

偶蹄目
イノシシ科
イノシシ *Sus scrofa* L.
ブタ *Sus scrofa domestica*
シカ科
ノロ *Capreolus capreolus*
ニホンジカ *Cervus nippon*
マンシュウアカジカ *Cervus elaphus*
ウシ科
チョウセンカモシカ *Nemorhedus goral* Hardwicke

これら動物を新石器時代と青銅器時代の時期別の出土量は表に示す通りである。海獣類は新石器時代に105頭、青銅器時代に79頭捕獲されていて、出土哺乳動物数の1割強を占めるに過ぎないが、獣類の体重の総量を念頭におくと食料源としてははるかに重要であったことが窺えよう。

西浦項貝塚で出土した漁撈具には釣針、銛、ヤスなどがあり、それらはシカの骨角で製作されたものが大部分である（図39-1～16）。西浦項貝塚の報告書では第1文化期を紀元前五千年紀末から四千年紀前半、第2文化期を紀元前四千年紀後半、第3文化期を紀元前三千年紀前半、第4・5文化期を紀元前三千年紀後半から二千年期初頭に、それぞれ年代を機械的に比定している。しかし第1文化期の篦紋土器は年代的にはさらに遡上すると考えられるのに対して、第3文化期は紀元前三千年紀に、第4文化期は紀元前二千年紀に下るものであり、第5文化期は今日では青銅器時代に属するものと考えられている（大貫1992）。漁撈具を年代順にみてゆくと、第1文化期では大小の刺突具に混じって、逆刺をもつ銛が4点みられる。このうち両側に逆刺をもつ類は茎が狭く、それに続く柄を装着する基底部が膨らんでおり、離頭銛と想定できる（図39-11）。文化期でも漁撈具の構成は変わらない。この段階に長管骨を利用しての骨剣が見られ

表8　西浦項遺跡哺乳動物の出土数量

番号	動物の種別	青銅器時代 頭数	青銅器時代 %	新石器時代 頭数	新石器時代 %
1	マンシュウノウサギ	7	1.01	4	0.51
2	カワウソ	3	0.43	5	0.63
3	コウライアナグマ	18	2.58	15	1.29
4	クロテン	1	0.14	2	0.25
5	シベリアイタチ	1	0.14		
6	ヒグマ	5	0.72	4	0.51
7	コウライキツネ	29	4.16	13	1.64
8	オオカミ	2	0.29		
9	コウライイタチ	42	6.03	29	3.66
10	イヌ	56	8.04	63	7.96
11	チョウセンヒョウ	1	0.14	2	0.25
12	オオヤマネコ	1	0.14		
13	ヤマネコ	10	1.44	18	2.27
14	ネコ属	3	0.43	2	0.25
15	ゴマフアザラシ	13	1.86	29	3.66
16	トド	1	0.41		
17	クロアシカ	37	5.31	41	5.17
18	オットセイ	17	2.44	30	3.79
19	スナメリ	7	1.01	2	0.25
20	セミクジラ	4	0.57	3	0.38
21	イノシシ	118	16.93	87	10.98
22	ブタ	12	1.72	5	0.63
23	ノロ	179	25.68	239	30.18
24	ニホンジカ	21	3.01	53	6.70
25	マンシュウアカシカ	107	15.35	145	18.31
26	チョウセンカモシカ	2	0.29		

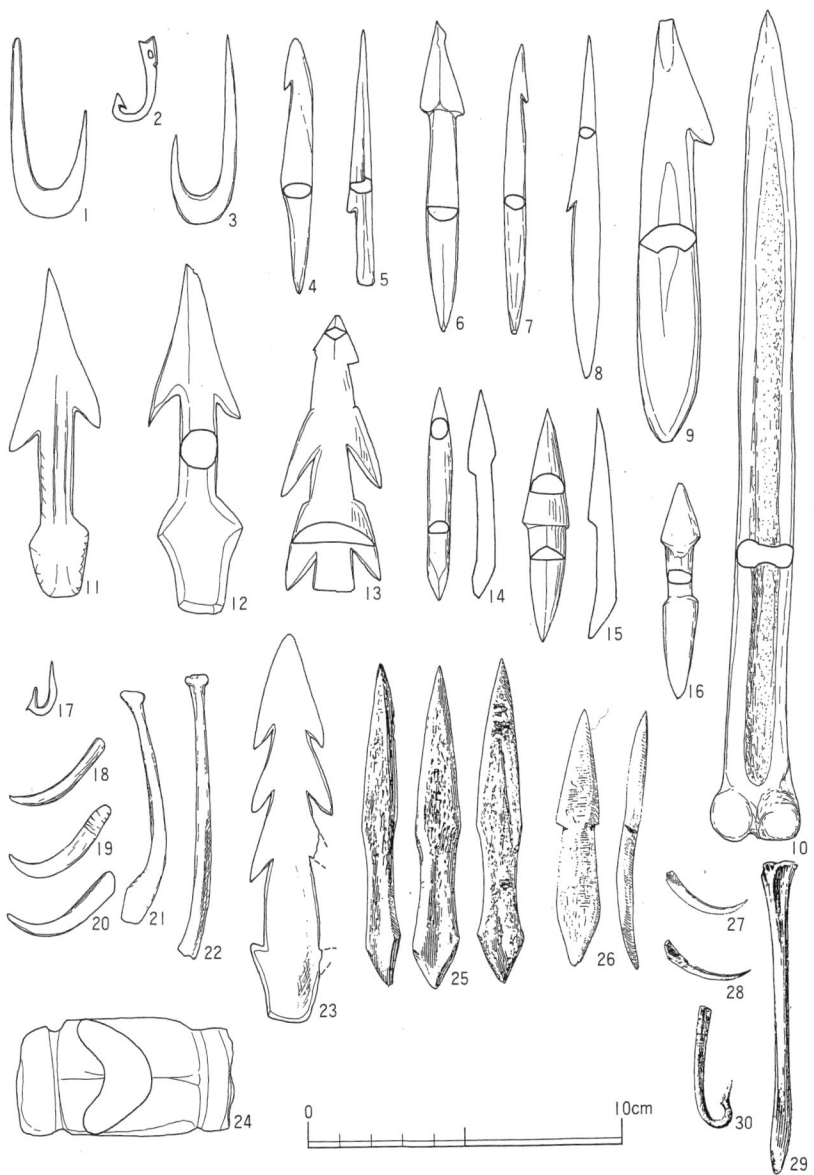

図 39　東北アジアの貝塚出土漁具
1〜16：西浦項、17〜22：草島、23：豊圃洞、24：松坪洞、25〜30：ペスチャヌイ

る（図39-10）ことは興味深い。第3文化期では離頭銛は出土せず、柄に装着したままで使用する翼の付いたヤスなどがあるが、漁撈具の数自体あまり見られない。沿海州ボイスマン遺跡ではこの種のヤスに「V」字形をした骨器を装着することで銛に使用した例があり（布羅江斯基1993）、離頭銛の一種とも想定は可能である。第4文化期では刺突具の他に、回転式離頭銛が登場している。出土数は10点を越えると推定されるが、説明が不十分なために数量は確定できない。大きさは7・5cm前後で、基部がファセット状に設えてある（図39-14～16）。またこの時期長さが3cmと小さい逆刺を内側にもつ単式釣針も出現する（図39-2）。紀元前二千年紀前半期の第5文化期では刺突具が多くなり（中には組合せ式のヤスの可能性もある）、大きさ6cmほどの単式釣針もみられるようになる。但し逆刺は付いていない（図39-1・2）。青銅器時代文化期では回転式離頭銛が長さ10cm前後のものと、従来のような6cm前後の二種類がみられるようになる。あるいは対象とする海獣の違いによるものであろうか。青銅器時代の居住面積の何割が発掘されたのか不明であるが、この期間だけで最小個体数79頭の海獣が捕獲されていることは、海獣に依存する割合が極めて高かったことを示している。

農圃洞貝塚

戦前横山奨三郎により調査された「油坂貝塚」がこれに当たるもので、1956年清津歴史博物館の手で発掘がなされ、簡単な報告がなされている（考古学研究室1957）。また出土遺物に関しては黄基徳の論文で比較的詳しく論述されていて（黄基徳1962）、自然遺物については金信奎により2度にわたっての報告がある（金信奎1962、1970）。

遺跡は寿星川の下流に形成された沖積平野に浮かぶように立地する海抜が30mほどの丘陵の上にあり、南側に約10km離れた元帥台遺跡と対峙している。表土下約30cmにカキやホタテガイを主体とする貝層が60cmほど堆積し、新石器時代の遺物を多く包含していた。

農圃洞貝塚出土の貝類には以下のものなどが見られる。

マガキ *Ostrea gigas*

ホタテガイ *Patinopecten yessoensis*

ハマグリ *Metretrix lusoria*
エゾイガイ *Crenomytilus grayanus*
イガイ *Mytilus coruscus* Gould
タマキガイ *Glycymeris vestita*
フジツガイ科の一種 *Monoplex australasiae*
スダレガイ *Paphia euglypta*
また検出された哺乳動物には下記の種類がある。
チョウセンノウサギ *Lepus coreanus* Thomas
エゾリス *Sciurus vulgaris*
カワウソ *Lutra lutra*
イタチ *Mustela sibirica*
イヌ *Canis famikiaris*
オオカミ *Canis lupus*
イヌ科の一種 *Canis* sp.
イノシシ *Sus scrofa*
ジャコイジカ *Moschus moschiferus*
ノロ *Capreolus capreolus*
ニホンジカ *Cervus nippon*
マンシュウアカジカ *Cervus elaphus*
ゴマフアザラシ *Phoca* sp.
オットセイ *Callorhinus* sp.
クジラの一種 *Cetracea* sp.

これらを頭数で示すとノロ20頭、マンシュウアカジカ10頭、その他のシカ類3頭、イヌ8頭、イノシシ5頭である。魚類についての報告はないが、戦前に『油坂貝塚』を発掘した横山の報告ではヒラメとサメが出土しているという（横山1934）。漁撈具の多くはシカの骨角や歯牙を利用したもので、針に分類される小さな孔をもつ細長い刺突具、逆刺が明確な鏃などがあり、4段の逆刺をもつ銛も見られる（図39-24）。網錘として土器片利用の土錘もあるが、その出土量は不明である。この遺跡の年代について考察する手掛かりは少ないが、雷紋を刻む土器がみられることから、西浦項遺跡の第4文化期と平行する時期であ

ることは推定できる。

草島貝塚

草島貝塚は羅津湾の沖合 3km に浮かぶ周囲が 8km ほどの大草島の北端、入り江を望む台地上に営まれた青銅器時代遺物を主体とした遺跡であると理解され、1949 年に発掘調査がなされ、多数の骨角器をはじめとする遺物が検出されている（朝鮮民主主義人民共和国科学院 1957）。土器の共通する点から次に述べるペスチャヌイ遺跡とほぼ同時期の遺物が多数あることが窺え、正確には青銅器時代から初期鉄器時代にかけての遺跡として位置付けられよう。

この遺跡で出土した自然遺物については簡単な報告があり、金信奎の論文でも青銅器時代を代表するものとして動物相が取り上げられている。

貝類
 ハマグリ *Meretrix lusoria*
 キタノオオノガイ *Mya japonica*
 ホタテガイ *Patinopecten yessoensis*
 イタヤガイ科の一種 *Chlamys plica*
 スダレガイ *Paphia euglypta*
 マガキ *Ostrea gigas*
 タマキガイ *Glycymeris vestita*
 イガイ *Mytilus coruscus*
 エゾイガイ *Crenomytilus grayanus*

魚類
 ブリ *Seriola quinqueradiat*
 スケトウダラ *Theragra chalcogramma*
 ホシザメ *Mustelus manazo*
 マフグ *Fugu rubripes*
 ヨルギ *Salvelinus fariopsis*
 アユ *Plecoglossus altivelis*
 ドンコ *Mogurnda obscura*
 アカガレイ *Hippoglossoides dubius*

アユやドンコは純粋に淡水産地の魚類であり遺跡付近が低い湿地であったことを物語るが、ヨルギはイワナ属サケ科に属する魚類で、東北朝鮮や江原道の各河川、それに鴨緑江流域に棲息する淡水産の魚であり、しかも大河川に棲息する類であることから、草島貝塚の先史時代住民たちは羅津の内陸への漁に出掛けていたとしか想定し難い資料である。一方ではブリといった近海漁の魚も存在していることは、その広範囲にわたる漁撈活動を示すものであろうか。あるいは大草島と大陸は細い砂丘などで繋がっていて、遺跡が立地する島の北側には広大なラグーンが形成されていたのかも知れない。

哺乳動物にはニホンジカ、ノロ、ノウサギ、イノシシ、イヌ、ウシ、ブタなどがある。哺乳動物の中で家畜の占める割合は42.3%であり、その半数近くをブタが占める。野生動物は頭数にして30頭で、そのうちの大部分はシカ科であったとされる。同時期の西浦項遺跡と比較してブタの役割が大きかったことが窺える。

海獣類に関しては本文中では言及されていないが、金信奎の論文によると「ニホンアシカは東海岸にあるほとんどの遺跡で出た」、「ニホンアシカは雄基－草島以南の東海には出ておらず」とあり（金信奎1970）、これらから草島でも日本アシカの骨が検出されていることが推察されるが、実態は不明である。

草島貝塚では夥しい量の骨角器が出土していて、中でも刺突具は最も多い。特徴的なことは、釣針は極めて小型のものが1点で（図39-17）、離頭銛はほとんど見かけないことである。これに反してシカ科の獣の骨で作られた結合式釣針が隆盛することであり（図39-18～22）、結合式釣針に使用する錘も大型の有土錘が大量に発見されている。このことから結合式釣針はトローリング漁による捕獲が本来の方法ではあるが（甲元1992、1996）、ここでは延縄漁撈として使用されたのかもしれない。西浦項貝塚よりも時期がやや新しく、また海獣の棲息上ではより南にあたることから、海獣漁から大型魚類への生業上の転換が行われたことを意味するのかもしれない。

ペスチャヌイ

アムール湾を挟んでウラディオストックの対岸にある、扇形に開いた半島の先端部には6カ所に分かれて先史時代の住居址群が存在している。1921年

にアルセニエフにより発見され、その後数回にわたって踏査がなされてきたが、1956年から60年にかけてオクラドニコフにより発掘調査がなされた（Окладников, А.П.1963）。その結果ヤンコフスキー文化に属するマガキやエゾイガイを主体とする貝塚遺跡であることが明確になり、貝層中から発見された戦国式の鋳造鉄斧の存在により、その絶対年代の一端が推定されるに至った。

豊富な漁撈関係遺物とともに自然遺物も報告されている。

貝類

 マガキ *Ostera gigas*

 アサリ *Tapes philippinarum*

 ベンケイガイ *Glycymeris albolineatus*

 コバルトフネガイ *Arca bouncardi*

 オニアサリ *Protothaca jedonensis*

 エゾイガイ *Crenomytlus grayanus*

 エゾバカガイ *Mactra sinensisi sachalinensis*

 イタヤガイ科の一種 *Chlamys leatus*

 ホタテガイ *Patinopecten yessoensis*

 チリメンボラ *Rapana bezoar*

 アクキガイ科の一種 *Trophon calthratus*

魚類では次のような種類が挙げられる。

 コマイ *Eleginus gracilis*

 カサゴ科の一種 *Sebastodes* sp.

 マルフグ科の一種 *Spheroides*

 硬骨魚綱 *Pisces* sp.

 カジカ科の一種 *Cottidae* sp.

魚類に関しては、ペスチャヌイ遺跡の中で極限られた住居址堆積物からの資料を分析したために、動物の範囲は狭いものになっている傾向がある。

哺乳動物には下記の種類が報告されている。（）の中は最小個体数を示す。

 イヌ *Canis familiaris*（74）

 ブタ *Sus scrofa domestica*（76）

ウシ *Bos taurus*（2）
ヘラジカ *Alces alces*（2）
マンシュウアカジカ *Cervus elaphus*（16）
ノロ *Capreolus capreolus*（17）
ジャコウジカ *Moschus moschiferus*（1）
ムカシマンシュウブタ *Sus scrofa continentalis*（6）
ヒグマ *Ursus arctos*（3）
アムールアナグマ *Meles meles amurensis*（1）
シベリアイタチ *Mustela sibirica*（2）
コウライキツネ *Vulpes vulpes*（1）
ゴマフアザラシ *Phoca vitulina*（1）
マンシュウノウサギ *Lepus mantchuricus*（2）
ドブネズミ *Rattus norvegicus*（5）

　哺乳動物の中では家畜動物（イヌ、ブタ、ウシ）の占める割合は7割以上であり、狩猟動物よりも極めて高い比重を示しているが、ブタの中では若年のものが85％以上を占めていて、家畜飼育の初期段階にあったことを窺わせる（Flannery 1965）。海獣類がゴマフアザラシ1頭と少ないことは鑑定に回された資料の偏りに基づくものであろう。

　発掘された14基の住居址中から多量の漁撈関係遺物が出土している。代表的なものは回転式の離頭銛で12点出土している（図39-25～26）。離頭銛は大小2種類あって、大型は9cm前後、小型は5cm前後にまとまる。結合式釣針とそれに組み合わさる大型石錘も数多く出土している。この遺跡の結合式釣針はシカの骨を利用して細長い軸部をつくり、針はイノシシ（ブタ）の牙やイルカの犬歯、シカの骨を使うもので、形態的には草島出土のものと極めて類似している。釣針は5cmと大型の単式が1点見られる（図39-30）。

　このように海獣を対象とした漁撈具である離頭銛が卓越する割には報告されている海獣の出土量が少ないが、結合式釣針の針にイルカの歯が使用されていることが示すように、鑑定に送った資料に問題があるのであり、自然遺物が示す生業の内容と実際とは大きな違いがあったことが予想され、初歩的な農耕生産は開始されていたにしても、シカ科の狩猟と海獣狩、そして結合式釣針によ

る大型魚の捕獲が生業の中心課題であったと推定される。

クラーク5遺跡

　クラーク5遺跡は沿海州南部ボイスマン湾に面する海岸砂丘上に立地する新石器時代から青銅器時代にかけての集落址で、2005年熊本大学とロシア科学アカデミー極東支部の合同調査が行われた。発掘は貝層部分の小規模なものであったが多くの魚骨が検出されている（Komoto and Obata 2007）。検出された魚骨の大部分は上層のヤンコフスキー文化層から得られたものである。魚骨には、サメの一種、エイの一種、ニシン、ウグイ属、フナ属、イワナ属、アムールイトウ、マダラ、フサカサゴ科、ホッケ、ツマグロカジカ、スズキ、サバ属、マグロ属、コガネガレイ、カワハギ科が検出されている。魚種からみると沿海もの、近海でも砂底や岩礁を好むもの、汽水領域に棲息するもの、ウグイ属、フナ属、イワナ属、アムールイトウのように淡水領域に棲むものなど各種にわたっている。このことから網羅的な食料体系の下に生業が営まれていたことを暗示させる。

　このクラーク5遺跡で出土した漁具には開窩式と閉窩式の回転銛やヤスがあり、釣針も発掘されている。回転銛は東北アジア北部地域に多く分布しており、淡水での大型魚の漁に使用された可能性が高い（甲元1994b）。石錘には両端を撃ち欠いただけの礫石錘とともに、有溝石錘もみられる。

ザイサノフカ7遺跡

　ザイサノフカ7遺跡は、沿海州南部ピョートル大帝湾を望み、背後はラグーンを控える砂丘上に形成された貝塚を伴う集落址で、熊本大学とロシア科学アカデミー極東支部との合同調査が行われた（Komoto and Obata 2005）。この遺跡の主要な時期は、新石器時代紀元前三千年紀のザイサノフカ文化に属するもので、石製の鍬や耜、磨棒と鞍型磨臼があり、東北アジアの初期農耕文化期の農耕具がセットになって検出されている。漁撈具としては大量の石錘があり、その他に開窩式回転銛とヤスが見られた。魚種には、エイの一種、ニシン属、ウグイ属、フナ属、サケ科、マダラ、コマイ、マダイ属、サバ属、フサカサゴ科、ボラ属、ツノガレイ属などがある。クラーク5遺跡と同様に沿海、近海、

汽水、淡水とあらゆる領域に棲息する魚が捕獲されている。量的に最も多いのはニシン属で全体の31.8％を占める。これに続くのはコイ科とサバ属で、それぞれ23％と22％に達している。このことは特定種に対する集中的捕獲の傾向をみせているといえる。

検出された貝の大部分はマガキで全体の95％にも達している。その他の少数の貝には、ヤマトシジミ、エゾイガイ、アサリ、ウガバイ、キタノオオノガイなどがある。

ザイサノフカ文化は紀元前三千年紀のやや温暖化した期に属していて、農耕生産とともに豊富な漁撈資源により、安定した経済活動が営まれていたことが想定される。白頭山系の黒曜石が大量に検出されていることは、東北アジア北東部と密接な関連の基に文化形成がなされていたことが窺える。

その他の貝塚遺跡
松坪洞（雄基）貝塚
羅津湾の沿岸に形成された砂丘の背後は龍水湖となり、砂丘と湖岸には松坪洞と龍水洞の2カ所の貝塚がある。鳥居龍藏により発見された遺跡で、その後数回に及ぶ踏査や発掘がなされている。出土した土器からすれば新石器時代と青銅器時代の2時期にわたる貝塚と推定される。この遺跡で出土した貝類には、ホタテガイ、アカニシ、ハマグリ、ツメタガイ、ササラガイ（？）、オオノガイなどがある。漁撈関係の遺物としてはアカニシやウバガイを利用した貝錘が報告されている。八木によれば当時の朝鮮の漁網にウバガイやアカニシが錘として小礫とともに使用されているとのことである（八木1938）。石錘は礫石の短側面に抉りを入れただけの東北アジア通有の形式とともに、礫石錘よりやや大形の長側面に抉りを入れたものも採集されている。また土錘の中には遼寧省双台子遺跡で出土するような直方体に孔を入れたもの2点（朝・中合同発掘隊1986）や6点の長江型土錘も出土している。黄基徳の論文により戦後も長江型土錘が発見されていることが知られる（黄基徳1957）。但しこの貝塚には高句麗時代の遺物も見られることから、長江型土錘の所属時期に関してははっきりと決めがたい。なんとなれば長江型土錘は高句麗古墳の副葬品にも見られる。
龍水湖貝塚

龍水湖の湖岸に形成されたカキを主体とする貝塚で、2ヶ所に分かれて貝層の分布が見られたという（八木1938）。

羅津貝塚

羅津湾に面して形成された砂丘上に営まれた貝塚で、薄い貝層が約100m近くに及んでいる。貝類の中ではカキが最も多く、その他にアサリ、ササラガイ（？）、シジミ、ホタテガイ、シオフキ、アカニシ、ナガニシ、オオノガイ、ウバガイなどがあった（八木1938）。新石器時代でも古い時期である斜めの短沈線文をもつ櫛目文土器で構成されていて、西浦項の第1期に相当する時期のものと想定される。

漁撈関係の遺物として八木は打製の魚叉を挙げているが、具体的に何を示すのか不明である。礫石錘の両短側面に抉りを入れた種類が5点報告されている。

おわりに

沿海州を含めて東北アジアの沿岸部に形成された貝塚遺跡は、基本的にカキを主体とする貝層で構成されている。その種類をみると岩礁性の貝類は少なく、大部分が潮間帯の砂泥質の海浜もしくは砂礫に棲息する類である。またカキやホタテガイが多いことから窺えるように塩分濃度が薄い、あるいは汽水性の条件下に棲息する種類が多いことを知ることができる。これらの貝に示される条件は低湿地を好むノロやカワウソなどの獣類の存在とも生態的には適合すると言えよう。羅津貝塚、松坪洞貝塚、龍水洞貝塚などの砂丘上に形成された遺跡がその典型にあたるであろう。松坪里貝塚で離頭銛などの海獣漁を対象とする漁具が発見されず、投網の錘に使用する土錘（甲元1987b）が出土することは、大型の海獣漁よりも沿岸や河川での魚を対象とした漁撈の比重が高かったことを示すものと言える。こうした沿岸砂丘上に営まれた貝塚はその貝層の堆積の厚さがさほど大きくはないことなどを考慮すると、特定の生業に依存するものではなく、農耕・採集・漁撈・狩猟がほぼ均衡をとって営まれていたことが想定できよう。

一方これに対して西浦項貝塚のように湾や沿岸を望む高台に立地する遺跡では、貝層は厚く、出土遺物の中に離頭銛が卓越する漁撈具として現れる。初期

の段階では非回転式銛頭であったものが、紀元前三千年紀後半に入るとより効力を増した回転式離頭銛に変わり、さらに紀元前一千年紀に入ると草島貝塚やペスチャヌイ貝塚の出土例が示すように結合式釣針が登場してくるようになり、依然として大形の魚や海獣類に対する漁が盛んであったことを表している。西浦項貝塚での動物鑑定の結果、新石器時代には全出土哺乳動物の中に占める割合は、イノシシが 11％弱であるのに対してブタは 1％未満、青銅器時代ではイノシシが 17％弱であるのにブタは 2％未満と家畜動物に対する比重が極めて低いという数字が提出されている（金信奎 1990）。このことは西浦項貝塚に於いては農耕よりも狩猟や漁撈に対する生業上での割合が大変大きかったことを表していると言えよう。離頭銛は中国東北の内陸河川地帯で、チョウザメなどの大形魚類を捕獲するための道具として発明されたものであり、アムール河下流域で捕獲対象を海獣類に替えて展開したものである（甲元 1994b）。西浦項貝塚やペスチャヌイ貝塚で網漁撈関係の出土遺物が少ないことは、却ってこうした大型獣に対する依存度の強さを裏付けていると言えよう。

　このように東北アジアにみられる新石器時代の貝塚遺跡は低地に営まれた貝塚と高台に営まれた貝塚の 2 種類があり、高台に営まれた貝塚では大形の獣類を対象とした狩猟が卓越する生業であったと想定される。青銅器時代に入って同じ高台にある草島では結合式釣針はあっても離頭銛は無くなり、一方網漁に使用する土錘が多く見られ、淡水産の魚類も見られるようになることは、海獣類の南限の北上とともに結合式釣針によるブリやサメなどの大形魚の漁や、網漁による沿岸地域に棲息する魚類及び淡水魚へと捕獲対象の比重が変化して行ったことを物語っている。これに対してペスチャヌイ貝塚では網漁に使用する錘の出土が少なく結合式釣針や離頭銛による漁が依然として盛んなことは、オトセイ、アザラシ、アシカ、イルカ、クジラといった多種類の海獣棲息域内に遺跡が営まれていたという生態的条件に恵まれていたことが挙げられよう。しかしこのペスチャヌイ遺跡でも自然遺物の中で家畜動物が 7 割を越える数字を示すことは、農耕への比重が増して行く趨勢にあることを示唆している。

挿図表の出典
図 38：筆者作成、図 39：各報告書より、表 7：筆者作成、表 8：金信奎 1970 年より。

第4章　社会と文化

第1節　中国東北地方の先史社会

はじめに

　中国東北地方の初期農耕文化期における社会構造の復元に関しては、従来、環濠集落内に特異に展開する「並列」住居址群の分析が中心となって論じられてきた。岡村秀典はこの地域の新石器時代初期に見られる大規模な環濠集落址は一時的なものであり、次の紅山文化段階にいたって本格的な農耕村落が形成されたと論じた（岡村 1995）。岡村は文化層形成のありかたと居住址の切り合い関係が認められないことなどを挙げて、初期的な農耕を営みながらも狩猟・採集・漁撈といった自然経済への依存度が高かったために、環境の変貌による居住地の移転を余儀なくさせられた結果であろうと推察したのであった。すなわち何らかの理由で一時的に大規模集落が形成されたものの、程なく放棄された極めて不安定な構造のもとにこれら集落が営まれていたと主張した。一方朱延平は趙宝溝遺跡の集落を分析し、列状に配置された住居址群を取り上げ、個別住居址（核家族）・住居組（拡大家族）・住居組群（拡大家族の集合）・住居組列（集落最小単位）に区分した。そして、列状配置が社会的に意味ある単位であることを指摘し、横陣遺跡での墓地の構造（朱延平 1993）と類似する点を強調して、仰韶文化段階での社会構造の共通性を論じている（朱延平 1997a、1997b）。ここでは東北アジアの初期農耕文化期の集落と墓地を分析し、両氏の提示された見解につき検討するとともに、社会組織復元の試論を提示したい。

新石器時代初期の東北アジア

　東北アジアにおける最古の農耕文化期の遺跡として興隆窪を挙げることができる。1983年から86年までと、1992年に発掘がおこなわれた後にも、数年度にわたり調査がなされてきたが、2回に概報と部分的な情報の公開しか

なされていない（中国社会科学院考古研究所内蒙古工作隊 1985、1997、趙志軍）。2001 年から 2003 年にかけて興隆窪遺跡の調査では、住居址内出土土壌の水選別法による植物種子の検出が試みられた。その結果第 1 地点では大量のキビ *Panicum miliaceum*、アワ *Setaria italica* の他にミミナグサ *Cerastium glomeratum*、マメ科 *Astragalus* sp.、ヒユ科 *Amaranthus* sp.、タデ科 *Chenopodium* sp. の種子が、また、コニワザクラ *Purunus humilis*、マメナシ *Pyrus betuleafolia*、ハシバミ *Corylus heterophylla*、オニグルミ *Juglans mandshurica* なども発見されている。第 3 地点ではキビ、アワ、ダイズが出土植物種子の 99％を占めていたという。これにより初期農耕がこの地で営まれていたことが明らかにされた。

　この興隆窪遺跡と同じ文化期に属する遺跡として、内蒙古自治区の南台子（内蒙古文物考古研究所 1994、1995、索秀芬・李少兵 2004）、白音長汗（内蒙古自治区文物考古研究所 2004）、興隆溝（中国社会科学院考古研究所内蒙古工作隊・敖漢旗博物館 2000）、遼寧省の査海遺跡（方殿春 1991、遼寧省文物考古研究所 1994、辛岩・方殿春 2003）などを挙げることができる。いずれも平底の深鉢形の大きさの違いを器種とし、それに小型の椀を伴うものであり、紋様帯は口縁、胴上部、胴部の 3 紋様帯で構成される点に共通性が認められる。時期的な差があることは確かであるが、正式な調査報告がなされたのは白音長汗遺跡だけであり、時期細分の詳しい検討はなしえない。白音長汗遺跡では興隆窪文化段階以前時期の住居址や興隆窪文化に続く趙宝溝文化、紅山文化に属する遺構も発見されていることから、極めて長期間にわたって集落が営まれていたとされてきた。

　興隆窪文化段階では伐採具として磨製石斧、耕起具として石鍬、収穫具として鎌刃、調理具として磨棒と鞍型磨臼と農耕活動に必要な基本的な道具が備わっていて、初期的な農耕を営んでいたことは紛れもない。しかし生業活動は多様であり農耕生活だけに依存していたわけではない。白音長汗遺跡出土の動物骨にはマンシュウアカジカ *Cervus elaphus*、ニホンジカ *Cervus nippon*、ノロ *Capreolus capreolus*、イノシシ *Sus scrofa*、ヤギュウ *Bos gaurus*、イヌ *Canis familiaris*、オオカミ *Canis lupus*、アナグマ *Meles meles*、クマ科 *Ursus* sp.、キツネ *Volpes volpes*、ノウサギ属 *Lupus* sp.　ウマ属 *Equus* sp. など多種にわたる

狩猟がなされていたことが知られる。数量的に多く捕獲されたのはシカ科であり、全体の約6割に達している。またアカジカの角の脱落状態から、狩猟活動は主として春季に営まれていたとの鑑定結果が提示されている（内蒙古自治区文物考古研究所 2004）。

　興隆窪文化段階の採集植物の面では、コニワザクラ、マメナシ、ハシバミ、マンシュウグルミなどが検出されていて（趙志軍 2004）、多様な生業活動が営まれていたことを知りうる。興隆窪文化段階は完新世の最温暖期にあたり、降水量が高かったことから、河川での漁撈活動も活発に行われていたことは多数のイシガイ科などの淡水産貝が検出されたことで示され、オロチョン族の生業形態に照らしても（甲元 1996b）想像に難くないが、興隆窪文化段階の魚骨の検出例は殆ど知られていない。なお貝の中に海産のフネガイ科の殻（マルサルボウ）が数点検出されていることは注目される。

白音長汗遺跡の検討

　白音長汗遺跡は内蒙古自治区林西県のシラムレン川北岸の西荒山から延びる平坦な支脈がなす台地上に立地し、環濠で囲まれた2群の集落址と環濠外に配置された墓地より構成されている（内蒙古自治区文物考古研究所 2004）。環濠は南北に分かれて配置され、北側の集落の（A区）保存状態は良好であったが、南（B区）の東南側は環濠の中まで一部破壊が侵攻していた。墓群は南側環濠集落の西側で発見され、この地域には住居址も一部分布が及んでいる。またB区の西側に接する小高い丘とA区からやや西側に離れて墓地群があり、それぞれA・B区居住者との対応関係があると想定される在り方を示している。

　発掘された土器からみると、最も古い貼付紋土器段階の住居址は3基と貯蔵穴2基が南側B地区の環濠外に分布し、そのうち残りの良い64号址では石囲炉を1基備えている。また興隆窪文化段階よりも先行すると考えられる南台子類型の土器を伴う住居址2基と箱式石棺墓3基も、B区の環濠外に、貼付紋土器段階の住居址に接して存在している。住居址内に石囲炉を1基備えている点でも前代のそれと類似している。従って白音長汗遺跡においては環濠内で列状に住居址が配置されるようになるのは、興隆窪文化段階であることが分る。

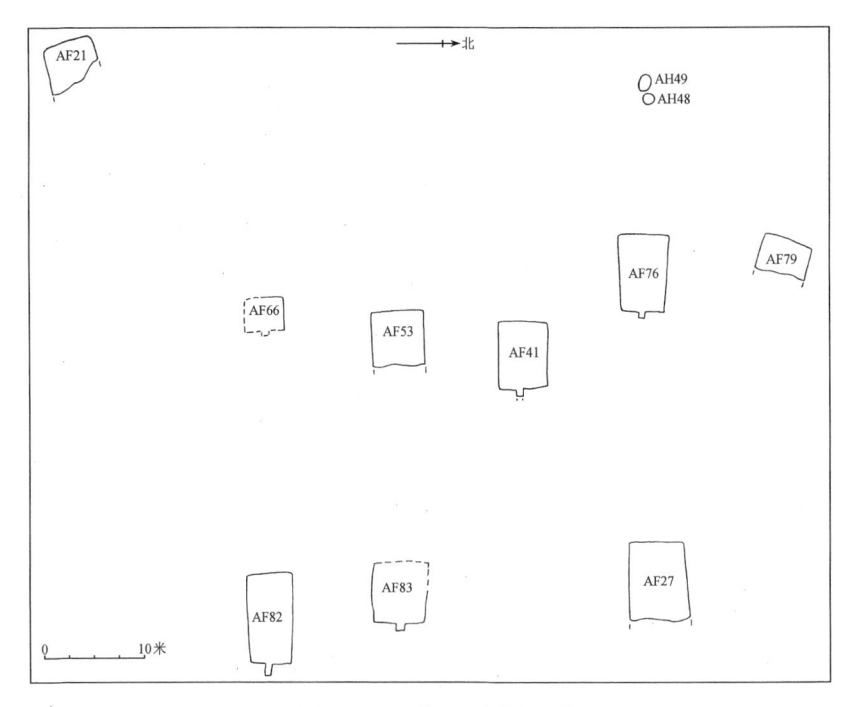

図40 白音長汗遺跡趙宝溝文化住居址配置図

興隆窪文化段階の後は、趙宝溝文化段階の住居址9基がA区にのみ分布する。それらは5基と3基が列状に配置され1基のみがやや西南に離れてみられる。紅山文化段階のB区では11基の住居址が、A区では7基の住居址が確認されているが、もはや列状配置はみられず散漫に分布し、環濠外にも住居址が及ぶことから、この時期には環濠はその役割を果たしていないことが窺える。次の小河沿文化の段階では住居址は見られず、貯蔵穴がA区に14基みられるに過ぎない。

こうして時期別に移行の在り方をみてくると、趙宝溝文化の後に位置づけられる小山文化段階の遺構はなく、紅山文化も前期の牛河梁遺跡や東山嘴遺跡段階を欠き、西水泉遺跡相当の中期段階のものであり、小河沿文化との間にもヒアタスが存在することが分る。白音長汗遺跡は長期間継続して営まれた集落址と想定されているが、このように小山文化期、紅山文化前期、紅山文化後期の

遺構が欠けていることから、南台子期から趙宝溝期以外の時期には、間歇的なあり方を示すこととなる。また趙宝溝文化段階では住居址の数が激減することから、安定的な生業活動が営まれていたのは興隆窪文化段階だけであるとみなすことができる。このことは岡村の指摘は必ずしも正鵠を射たものではないことを物語っている。

興隆窪文化段階の住居址はA・B区ともに最大の数を占める。これまでこの遺跡の集落構造が論じられてきたのは、興隆窪文化段階の安定した集落のそれであった。興隆窪文化段階の住居址はA区で29基、B区で25基を数える。B区は東南側が崩壊していることから、本来はもう少し基数が多かったことが想定され、あるいはA区B区ともほぼ同数の住居址があったかとも想定される。興隆窪文化段階の住居址出土土器については、各住居址出土品についての個別的な記載がないことから、時期的な細分は不可能である。また住居址の肩が検出された層位には2層下からの堀込が最も多く、2a層、2b層、3層下からは5軒と少ない。この5軒はいずれも集落の北側、傾斜地の上手に分布する住居址であり、自然傾斜による掘り込み層位の違いを表すにすぎないと考えられる。

住居址に堆積した埋土をみると1層の黒色土と2層の黄色土の両者が認められるものと、黒色土のみの堆積が認められるものとの区別がある。この黄色土は住居の周堤に積み上げられた土が流れ込んだものと解される。同様なことは趙宝溝段階の住居跡でもまちまちに認められることから、時期決定の手懸りとすることはできない。遺構の状況や堆積状態から居住時期の弁別をなしえないことから、ある一定の時期に列状配置がなされたとみるしかない。

趙宝溝文化段階の住居址は環濠の内外に分かれて分布する。そのうち環濠外で検出されたA27号住居址から出土した深鉢形（罐）土器には「Z字紋」や「雷紋」が施され、小山遺跡出土土器に近接するのに対して、A79号を初めとする住居址出土深鉢形（罐）土器の紋様は趙宝溝遺跡出土の「之字紋」が崩れた紋様に近い。また27号には無紋の椀型土器が出現していることは、より後出の要素と見ることが可能である。環濠内に離れて1基存在するA21号はA27号出土土器に類似する。これらのことから趙宝溝文化段階の住居址はA41、53、66、76、79の集団と、A21、27、82、83の集団に時期区分できそうである（図40）。すると趙宝溝文化段階の住居址は5基と4基の同時並存が想定できるこ

ととなる。A21、27、82、83 の集団の中では A21 号住居址に、石核や剥片があることから石器の製作をおこなった形跡が認められ、石耜が 13 点と多量に検出されていることから、集団の中では極めて特異な遺物の組み合わせをもっている。この遺物の組み合わせからみると 27、82、83 の 3 基は個別家族単位の居住地であるのに、A21 号はこの集団の中核的な位置にある「共同小屋」とすることができる。さすれば、この集団は 1 軒の共同小屋と 3 軒の個別家族住居址で成り立っていると見ることができる。

一方 A41、53、66、76、79 の集団では、A76 号住居址には炉が 2 個備えられていて特異な構造をなしているので、A21 号住居址と同様の「共同小屋」とみなしうる。すると 1 軒の共同小屋と 4 件の個別家族住居群で社会が構成されていたとすることができる。かつて近藤義郎が唱えた「単位集団」が一般的な社会単位であったことを窺わせる（近藤 1959）。

紅山文化段階の住居址は A 区 7 軒、B 区に 9 軒とやや離れて 1 軒が点在する。この時期には遺物が少なく相互の時期的関係を把握することは難しいが、層位から 2 層下で住居址の切り込みの肩が確認されたものと、1 層下でそれが認識できたものに分けられる。前者としては B1、46、49、54、57、58、67、86 の 8 軒で B7 と 33 は後者に属する。このうち B67 号住居址には炉址が 2 個あり、壁には竈が設けられた特異な構造をなしていることから、集落内で特殊な役割を果たしていた家屋であることが分る。A 区でも層位関係から 2 層下から掘り込まれたグループとして A29、45 の 2 軒が、1 層下から掘り込まれたグループには、A26、80、81、84、85 と 5 軒で構成されている。この 5 軒の中に特殊な構造をしたものや特殊な遺物の存否は判然としないが、集落の中核となる居住址（例えば最も大型の 26 号）が 1 軒あった蓋然性は高い。それとともに紅山文化期の集落の比重は南から北へ移動したことが分り、2 つの単位集団が 1 つに縮小したことを仄めかしている。

趙宝溝遺跡の検討

岡村・朱延平両氏によって検討された趙宝溝遺跡は、内蒙古自治区赤峰市敖漢旗教来河上流の低い丘陵上にある趙宝溝文化期の標識遺跡で、丘陵の南東

斜面に竪穴住居址の覆土「灰土圏」82件が7〜8列に配されている。1986年に遺跡のほぼ中央部（第1区）と南東端（第2区）に分布する住居址17基と炉址1基、貯蔵穴5基が調査されている（図41）（中国社会科学院考古研究所1997）。このうち第2区では6基の住居址が検出されているが、西側は崩壊により壊され、全体像が掴めないこと、かつこの住居群は塊状のまとまりをなしていることから、「列状配置」を前提とする第1区とは同一に扱うことはできない。また第1区と第2区では住居形成の時期的な差異があり、趙宝溝遺跡の報告書では、第2区の住居址群が先行することが指摘されている。従って分析の直接の対象となるのは発掘された第1区の11基の住居群である。さらに趙宝溝遺跡の遺構分布図によると、発掘された10基の横一線に並ぶ住居址と、それより上段にある9号住居址の並びに未発掘の5基の「灰土圏」があり、分布上は6基と10基の住居址が異なった線上に横列に配置されていることが窺われ、横列の区分を重視すると、10基の住居址が対象として絞り込まれるようになる。

　朱延平はこの10基の住居址を隣接する中型住居址と小型住居址の組み合わせを基準として、F2組（1、2号住居址群）、F6組（3、4、5、6号住居址群）、F7組（7、13、14住居址群）、F8組（8号住居址）の4組のまとまりをとして捉えるのである。今、氏に従って遺物の出土品目を見てゆくと次のようになる（○印は中型住居址）。

　F2組
　　1号址：土器、磨製石斧、磨棒、鞍型磨臼
　　②号址：土器、磨製石斧、石鏃、磨棒、細石器、骨角器、貝製品、動物骨
　F6組
　　3号址：土器、磨製石斧、磨棒、貝製品、動物骨
　　4号址：遺物無し
　　5号址：土器、磨製石斧、石耜、貝製品
　　⑥号址：土器、磨製石斧、石耜、石鋸、細石器、骨角器、貝製品、動物骨
　F7組
　　⑦号址：土器、磨製石斧、石鏃、擦棒、鞍型磨臼、細石器、骨角器、貝製品、動物骨

13号址：土器、磨製石斧、石耜、骨角器、貝製品、動物骨
14号址：土器、磨製石斧、石耜、鞍型磨臼、細石器、貝製品、動物骨
F8組

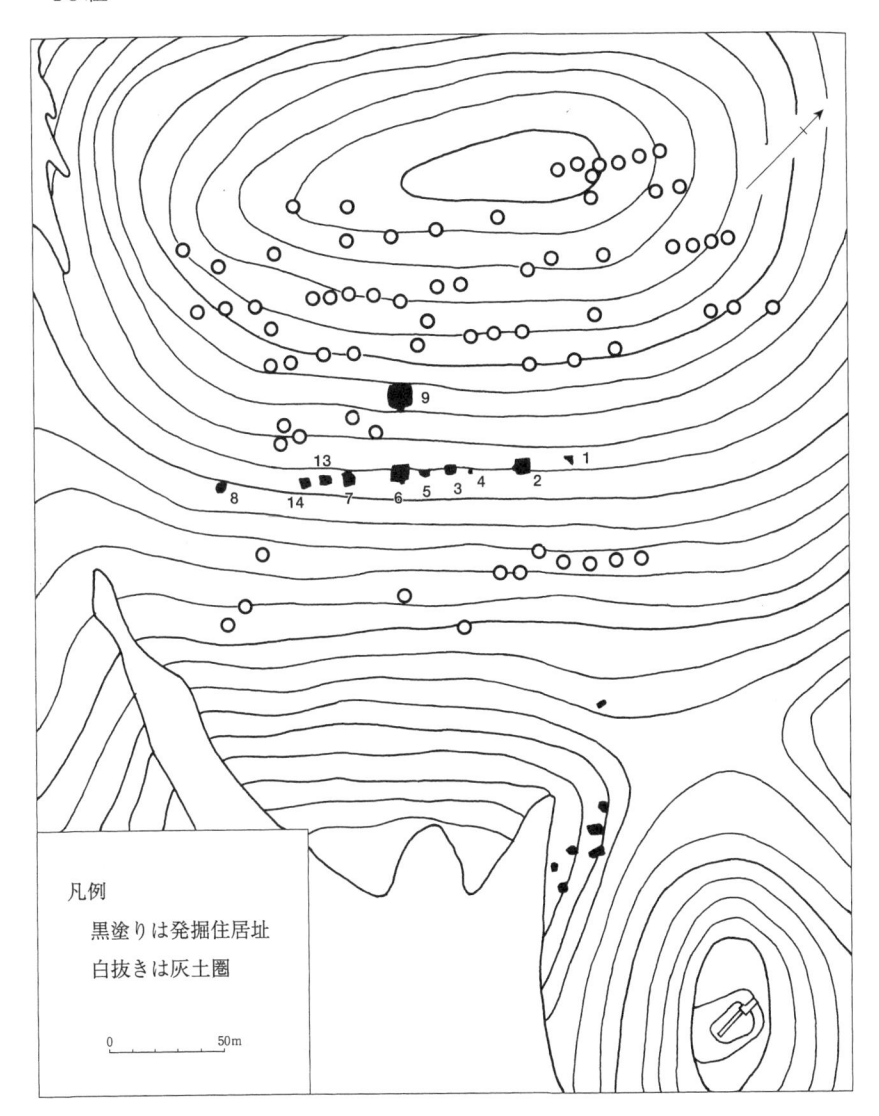

図41　趙宝溝遺跡住居址分布図

8号址:土器、磨製石斧、石鋤、擦臼、動物骨

　以上これら住居間では出土遺物品目にほとんど変わりがない。すなわち伐採具としての磨製石斧、耕起具としての石鍬、石耜、調理具としての磨棒と鞍型磨臼、利器としての細石器、骨角器、貝製装身具、残飯としての動物骨などである。このことはこれら各住居址間には生活上での差異はなかったことを示す。

　住居構造の面からみるとF2号とF6号では住居の床中央部に段を有する構造になるのに対して、その他の住居址では同一レベルの床面をもつ構造となっているという違いが指摘できる。このように住居床面が2段に構成されるものは、大型住居であるF9号址でも認められている。F2号、F6号、F9号住居址が特異である点は、住居址内の中央部に深い掘り込みのある炉以外に浅い炉を持つことである。F6号址では実測図には無いものの、文章中に焼土が西北側にあったことが記されていて、これも複数の炉をもつ住居址の例として認めることができよう。さらにF2、F6、F7、F9の各住居址においては細石器の製作場として利用されたという、他の住居址には認められない特徴を挙げることが可能である。さらに住居内から多量の動物骨が検出されることもその他の住居址とは異なった性格を具備しているといえよう。すると朱の指摘する中型住居址は大きさばかりではなく、住居構造の面や石器・骨角器製作場として利用されるなどの特異な性格を持つ遺構であることが知られる。

　以上のようにみてくると、中型住居址F6系には3、4、5号住居址、F7系には13、14、8住居址が組み合わさったものと考えられる。するとF2系では1号住居址以外に2基の住居址があった可能性がある。F9号の大型住居址の列には5基の未調査の灰土圏が認められているが、これも1軒の中型住居と4軒の小型住居のまとまりである可能性があり、第2区中央部の住居址は1軒の大型住居と4軒の中型住居に従う3〜4軒の住居群で成り立っていたと想定できる。こうした単位で構成される住居構造は、陝西省の姜寨遺跡（半冑博物館・陝西省考古研究所・臨潼県博物館1988）、李家溝遺跡（西安半冑博物館、1984）同様であり、中型住居址1軒と小型住居址3〜4軒で構成される最小単位は、近藤義郎のいわゆる「単位集団」にほかならないのであり（近藤1959）、それはまた日本列島の弥生時代以来の集落構造の基本と変わることがない（甲元1986a）との推測が可能である。これはまた陝西地方の新石器時代

顎倫春族の住居

の集落構造とも一致していることは（甲元 1996a）、単位集団を基礎とする社会の構成は、中国北部地方から東北アジアにおける新石器時代初期の農耕集落にみられる一般的現象であった可能性が高い。顎倫春族の狩猟集団の住居は4軒が横列をなし、うち端の1軒は他のものよりも一回り大きく設えられている（写真）。趙宝溝遺跡をはじめとする先史時代の中国北部から東北アジアの集落構造が顎倫春族の集落構造と類似する点を強調すれば、狩猟社会から農耕社会への転換期の当初は、狩猟集団の社会的まとまりが維持されていたことを窺わせるのである（甲元 2001）。さらに列状配置の住居址群は、2列が同時存在であるとすると、かなりの期間この遺跡は占有し続けられたことを物語っている。この遺跡では2列配置の住居群が間断なく繰り返し営まれていたことを考えるならば、A区とB区の住居形成の時間的差異を考慮すると少なくとも数世代にわたっての継続占拠を想定しなければならないであろう。

このように想定してくると、問題となるのはなぜ地点をずらせながらでも同一遺跡にこだわって住居を作り続けたかという点にあり、これに関しては、狩猟・漁撈・採集・農耕といった生業形態間の比重のおき方の多様性の中に答え

を見出すことができるであろう。

大南溝墓地の検討

上述した集落跡の分析と対応させるために、ここでは同じ内蒙古自治区東南部にある大南溝遺跡の墓地を検討することにする。大南溝墓地は赤峰市オーラマンハ解放営子郷二道杖房にあり、海抜1040mの石棚山の南側に展開する緩やかな傾斜地に立地している。小河沿文化期の墓地はA、B、Cの3地区に分かれて分布し（図42）、そのうちB区では8系列に配置された墓地の全貌が明らかにされている。列相互は2.5〜3mの間隔で配置され、列内の墓間は0.5

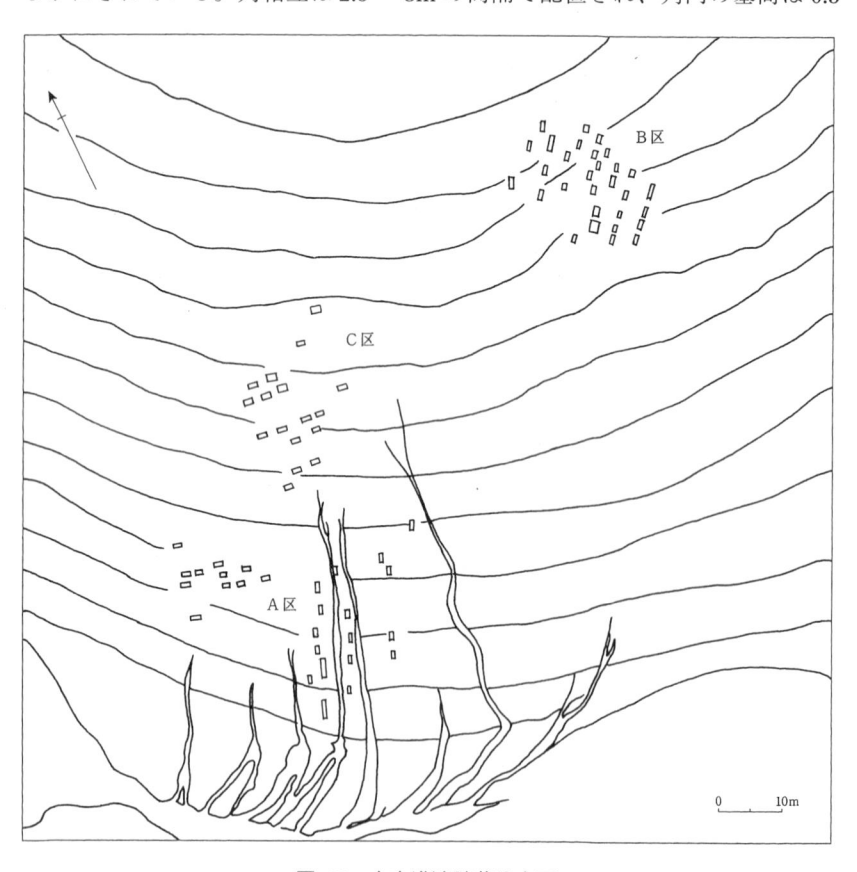

図42　大南溝遺跡墓分布図

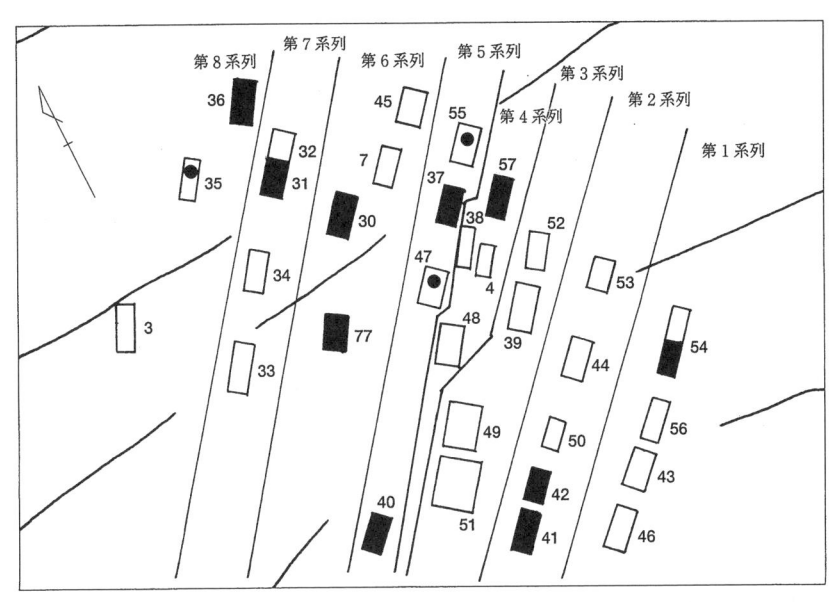

図43 大南B区墓地（黒塗りは女性墓、●は性別不明墓）

〜1mを測り、明確な意図のもとに墓地が構成されていたことを窺うことができる。墓は長方形竪穴土壙墓と長方形土壙半洞室墓で構成され、個別記載がなされ、かつ人骨の報告も行われていることから、墓地を対象として社会構造を分析するときには格好の資料となしえるのである（甲元1986b）。

大南溝墓地では、小児以下の人間が誰も葬られていないことから、ここは大人の埋葬址であり、年齢で集団を区別していたことが分かる。最少年齢の人物は53号墓の14〜15歳の男性であり、女性は17歳前後であることから、婚姻可能な年齢以上の人の墓地であるとの想定も可能である。長方形竪穴土壙と長方形半洞室墓の構造上の違いは、人骨の鑑定から性別には関係しない。副葬品の石環（石製腕飾）は男女墓ともに伴うが、磨製石斧を所持している15例のうち性別不明の4例を除く11例はすべて男性であることから、磨製石斧の保有者は男性と見なしうる。鏃は2例とも男性であり、骨柄刀、骨剣も男性に限られている。これらと反対に紡錘車を副葬品として持つものは、2例の性別不明者を除いて女性であり、貝飾を持つもの7例中の3例は女性である。貝飾を有する束髪器をもつ人物も女性であること、貝飾は男性墓には伴わないことは、

表9 大南溝墓地の構成と出土品

墓番号	墓の構造	性別	年齢	石斧	鏃	骨柄刀	紡錘車	石環	骨剣	貝飾	束髪器
3	長方形竪穴土壙	男性	25〜30	○							
4				○							
7								○			
30	長方形竪穴土壙						○				
31	長方形竪穴土壙	男性	成年	○			○	○			○
32	長方形竪穴土壙	女性	成年				○	○			
33	長方形竪穴土壙			○		○		○			
34	長方形竪穴土壙	男性	25〜30	○	○	○					
35	長方形竪穴土壙		成年								
36	長方形竪穴土壙	女性	老年				○				
37	長方形竪穴土壙	女性	60以上					○			
38	長方形竪穴土壙	男性	45〜50					○			
39	長方形竪穴土壙			○							
40	長方形竪穴土壙	女性	56以上							○	貝○
41	長方形半洞室墓						○			○	
42	長方形半洞室墓									○	
43	長方形竪穴土壙	男性	35〜40	○		○		○			
44	長方形竪穴土壙			○							
45											
46	長方形竪穴土壙	男性	56以上					○			
47											
48	長方形竪穴土壙	男性	成年	○				○			
49	長方形竪穴土壙	男性	56以上	○					○		
50	長方形竪穴土壙	男性	45〜50	○		○		○			
51	長方形半洞室墓			○				○			
52	長方形半洞室墓	男性	20〜22	○				○			
53	長方形竪穴土壙	男性	14〜15	○				○			
54東	長方形竪穴土壙	女性	17前後				○			○	
54西		男性	35〜40								
55	長方形竪穴土壙							○			
56	長方形半洞室墓	男性	30〜35		○	○		○			
57	長方形半洞室墓	女性	56以上				○			○	
77							○			○	

　貝製品や紡錘車を副葬品として持つものは女性であることを意味している。すなわち磨製石斧、鏃、骨柄刀、骨剣は男性に、貝飾と紡錘車は女性に、それぞれ排他的に属することが知られる（図43）。こうした副葬品の組み合わせに見られる男女差は、この遺跡の他の地区での在り方でも共通していて、大南溝墓地での通有の社会的規範であったことを知ることができる。

　墓の配置状態と副葬品の品目の数量をみても、この遺跡においては性別年齢による区別は殆ど窺うことはできない。土器の量からすれば女性に伴うものが多いこともみられる。こうした墓地が物語る状況は、大南溝墓地は階層化以前の年齢と性差を意識する社会の所産であったことを推測させる。

　埋葬址に伴った土器の分析では、大略、北西側から南東側へと形成時期の傾

第 1 節　中国東北地方の先史社会　*361*

斜が認められる。各列状に配置された墓のうちでは北西側に置かれたものが年代的に古いことを報告者は指摘している。すなわち第 7 系列では 31・32 → 34・33、第 1 系列では 54 → 43・46、第 2 系列では 53 → 41・42、第 3 系列では 52 → 51、これによるならば、これら 8 個の系列の埋葬址はそれぞれの系列ごとに北西側から順次形成されたことを物語っている。もう少し詳しく見てゆくと、第 7・8 系列は前期から墓地が形成され中期で終了しているのに対して、第 2 − 5 系列では中期に墓地の形成が開始され後期に終了し、第 1 系列では後期に開始され、後期に墓地の形成が終了している。第 6 系列は内容不明な墓が多いために即断はできないが、大南溝遺跡では 3 〜 4 個の系列に区別されて埋葬址が形成されていたことが考えられる。

おわりに

　典型的な興隆窪文化期の大規模な列状配置をとる集落を除いては、白音長汗遺跡や趙宝溝集落にみられるような列状配置の竪穴住居群が、共同家屋として使用された竪穴住居を中核として構成され、複数の炉をもつ中型の大きさの住居により分節化されるとすると、その内実はどのように捉えられるであろうか。こうした「単位集団」についてはすでに近藤義郎が個別住居は消費単位であり、単位集団は生産単位であることを明らかにしている（近藤 1959）。趙宝溝集落の、単位集団の中でひとまわり大きく、複数の炉をもつ住居は細石器の製作場であった。石器の製作が男性特有の仕事であるならば、中型住居は男性の共用の場所であり、同様に F9 号の大型住居は、より高い段階での共同家屋とすることができる。大型住居や中型住居から耕起具である石鍬や石耜が集中して多数発見されることは、男性共用の特別な家屋であったことを裏付けるものである。こうした現象は階層化以前の、性差による社会的役割が強く意識されていた段階であったことを意味するものであり、顎倫春族などの狩猟集団のあり方と共通性が高いことは極めて示唆的である。

　一方趙宝溝集落形成期から 1000 年以上経過した大南溝墓地から窺うことができる社会でも、階層化以前の段階であり、男女差による排他的副葬品の存在に示されるように、性差が強く意識されていたことが知られるのであり、時間

差を超えた共通の現象を読み取ることができる。趙宝溝文化期と小河沿文化期の間には、紅山文化期という本格的な農耕文化が展開していた（岡村 1995）。従って、単位集団の継続性に関しては、紅山文化期の集落や墓地の構造の検討が今後必要となるが、紅山文化期と小河沿文化期・夏家店下層文化期の間には大きな文化的断絶が認められており、紅山文化期に形成された社会が、生態環境の変化に即応して再編成が行われた可能性が高い（甲元 1989）。

挿図の出典

図40：白音長汗遺跡趙宝溝文化住居址配置図、内蒙古自治区文物考古研究所『白音長汗』より、図41：趙宝溝遺跡住居址分布図、中国社会科学院考古研究所『敖漢趙宝溝』、図42：大南溝遺跡墓地分布図：遼寧省文物考古研究所・赤峰市博物館『大南溝－後紅山文化墓地発掘報告』、図43：大南溝遺跡B区墓地：同上、写真：顎倫春族の集落：秋浦編『顎倫春族』文物出版社、1984 より

第 2 節　朝鮮先史時代の集落構造

はじめに

　狩猟社会から初期農耕社会へ、あるいは初期農耕社会の中から首長制が創出される過程での社会構造の変貌について、60 年代後半から人類学をはじめとする方面から概括的に論じられることが多くなり、その影響を受ける形で具体的な考古学資料に基づいての立論も、最近中国や日本でもなされるようになってきた（巌文明 1989、1993、趙青春 1995、甲元 1986a、1996、岡村 1991、1994 倉林、1994、宮本 1995、1996）。しかし分析の対象を東北アジアや朝鮮に限定すると、個々の遺跡に対する考察はあっても、地域や時代全体に及ぶ趨勢を考察した論攷は東北アジア南部を対象として岡村秀典が草しているに過ぎない（岡村 1995）。

　韓国においてはアメリカ文化人類学界で提出された理論をもって、首長制の存在を論じるものもないわけではないが（Choi Mong-Lyon 1984、崔夢龍 1990）、「理論で資料を解釈する」だけで極めて実証性に乏しく、方法論的にも決して有意味な展望を開拓したとは言い難いだけでなく、個々の遺跡や遺物の個別的な検討があいまいにされ、混乱を引き起こしている。これまで朝鮮を研究対象とする人々の間では集落構造や規模を分析するよりも、個々の住居の家屋構造が検討の対象となっていて（金正基 1968、金勇男他 1975、崔夢龍 1983、韓永煕 1983）、社会構造や親族組織などの時代的変遷については母系から父系へという通念的な捉えかた以外にはほとんど論じられたことがないと言っても過言ではない。中国の初期農耕社会においても、近藤義郎が提唱した「単位集団＝家族体＝世帯共同体」の概念が（近藤 1959、1983）考古学的に社会構造を把握する上では、有意味に適応できることが明確になったので（甲元 1996）、ここでは中国や日本の初期農耕社会の構造比較を行うための第一歩として、集落の基礎集団を把握することで朝鮮初期農耕期の集落構造の分析を行うこととする。

石灘里遺跡 (図44)

　朝鮮先史時代集落の全貌が明らかにされた事例はさほど多くはない。そのために調査例が多く、土器編年が比較的明確な西北朝鮮の代表的な遺跡の分析から始めることにする。

　石灘里遺跡は大同江下流の黄海北道松林市石灘里の、松林山から延びる低い丘陵がなだらかに続く海抜が20mほどの裾野にあり、10万m^2の範囲内に約100余軒のコマ型土器関係住居址が確認されている。そのうち遺構の集中するシウチ谷地点の32軒の住居址群について、詳しい報告がなされている（李キリョン1980）。これら住居址群はコマ型土器の中期に属するが（後藤1971）、層位関係と出土土器により三時期に細分されるという。第1類型に属する住居址として21軒、第2類型は8軒、第3類型のものは2軒があるが、第1類型の21軒のうちまとまりをもって分布するのは18軒である。

　第1類型に属する住居址群は、いずれも長方形を呈すが、床面に柱穴が全く検出されない住居と竪穴内部に主柱穴をもたず、壁直下に10cm程の柱穴をめぐらして屋根を支える住居構造のものとがある。この第1類型の住居址群は中央の空白地帯を挟んで大きく東西に分かれて分布する。これら住居址は大部分火災を受けて消失しているが、火を受けた痕跡のないものが4軒（西群6号、東群9号、18号、42号）ある。また西群では3号、33号、36号の3軒の住居址は屋根を支える柱穴をもち、他とは異なる構造をしている。すなわち火災に遭い、床面に柱穴をもたない住居址が同時存在と想定できるので、西群は5軒

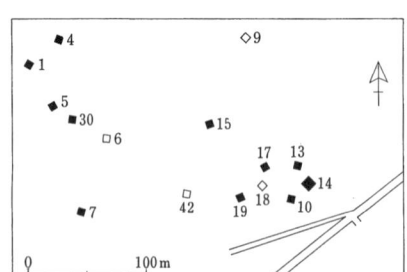

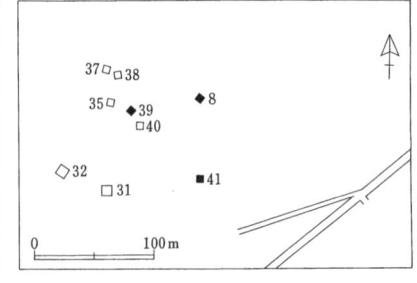

図44　石灘里遺跡第1類型（左）、第2・3類型（右）住居配置概念図

で構成され、うち1号、4号、5号、30号住居址が中央にまとまるのに対して、7号だけが外れた位置に置かれている。他方東群においては6軒で集団が構成され、10号、13号、14号、17号、19号住居址が中央にまとまりをもって分布するのに対して、15号址はそれらの外側に離れて配置されているのが窺え、類似した住居址の配置をするものが東西に併存している状況を示している。これら東西に別れて分布する住居址群の平均の床面積は$28.9m^2$であるのに、東群14号址だけは$38.5m^2$と極めて広い面積を誇り、出土する遺物も石鏃や石剣などの武器が多い点その他の住居址とは異なりを見せている。この14号址を除く住居址群の平均の床面積が約$26m^2$であることから、14号址は特別な遺構であることが窺えよう。このことに着目すると石灘里遺跡の第1類型前半段階では東西2つのグループに別れて5軒ずつの住居址の分布がみられ、うち1軒の大型住居址が東群に存在するという集団構成をしていたことが窺える。床面の壁下に柱穴を配置する住居址が次の第2類型の構造に類似し、より発展したものであるとすると、第1類型後半期の西群では大型の33号址（床面積$55m^2$）と小型の3号（$27.7m^2$）、36号址（$36.5m^2$）の3軒の組み合わせによる集団構成となり、東群でも火災を受けていない18号（$33.6m^2$）、9号（$21m^2$）、42号（$17.9m^2$）の組み合わせが考えられ、西群と同様に集団の規模を縮小しても似た構成をとる。

　第2類型の段階では住居址群は主として西群に集中し、かつての東群の場所に8号と41号址が離れて存在している。このうち火災を受けている住居址は8号、39号、41号であり、そのほかの住居址には被災の痕跡は確認されていない。これら火災を受けている住居址が同時に存在したと考えると、第1類型後半期と同様に3軒からなる集団構成と考えられる。第2類型に属して火災の痕跡のない住居址は35号、37号、38号と40号の小型住居址4軒である。ここで考慮しなければならないのは第3類型に分類された大型の31号、32号住居址には小型の住居址が伴わないこと、かつ第2類型に分類された小型の住居址群と密集しながら入り混じって営まれている点である。伴出する土器型式からすると平壌市の立石里遺跡出土土器（李元根・白容奎1962）に接近するものであり、第2類型と第3類型住居址から出土するのはいずれもコマ型土器中期後半段階とみられ、ほぼ同時期であると認定できる。すると第2類型と第3

類型住居址は併存するのが事実であり、床面積が45m^{2}の31号址と50.47m^{2}の32号址の両者が、第1類型後半期以降の住居址群にみられると同様に、第2類型に分類された住居址群と伴ってその中核をなすことが想定できる。

　第2類型と第3類型の住居址群は、長方形住居の主軸方向が東西をとる31号や38号、40号址があり、32号址と同様に主軸が南北に置かれるものに35号、37号址がある。住居配置に一定の企画性があったと仮定すると、二方向に主軸を違える住居址群が分布上入り混じった状態に配置されていることは、実際には時間的な前後関係があった可能性が高いことを窺わせる。これらの中で37号址は炉址が2個で主軸に大きな柱穴が5個あることが、細竹里遺跡の層位関係を媒介にして（金政文・金永裕 1964）より発展した住居構造と考えれば、31号、38号、40号のグループが先行し、30号、35号（床面積14.86m^2）、37号址（23m^2）群が遅れた時期に比定することができる。すると第2・3類型段階では3軒単位で集落が構成され、そのうち1軒は極めて巨大な住居址が含まれる構造のものとなるのである。

　以上のように考えると、石灘里遺跡では第1類型前半のコマ型土器中期前半段階では1軒の大型住居址を中核として、小型住居址4軒からなる集団が2組で集落が構成されていたのが、コマ型土器中期頃の第1類型の後半段階から石灘里遺跡では1軒の大型住居址を含む3軒の住居址が単位となって構成されるように、住居数が減少した集落構造が展開したとすることができよう。

南京里遺跡

　南京里は大同江右岸の細長い自然堤防上に形成された遺跡（石光濬・金用玕 1984）で、この堤防と西側の低い丘陵との間には広範な低湿地が控えている。検出された住居遺構は約200m離れて西（第1地点）と東（第2地点）に分かれる。集落の東側は堤防まで傾斜しながら続くために、一部が破壊された住居よりも東側には分布が及んでいないことが想定でき、自然堤防の高まりに沿って南北約30m範囲内の東西方向に細長く住居址が営まれていたと考えられる。

　第1地点の無紋土器段階の住居址は3時期に区分され、第1期には7軒、第2期には5軒、第3期には3軒の住居があったと想定されている。このうち第

1期の住居址群は竪穴住居の主軸を東西にとる7号、9号、30号、33号址と主軸を南北にとる6号、34号、36号址に分けられる。南北に主軸を置く住居址群のうち6号と36号出土土器は、二重口縁壺の形状が第2期の土器に近く、やや後出するものであり、第1期の住居址群は主軸を東西に置くものから南北に置くものへ変化したことが窺われる。東西に主軸が置かれた住居址群では床面積が$35.63m^2$と最大の7号址を挟んで9号(床面積$26.4m^2$)と30号址($24.96m^2$)と33号址(床面積不明)が配置され、全体は1軒の大型住居址に3軒の小型住居址で構成される集団となる。南北に主軸を置く住居址群では床面積が最大の36号址($40.48m^2$)が最も西側にあり、6号(床面積不明)と34号址($18.6m^2$)が散漫に分布している。遺構の広がりからみて主軸を南北にとるグループのうち34号は距離が離れ過ぎているために、他の集団に加わるものと想定でき、2軒となる。しかし第2類型に分類された5号址は住居構造や出土土器からみてこの段階の南北の群に伴うと思われ、結局36号($40.48m^2$)、5号($47.58m^2$)、6号(面積不明)と3軒単位での集団に帰結され、6号址の住居址の幅は4.8mと広く、住居規模に差異がないことが予想されるであろう。

　第1地点の第2期の住居址群では南北に主軸をとる4軒の住居址の分布がみられる。この段階では小型の3号(床面積不明)、4号($28.8m^2$)と10号址($38.4m^2$)があるが、3号は南半分が切断されているものの幅が5mと大きく、幅の大きさからすると他の大型住居址に照らして最大の床面積を測る住居址の可能性が大きい。また西北側に離れて35号址(床面積不明)があるが、30m以上も離れていることから、これは別の集団に属する可能性が高い。すると第1地点第2期では第1期の後半期と同様に3軒の大きさにさほどの変異のない住居址で構成されていたと考えられる。

　第3期になると住居址の床面積が最大の1号址($53.56m^2$)を挟んで8号址($40.48m^2$)と2号址($48.98m^2$)が東西に配置されるが、床面積が示すように三者間には格差が窺えない点に特色がみられる。このことは第2地点の第3期の住居址群でも言えることであり、15号址は床面積が$66.12m^2$と最大であるが、面積不明の14号住居址は15号住居址と長辺の長さが同じであり、15号住居と同規模の住居であったことを窺わせる。また13号址は長辺の長さが8号址とほぼ同じであり、他と比べて遜色のない規模をもつものであったと想定しう

る。すると第1期の後半期と同様に3軒単位で集落が構成されるが、第3期にはすべて大型住居3軒で集団が形成されることが確立したとみることができる。

石灘里第2類型住居址から美松里型式の土器が出土していることを念頭におくと、南京里遺跡の第1期は石灘里第1類型に、第2期は石灘里第2・3類型に相当する編年が考えられ、南京里遺跡第3期は無文土器中期末葉の時期に比定でき、無文土器中期の段階から、従来の1軒の大型住居に3～4軒の小型住居で構成される集団から、等質的な大型住居3軒で構成される集団へと大きな変化があったことが推測できる。

虎谷遺跡

東北朝鮮の無紋土器時代を代表する遺跡として咸鏡北道茂山郡虎谷洞を挙げることができる（黄基徳1975）。虎谷洞遺跡は豆満江上流域の城川と合流する渓谷を望む第3河岸段丘上にあり、この傾斜地から豆満江の河岸までを含む40,000m^2の広がりをもつ大規模な遺跡である。発掘が行われた1,500m^2の範囲内から約50軒もの新石器時代から青銅器時代にかけての竪穴住居址が検出されている。

第1期の有紋土器終末期の段階では10軒の住居址が検出された。床面積は最大でも18.8m^2、最小で11.9m^2と極めて小さい方形をなす住居で、床面の中央からやや片側に寄った地点に石囲みの炉址を1個もつ。東西2列の列状に配置されているとも見受けられるが、集落の範囲が確定されないために、同時存在の住居の軒数は不明である。ところが第1期とされる住居址出土土器をみると、初源的な孔列紋土器があり、これと無紋の椀や高台付椀を伴うものは、雷紋や斜行沈線紋を刻する土器類とは型式を異にして無紋土器段階と想定するのが適切である。すると有紋土器後期から無紋土器前期にかけて、北側列から南側列へと時間的に推移したことになり、無紋土器前期段階では小型住居址のみが列状に配置されて、集落が形成されていることに特徴を認めることができよう。

第2期の無紋土器前期段階では4軒の住居址が報告されているが、このうち

小型の20号址の出土土器は時期が遡上する可能性があり、これを除外すると、15号（床面積46.75m^2）、35号（41.6m^2）は大型に属し、確認される範囲では40号も短辺が6mもあって、少なくも床面積が39m^{2}以上となる。このうち主軸を東西に置く40号址とは異なって、15号と35号住居址は約7m離れて主軸を南北に揃え、並立して配置されていて、2軒の大型住居が意味ある単位であったことを窺わせる。

第3期では5軒の住居が確認されている。床面積は4号址20.8m^2、30号址24m^{2}以上、31号址24.84m^2、32号址35m^{2}であり、19号址は短辺が5mを測る。この期の住居址はいずれも主軸を東西に置く点に共通性がみられるが、その中で30号址と31号址は4列の柱の礎石をもつ点他の住居址とは異なる。31号址は柱穴をもつ32号址の上部に建てられていることから、礎石をもつ住居とこれがない住居では先後関係となることが明らかであり、30号と31号址は次の第4期の住居址と通じる。

第4期段階の住居址では8軒の住居が検出されている。そのうち16号址は33号、34号址に覆われていて、時期的に遡上するものであり、むしろ第3期の礎石をもたない段階の住居にあたる可能性がある。これを除くと7軒すべての床面には4列の礎石が配され、床面積が40m^{2}以上もある大型住居址となり、最大の34号址では大きさ70m^{2}にも及ぶ。7軒の住居址は10号→11号、14号→13号、34号→33号と上下・切り合い関係があり、同時存在としては主軸を同じくする大型住居址が2軒単位二つみられたとの解釈も可能であろう。

以上虎谷遺跡では等質的な小型住居址群で集落が構成される段階から、無紋土器の前期終わり頃から大型住居址数軒単位が基本集団となる集落へと変化していったことが窺えよう。こうした趨勢は次の鉄器時代の5期、6期と基本的には継承されている。

西浦項遺跡

西浦項遺跡は東北朝鮮を代表する、有紋土器時代から無紋土器時代にかけての集落址である。遺跡は豆満江川口右岸の背後に立つ小高い丘の西斜面、東藩浦を望む地点にある貝塚で、多数の住居址が検出されている（金用玕・徐国泰

1972)。

　有紋土器時代第1期には1軒の大型住居が確認されているに過ぎないが、第2期に分類される中期段階では床面積にさほどの違いがない円形の小型住居址が4軒報告されている。第3期から5期までは遺構が錯綜していて、集落の全貌が明らかにされえないが、第3期には小型住居が4軒、大型住居が5軒あり、層位関係から小型住居址群が新しいとすると、大型長方形住居址出現の前に虎谷遺跡のように小型住居址だけで集落が構成される段階が東北地方には共通してみられることになる。

　無紋土器時代の前期には小型方形の住居址5軒が見られるが、そのうち5号と6号址は貼床をして重なった住居であり、14号は25号址に切られているので、同時存在としては3軒ほどが想定できる。明確なのは無紋土器時代の後期で、1号、4号、10号、24号の4軒の単位で構成されている。4号の床面積は $31.32m^2$、10号のそれは $18.72m^2$、24号址は $13.68m^2$ であり、1号址は1辺の長さが3.8mと小さいために24号址とほぼ同じ大きさかと推測される。すると1軒の大型住居に3軒の小型住居で集落の基本ができていることになる。この点からすると前期の3軒の小型住居群は他に1軒の大型住居と組合わさっていた可能性があることを物語っている。

集落の基本単位

　以上北朝鮮の2地域での無紋土器時代の集落を分析してきて、同一時期の住居址群の中には床面積において、その他の住居址とは格段に大きなものを含むことが知られる。西北朝鮮では無紋土器前期段階では1軒の大型住居を中核として、4軒前後の小型住居の組み合わせで集落の基本ができあがっていたのが、中期から1軒の大型住居と2軒の小型住居址群で構成される構造に変化したことが知られた。一方平壌市金灘里遺跡では有紋土器の最終段階では床面積約 $30m^2$ ほどの小型住居址が並立するありかたをみせていている（朝鮮民主主義人民共和国科学院考古学及民俗学研究所 1964）のに対して、南京里の有紋土器後期の段階では床面積が $100m^2$ 以上にも及ぶ大型住居址とともに、床面積が $16.56m^2$ に過ぎない小型住居址も見られる。第2地点の12号、17号、37

号址はほぼ同時期と想定できる（宮本 1986）ことから、西北朝鮮地域では大型住居 1 軒に小型住居 4 軒前後で構成される集落の単位は、少なくも有紋土器の後期段階にまで遡上する可能性がある。コマ型土器の前期の新興洞遺跡では 2 軒の大型住居に 5 軒の小型住居の組み合わせで集落が成り立っていて（徐国泰 1964）、こうした集落構造はコマ型土器前期にまで継承されていたことが知られる。また無紋土器中期末葉の段階では咸鏡南道の永興邑遺跡でも大型住居址 1 軒に小型住居址 3～4 軒で構成される集落址が発掘されていて（徐国泰 1965）、この組み合わせによる集落の基本構造は無紋土器時代の一般的な在り方であり、南京里コマ型土器中期の大型住居址のみで構成される集落の基本単位は特別な事例として扱うこともできる。

　一方東北朝鮮では有紋土器時代の中期の段階では円形の小型住居が幾つか集まって集落を形成していたことが、西浦項遺跡第 2 期の様相から窺えるが、これは西北朝鮮の弓山遺跡（朝鮮民主主義人民共和国科学院考古学及民俗学研究所 1957）や中朝鮮の鰲山里遺跡（ソウル大学校博物館 1984、85）、岩寺洞遺跡（国立中央博物館 1994）、南朝鮮の鳳渓里遺跡（東亜大学校博物館 1989）、壬仏里遺跡（安春培 1989）などでの在り方と共通する。これら諸遺跡では遺跡内に広大な空間があるにもかかわらず切り合い関係を呈することは、同一集団による継続的な占拠を示すものであり、核家族単位での住居が幾つか集まって構成された集落を想定できる。新石器時代後期には小規模な住居が群をなして列状に配置されることは一定の明確な社会的結合が意識された段階に入ったことを意味し、無紋土器時代には大型住居が数軒で集落の基本構造ができている段階を経て、無紋土器後期の段階には再び 1 軒の大型住居と 3～4 軒前後の小型住居群の組み合わせが集落の基本構造となった段階へと変遷したことが分かる。

　数軒の大型住居址群だけで集落を構成する在り方は、中国吉林省龍井県金谷遺跡（延辺博物館 1991）や慈江道公貴里遺跡下層文化期（朝鮮民主主義人民共和国科学院考古学及民俗学研究所 1959）でもみることが、これらは住居址の長幅比が接近しているのに対して、長幅比が 1・5 以上の長方形を呈する住居址は中部朝鮮の京畿道河南市美沙里遺跡（高麗大学校発掘調査団 1994）（図 45）や、驪州郡欣岩里遺跡（崔夢龍 1986）などでは、孔列紋土器に伴う遺構にみることができる。

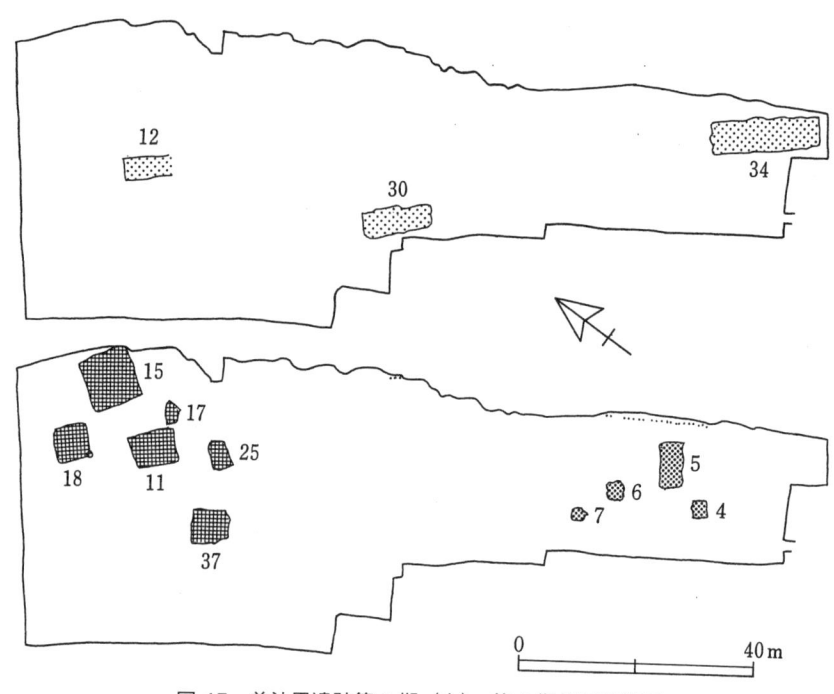

図 45　美沙里遺跡第 1 期（上）、第 2 期住居配置図

　美沙里遺跡では発掘区全面にわたって大型の長方形住居址が 7 軒みられるが、その東端部では、孔列文前期には主軸を共有する大型長方形住居 3 軒がみられ、孔列紋土器後期には 1 軒の 5 号長方形大型住居址（床面積 31.82m^2）を中心として、その周囲に 4 号、6 号、7 号址と 3 軒の小型方形住居が配置されるように変化し、さらに刻目突帯紋期には住居の形態は方形に変化するものの、床面積が 84.64m^2 の第 15 号住居址の周囲に、小型住居址が 3 軒、超小型の 17 号床面積 6.48m^2 を含めて 4 軒で集落の基本単位をなすことが知られている。さらに発掘された遺跡全体をみると、巨大な長方形大型住居址が河岸の高まりにそって 7 軒以上分布していて、巨大な住居址だけで大集落を構成していたことが窺える。慶尚南道居昌郡大也里では無紋土器最終末期に 1 軒の長方形大型住居に 3 軒の小型住居が単位となって集落を構成する事例があり（東義大学校博物館 1988、89）、また忠清南道松菊里 55 地点でも 7 軒の住居址のうち火災を受けていない 5 軒が同時存在であるとすると、床面積が 31.4m^2 と大き

な4号址の周囲を取り囲むように、3号、5号、6号、7号址が分布している（国立中央博物館1978）ので、中部朝鮮以南の地域では孔列紋土器第1期の長方形大型住居址だけで集落が構成される段階から、松菊里式土器段階には1軒の大型住居に3〜4軒の小型住居で構成される集落構造に変化し、その状態が無紋土器の最終段階まで続いていたものとみることができる。

以上朝鮮の新石器時代から青銅器時代にかけての集落の構成単位をみると、
Ⅰ　小型住居址だけで構成される集落
　　a：同一規模の円形の住居址数軒で構成されるもの
　　b：同一規模の方形の住居址数軒で構成されるもの
Ⅱ　大型長方形住居址だけで構成される集落
Ⅲ　1軒の大型住居址と3・4軒の小型住居址で構成される集落
　　a：大型の方形住居址と小型の方形住居址群で構成されるもの
　　b：大型の円形住居址と小型の円形住居址群で構成されるもの
に区分することができる。

これらの変遷を地域的に掲げると次の通りになる。

	有紋土器中期	後期	無紋土器前期	中期		後期	
東北朝鮮	Ⅰa	Ⅰb	Ⅱ	Ⅱ		Ⅱ	
西北朝鮮	Ⅰa	ⅠbⅢa	Ⅲa	Ⅱ		?	
中部朝鮮	Ⅰa	Ⅰb	?	Ⅱ	Ⅲa	Ⅲb	
南部朝鮮	Ⅰa	Ⅰb?	?	Ⅱ	Ⅲa	Ⅲb	Ⅲa

このように見てくると先史時代朝鮮の集落の基本単位は、新石器時代（有紋土器時代）の等質的な住居構造をもつものが幾つか集まって集落を形成する段階、1軒の大型住居と3〜4軒の小型住居で構成される段階、青銅器時代（無紋土器時代）中期の大型住居3軒で構成される段階、さらに1軒の大型住居と3〜4軒の小型住居で構成される段階へと変化していったことが窺える。中期の巨大な長方形住居址群のみで集落が構成される時期は、西北朝鮮では美松型土器が中部朝鮮では孔列紋土器が展開する段階であり、東北朝鮮ではそれ以前にすでに巨大長方形住居址で集落を形成する事例が見られることから、尹武炳

が指摘のように（尹武炳 1975）孔列紋土器の来歴が虎谷遺跡の無紋土器に求められるとすると、中国東北地域からの大きな文化的影響下に集落の再編成がなされたと推測される。

おわりに

　以上みてきたように朝鮮の新石器時代後期から青銅器時代にかけての集落は、均質的な小規模な住居址の集団で構成される段階を第1歩として、1軒の大型住居と3～4軒の小型住居で集団の基礎構造ができあがる段階、集団の基礎単位が等質的な巨大家屋数軒で構成される段階、再び1軒の大型住居と3－4軒の小型住居群で基礎集団が形成される段階に展開したことが分かる。ここで集団の社会的結合の意味について考察するとき、Ⅱ類型の大型住居址及びⅢ類型の大型住居址と小型住居址の機能差につき検討する必要があろう。

　大型住居址の出現は西浦項遺跡の有紋土器前期の例を除くと、有紋土器後期の南京遺跡にみられる。この遺跡での新石器時代の集落構造が不明のために確実にはなしえないが、大型の31号住居址は住居址中央部に掘り込みをもつ特異な構造であること、貯蔵用の大型深鉢形土器が大量にあり、穀物や食物の調理具が排他的にみられること、網の錘が3,000と多量に個出土していて、これは東康遺跡の例からすると150張の刺網に相当する（甲元 1994）ことなどから特殊な役割を担った住居址であることを窺わせる。しかも「取り皿」としての小型の椀が多量に出土することは「共食」の習慣が存在したことを示唆し、この住居址が共同家屋であったことを推測させる。すなわち個々の小型住居址には炉址があり、煮沸具がみられるが食物の貯蔵施設を欠くことを併せて考えると、こうした大型住居址の特異な性格は集落の単位をなす集団の貯蔵施設を兼ねた共用施設からもたらされたものである可能性が高いのである。

　このことがより明確にされるのは石灘里第1類型の11軒の住居址群で構成される集団である。この住居址群はすべて火災を受けていて、遺物が住居址に残される条件は等しいと考えられるので、比較対照するのに好都合である。この住居址群のうち統計表に掲載された遺物を列挙すると以下の通りである。

	磨製石斧	石庖丁	石剣	石鏃	紡錘車	石皿	石槍	石鍬	土器
14号	4	7	2	11	1	2	5		6
4号	2	3		2		1			9
5号	3	2	1						2
7号	1	3			2	2			11
13号	2	1		1	2	1			9
15号		1		1					8
17号	1			1				1	
19号	1	1							破片

　これをみると磨製石斧や石庖丁、石鏃など生産活動に使用される道具や調理具としての土器は、ほぼ住居址ごとに所蔵されていたことが分かるが、土器を除いて相対的には大型住居址に分類される14号住居址での出土量が多い。さらに14号住居址には石鏃や投槍といった武器にもなりうる石器が多いかあるいは独占的に見られることは、集落の中で戦士集団を構成する青年男性に関する遺物が多いとすることもできる。一方石皿や紡錘車など主として女性の仕事に関する遺物もあることから、小型住居址を単婚小家族用とみるならば、大型住居址は集団構成員の共同家屋とするのが適切であろう。1軒の大型住居址と4軒前後の小型住居址で構成される集団は20~25人と想定されるため、朝鮮の先史時代においても中国黄河流域や日本列島と同様に集落の基本単位は「世帯」であった可能性が高いことを示している。この単位の集団が支石墓築造の基本的単位となっている（甲元1973）ことは、社会的結合体としての「世帯」の強固さを窺わせるのである。

　一方大型長方形住居址数軒で構成される集落はどのように考えられるであろうか。南京里3期の1号、2号、8号址の集団や13号、14号、15号址の集団はどれも住居壁周辺に小さな柱穴を巡らせ、中央部には大きな柱穴を主軸にそって配する点で構造的には共通性をみせている。これらの出土遺物を比較すると二つの集団ともに遺物内容には大きな変化は認められない。2号址で漁網錘が13点と多いのは、たまたま1張の刺網が残されていたものと解しうる。京畿道玉石里遺跡で支石墓の下部から発掘された住居址は、15.7mに3.7mと

巨大であるが、床面に残された灰の痕跡から住居址を4分割する地点に内部の仕切りがあったことを窺わせていて（金正基1968）、長方形巨大家屋も内実は4軒の小型住居の集合したものである可能性を示唆している。またこうした大型長方形住居は東アジア狩猟民の冬季に集団で居住する住居と構造が類似していて（間宮1979、Levin & Potapov 1956）、長方形巨大住居址が小さいものでも床面積が50m^{2}あるので、先にみた1軒の大型住居址に3～4軒の小型住居址で構成される世帯全体が1軒の家屋に収まったものと見なすことができるし、2軒併存の場合は複合世帯の存在を推定しうる。問題なのは1軒の大型住居址に2軒の小型住居址で構成される集団である。南京里1期後半期では7号、9号、30号址と6号、34号、36号址に分類されるが、このうち前者のグループでは最大の7号址が35.63m^{2}であるが、9号26.4m^2、30号24.96m^{2}と伴う小型住居址の床面積は極めて小さく、世帯単位の家族を収容することは不可能である。これら住居址からの出土品を比較しても、内容にはほとんど差異が検出しえないのであり、強いて実態を求めると2～3家族で構成された「拡大家族」単位の集団であったと見なさざるをえない。

　このように集団構造の基礎単位が把握されるとすると、朝鮮の先史時代においては集落の基本単位は、

　　　小家族単位→世帯単位→（拡大家族単位）→複合世帯単位→世帯単位

と変遷していったことが窺えよう。

　世帯単位から一度拡大家族単位への変化時期は、大型長方形住居址の存在、孔列文土器の分布、製粉具である石皿の出現のそれぞれ直前であり、それら諸要素が備わっていた中国東北地域からの影響下での変化と受け止めることができよう。巨大な長方形住居址の出現は虎谷第2期で東北朝鮮ではやや早いものの、その拡大の時期は虎谷遺跡4期に当たることから、美松里型土器の第3類型段階の西北朝鮮と時期的には符合する（黄基徳1989、王巍1992）。また次に述べるように、中部や南部朝鮮でも孔列紋土器の位置付けからこの地域での巨大長方形住居址の出現は同時期とみられることから、巨大な長方形住居址は朝鮮半島全体にわたって無紋土器中期中頃とほぼ時期を同じくしての急速な分布の拡がりが知られる。孔列紋土器が東北地方においては紀元前二千年紀末葉から一千年紀前葉頃に成立し、その技法が南下することで中部・南部朝鮮の孔列

紋土器が形成されたのであれば、南下の前提として当時の急速な冷温化にともなう環境悪化に起因することも考えられる（甲元 1996b）。コマ型土器前期から中期にかけての頃、被災住居が朝鮮中部から南部に広くみられる現象は、北方からの住民移動をきっかけとした騒乱の拡がりを示すものかもしれない(1)。虎谷遺跡の第4期では石鏃の出土が急激に増加し、石槍というこの地域独特の武器がはじめて出現すること、西北朝鮮の無紋土器前期から中期末にかけての集落内部の各個別住居址から石剣や石槍といった武器が多く出土し、実用的な石鏃（長さ5～10cm）も多量に発見されること、また朝鮮中・南部地域においても美沙里遺跡、欣岩里遺跡、交河里遺跡（金載元・尹武炳 1967）、玉石里遺跡（金載元・尹武炳 1967）、駅三洞遺跡（金良善・林炳泰 1968）、大坪里遺跡（趙由典 1979）など孔列紋土器を伴出する巨大な長方形住居址では、二段柄式磨製石剣や石鏃、それに石槍などが極めて多量に発見されていることなどは、多くの火災住居址の存在とあいまって、気候変動に起因して北方から拡がった「騒乱の証し」とも考えられる。また美沙里遺跡や忠清南道松菊里遺跡の先松菊里型式段階で（国立公州博物館 1993）、木柵を巡らした防御施設が出現することなどを念頭に置くと、こうした巨大な長方形住居址は分居していた世帯を防御のために1軒の家屋に集結させ、巨大家屋数軒のまとまりで複合世帯を形成したものと考えられる。コマ型土器前期段階までの世帯が解体して集団の規模が変化し、さらに複合世帯へと集団の基礎構造が改編されたことは、そうした騒乱にともなう社会的結合の在り方の変化に要因を求めることもできよう。コマ型土器後期や南朝鮮無紋土器中期になり被災家屋が減少して、1軒の大型住居を中核として4軒前後の小型住居の組み合わせで集落の基本構造が再形成されることは、社会の安定化とともに東アジア初期農耕社会通有の形に回帰したことが窺えよう。

注1
後藤直氏の御教授による。

挿図の出典
図44、図45ともに報告書より作成

第3節　西朝鮮の支石墓

はじめに

　巨大な撐石をもつことで特徴づけられる墳墓＝支石墓は、ユーラシア大陸縁辺部に弧を描くように分布していて、東アジアに於いては朝鮮半島に際立って多くの例を見ることができる。朝鮮の支石墓がこの汎ユーラシア的な分布の中でどのような関連性を有しながら形成されたものであるのか、今日では明確にはされていない（補注1）。しかしながら東北アジアに於いては朝鮮半島に最も多くの支石墓が存在し、支石墓は朝鮮民族形成期を最も特徴づける墓制とすることが可能で（補注2）、従って歴史的に重要な意味をもつことは多言を要しないであろう。

　中国東北地方の支石墓の歴史的性格について三上次男は、政治的社会形成期のものであり、遼東半島の支石墓社会は漢帝国により消滅させられたが、遼東山地地域のそれは後の高句麗に受け継がれていくことが指摘されている（三上1961）。また半島の南部に於いては、大邱大鳳町支石墓が弁辰の1国あるいは前「卓淳国」のものであり、辰王の下の部族連合政権勢力の支配家族の墓であろうと論じた（三上1961）。

　三上が支石墓を初期政治的社会のものとしながらも、揺籃期の高句麗政権や大邱古国の政権と結びつける前提としての支石墓の年代・編年観は、有光教一により唱えられた磨製石剣の編年によりもたらされたものである（有光1959）。有光は磨製石剣を細形銅剣の模倣物と想定されるゆえに、その年代は朝鮮で細形銅剣が初現するとみなされる紀元前3世紀を遡らないものであり（有光1968）、磨製石剣のなかでも最も新しいと考定されるのは無樋一段柄式石剣で、その石剣を伴出する支石墓は、文献に照らして、前「卓淳国」と年代が相応するものとみなされるからである。

　朝鮮の学者の考え方は、この三上・有光両氏の見解とまったく対立するものである。磨製石剣については最も古い型式と考える無樋有茎式石剣が細形銅剣

を模したものではなく、新石器時代依頼の伝統の中で創出されたものであり（金用玕 1964）、支石墓は紀元前二千年紀の後半から一千年紀前半にかけての頃の墓であると主張する（金用玕・黄基徳 1969）。そして支石墓社会は、朝鮮に於ける最初の「奴隷制国家」である「古朝鮮」もしくはその前段階に位置づけるのである。

古朝鮮に関しては日本の学界においては、壇君朝鮮・箕子朝鮮・衛氏朝鮮をさす。衛氏朝鮮の存在は史実として認められるものの、壇君朝鮮・箕子朝鮮はその存在が否定されている（井上 1966）。朝鮮の学者の古朝鮮についての研究も、それらの存在を前提にしての位置考定や文化内容の究明という点から、朝鮮の民族文化の遡源がいつであるかということに力点が移っているようで、それとともに「古朝鮮」の年代の大幅な遡上がなされたために、支石墓と「古朝鮮」の具体的な関係を把握することが希薄になっているといえる。

別項で論じたように（甲元 1972a、b、1973b）、朝鮮の磨製石剣は有茎式と有柄式に大別され、うち有茎式石剣は新興洞遺跡や金灘里遺跡出土のものが最も遡る。従って朝鮮の研究者が指摘するように支石墓の年代を紀元前二千年紀まで遡上させる説には俄かには従い難い。また有茎・有柄石剣に於いて、有樋式と無樋式は決して直線的に変化するものではなく、それぞれパラレルに推移するというのが、型式学的には妥当性をもっている（甲元 1972a、b、1973b）。このことは逆に磨製石剣の年代を有光や三上のように降して考えることが無理なことを意味している。

支石墓の型式論においては、従来の「北方式」、「南方式」という捉え方では支石墓の系譜と年代は把握し難い。巨大な「撐石」を支える技法とその下部に営まれた墓室の構造分析を行い、土器や磨製石剣の編年を援用することで、これまでとは異なった支石墓の型式編年を確立することが可能となった（甲元 1973a）。従って支石墓に賦与されてきたこれまでの歴史的性格は再検討を要することとなるのである。

文献に記載された史実と考古学的事実とを付き合わせるのは、歴史研究においては最も魅力あることがらではあるが、史実それ自体が動揺しているこの期の朝鮮に於いては、文献から一旦離れて考古学的事実の積み重ねの結果から、問題の解決を導き出すことが先決であると思量される。

ここでは、戦後の調査により得られた黄海北道沈村里に存在する支石墓群の具体的推移を通して、西朝鮮に於ける支石墓の歴史的性格につき検討してゆこう。

沈村里支石墓群の概要

支石墓の歴史的展開をあとづけるためには、同一地域内に於ける支石墓の分布状態が把握され、かつそのうちのいくつかの墓が発掘された遺跡の分析から手がける必要がある。また発掘調査の結果、いくつかの時期相を持つ事例が好ましい。西朝鮮では戦前から、石泉山遺跡や雲山里遺跡のように卓子型支石墓の密集地があることは知られてはいたが、発掘基数が少なく、またその調査結果について詳しく知りえないものも少なくない。また当該支石墓のみの記述だけで、全体的な分布の拡がりに関する解説がなされていないものもあり、本論では資料化できにくい点もある。

西朝鮮での支石墓の本格的な調査研究がおこなわれだしたのは戦後のことであり、戦前に於ける日本人研究者のそれをはるかに凌駕するほどである（有光 1969）。そうした研究成果のうちから、沈村里支石墓群を具体例として取上げ、支石墓変遷の状態をみてゆこう。

黄海北道黄州郡沈村里は黄州平野の東端近くに位置し、海抜が 480m の正方山の西・北麓に拡がる緩やかな丘陵と、その低丘陵に囲まれた小盆地から成り立っている。支石墓群はこうした丘陵上とそれに続く低地に、約 300 基が群をなして分布している。沈村里に支石墓が存在することが知られたのは戦後のことであり、三上の支石墓集成には（三上 1961）記載がない。沈村里に支石墓が存在することが初めて学界に紹介されたのは、1959 年のことであった（都宥浩 1959、黃基德 1959）。

沈村里支石墓に関する基本的調査報告は、黃基德・李元根「黄州沈村里青銅器時代遺跡発掘報告」『考古民俗』1966 年 3 期、黃基德「黄海北道黄州郡キン洞支石墓」『各地遺跡整理報告』である。この他にも、黃基德「墳墓を通してみた我国古代の社会関係」『考古民俗』1965 年 4 期の中でも言及があり、また金用玕・黃基德「紀元前一千年紀前半期の古朝鮮文化」『考古民俗論文集』

1969年でも触れられている。これらの文献に依拠しながら沈村里支石墓群の実態を把握してゆこう。

　沈村里支石墓群は、沈村里内数ヶ所に幾つかのまとまりをもって存在している。沈村里駅前の街中には10余基の支石墓があり、その大部分は卓子型を呈していて、地上に撐石のみをみせるのは中学校運動場横の2基に過ぎない。この沈村里街中付近から東側の新岱洞部落までの間には、2～3基または10余基ずつがまとまりをなしながら存在していたとされるが、早い時期に壊されたという。沈村里の南部、天真洞やキン洞には少数の支石墓がまとまりをなし、棘城洞とそれに続く正方山麓には、10余基ないしは数10基の群をなす支石墓が200基余り分布している。以上でこの沈村里支石墓群は300基余りに達することとなる。

　これら支石墓のうち発掘調査がなされたのは、中学校運動場横で2基、新岱洞で8基、天真洞で6基、棘城洞で8基、キン洞で5基の合計29基で、沈村里支石墓群の約1割を占めるに過ぎない。しかしこれら資料から沈村里支石墓群全体の趨勢は窺うことが可能である。

　沈村中学校運動場横にある支石墓は2基であるが、発掘調査が行われている。いずれも地上に大きな撐石を置く型式で、第1号支石墓は撐石下には厚さが0.2～0.3mの花崗岩を2長辺に据え、両短辺に薄い板石をそえて長方形の墓室を拵えてある。墓底は地表から約0.3mの深さしかないことから、元来は支石の一部も地上に露出していたものと推測される。他方第2号支石墓は2m×1mに、厚さが0.5mの比較的小さな撐石をもつもので、現在は墓室の上面から外れて西側に移動していて、撐石の移動とともに蓋石と思われる板状の石も動いている。墓室は3cmほどの薄い板石を二枚重ね合わせて長側石とし、周辺には積石を廻らしている（図46左）。墓室の大きさは1.35mに0.4m、深さ0.5mを測る。

　第1号支石墓では塊状の側石を2長辺に置き、地上よりもやや立ち上がる点で、金載元・尹武炳の分類「南方1式」にあたるであろう（金載元・尹武炳1967）。第2号支石墓は長側辺に薄い板石を使用している点で、後に述べるキン洞支石墓のように沈村里A型に近い形態を示すが、長側辺に2枚の石を据え、板石と積石の両者で上石の重みを受けていることから、2基の中学校運動場横の支石墓は沈村里A型とは異なった類型に属すると想定される。

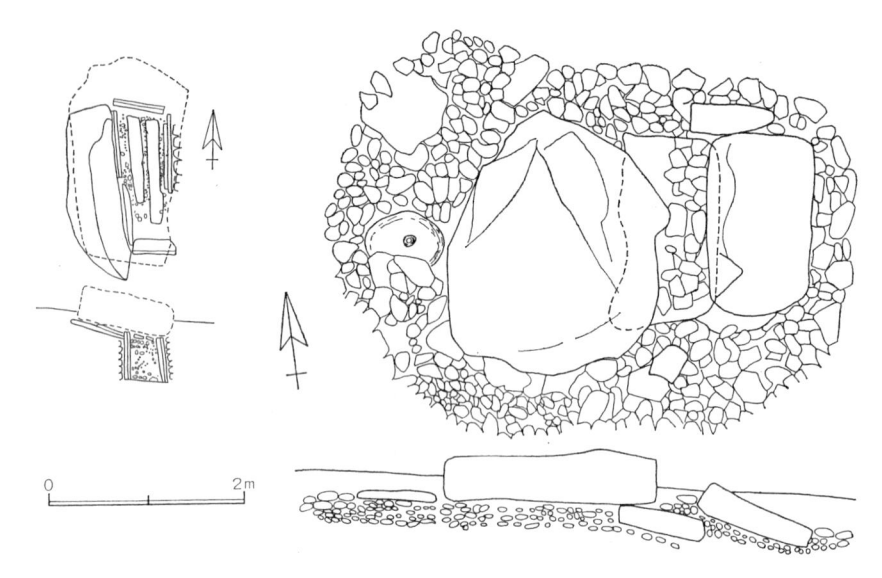

図46　中学校運動場横2号支石墓（左）と新岱洞2号支石墓

　中学校運動場横には現在2基しか支石墓は確認できないが、こうした在り方は沈村里支石墓群では例外的であり、沈村から新岱洞にかけて連なる支石墓も壊されたものが多いことが記されているので、本来はもっと多くの支石墓で墓群が構成されていたものと思われる。

　新岱洞部落の東側狭い谷間には、1基の積石塚と14基の支石墓が分布している。支石墓は大部分地上に撑石のみをみせるいわゆる南方式のもので（北朝鮮の学界では卓子型支石墓＝北方式支石墓を典型支石墓と呼び、南方式支石墓を変型支石墓と呼称する、なお碁盤型支石墓は北朝鮮には分布しないので、考察の対象から外されている）、そのうち11基の支石墓は約50mの範囲内に群をなして分布する。このうち北側から数えて第2～5号、第8～11号の計8基の支石墓が発掘されている。そのうち2号、3号、4号の支石墓周辺に積まれた積石は、相互に重なり合って一つの「墓域」をなすのに対して、8号から11号までの支石墓は他から切り離されて単独に存在している。新岱洞支石墓の大部分は撑石が移動し、支石である側石の半分以上が露出して、中には既に壊されたものもみられた。これら支石墓の構造は殆ど類似していて、厚さ0.2

〜0.3mのやや厚い塊状長側石と薄い短辺の板石で墓室を作り、比較的大きな積石をまわりに配置する構造で、撑石の重みは長側石で受け止める構造となっている。長方形墓室の方向は西南—東北に置く。但し5号支石墓には墓室と思われる何の設備もなく、積石を円形に廻らすのみであった。

　新岱洞支石墓のうち2号支石墓を例にとってやや詳しくみていくと、長さが2.7m、幅2m、厚さ0.5〜0.6mの撑石下東側には、西側に向けて倒れた2枚の厚い側石があり、また南北に長い側石の両短辺には、薄い板石が壊れて散在していた（図46右）。側石の一つは長さ約1.8m、幅1.2m、厚さ0.2〜0.3mを測り、この側石で直接撑石の重量を受けていたために、撑石の移動により西側に倒れたものである。墓室の底には石が敷かれていて、墓室の大きさは長さが1.6m、幅0.8m、深さ1mであった。この推定の高さは、支石墓建設当時、墓室が地上に現れていたことを示し、沈村里B型に属する支石墓であったことを物語る。この支石墓の撑石西側から大きな石貨が採集されていて、墓室外の副葬品と考えられる。石貨（図50-20）は、偏平な円盤形をなし、直径が75cm、厚さが5cmで、その中心部には直径が5cmほどの孔が穿たれている。なお10号支石墓の傍らから断面菱形の石鏃破片が1点出土している。

　天真洞支石墓は、沈村南に位置する天真洞部落背後の傾斜面上にあり、撑石のみを地上にみせる6基の支石墓で墓群を構成している（図48）。6点の撑石は北に向かって「L」字形に並び、北側に位置する第1号〜第3号は、約3mの間隔を置いて配されている。この3号から南に約9m離れて第4号〜6号支石墓が約3mの間隔でみられる。

　第1号〜3号支石墓では、支石墓周囲にある積石が相互に連なりあうことなく、単独で1基の存在するのに対して、第4号〜6号支石墓は裏込めとしての積石が互いに繋がって、東西6m、南北14.4mの広い「墓域」を形成している。第1号〜3号支石墓は、撑石下にやや暑い板石を長辺に据えて拵えた形式であり、今1号支石墓を例に挙げてその構造をみてゆこう。

　天真洞1号支石墓は長さ2〜2.6m幅1.5〜2mの範囲内に、厚さが80cmの大きな撑石が1/3ほど地中に埋もれている状態にあった（図47左）。この撑石の下には東北—西南におかれたやや厚い側石が二枚とも東側に傾いていて、他の二短辺には薄い板石で塞がれ、周囲には積石が配されている。長側石の西

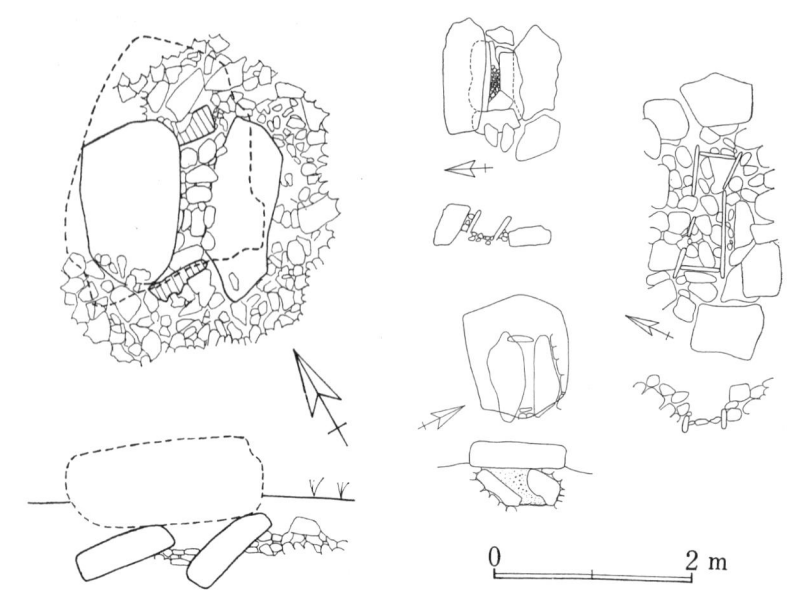

図47 天真洞1号支石墓（左）、棘城洞6号支石墓（中上）、
石橋里支石墓（中下）、棘城洞9号支石墓（右）

側のものは長さ1.6m、東側のそれは1.8mを測り、幅は平均して1m、厚さは30cm前後であった。この4側石で構成する墓室の底部には、20～30cmほどに小石が敷かれ、その床面には有茎式磨製石剣1点が置かれていた。そのほかの副葬品としては、有段石斧の破片が1点、撐石と東側の側石の間から採集されている。構造的には前記中学校運動場横支石墓と同一であり、沈村里B型支石墓に属する。副葬品の有茎無樋式磨製石剣（図50-22）は、先端部が破損していて、残長22.4cm、幅6cm。関部分はやや直角気味を呈していて、有茎無樋式磨製石剣の中では新しい時期の所産である（甲元1973b）。

第4号～6号支石墓は撐石の下に2基の石棺をもつものがあり、また裏込め石の間に、上石をもたない4基の石棺があって、墓室の総計は9となる（図48）。

第4号支石墓は南北方向に二つの塊状長側石を置き、両短辺には薄い板石を配して塞ぎ石としたものであるが、丘陵の傾斜にそって撐石が西側に大きく崩れ、ために側石より離れてしまっている。長さ2.5m、幅2m、厚さ0.5mの大きな撐石を支えていた2側石も、西側に倒れた状態にあった。西側の側石が傾

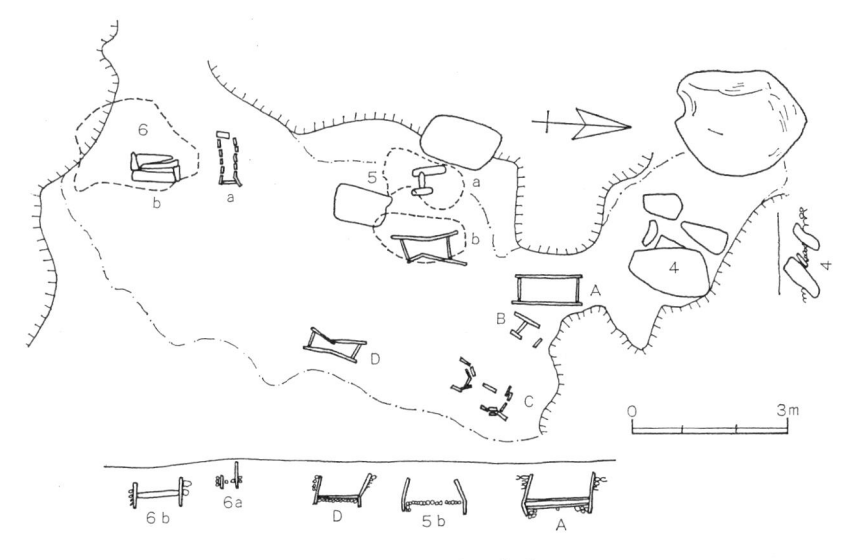

図 48　天真洞支石墓群

いたために墓底の平石が持ち上げられて、その上に東側の側石がもたれかかる状況で発見されている。副葬品としては、墓底の平石と東側の側石の間から有茎無樋式磨製石剣の先端部を欠損したものが1点採集され、さらに裏込めの積石の間からコマ型土器片が出土している。

　第4号支石墓が沈村里B型の構造をもつのに対して、この「墓域」内の他の墓はいずれも薄い板石でもって長方形の石棺を拵えるものである。第5号a、b、第6号a、b、A、B、C、D石棺は、側石の上面で撑石の重みを直接受けるために、側板石が地中にめり込んで墓底に敷いた平石が「揚げ底」状を呈し、撑石の重量のために不整形に崩れた石棺も多い。これら6基の石棺を第6号支石墓で代表させてみてゆこう。

　第6号支石墓は天真洞支石墓群の南端にあって、長さ2.3m、幅1.6m、厚さ0.4mの撑石は、現在傾斜面にそって西南方向にずれているが、本来はa・b2基の石棺を覆っていたものと推測される（図48）。2基の石棺のうち北側に位置するもの（6号a石棺）は、墓室が東西に長く置かれ、南側のもの（6号b石棺）は南北に長く墓室が据えられ、両者ともに平石を箱形に組んで墓室を

形成している。A石棺は板石の小片を組み合わせて石棺を拵えるもので、長さ0.9m、幅0.4m、深さ0.2～0.4mが現在の容積である。一方b石棺は長さが0.75m、幅0.3m、深さが0.25mで、数枚の長板石で石棺を形成する。B石棺の側石は上石の重みで折れ、もともとは深さが0.5mあったと推測されている。墓底はa石棺には砂利が敷かれていて、そこからコマ型土器の破片（図50-26～28）が出土し、b石棺では平石が敷かれていた。b石棺の副葬品としては、石棺の南側から出土した磨製石鏃片1点（図50-9）のみである。

　以上天真洞支石墓群は、撑石を支える技法に於いて大きく二つの群に分けることができる。第1～4号支石墓は、塊状の2長側石で撑石の重量を支えるのに対して、5号、6号及びA～D石棺のように薄い板石の上部で撑石の重みを受けるものである。後者が沈村里A型、前者が沈村里B型に属し、年代的には沈村里A型が古い（甲元1973a）。

　棘城洞は正方山西方の傾斜面にあるさほど大きくない部落である。この部落の西側約300mの範囲内に、100基の支石墓が分布している。そのうち上石のみ地上にみせる13基の支石墓と、1基の箱式石棺墓が一つのまとまりをもって存在していて、13基の支石墓のうち第2号、4号、5号、12号、13号支石墓は、撑石周囲の積石が相互に重なり合うことなく、単独に存在しているが、第1号、3号、6号、7号、8号、9号、10号、11号の8基の支石墓の積石は重なり合って、一つの墓域を形成している。その墓域の拡がりは25mに10～12mに達する。発掘調査がなされたこの墓域内の支石墓では、墓室はいずれも東西に長く置かれ、第1号、11号撑石下では、2基の石棺が、第3号撑石下では3基の石棺が確認されていて、結局12基の埋葬主体がここに存在していたこととなる。副葬品としては第1号支石墓の周囲にある積石から半月系外湾刃石庖丁1点（図50-19）と石製紡錘車1点（図50-18）が、第7号支石墓から褐色土器破片がそれぞれ出土したのみであった。

　第9号支石墓は、長さが2.8m、幅1.5m、厚さ0.45mの大きな撑石の下に厚さ5cmほどの薄い板石を長方形に組んで摂関を拵えたものである（図47右）。この石棺は東北―西南方向に長く置かれ、現況では長さ1.15m、幅0.45m、深さ0.15mを測る。墓底には0.2～0.3mの大きさの平たい石で床を形成していて、石棺の側石はこの床面よりもかなり深く沈んでいる。断面図でみると、底石と

側石が「揚げ底」状になっていて、撐石の重みを側石で受け止める構造になっていたことが窺える。石棺の周囲には板石を3～5枚ずつ重ねて裏込めとしているが、それは石室をつくるほどではない。これらのことから第9号支石墓は沈村里A型に属することが分かる。

棘城洞第6号支石墓は、薄い片岩の板石で長方形の石棺を作り、その周囲に厚い花崗岩の側石を立てた作りである（図47中上）。石棺の大きさは長さ0.5～0.6m、幅約0.25m、深さは0.25mを現況では測り、その石棺の長側に置かれた側石の一つ（北側のもの）の長さは1.1m、幅0.4m、厚さ0.2～0.25mであった。墓底には細かな砂利が敷かれていたが、副葬品はなにも検出されていない。

この第6号支石墓とまったく同じ構造の支石墓は今までに見ることはできない型式であり、薄い片岩板石と厚い花崗岩で側石を構築する場合でも、短辺には花崗岩を配さないで、薄い板石で石棺を塞ぐのが通常である。この場合撐石の重量を受けるのは花崗岩でつくられた長側石である。短辺に配された花崗岩が撐石の重みをどのように受けるのかは、断面図及び報文に記載されていないので不明であるが、「塞ぎ石」としての役目を担うものであり、構造的には沈村里B型の支石墓の範疇に含まれる型式である。

第7号支石墓も第6号支石墓と同様に石棺の周辺に花崗岩を廻らせているが、第8号支石墓では塊状の長側石に板石で短辺を塞ぐ形態をしている。

発掘調査された8基の支石墓のうち、第10号支石墓については何も記載がないが、残りの7基の支石墓は、

沈村里A型：第1号、3号、9号、11号

沈村里B型：第6号、7号、8号

となる。

発掘されなかった第2号、4号、5号、12号、13号の5基は、撐石が地上に置かれしかも積石が相互に重なり合わない場合には、撐石下部の構造としては塊状の長側石を配置するものが多く、薄い板石で石棺を構成する類型では積石が重なって墓域を思わせる在り方を示すことから、未発掘の5基は沈村里B型に属することと推定される。

さて発掘されたという1基の箱式石棺墓は、どの地点に存在するのか、これら支石墓との位置関係はどうかという点に関しては明確に記述されていない。

すでに蓋石は取り外されていて、また短辺の一方が消失している。本来は薄い板石を箱形に組んで墓棺としたものであり、大きさは復元して長さ 1.50m、幅 0.5m、深さ 0.3m である。墓底には小石が敷かれていた。この棺の西南隅から磨製石鏃が 4 点出土し、うち 2 点が図化されている（図 50-1・2）。それらは長さが約 12cm を測り、断面は菱形を呈し、鏃身と茎の部分に明確な差がなく、茎にあたる鏃下端部の鏑がわずかに削れている形態である。類例としては新興洞コマ型土器を伴出する住居址や次に述べるキン洞支石墓副葬品にあり、「青銅器時代の古い時期の型式と見ることが可能である。この箱式石棺墓について、黄基德は撑石がなくなった支石墓とみている。

　キン洞支石墓群は沈村の西南、小高い丘の北側傾斜面にあって、8 基の支石墓より成り立っている。一時期水口門にも支石墓が存在すると報じられたのが、これに該当すると思われる。8 基の支石墓は南北にほぼ一直線に並び、北に離れて存在する 1 基の卓子形支石墓の他は、地上に撑石を据えた支石墓である。発掘がおこなわれたのは、そのうちの第 3 号〜7 号までの 5 基であったが、第 7 号上石下では 2 基、第 4 号と 5 号支石墓の間の積石中に 1 基、それぞれ石棺が検出され、結局墓数は 7 基となる。

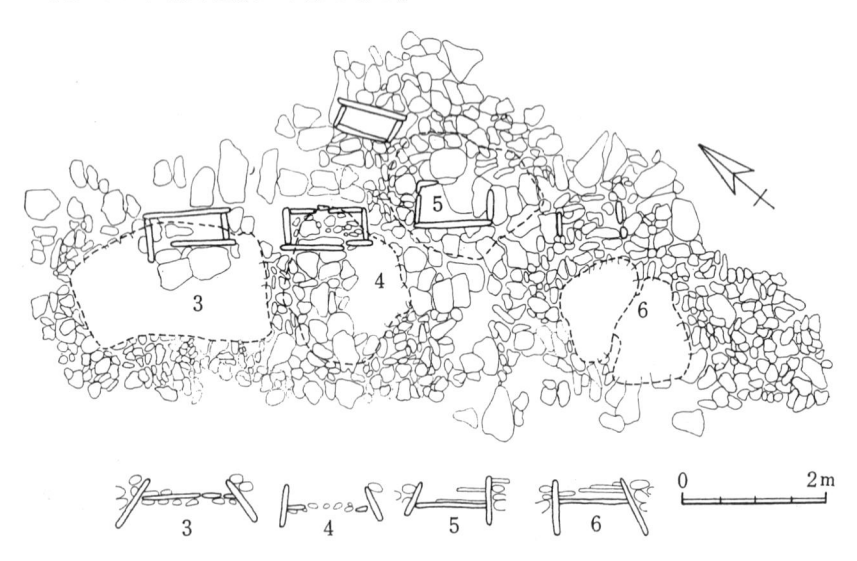

図 49　キン洞支石墓群

第 3 節　西朝鮮の支石墓　*389*

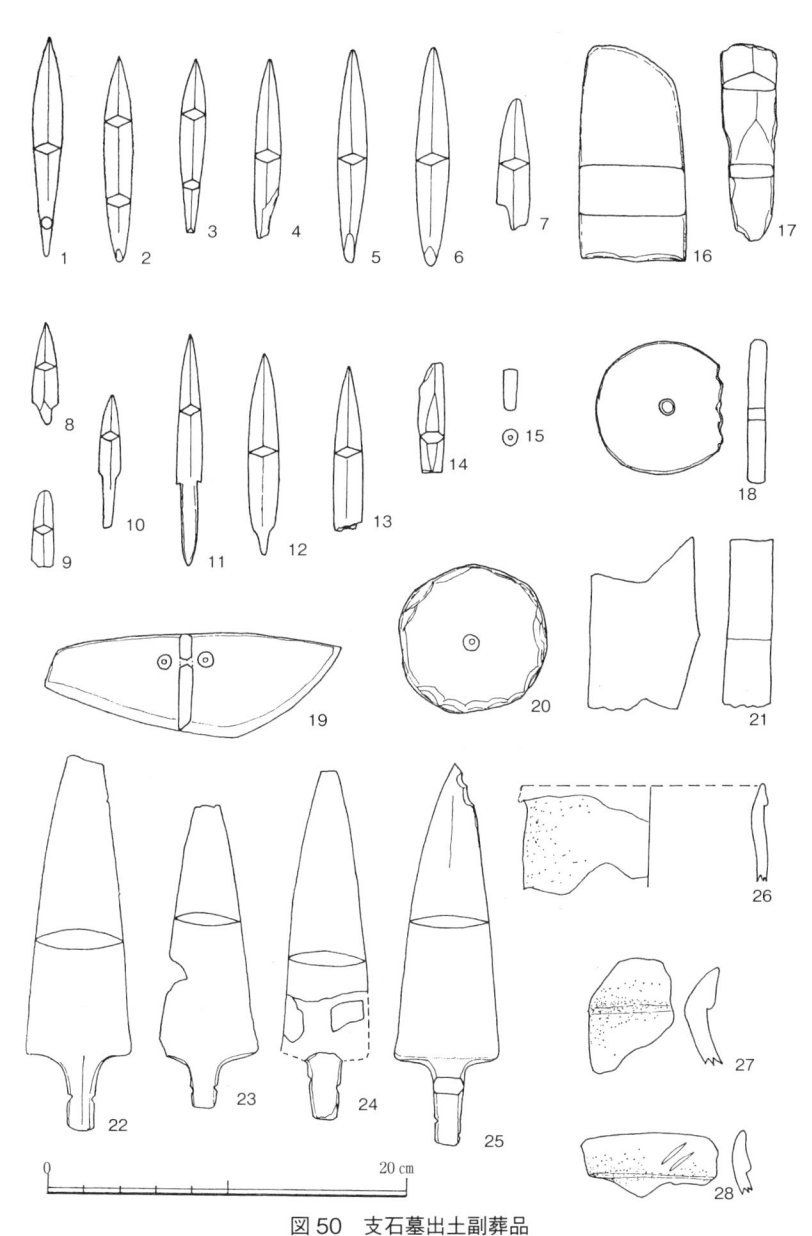

図 50　支石墓出土副葬品

1～4、23：キン洞第 5 号墓、5、6：棘城洞箱式棺墓、7：棘城洞第 5 号墓、8：天真洞第 5 号墓、9：天真洞第 6 号墓、10、25：キン洞第 3 号墓、11～14、16、17：キン洞、15：天真洞 A 棺、18、19：棘城洞第 1 号墓、20：新垈洞第 2 号墓、21、22：天真洞第 1 号墓、24：天真洞第 4 号墓、26～28：天真洞 6a 棺

キン洞部落で発見された支石墓の構造をみると、いずれも薄い片岩の板石を箱形に組んで墓室としたもので、その石棺の周囲には裏込めとしての積石が配されている。この積石は第3号～6号支石墓の周囲では互いに重なり合って、11mに3～5mの大きな墓域を形成する形になっている（図49）。石棺を構成する側石はすべて撑石の重みを受けて、地中にめり込んでいて、墓底が相対的に持ち上がり、いわば「揚げ底」状を呈している。墓底には薄い板石もしくは小石を敷き、側石が沈んでいるために蓋石との間は狭まっている。

　このキン洞支石墓群から発見された副葬品には、第3号支石墓から有茎式磨製石鏃1点（図50-10）、有茎無樋式磨製石剣2点（図50-25）、第5号支石墓からは磨製石鏃4点（図50-1～4）、有茎無樋式磨製石剣1点（図50-23）が出土していて、さらに石棺の周囲の積石からは、有段石斧（図50-16）と石槍の破片（図50-17）、それに磨製石鏃（図50-11～14）が検出されている。

　第3号支石墓から出土した磨製石剣の関の部分は茎と直角になり、第5号支石墓から出土した石剣よりも製作時期が降るものである。またこのことは伴出する磨製石鏃についても指摘できる。従って発掘された支石墓は、いずれも沈村里A型の構造を持つものではあるが、2時期に細分して考えることができる。第2号と8号支石墓について、発掘されないまでも外形その他についての言及がないのは残念であるが、単独で存在することから、沈村里B型に属する可能性が高いと見ることができよう。分布上でもやや離れている点もその感を強くする。

朝鮮支石墓の起源

　朝鮮の支石墓については、従来「北方式」が「南方式」よりも古い形態であると考えられていたために、その起源に関しては北方式支石墓との関連で説かれてくるのが一般的であった。梅原末治は支石墓の起源について、「支石墓の構造自体が箱式石棺を拡大して、その蓋石を地上に表したもの」と断じている（梅原1946）。また東北アジアの支石墓を集成した三上次男は、「石器時代からあった地下式墓壙の箱形石棺墓が何らかの歴史的・社会的条件によって異常に巨大化され、しかも地上に姿を現したもの」と表現し（三上1961）、いずれも

箱式石棺墓が基調となったと想定している。

梅原末治は「北方式支石墓」に盛土があったとする鳥居龍藏の見解を否定し、支石墓の母胎とあると考えられる箱式石棺墓は、墓室が地下にあって盛土で覆われていたと指摘することから、これら墳墓の変遷過程は、墓室地下→墓室地上→墓室地下と移り、また盛土あり→盛土なし→盛土ありと奇異な、型式学的には不連続な変遷を想定することとなる。

この点、有光が卓子型支石墓も碁盤型支石墓と同様に支石墓の初源的な形態ではないと論じたことは、この際頗る重要である（有光1969）。いわゆる「北方式支石墓」は、支石墓の中でも最も卓越した形態であり、構造的にみてもまた副葬された遺物による編年を通してみても、支石墓の中で最も古い型式であるとはなしえない。従って支石墓の起源を考察するには、「北方式」支石墓以外を検討の対象とする必要がある。そして東北アジアの支石墓の中では、中国遼寧省あたりの支石墓が周辺的な存在にすぎない（有光1969）のであれば、朝鮮内部で問題を解明することが肝要であることを物語っている。

先にみたように沈村里支石墓群に於いて編年的に最も遡ると考えられる沈村里A型に属するものは、天真洞、棘城洞、キン洞の各支石墓小群中にみることができる。沈村里A型支石墓の基本構造は、地中に板石を箱形に組んで其上に蓋石を載せ、周囲に積石を配して墓室の防御・裏込めとするものである。すなわち墓室の基本形は箱式石棺墓と類似し、支石墓の基調には箱式石棺墓があったとする梅原・三上両氏の見解は取るべき説としうる。このことは朝鮮半島に箱式石棺という墓制がある程度営まれていた段階で、墓石という大きな墓標を伴う墓制が朝鮮で受容された結果として、支石墓が出現した可能性を示唆するものである。こうした過程で出現した支石墓が、標識としての撑石をより大きく、より象徴化する方向へと独自に変化させ、朝鮮北部地域や遼東では卓子形支石墓となり、朝鮮南部地域や北部九州では碁盤型支石墓へと発展させていったことが想定される。

この点に於いて重要な意味を持っているのは、沈村里棘城洞支石墓群中で発見された1基の箱式石棺墓である。黄基徳・李元根両氏はこの石棺について、付近は支石墓の密集地域であること、石棺の上部は露出していることなどから、本来は上石を伴った支石墓の内部主体であったと推定した（黄基徳・李元

根 1966)。

　しかしながらこの石棺には支石墓であれば必ず伴う周囲の積石がなく、側石の床面までの深さは約0.3mであって、撑石の重みを受けて側石が揚げ底状になっていないこと、上石の移動による当然の帰結として側石の崩れは見られないこと、沈村里A型支石墓の内部主体がほとんど1m以下の石棺であるのに対して、1.5mと飛びぬけて大きいこと、長側石は数枚の板石で構成されていることなどは、黃・李両氏の想定に反する事実である。このことは本来的には支石墓の下部構造ではなく、箱式石棺墓そのものであったことを物語る。

　この箱式石棺墓から出土した磨製石鏃は、コマ型土器の第4グループ(後藤1971)に伴う例のあること(徐国泰1964)、キン洞支石墓群で沈村里A型の支石墓の有茎無樋式磨製石剣と一緒に副葬されている点などから、箱式石棺の年代は沈村里A型支石墓が構築される以前かあるいは同時期の所産とみなすことを可能にする。このようにしてみると、支石墓出現の基底には箱式石棺墓が存在したとする考えが、構造的にみても沈村里遺跡内という具体的な遺構の在り方からも当てはまりうることが知られよう。

　棘城洞で発見されたこの箱式石棺墓が黃・李両氏の説かれるように支石墓の内部主体であったとしても、朝鮮では平安北道魚雷面での例を見るまでもなく(有光1941)、沈村里A型支石墓が構築される以前に箱式石棺墓が存在していたことが知られている。このことは石棺墓が支石墓の内部構造に容易に転化しうる条件が整っていたことを示すに他ならない。支石墓の起源に関して、内的には箱式石棺と強い繋がりがあったとする見解の妥当性を示唆するものであると考えられる。

支石墓の構成

　総数300基に及ぶ沈村里支石墓群も、実際の分布上では数基から10数基のまとまりをもった小群から成り立っていることが窺える。すなわち沈村里では7ヵ所にまとまって支石墓が存在し(黃基徳・李元根1966)、そのうち例えばキン洞では8基の支石墓中に8基以上の墓室があり、天真洞では6基12石棺が集中している。また棘城洞では200基以上の支石墓がみられるとされるが、

それらは幾つかのグルーピングが可能で、発掘された所では13基の支石墓が近接して存在するという在り方を示している。結局キン洞や天真洞と棘城洞との支石墓の数の絶対的な開きは、キン洞や天真洞では小さなまとまりをもつ支石墓群が1つであるのに対して、棘城洞ではキン洞や天真洞にみられる規模の小群がいくつも集合した結果であると類推できる。従ってキン洞や天真洞規模の小群が、支石墓の形成に重要な意味を持つ集団と考定できる。地理的にまとまりをもって存在するこうした支石墓の小群を、支石墓の「基礎集団」と呼ぶことにする。

こうした支石墓の基礎集団は、しかしながら必ずしもすべて同時期の所産と考えることはできない。むしろいくつかの異なった時期の支石墓の集合体と認められることが多い。

天真洞支石墓群は6基の支石墓、12基の石棺で構成されている。このうち第1号〜4号の4基の支石墓は、いずれも沈村里B型の構造をなしている。また副葬品を伴出した第1号と4号支石墓では同一型式の磨製石剣を出土していることから、第1号から第4号までの支石墓はほぼ同一の時期に構築されたものと認められよう。残りの8基の石棺はどれも構造的には同じであるが、第6号a石棺からコマ型土器が出土している（おそらくは後藤編年の第3グループ）（後藤1971）ものの、他の石棺からは時期を特定できる遺物は発見されていない。ところが8基の石棺のうち撐石を上部に据える石棺は4基のみであり、他のものは積石と蓋石で覆われていただけであった。撐石を現在持たない石棺も、側板石の現状からかつては撐石を石棺の上に載せていたことを示すように、地中にめり込んでいたり、一方の側に強く傾いていることが指摘できる。この4基の石棺の撐石は支石墓構築後に転移されたことが考えられ、現在撐石をもつ支石墓とは構築時期が異なることが推測される。この推測が当をえているとすると、構造的には同一であっても時間的な差を見出すことができる。すなわち天真洞支石墓小群に於いては、4基が同一時期の所産であり、4基→4基→4基と支石墓が順次構築されたことを窺わせる。

支石墓の小群中（基礎集団）にあって、このように同時期の構築が想定できるまとまりを支石墓の「単位集団」と呼ぶことにする。

キン洞支石墓小群に於いては、北方に1基かけ離れて存在する石泉山型支石

墓の他は、すべて上石のみ地上に姿をみせる支石墓である。しかも発掘した7基はいずれも沈村里A型の構造をもつ支石墓である。それらのうち第5号支石墓から出土した遺物に磨製石剣と磨製石鏃があり、石剣は有茎無樋式石剣で関の部分が反り返っている型式であり（甲元1973b）、石鏃は茎と鏃身の区別が判然としない古い型式のものである。これに対して第3号支石墓で出土した磨製石剣は、有茎無樋式ではあるが関の部分が直角に作られていて、また磨製石鏃も長い茎をもつ型式である（以上図50）。このことから第6号支石墓と第3号支石墓は形成時期を異にするものであり、第6号支石墓がより早く構築されたものと考えられる。キン洞支石墓小群中、第2号と第8号支石墓は未発掘のために所属時期は不明であるが、調査された7基の石棺は2時期に構築時期を分けることができる。

　棘城洞支石墓群に於いても、13基中8基の支石墓は大きく、沈村里A型とB型に分けることができ、また各々形成時期も細分されうる。すなわち沈村里A型の構造をもつ第2号・3号・9号・11号の4基のうち、第1号、11号では各々2基の石棺、第3号では3基の石棺が認められる。このことは最低2時期に分かれて支石墓が構築されたことを意味している。沈村里B型に属することが確実なのは、第6号～8号の3基であり、第10号と残りの未調査の5基の支石墓については不明である。しかし未調査の5基に関しては支石墓周囲の積石が相互に重なり合うことなく単独に存在しており、沈村里B型支石墓の可能性が高い。B型であれば構造上必然的に1撐石1墓室となる。この沈村里B型の支石墓も4枚の板石で石棺を作り、その外周を塊状の側石で囲う第6号、7号支石墓と、2長側壁を塊状石で拵え、両短辺を板石で塞ぐ2種類の形態に分けられる。いずれも構造的には塊状の2長側石で撐石の重みを支える点で変わりはないが、墓室内部の作りの違いは異なった時期の所産であることを物語る。

　このように沈村里A型・沈村里B型支石墓も、単位集団としては4～5基で構成されていたことが窺える。すなわち沈村里遺跡での支石墓は、天真洞でみるような在り方を基本としていることが分る。ところでこうした支石墓の、単位集団と基礎集団の在り方は沈村里支石墓群でのみ認められることではなく、他地域の初期段階の支石墓でも同様に認めることができる。

黄海南道龍淵郡石橋里では、里の北側南山の麓を流れる駒淵から桑畑の東側までの傾斜地に、多数の支石墓が存在している（黄基徳 1963）。この遺跡は灌漑用水路建設に先立って調査が行われ、コマ型土器を伴う4軒の住居址とともに、5基の支石墓が発掘された（第14図）。桑畑の東南側では5・6基ずつの支石墓が群をなして分布し、そのうちの東側グループ（A群と仮称する）では、1基の卓子形支石墓と5基の南方式支石墓、中間地帯（B群）では5基の南方式支石墓、西側（C群）では5〜6基の南方式支石墓が存在している（但し挿図では5基しか記載がない）。発掘が行われたのはA群で4基、C群で1基のみである。

　A群の4基には石室状に積石を組んだ内側に薄い板石を用いる類型と、厚い塊状石を置き、短辺には板石をあてて石室を塞ぐ構造の類型がある（第2図中下）。前者については有光の考察があるように、撑石の下にまで移動して発見された板石は、蓋石ではなく本来側石であると想定される（有光1969）。後者は典型的な沈村里B型であることから、A群の卓子型支石墓以外はほぼ同時期の所産であろう。一方C群では1基のみの調査ではあったが、その1基については撑石が既にないものの、撑石下部の構造から沈村里A型支石墓であったと想定しうる。

　A群中にある1基の卓子型支石墓を除いては、石橋里のこの地区でみることのできる支石墓はいずれも地上に撑石のみをみせる南方式支石墓であり、しかもそれらが3群に別れ、4〜5基の支石墓より成り立っていることが知られる。従って石橋里遺跡でも単位集団としては4〜5基が基本であったことが窺えよう。ここでA・B・C各群が単位集団＝基礎集団なのか、A・B・C各群全体が基礎集団でA・B・C各群が単位集団なのか問題となろう。B群の発掘が行われていないので推測に過ぎないが、C群が沈村里A型でのみ構成され、A群は沈村里BとC型であってしかも卓子型支石墓がみられることからは、C群→B群→A群と変遷したことが推定できるのであり、単位集団の転移であると見做しうる。このことは、石橋里支石墓群が全体として基礎集団に相当すると想定するのが理に適うのである。

　以上のように西朝鮮の支石墓は、4〜5基を中核とする単位集団が集まって基礎集団を形成し、この基礎集団の多寡により遺跡ごとの支石墓の基数の違い

が生じたことが知られる。

　他方石泉山型支石墓及び沈村里B型支石墓で石槨がある程度地上に姿を現した段階の類例に関しては（甲元1973a）、沈村里遺跡では明確に把握し得ない。沈村から新岱洞に至る中途に存在するという石泉山型支石墓及び沈村里B型から石泉山型支石墓への移行期段階の支石墓は既に破壊されたとはいえ、2・3基から10余基ずつまとまりをもって群をなすことが報告されている。また北方式支石墓が群集していることで有名な平安南道石泉山遺跡でも、この時期の支石墓が3・4基ずつ群をなしていることが認められるという報告がある（田疇農1963）。これらのことは、具体的に指摘することは資料制約上困難ではあるが、石泉山型支石墓に於いても単位集団や基礎集団は前述のような在り方をしていたのではないかとの推測へと導くものである。すなわち西朝鮮の支石墓では核となる単位集団や基礎集団のまとまりを基本として支石墓群が形成されていたと考えることができよう。

　一般的に朝鮮の支石墓はこのように単位集団やそれを包括する基礎集団を基本単位として支石墓が構築されたとみられるが、そうした規範では律しえぬ一群の支石墓も存在する。その代表的な事例として、平安南道价川郡墨房里支石墓群を揚げることができる。

　墨房里支石墓群は清川江の中流、妙香山脈の末端が平野と接するあたりに位置し、遺跡は標高が115mの小丘の南側、緩やかに開ける裾野に立地している。ここには卓子型支石墓、積石塚、基壇を持つ積石塚などとともに、地上に撑石のみを据える支石墓が30数基分布している。墨房里に支石墓群が或ことが知られたのは戦後のことであり、1960年に科学院の手で発掘調査がなされた（金基雄1963）。

　発掘調査の結果「南方式」支石墓は墓室の方向において2種類に分類できる。墓室を東西に置く1類と、南北に長く据える2類とである。1類に属する支石墓の墓室は地下に構築されるのに対して、2類の支石墓は墓室の基底部が地表面に置かれるという違いも指摘できる。1類に属するのは第17号、20号、24号、25号であり、2類に属するのは第2号、4号、26号、27号であることが確認できる。但し正確な発掘基数は不明であるが、報告文によると2類に属するのは上記下した4基のみであるとされる（金基雄1963）。なお挿図に拠れば1類

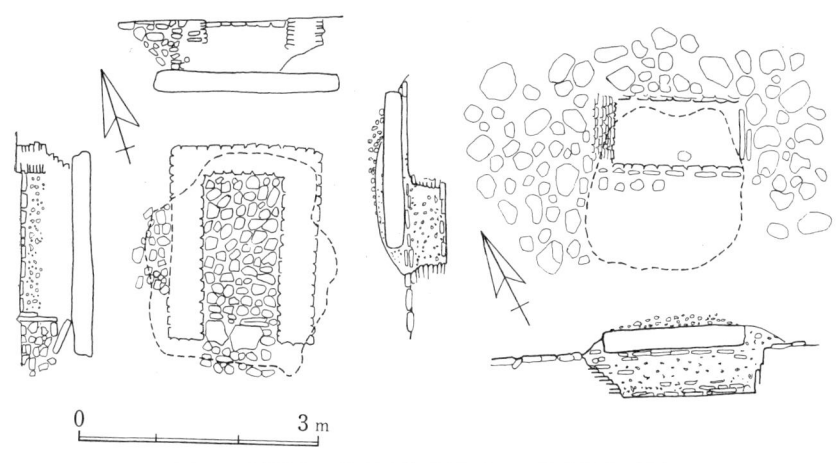

図51　墨房里4号支石墓（左）と24号支石墓（右）

とされた第17号は墓室を地上に置く2類に分類される。

　1類に属する第24号支石墓を例にとって構造をみてゆくと、2.1m×2.2m、厚さ20〜25cmの撐石は、角ばった積石で殆どが覆われていて、山の傾斜に沿って少し南側にズレが生じている。墓室は墓壙を地下に掘り下げて三方を扁平な平石を小口積にして作り、開口部である東側は1枚の板石で塞ぎ、その背後は積石で補強がなされている。墓室の内部は墓底に板石を置いて砂利を敷き、その上部に板石があったという（図51右）。副葬品としては墨房型の黒褐色磨研土器が1点出土している。

　他方2類に属する第4号支石墓は、長軸を南北にとる長方形の墓室を地上に構築したものである（図51左）。墓室の東・西・北は24号墓と同様に小口積した板石で壁を構築し、南側では板石を立てて石室を塞ぐ拵えである。墓室の内部は24号墓と類似している。副葬品としては、土器と磨製石鏃2点が出土したが、土器は図化するに至らなかったと記されている。

　こうした1類と2類の支石墓は時期をことにして構築されたことはいうまでもない。この異なった時期に形成された支石墓が分布上において一定の規則性を持たず、また個々の支石墓もなんのまとまりをもたないで積石塚や卓子型支石墓と共存する在り方は、沈村里やそのほかの地域や時期の支石墓とは著しい異なりを窺わせている。墨房里支石墓構築段階に於いて、何ら鹿の大きな社会

変動があったことを示唆するものであろう。

西朝鮮支石墓の歴史的変遷

　朝鮮半島で支石墓という巨大な撐石を標識にもつ墓制の形成に於いて、箱式石棺墓がその基調にあり、初期段階の支石墓が箱式石棺墓と類似した内部構造を持つことは既に指摘した。東北アジアの箱式石棺墓について三上次男は、紀元前一千年紀中葉頃のスキタイ的性格を具備する墓制であることを論じている（三上1961）。また増田精一は唐山小官荘石棺墓出土の半環状銅製耳飾が、南シベリアのアンドロノヴォ文化期の遺物と共通し、連珠状銅飾がカラスク文化期の副葬品にみられることから、紀元前二千年紀の末から紀元前一千年紀前半にかけてのものであり、南シベリアの青銅器文化との関連が強いことを述べている（増田1970）。朝鮮の学者も朝鮮青銅器文化の遺物が非中国的な様相を強く具備することを強調しており、箱式石棺墓とそれに続く一連の遺物総体は、中国長城以北の石棺墓文化との強い類似性を帯びていることは認められよう。

　しかし一方、同じ石棺墓の形態であっても長城以北の草原地帯に展開するものと、中国東北部の森林地帯に拡がる石棺墓では、その担い手が異なっていたと考えられる。このことに関して三上は、中国東北部の石棺墓は貊人の墓制であろうと論じている（三上1961）。朝鮮の箱式石棺墓は、形態的には中国草原地帯のものとは違いが認められ、副葬品の品目に於いても相違が指摘できる。朝鮮の箱式石棺墓から出土する副葬品のうち、量的に多い磨製石剣や石鏃などは朝鮮特有のものであり、中国東北地域に展開した石棺墓を残した人々とは異なった住民のものであると考えられる。朝鮮東北部にみられる石棺墓は中国東北地方のそれと類似がみられるが、それは朝鮮の中の地域的現象であった。

　朝鮮では新石器時代以来畑作作物を中心とした農耕が営まれていて、青銅器時代になって地域的に3類型の農耕様式が展開するところとなった（甲元1973c）。そうしたなか長江流域に来歴が求められる水稲栽培を中核とする農耕類型は、時期的には新しく登場したものであり、水稲生育の自然条件とのからみで朝鮮南部地域に波及したところで定着化したと想定される。朝鮮では支石墓の構築は必ずしも水稲栽培とは結びつかないが、陸稲を含めた畑作栽培を主

体とする農耕社会に受容されたことが考えられる。このことから支石墓の社会的性格も、農耕社会のそれと密接に関連性をもって展開したものと推測される。

さきにみたように、朝鮮の初期段階の支石墓は4～5基の「単位集団」が集まって「基礎集団」を形成していた。沈村里支石墓群の天真洞、キン洞、棘城洞では1時期4～5基で構成された「単位集団」は、具体的には農耕生産に従事する「共同体」の単位を反映しているものとすると、大邱大鳳町支石墓に於いて三上が抽出した「家族墓」としての性格とは異なって、集落の基本単位と関係することが考えられよう。支石墓構築の「基礎集団」はまた「単位集団」の時間的広がりを表すものであるから、「基礎集団」は支石墓構築の背後にある社会集団の変遷を示すものとなしうる。棘城洞支石墓群と比べて、キン洞や天真洞にみられる「基礎集団」の小ささは、なおこの時期小集の存立が許容される段階にあったことを物語り、やがて卓子型支石墓段階になると、支石墓の立地が特定地域に固まることで、大きな地域的統一集団が形成されたことを暗示させるのである。すなわち支石墓構築の後半段階になると、支石墓の分布上での集中化と量的な減少は、小地域集団が統合され集団の単位が拡大される過程で、1支石墓＝1家族という構成が崩れて、1家族＝多支石墓という集団内に特定家族が抽出される方向へと傾斜を示すこととなる。沈村里A型から石泉山型支石墓への変遷は、農耕集団の拡大や集団構成の変化と即応するものである。

墨房里支石墓群は封土をもつことに於いて、いわゆる土壙墓と共通する。ところが墨房里支石墓は朝鮮で土壙墓が築造されたと考えられる紀元前3世紀よりは先行する時期の所産であり、それと関連して考えることはできない。墳丘をもつ墓の形成については、中国北方の草原地帯との関連性が強いことが関野雄により述べられている（関野 1956）。墨房里第4号支石墓から出土した「火度の強い灰色土器」が在来の朝鮮無紋土器の系列から出現したものとは考え難く、中国騷達溝遺跡での灰色硬質土器との関連が想定されることは（甲元 1973a）、墨房里型支石墓の出現に関しては中国東北地域の文化的影響が大であったとすることができよう。

以上のような墨房里支石墓の出現は、従来支石墓を構築してきた農耕社会に、何らかの変化があったことを示唆するものと考えられるが、今それを具体的に

おわりに

　支石墓は農耕社会の所産であり、支石墓の変遷は農耕社会の展開と密接に結びついていたと考えられる。墨房里遺跡に見られる最終段階の支石墓は、そうした従来の支石墓社会とは著しい相違をみせていて、中国東北地域からの文化的・政治的影響があったことが類推される。このことは墨房里型支石墓が決して朝鮮での支石墓の最終段階として一般的な様相ではなかったことを意味している。墨房里支石墓が後の衛満朝鮮の版図内にあり、こうした地理的関係から、中国との文化的・政治的関係が強い状況下で出現した、いわば特異な支石墓であったと考えられよう。

　こうした点に於いても、西朝鮮と南朝鮮との歴史的状況の相違が指摘できるのである。南朝鮮の支石墓の場合、西朝鮮の初期段階の支石墓の在り方と共通して農耕社会の発展の中に位置づけることができる。そして南朝鮮では木棺墓を主体とする新たな文化の浸透によりその終末を迎えるのである。

補注1
　朝鮮支石墓の系譜については、二通りの説がある。金元龍は南回りを、方善柱氏は北方起源説を唱えられている。金元龍「韓国文化の考古学的研究」『韓国文化史大系』第1巻、高大民族文化研究所1963年、方善柱「韓国巨石制の諸問題」『史学研究』第20号、1968年。

補注2
　1996年現在で知りえた東北アジアの支石墓基数は、中国約400基、朝鮮で約50000基であり圧倒的に朝鮮に多く分布している。また朝鮮の中でも全羅道には30000基以上認められることから、紀元前二千年紀と一千年紀を最も特徴付ける墓制とすることができる（甲元眞之1997「朝鮮半島の支石墓」『東アジアにおける支石墓の総合的研究』九州大学）。

補説1
　支石墓の起源について

石光濬は支石墓の変遷過程を再検討した結果、石棺が墓域を共有するキン洞支石墓などが最も古い形態であると捉えて、支石墓の祖形として具体的に泉谷里の石棺墓を取上げた（石光濬 1979）。黄海北道燕灘郡泉谷里箱式石棺墓は板石を箱形に組み、薄い板石を蓋とした上に、4 枚のやや厚い板石を覆った形態をとるもので、周囲には積石を配していて、構造的には支石墓と類似している（朴ソンフン 1967）。しかし副葬された石剣の型式からはキン洞支石墓よりも時代が下る所産と考えられ（甲元訳 1981）、泉谷里箱式石棺墓が構築された時期には、既に沈村里型支石墓が存在していたことになり、泉谷里箱式石棺墓を支石墓の祖形とするのは妥当ではない。しかし箱式石棺から支石墓が出現したという考えは首肯されるべきと考える（甲元訳 1981）。

〈引用文献〉
石光濬 1979「我国西北地方支石墓の変遷について」『歴史科学』1 期
甲元眞之訳 1981「朝鮮西北地方支石墓の変遷について」『熊本大学文学部論叢』第 5 号
朴ソンフン 1967「黄海南道燕灘郡泉谷里箱式石棺墓調査報告」『考古民俗』4 期

補説 2
　墨房里支石墓について
　李定男により墨房里支石墓の再発掘が行われ、李氏により 2 回の報告がなされ、訳出したことがある（甲元訳 1987、1993）。また『朝鮮遺跡遺物図鑑』第 2 巻、1989 年には鮮明な写真とともに支石墓の実測図が掲載されている。そのうち第 30 号支石墓は板石を小口積にした片袖式の構造をなしていて、そのほかの支石墓とは明らかに異なった形態をとっている。伴出した磨製石剣や石鏃の型式からは、沈村里 A 型支石墓に後続するものであり、極めて特異な存在となっている。今日までのところ墨房里遺跡以外では類例がないために、その歴史的位置付けは困難となっている。

〈引用文献〉
李定男 1985「墨房里支石墓に関する若干の考察」『歴史科学』1 期
甲元眞之訳 1987「墨房里支石墓に関する若干の考察」『熊本大学文学部論叢』第 21 号
李定男 1991『墨房里支石墓発掘報告』『朝鮮考古学研究』1 期
甲元眞之訳 1993「墨房里支石墓発掘報告」『熊本大学文学部論叢』第 41 号

挿図の出典
各報告書より

第4節　東北アジア先史時代の土偶と石偶

はじめに

　縄紋時代の日本は世界で希に見るほどに、自然環境に高度に適応を遂げた文化を展開させてきた。列島という限られた条件の中で言わば特殊的に適応性を発揮した独特の生活文化であるとの認識が強調されればされるほど、一方では縄紋文化と総称される内実は孤立的な文化の展開であったとの見通しに導く嫌いもあった。しかし回転銛や結合式釣針などにみられる漁撈技術の側面では、北海道と九州では絶えず大陸沿岸部の漁撈文化との接触があったことを示しており（甲元 1987a）、列島外部と無関係に生活文化を発達させてきた訳ではない。日本独自と想定されてきた風俗的抜歯習俗も、上顎の門歯を抜去する手法から始まることは大陸と共通性をもち、むしろ上下の犬歯を抜くことに独自的な意味を見いだしたのが実情であるとも考えることが可能である（甲元 1995、Han & Nakahashi 1996）。また縄紋後期以降の生活内容の変化は外的な影響を想定する方向に展開しており、この点において、生態学の観点を取り入れて東アジア先史文化との比較研究に努める佐々木高明の一連の業績や生態学的に同一の地域内の共通する文化要素を「成熟度」で測る山田昌久の論攷は（佐々木 1971、1986a、1986b、1993、山田 1990）、かえって東アジア先史世界における縄紋文化の特殊性と普遍性を明確に浮かび上がらせてきているのである。

　縄紋文化を特徴付ける遺物の一つとして土偶を挙げることができる。その量的な多さと変化の多様さは、世界で最初に農耕文化を開花させた西アジアの新石器時代に匹敵するほどである（Müller-Karpe 1974）が、縄紋時代の土偶は石棒や岩板・土板などとともにあくまでも環境に対する適応の範囲内に留まるものであり、新しい社会へ変換してゆくための呪術的行為や儀礼ではなかった点にその特質を見いだすことができる（小林 1977）。土偶の製作は縄紋時代草創期から開始されるものの量的には余り多くはなく、土偶の「大量生産・大量消費」が顕著になるのは縄紋時代後期末からであり、その現象は農耕文化との接

触を通してもたらされ、農耕文化と対位置的におかれる性格の遺物であり（小林 1985）、農耕文化に起因するイメージにより従来土偶に付与されていた性格を変質させた時の在り方であることが知られている（設楽 1994、1996）。

こうした変質以前の土偶の性格に関してはこれまでさまざまに論じられてきたが、今日再生復活を祈念する道具としての役割説が有力である（水野 1979）。朝鮮の土偶や石偶に関してはこれまでに朝鮮での出土例が極めて少なかったことから、本格的に扱われたことは希であり、わずかに黄龍渾と中山清隆による出土資料の断片的な紹介があるに過ぎない（黄龍渾 1983、中山 1992）。大貫静夫は「極東平底土器」で代表される東北アジアの新石器時代の地域性を表現する方法の一つとして土偶を取り上げている（大貫 1992b）が、詳しくは論及しなかった。

本文は日本の土偶の系統論を論じるものではない。佐々木高明の手法に習って、類似した生態環境の中での類似した現象を理解しやすくするためのものであり、ここでは食料採集段階の土偶と農耕開始後の土偶の性格変化について比較検討するための材料整理を目的に、朝鮮とその近隣地域の土偶や石偶を取り上げて行くものである。

朝鮮の出土資料

新石器時代（有紋土器時代）から青銅器時代（無紋土器時代）にかけての朝鮮では、次の諸遺跡で人物及び動物像が発見されている。

西浦項貝塚　咸鏡北道先鋒郡屈浦里

豆満江が日本海に注ぐ地点の南側に構える小高い丘陵上にあり、遺跡の西南側には東藩湖をはじめとする広大なラグーンが形成されていて、水辺にくるシカ科の獣類や鳥類の狩猟や沿岸漁撈のための格好の位置関係にある。1960 年からの発掘調査により、新石器時代から青銅器時代に及ぶ大規模な集落址であることが判明し（金用玕・徐国泰 1975）、この発掘調査の成果を基にして、朝鮮新石器時代の編年が確立された由緒ある遺跡である（金勇男 1967）。関連する資料としては次のようなものが挙げられる。

新石器時代Ⅲ期　人面付骨製品、蛇頭付角製品、キョン頭付角製品
新石器時代Ⅳ期　人面土偶（2点）
青銅器時代前期　人物土偶（2点）
青銅器時代後期　人物土偶（2点）、石製豚像

　人面付骨製品は長さ11.6cmの先端部が尖った刺突具で、方形の頭部には目と口を表現する小さな3個の孔があり、中央部には陰部を連想させるように円形に配された6個の円文の中央部分に1個の円文が施されている（図52-3）。同出した骨製品に簪の頭部や側辺に「玉」を思わせる文様が刻まれており、この人面付骨製品もそのヴァリエーションかもしれない。
　蛇頭付角製品は長さ7cmの棒状を呈し、先端部は断面三角形につくりそこに蛇の頭が彫り出され、側面には1個の孔が貫通して目を表現している。蛇の胴部にあたる部分には土器に見られると同様な充鎮した三角紋を刻んでいる（図52-4）。馬頭付角製品と報告書で呼称されている遺物は角の先端部に子馬のように耳を立て、孔を抉って口を示した像で、鼻や目は表現されていない。動物の種類は厳密には不明であるが、鹿のキョンに近い形状である（図52-5）。
　新石器時代Ⅳ期の人面土偶のうち1点は、顔の中央で縦に半裁された大きさ6.7cmの禿頭の男性像で、眉と口が二重の線で強調されて描かれている（図52-1）。他の1点は顔の下半部を欠く大きさ約3cmの女性像で、眉と目が強調して表現され、頭部には編んだ髪と髪留のバンドが描かれている（図52-2）。
　青銅器時代の4点の人物像（土偶）は赤褐色の焼成の良好な製品で、顔の輪郭が三角形もしくはハート形を呈して下顎を前面に突き出した様相は共通する。青銅器時代前期に属する最も大きな人物像は高さが12cmで、両耳と微かに両腕が描かれるも、胴部に何も凹凸はみられない（図52-7）。これに対して高さ6.5cmの小型品は円筒状の体部の先端にハート形の顔を取り付け、顔の隅に小さな孔を穿ち、両目と口を表現する簡素な塑像で、腕や脚は描かれていない（図52-9）。
　青銅器時代後期の高さ9.7cmの人物像は前者と同様な作りで、三角形をした顔の三方の端近くに小孔が穿たれ、両目と口とを表現しているが僅かながらも腕がみられる。この腕はもう少し伸びるのか、このままなのかについては記載がない。写真によれば顔部と頚部及び頭背部や頭側面には小孔が一列に連続し

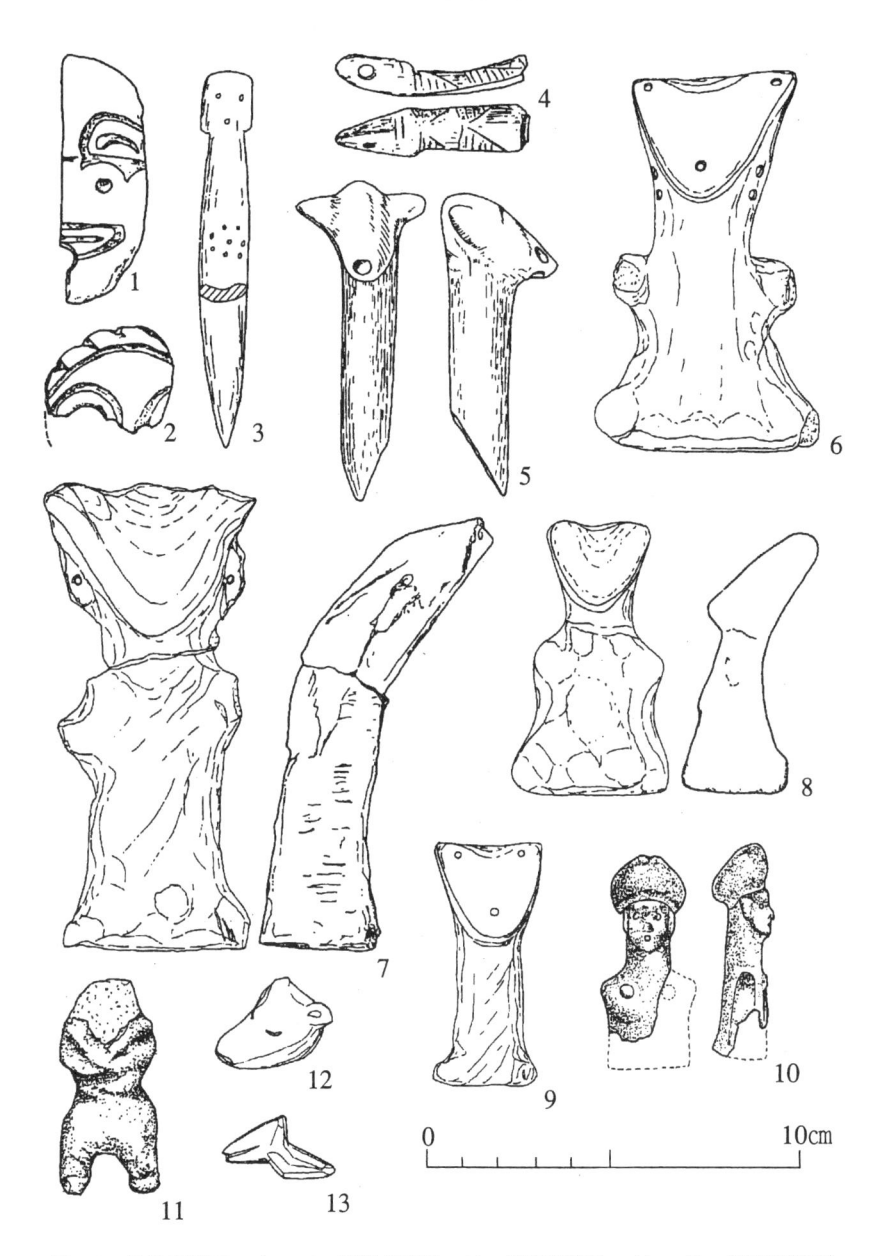

第4節 東北アジア先史時代の土偶と石偶 405

図52 偶像実測図1(1～9:西浦項遺跡、10:劉家荘遺跡、11～13:農圃洞遺跡)

て穿たれているのが解る（朝鮮遺跡遺物図鑑編集委員会1988）（図52-6）。最も小型の人物像は高さが7cmで、体全体に何も施されていない。前者を小型化してデフォルメした様相を呈している（図52-8）。この他にロシアや北朝鮮の学者が豚像と認定する片岩製の石像が攪乱層から1点出土している。長さが8.5cmほどの偏平な河原石の一端に突出した口を表現した製品で、口以外の作りはなされていない。類例として茂山虎谷洞（黄基徳1975）やポリチェ遺跡の出土品が挙げられる（Институт археологии 1987）。

農圃遺跡　咸鏡北道清津市松坪区域

寿星川の下流に形成された平野の中に独立状に浮かぶ海抜が30mほどの丘陵上に位置し、約2kmで海岸に達する。戦前横山将三郎が調査した「油坂貝塚」がこれにあたると思われる。雷紋や帯状の連点紋で器面が飾られることから、有紋土器の後期段階（西浦項Ⅲ期）に相当する遺跡と想定できる（考古学研究室1962）。ここから人物土偶、犬頭土偶、石製鳥形彫像（3点）が出土している。

人物土偶は頭部を欠く高さが5.6cmほどの像で、両腕を胸で交差し、両手は肩に載せ、両股をやや開き気味にして踏ん張る形をなす。下腹部と臀部が膨らむことから女性像と想定される（図52-10）。

犬頭土偶は残りの長さ4.2cmを測り、両目は細く半月形をして溟った状態を表現している（図52-11）。本来は全身大であったか否かは不明。豚像と推定する人もあるが（中山1992）、耳の据えと切り込みの少ない口の表現から、報告書通りに犬とする可能性が高いであろう。

鳥形石像は滑石で製作された頭部のみを彫像した3点で、長さが3cmを測る小型品である（図52-12）。目は小さな孔で表され、口は短い割りに切り込みは深く、鴈や鴨などの水鳥の類いを想像させる。胴部にあたる部分は先端が尖るように設えてあることから、胴部や羽を組み合わせて完成品にしたのか、あるいは何かに差し込んで使用したことが考えられる。

虎谷遺跡　咸鏡北道茂山郡茂山邑

虎谷洞遺跡は豆満江上流にあって城川と合流する平野の第3段丘上に立地する新石器時代から鉄器時代にかけての集落址で、この段丘から豆満江までの傾

斜面約 40,000m² に及ぶ広大な範囲に遺跡は営まれている（黄基德 1975）。この遺跡で出土した資料には次のようなものがある。
　青銅器時代層　人物土偶、豚土偶（2点）
　鉄器時代層　　人物土偶（3点）、豚土偶（16点）、石製豚像（18点）
　撹乱層　　　　人物土偶（5点）
　青銅器時代の人物像は 8 号住居址出土品で高さが 5cm ほどの裁頭円錘形をなし、小さな目と口、細長い鼻が表出されている。頭にはターバン状の「帽子を被っている」姿に作られていると記されているが、ペニスの亀頭部を忠実に表現したものと見ることができ、男性像を象った土偶と考えられる（図 53-1）。
　青銅器時代の豚土偶と報告される資料は、長さが 5〜6cm の偏平なつくりで、突出して表現された口の付け根付近に目を形容するように 1 孔が穿たれた頭部分のみの像である（図 53-6）。
　鉄器時代初期の人物像 3 点は 27 号住居址の堆積層からまとまって出土した。いずれも顔面のみの像で、その表情は多種多様に表されているが、後頭部にいずれも孔が穿たれていて、櫛に差し込んで使用した点に共通性が見られるという。側面からみると突き出た下顎に特徴がある。高さ約 2cm と小型の土偶は、卵形の輪郭をなし、細い目とやや開き気味の口をもち、鼻はやや低くすぼみ状となっている（図 53-2）。高さ約 4.2cm の像は後頭部分を欠くも全体の作りは前者と類似する。目は暝った状態を表すかのように細く設えてある（図 53-4）。この堆積層出土品で最も大きな像は高さが 5cm 強あり、窪んで暝った目と小さな口とは対照的に鼻筋が通っていて、立体感を与える出来ばえである。
　撹乱層出土品はこれらとは異質な製品で、高さ 4cm 弱の円筒形をなし、大きな両目と歪んだ口元が特徴的に表現されている（図 53-3）。この土偶は背面にも同様な顔像が描かれているらしく、図版と挿図では傾きに違いが見られる。その他の撹乱層出土品はいずれも小型で詳しい説明はなされていない。
　豚土偶は 27 号住居址から 11 点、38 号住居址から 5 点出土した。長さが 5cm で高さ 3cm ほどの小さな製品と、長さ 12〜13cm、高さ 7〜8cm の大型の製品とがみられる。両足を作り出した類と口頭部と胴部を強調して足は作らない類とがみられる。大型豚土偶には額部分に 2 個の小さな目と窄まった鼻が表され、胴部全体には刺突具により数十個の孔が連続してつけられている（図

408 第4章 社会と文化

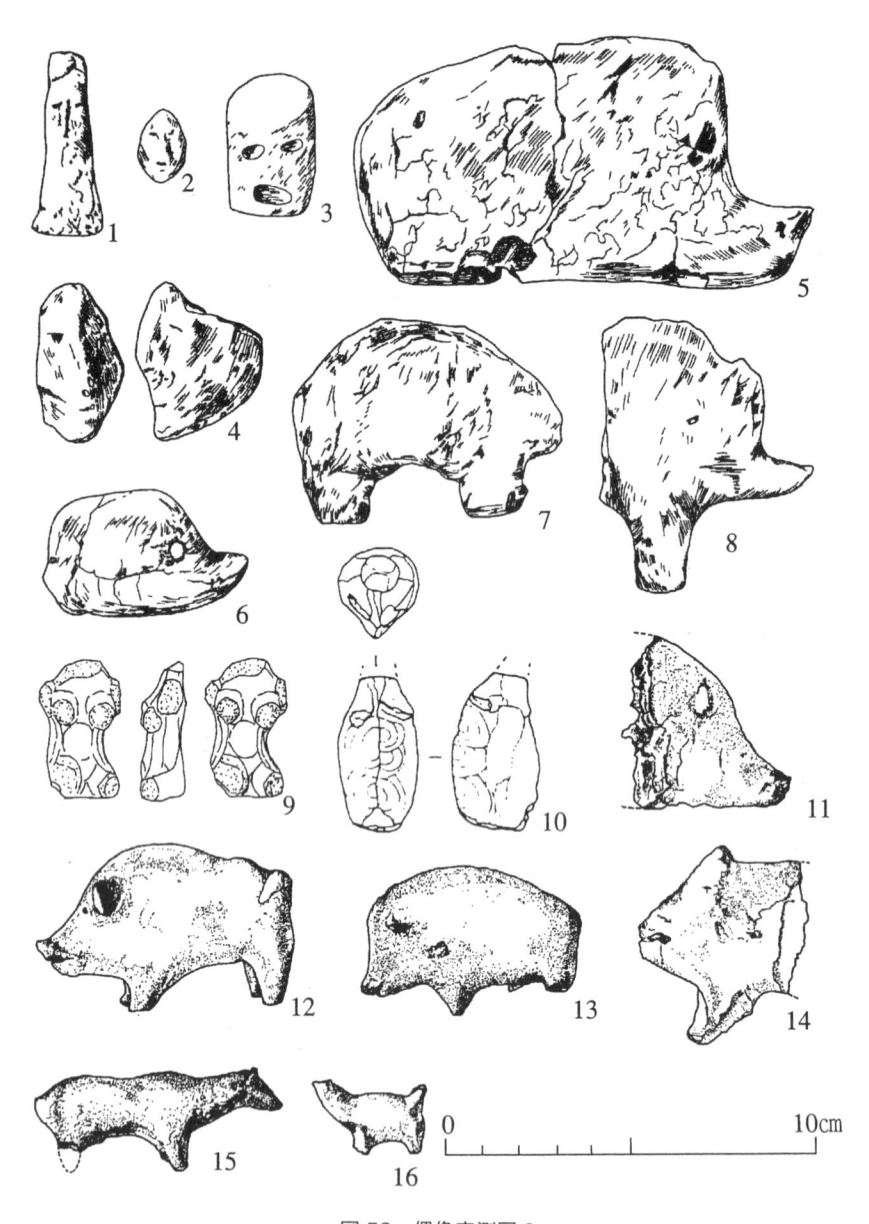

図53 偶像実測図2
(1～8：虎谷洞遺跡、9：新岩里遺跡、10：東港里遺跡、11～16：鴬歌嶺遺跡)

53-5)。口の左右にみられる小さな孔は目ではなく、本来ここに木を差し込んで「牙」を表す仕組みであったと報告書は推定している。

石製の豚像は偏平な河原石の一端の彫琢を加えて口を作り出した簡単な製品で、豚と見ることに疑問がない訳ではないとしながらも、口部分の特徴と全体的な様相から豚像と認定している。このことからして、かつて会寧五洞遺跡の報告書で「黒曜石製作具」として発表された遺物（朝鮮民主主義人民共和国科学院考古学及民俗学研究所 1960）も石製豚像である可能性を述べている。

新岩里遺跡　慶尚南道蔚州郡西生面

海岸から 2Km ほど内陸に入り込んだ平野部を望む低い台地上に立地する遺跡で、かつて斎藤忠により有紋土器の出土が報告されている（斎藤 1935）。1974 年の国立中央博物館による発掘調査で人物塑像が 1 点検出された（国立中央博物館 1989）。高さ 3.6cm の小型品で頭部と脚部の一部を欠くが、胴部は細く窪み、両胸には乳房が表出されていることで女性像であることは容易に理解される（図 53-9）。脚部の状態から正座した姿を表現したものと思われる。

この他にも塑像か否か判断に迷う土製品の破片もある。

東港里貝塚　慶尚南道統営郡欲知面欲知島

遺跡は全羅南道に近い慶尚南道の西南部にある島嶼の一つ欲知島の、東側に開けた港の背後にある、海抜が 30m から 15m にかけての緩やかな傾斜地上に立地する。隆起紋土器と前期有紋土器を包含する遺跡で、漁撈関係の石製品と骨角製品を多数出土したことで有名である（国立普州博物館 1989）。

塑像は 4cm ほどの小型品が 2 点採集されている。口を突き出し、耳を立て、背筋を延ばした姿、尾と後足に小さな孔をもつ点などは豚（猪）の形容であろうと報告者はみている（図 53-10）。腹部が平坦で、背筋が尖り、断面が三角形になる様相は極めて特徴的である。撹乱層からの出土品のために所属の年代は不明であるが、隆起紋か有紋土器の前期段階のいずれかであろう。遼寧省長山列島の呉家村や次にみる後窪遺跡出土品と極めて類似する点は注目される。

水佳里貝塚　慶尚南道金海市長有面水佳里佳洞

西洛東江の支流である朝満江が大きく蛇行しながら形成する金海平野の南端を、金海湾から区画するように聳える錦屏山から東に延びる丘陵の先端部に立地する新石器時代中期から後期にかけての貝塚で、1点の土偶1点が採集されている（釜山大学校博物館1996）。胴下部を欠く高さ3.5cmほどの小品で、左腕が明瞭に表現されているものの、その他の部位は判然としない。頭部瓢箪の頭部状に窄まり、頂部に髪を束ねて重ねた様相を呈している。

中国東北地域の土偶と石偶

後窪遺跡　遼寧省丹東市東溝県

後窪遺跡は遼寧省の東端近くの平原を望む低い台地上に立地し、北方から西南に向かう旧河川が16Kmで黄海に流れ込んでいる（許玉林他1989）。遺跡付近の平地は気候の最温暖期には海水の影響を受けた可能性が推測されるほど海抜標高が低く、点在する台地上には新石器時代の集落遺跡が豊富に存在しており、後窪遺跡もその一つである。

文化層は上下に二分され、両層からかなりの数の住居址群が検出されている。報告によると下層では1軒の大型住居址の周囲を小型住居址が数軒取り囲んでいる状態であったといい、平均すると1軒の大型住居址に5軒の小型住居址で構成される単位集団の存在が予想される。放射性炭素による年代測定では下層が6,000 BP、上層が5,000 BPと測定され、上下の層には年代的な隔たりがさほどない事が知られる。

この遺跡の下層では多数の滑石製彫刻品と土製塑像が検出されている。石像品には人物、豚（猪）、虎、鳥形、鷹などが発見され、石錘に魚を描いた製品もみられる（図53-11）。

人物像は3点で、強調された眉毛の中に瞑った目を彫り、歯を剥き出しにした高さ4.1cmの顔面像で裏面に魚？を彫刻した像（図54-1）、目と口、鼻を太く彫り込んだ高さ3.5cmの半身像（図54-7）、及び同巧の破片がみられる。豚（猪）は目鼻と背のラインを強調しており、大きさも長さ2.8cm、高さ1.6cmと小さく（図54-4）、欲知島出土品と極めて類似した製品である。

土偶には4点の人物像があり、眉毛と目と口を強く表現した高さ5.5cmの

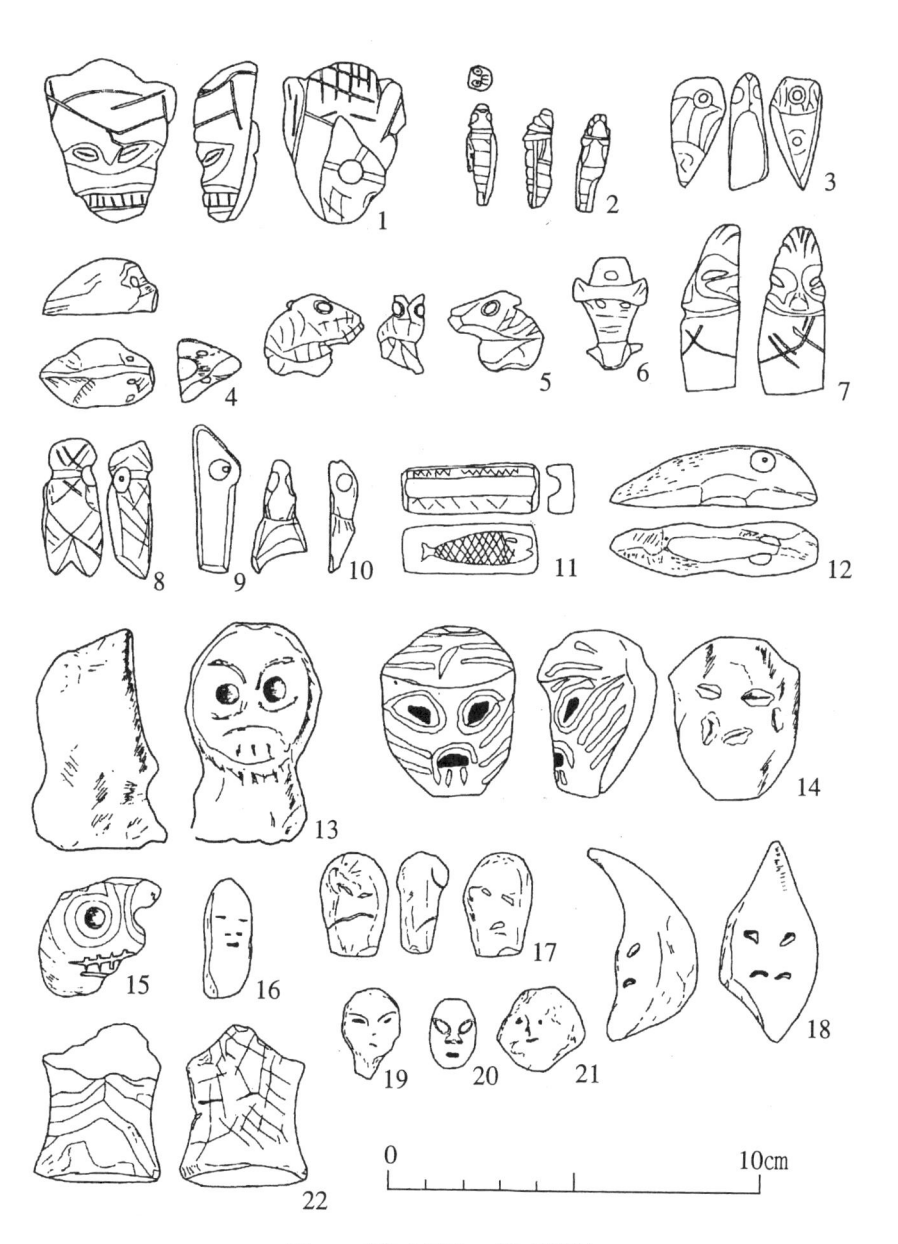

第4節　東北アジア先史時代の土偶と石偶　411

図54　偶像実測図3（後窪遺跡）

胸像（図54-12）と面幅3.3cmで目と口を大きく開く顔面像（図54-14）、吊り上がった目を描く高さ僅か1.7cmの顔面像（図54-19）、それに三角頭を呈する長さ5cmの像（図54-17）などである。

一方上層の文化層には、石製人頭像と鳥頭像、それに魚形像が各一点あり、塑像として人頭像7点、豚（猪）像1点が出土した。石頭像は長さ2.1cm、厚さ2.2cmの小型品で、笑みをたたえた顔が細い線で表現されている。

人物塑像品には両面の顔を刻むものが二例あり、一つは高さ4.3cm、幅3.2cm、厚さ2.8cmを測り、前面に眉と目、口を大きく開き、入墨または彩色によると思われる線状の装飾を描き、背面にも目を瞑った顔が表現されている（図54-13）。他の例は円棒状の先端部を禿頭にして、その下部に細い線で刻まれた、歪んだ顔と怒った顔を背中併せにみることができる（図54-16）。この他にも細い線で凛々しい顔形を呈する大きさ2.1cmに1.6cmの小型品（図54-18）と細長く間延びした顔の人物像（図54-15）もある。どの人物像と組み合わさるか不明であるが、人物像の台座もある（図54-21）。豚（猪）塑像も1点出土している。

西断梁山遺跡　吉林省遼源市東豊県

西断梁山遺跡は松花江の上流、長白山地の西縁辺部、緩やかに起伏を繰り返す丘陵上にある新石器時代の遺跡で（吉林省文物考古研究所1991）、塑像を伴う土器は西断梁山二期で左家山文化第二期に相当し、5,000 BPと推定されている。塑像は3点あり、高さ3.3cm、幅2.2cmの方形の顔形に首が付いた製品で、顔には細く目と鼻、口が窪めて表されている（図55-2）。この他にも動物塑像の破片が2点ある。

小営子遺跡　吉林省延辺自治区延吉市

布爾哈通河により形成された延吉の低平な平野を望む高さ約100mほどの丘陵の傾斜部に位置する青銅器時代の埋葬址群で、1938年藤田亮策により52基の石棺墓が発掘された（藤田1943）。これら石棺墓には豊富に副葬品が配されていて、多数の骨角製品の装身具に混じって人面を彫刻した簪が1点A39号墓から出土している。眉、目、頬、口を力強く彫り込んだ製品で、棒状の柄部

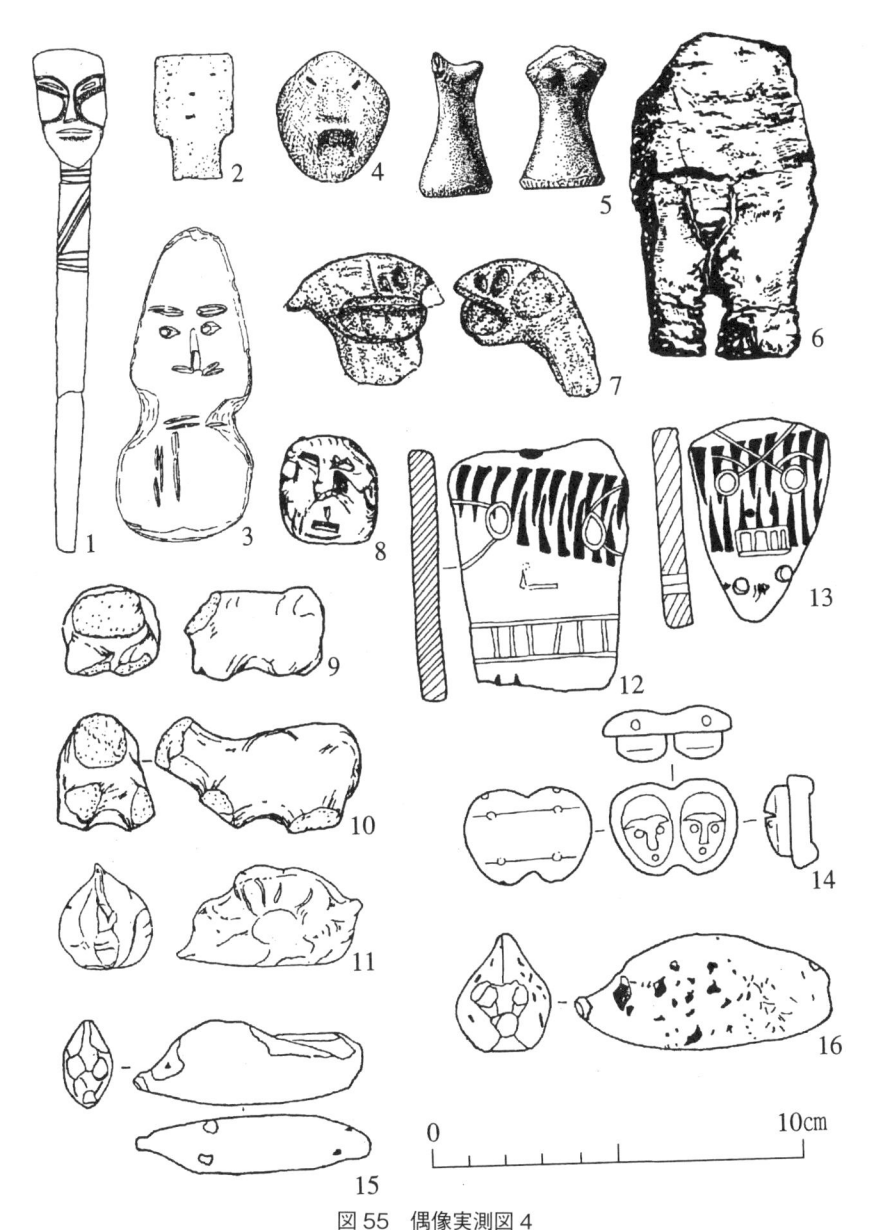

第4節 東北アジア先史時代の土偶と石偶 413

図55 偶像実測図4
(1:小営子遺跡、2:西断山遺跡、4:新開流遺跡、5:西水泉遺跡、6:元宝満遺跡、7:北陵遺跡、8～11 郭家村遺跡、12～13:北呉屯遺跡、14:西寨遺跡、15～16:呉家村遺跡)

分上部には縦と斜めに3条の刻線がみられる（図55-1）。これを含め骨製箸は多くは男性に伴っていたことは注目を集めた。採集品にこれと類似した女性像の描かれた製品もあるといわれる。

鶯歌嶺遺跡　黒龍江省牡丹江市寧安県

牡丹江の流れが始まる鏡泊湖に接した鶯歌嶺の湖側の傾斜地に営まれた集落遺跡で、上層に属する約3,000年前の文化層から17件の動物塑像が発見されている（黒龍江省文物考古工作隊1981）。豚像は13点あり、どれも極めて写実的に表出され、尖り気味の口、そばだてた耳、肩の張った背のラインなどは当時の豚を彷彿させる。不完全なものでは残長が4.2cmに高さ4.6cmの製品もあるが（図53-11）、完形品の大きなもので長さ6.9cm、高さ4.6cmを測り（図53-12）、小型では長さ2.7cm、高さは2.4cmと極めて小さい（図53-13）。犬塑像は4匹あり長い首と張った尾が特徴的である。うち最大のものでも長さ6.6cm、高さ2.7cmに過ぎない（図53-15）。なお表面採集品として熊と推定される高さ5.6cmの大型製品もある（図53-14）。

新開流遺跡　黒龍江省佳木斯市密山県

新開流は烏蘇里江の源である興凱湖の北岸に南北に立ちはだかる丘上に立地する新石器時代前期の遺跡で、文化層は上下に分離され下層は魚窖を伴う集落址、上層は32基の土壙墓で構成されている（黒龍江省文物考古工作隊1979）。多数の狩猟・漁撈道具や動物遺骨とともに、塑像1点が採集されている。墓地の東南部分から発見されたことで上層に伴う遺物であると推定されている。報告文では「形象端正」と簡単に紹介されているに過ぎないが、写真によると三角頭に表現された胸像で眉と目、鼻が深い沈線で表され、頸と胸には意味不明の平行する沈線が描かれる（図55-3）。放射性炭素による年代は約6,000年前を示している。

以上の他に、鶯歌嶺遺跡出土品と類似した塑像がハルピン市郊外で採集されたことが、ロシア人研究者により報告されている（譚英杰1991）。それにはイヌ、シベリアネズミ、イノシシ、クマなど11点で、玩具もしくはシャーマンの神霊、

あるいは副葬品などの可能性を示唆している。

沿海州地域出土の塑像

スウチュウ遺跡　ハバロフスク州

スウチュウ遺跡では土偶2点と動物塑像3点が出土している（古代オリエント博物館 1988）。女性の胸像は高さが 6.7cm 肩部までは正確に描かれ、胴部以下は省略されている。頭は方形に作られ、顔中央に吊り上がり、瞑ったような目と低い鼻、小さな口元があり、両耳も細かい（図56-2）。他の土偶は人面のみの小型品で高さは約 3.5cm、これも吊り上がった目と小さな鼻、口がある（図56-3）。動物塑像には熊の頭部（但し破片の可能性あり）と大小の犬像があり、大型の犬は長さ 8.8cm を測る。オクラドニコフの本によると、動物塑像として5点の大小クマ像、水鳥5羽がみられる。さらに眉毛と鼻をつないで太い粘土紐で表現した「モンゴロイド系」人物像と図54に類似した土偶も存在することが知られる。以上スウチュウ遺跡出土塑像の年代は紀元前四千年紀終わりから三千年紀初めとされるが（Okladnikov 1981）、古く位置づけすぎる嫌いがある。

コンドン遺跡　ハバロフスク州

沿海州を代表する土偶としてしばしば紹介される例であるが、大きさに関しての説明を欠く製品である。細くつむった目と筋の通った小さな鼻、そして可愛い口があり、肩以下は省略されている（図56-1）。顔は顎を全面に出すように斜めに作られており、西浦項遺跡の土偶の様相に近く表現されている。報文には高さの記載を欠くが、福岡市博物館に寄贈されたレプリカは 10.5cm を測る。これを解説したオクラドニコフは優雅なナナイ族の娘と類似していると述べている（オクラドニコフ 1974）。この塑像が属するコンドン文化の放射性炭素年代は 4520 ± 60 BP を示し、ロシアの学者は紀元前三千年紀にあてている。コンドン文化は土器に絵画を施すことで有名で、ハート形をした顔面に大きな目と小さな口、鼻を二重の沈線で描く特徴をもっており、岩壁画に描かれた人物像と共通する表現を見せている。この他にクマの石像も出土している

416 第4章 社会と文化

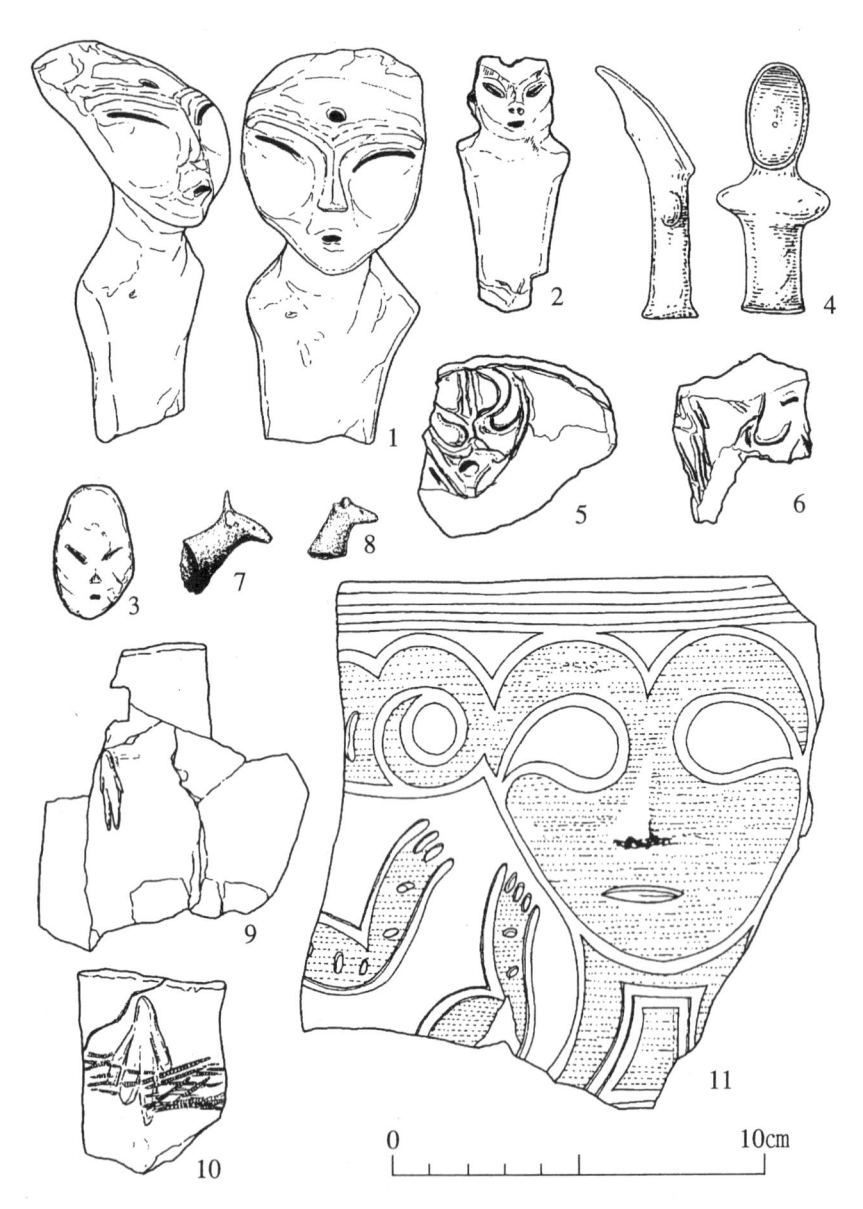

図56 偶像実測図5（1：コンドン遺跡、2〜3：スウチュウ遺跡、4：リドフカ遺跡、5〜6：マラヤ、ガバン遺跡、7〜8：シニイ・ガイ遺跡、9〜10：ワレンチン・ペレシェーク遺跡、11：ボズネセノフカ遺跡）

(Okladnikov 1981)。

シニイ・ガイ遺跡

ハンカ湖の南側にある青銅器時代の集落遺跡で、2点の動物塑像が出土している（Институт археологии 1987、ブロジャンスキー 1996）。西浦項遺跡の骨製キョン像に似た雰囲気をもつもので、それよりも遥かに小型で、小さな眺めの口部と短く立った耳が作り出されている（図56-7・8）。

リドフカ遺跡

顔面を斜めにして顎を出した胸像がある。両手をわずかに付けた高さ約6.5cmほどのもので、青銅器時代の製品とされる（図56-4）（Институт археологии 1987）。

以上の他にブラゴダトノエ、クルグラーヤ、ノヴォポパエフノーエ、カメンカなどの遺跡で土偶の出土があることが引用されているが、詳細は不明である。なおこの引用文には土偶が多くの場合ほとんどすべて打ち壊され、なかでも顔面の破損が激しいために、儀式の過程で破壊されたものと推定している（Okladnikov 1981、ブロジャンスキー 1996）。マラヤ・ガバン遺跡（図56-5・6）、コンドン遺跡、ボズネセノフカ遺跡（図56-11）などでは人面絵画土器があり、ワレンチン・ペレシェーク遺跡では新石器時代の土器の表面に粘土紐で人物を描いたものの出土が見られる（図56-9・10）。断片的な報告で委細は不明であるが、ハバロフスク州シカチ・アリアン遺跡で口を開けたクマ、ハバロフスク州チオルニ・ヤール遺跡で口を開けたサル（以上 Okladnikov 1981、Институт археологии 1987、ブロジャンスキー 1996）。

若干の考察

豚（猪）像

朝鮮で土製あるいは石製、または骨角製で塑像を表現するものの始まりは、欲知島東港里貝塚出土の豚塑像である。腹部が平坦で背筋を尖らせ、口先を突出させる手法は、遼寧省郭家村遺跡（遼寧省博物館・旅順博物館 1984）、呉家

村遺跡（遼寧省博物館他 1981）、そして後窪遺跡出土品と極めて類似している。放射性炭素による郭家村上層の木炭の年代では 4180 ± 90 bp と 4060 ± 90 bp で、呉家村遺跡の木炭では 4830 ± 100 bp と 4690 ± 100 bp、後窪遺跡下層は b.p.5,500 年前後、上層は b.p.4,400 年前後となっていて（中国社会科学院考古研究所 1991）、韓国での隆起紋土器や有紋土器前期の年代と大きな隔たりはないことから、相互に何らかの関係があったことが類推されよう。この点で東港里貝塚や同時期の東三洞貝塚において黄渤海沿岸部に所在する遺跡と同様に逆T字形釣針が検出されていることは誠に示唆的である（甲元 1997a）。

虎谷洞遺跡の紀元前一千年紀中頃と末葉に見られる脚付きと脚なしの土製豚像は豚の特徴を一部のみ強調した作りであるが、紀元前 1000 年頃の鴦歌嶺遺跡出土の豚像は極めて写実的であり、著しい対称をなしている。鴦歌嶺遺跡で発見された豚像は住居址や灰坑（貯蔵穴）から 1、2 点の出土であるのに対し、虎谷洞遺跡では特定の遺構からまとまって、破損した状態で出土する在り方を見せていて、用途的差異を暗示するものである。特殊な小型遺構である 27 号住居址では、脚付きと脚なしの豚像が 11 点と次に述べる人頭像 3 点が同出しており、春成秀爾が注目した虎谷洞の同時期の住居址から豚頭骨が 10 体出土した様相と共通するものであることが窺える（春成 1993）。金信奎によると 49 住居址出土の豚は牡 1 頭と雌 10 頭で構成されている。豚像の脚の有無が性別に関係があるとしたら、そこに意図的な豚像の組み合わせが想定されよう。

人物像

人物塑像の中で女性を形容した像として農圃、新岩里の例が挙げられ、水佳里貝塚出土品もこれにあたると思われる。立像と座像の違いはあるが、新岩里貝塚出土品は胸を強調し、農圃品は胸辺りで両腕を交差している。水佳里貝塚出土品も恐らくは交差した片腕がもがれたものであろう。3 遺跡の像ともに破損状態で出土し、日本に見られる土偶の在り方と共通する側面を有している。農圃遺跡の例からすると新石器時代後期に属するが、中期まで遡上する可能性もある。

人面土偶は新石器時代後期に西浦項で登場する。明確に男女 1 体ずつ表現されていて、豚像に見られる区別と通じる点が看取される。西浦項貝塚の青銅器

時代にみられる土偶は座像である点に於いて新岩里貝塚出土品と類似するが、特徴的なことは顔面が斜めになり、顎が突き出して顔面が三角形に表現される点で、コンドン遺跡やリドフカ遺跡の製品と表現手法が同一である。その所属する年代に多少の隔たりがあるが、紀元前二千年紀後半から一千年紀前半にかけての頃の東北アジア共通する要素の一つである。西浦項の出土品でみると、大型品と小型品が同出しており男女のペアーが意味ある単位であった可能性を示唆している。

虎谷洞遺跡第8号住居址出土の青銅器時代土偶は、人物像の先端部が男根を表現する得意なもので、陝西省劉家荘出土品と表現方法が類似していて（図52‐10）、両性具有の土偶と見なしうる。これに対して鉄器時代の第27号住居址出土品には大小の顔面土偶と円筒形をした土偶の3点みられるが、円筒形をした人物像は両側に人顔が描かれ、表裏面では顔の表現が異なることが注目される。そして多くの場合大きく目を見開くものと、目を窄ませるものとがあり、こうした表裏面で顔の表現が異なる像は紀元前四千年紀中頃と三千年紀中頃の後窪遺跡でも多数出土していて、朝鮮の近隣地域では顔面像の大小とともに、表裏面に違う顔の形を描くことが古くから存在していたことを示している。

おわりに

東北アジアの新石器時代当初から石や土で作った偶像が存在している。白音長汗遺跡の事例がそれであるが出土数は少ない。それらは性別が不明の小型品で、白音長汗遺跡での入り口の反対側に据えられた炉址の外側に接して立てられていた出土状況から推察すると（朱延平1997）、東北アジア西部では祖霊を祭るための道具として出発した可能性がある。しかし新石器時代の中期以降、紅山文化期にかけて石偶や土偶の増加とともに胸を強調したり、妊娠を示す明確に女性を表現した像が出現して来ることから、食糧増産のための祈念の観念もあったことが窺えよう。この段階以前のこうした像は意図的に破損された状態で出土するのに対して、この時期以降はさほど破損がみられないという特色が認められ、同一の遺構から複数出土する点に於いても従来とは異なった意味が付与されるようになったことが想定できる。

東北朝鮮に於いては新石器時代後期段階に出現する土偶は男女のペアーであり、動物を表現する時にもその原則は生かされている。その「二項対立・相立」の観念は紀元前四千年紀の後窪遺跡にまで遡上するものであり、これら偶像の示すところは東北アジアの新石器時代初期からの偶像の流れは、1体の祖霊から対立・相立する祖霊へ、それらが統合された両性具有の観念を経て、男女・雌雄への構成に変化する。これは男女雌雄のメイティングによりあらゆる生命が誕生するという観念に到達したことをも物語るものであろう。この変化が具体化する時期は紀元前三千年紀終わりから二千年紀の気温が温暖化し、農業生産により適した環境が展開していた段階から、紀元前一千年紀初めの気候劣悪化の時期を経て、紀元前一千年紀中葉の正常化へ向かう段階と一致していることは注目に値する。

追補

本文執筆後、東アジアの先史時代塑像を集成する機会にめぐまれ今村佳子さんと連名で公表した。資料は大幅に増加しているが時間的余裕のなさから補綴をなしていない。参考のために東アジア全体の塑像の分布図を添えておく（甲元眞之・今村佳子「東アジア先史時代土偶・石偶集成」甲元眞之編『環東中国海沿岸地域の先史文化』熊本大学、1998年）。

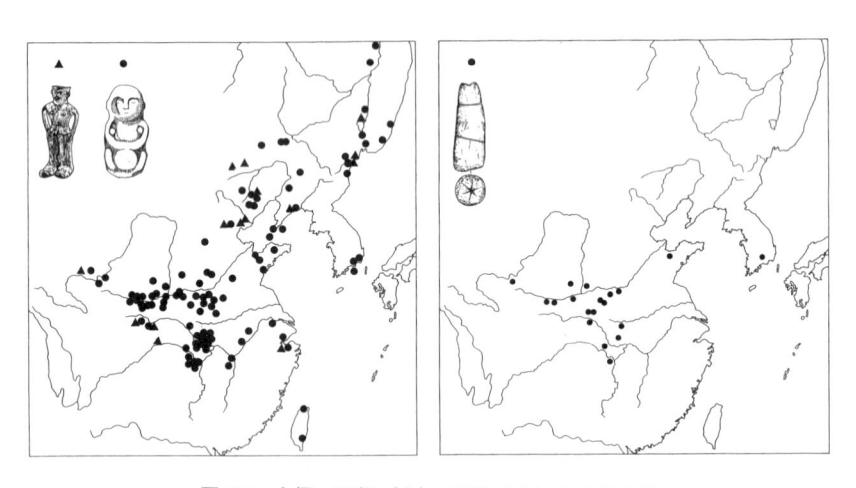

図57　土偶・石偶（左）、男根（右）出土分布図

挿図の出典

各報告書より転載

終章　東北アジアの初期農耕文化と社会

はじめに

　南は燕山山脈から北は黒龍江まで、西は蒙古高原縁辺部から東は黄海と日本海に画された地域は、一部の高い山稜地域に針葉樹林が、大河流域平野は草原状の植生が展開するが、その他の大部分はモンゴリナラに代表される落葉樹林帯により広く覆われている。この地域は先史時代においては深鉢形の土器の大中小をもって器種とする点で共通性が見られ、漁撈具としての両短辺を打ち欠いただけの礫石錘が広汎に分布している。

　アワやキビなどの穀物栽培が開始された前期段階の土器セットや石器組成は東北アジア独自であり、農耕文化が開花した後も狩猟、採集、漁撈活動が生業の上では多くを占めており、網羅的な経済戦略が遂行されていたことも他地域には見られない特色となっている。

　新石器時代中期の趙宝溝文化段階から紅山文化段階にかけて徐々に黄河流域からの文化的影響を甘受してきたが、それらは新しい文化要素を「付加する」ものであって基本的な生活状況にはさほどの変化は認められない。東北アジアの初期農耕文化が大きな変動を経験するのは寧ろ気候変動に伴う環境変化であり、連綿として継続的な生活を営むことができなかったことは、遺跡の継続状況で示される。すなわち断続的な集落形成が一般的であったとなしうる。

　新石器時代後期の夏家店下層文化段階以降、黄河流域からの文化的影響は益々増加し、東北アジア南部地域は基本的に中原的土器セットが成立する。しかしこうした土器セットは第二松花江流域以北には及ぶことがなく、鴨緑江を越えることはない。これらの地域では依然として前代から引き続く生活様式が持続していた。

　紀元前二千年紀末葉に中原地域と、ユーラシア草原地帯からの文化的影響が

強力になり、東北アジア南部地域では殷周と密接に関連する文化要素が登場するとともに、青銅器に西方もしくは北方草原地域の特色を有する物品が見られるようになる。それとともに青銅短剣にみられるように、青銅器の世界にも独自性が発揮される。夏家店上層文化段階では車馬により特徴付けられる青銅器文化が開花したが、その本格的な文化が形成されたのは遼西台地までであり、遼東以東や東北アジア北部地域では先史時代以来の生活様式が継承されていたことは、以下に述べる生業活動の内実に良く表されているとすることができよう。

生態環境の変動

完新世にはいっても生態環境にかなりの変動があったことは田広金などの研究によって、具体的な遺跡形成状況から容易に知ることができる（田広金・郭素新2004、2005）。それによると内蒙古自治区の山西省との州境に近い場所である岱海地区では、遺跡の空白期として、仰韶文化並行期の中間期、仰韶文化廟底溝類型段階、仰韶文化廟底溝類型段階と龍山文化並行期、龍山文化並行期と朱開溝文化期、朱開溝文化期とオルドス系青銅文化期が挙げられる（表10）。岱海地区では空白期には砂礫や風砂の体積

表10　岱海地区の考古学文化序列と編年表

考古学文化	年代（a B.P.）
戦国晩期―汉（農業文化）	2 000
鄂尔多斯式青銅器"毛庆沟类型"	2 600―2 300
西周（空）	
商（空）	
朱开沟文化3、4段	4 000―3 600
空	
老虎山文化	4 800―4 300
（空）	
海生不浪文化"庙子沟类型"	5 800―5 000
空	
仰韶文化"王墓山下类型"	6 000
后岗一期文化	6 200

が認められることから、寒冷乾燥化して砂漠や沙地が形成されたことを示している。これが世界的規模の寒冷化と軌を一にするものとすると、仰韶文化中間期の空白は、日本の縄紋時代早期と前期の境目に相当する。仰韶文化廟底溝類型段階の空白期は、アトランティック期とサブ・ボレアル期の変わり目にあたり、日本では縄紋前期と中期の変わり目に一致する。仰韶文化廟底溝類型段階と龍山文化並行期の遺跡空白期は、紀元前三千年紀末葉の寒冷期の相当し、龍山文化並行期と朱開溝文化期の間の空白期は紀元前1800年をピークとする寒冷化、朱開溝文化期とオルドス系青銅文化期の空白期は殷中期や西周後期から春秋前期のそれに該当する。

こうした傾向は黒龍江省でも確認され（葉啓暁・魏正一・李取生 1991）東北アジア一帯でもこの時期、寒冷化現象の埒外にはなかったことを物語っている。

近年中国の研究者も気候変動による考古学文化の推移を検討し始めてきた（靳桂雲 2004）。靳桂雲によると、紅山文化前期段階（6000 - 5400 cal. yr BP）は気候が不安定で、やや冷温な状況、中期段階（5400 - 4800 cal. yr BP）は温暖湿潤期で落葉針葉混交林が発達し、後期段階（4200 - 3380 cal. yr BP）は、気候は急激に降下し針葉樹林の植生となり、紅山文化の突然の衰退と小河沿文化の低調時期に相当する。夏家店下層文化段階（4200 - 3380 cal. yr BP）には気温が上昇し落葉針葉樹林が繁茂して、発展段階となるとする。そしてとりわけ 4600 - 4200 BP 時期の寒冷化は穀物の生育を阻害することで、集落の減少、大型宗教施設の衰退を招き、紅山文化と小河沿文化の滅亡に至ったと説いている。さらに 4300 cal. yr BP の寒冷化は現在よりも平均気温が3℃低下する重大なもので、こうした現象は世界各地域で同様に生起したことを挙げて、大きな歴史的展開期となったことを主張する。

靳桂雲のいう 4300 cal. yr BP はワイスなどが指摘する（Weiss 2000）紀元前 2248 年から 2056 年の寒冷化した時期に相当することから、小河沿文化と夏家店下層文化の境目に当たることは間違いないが、紅山文化や小河沿文化との関連は炭素年代にのみ依存して解釈されているために、事実とそぐわないものとなっている。紅山文化の主体は紀元前四千年紀であり、紀元前三千年紀後半までは継続しないことは明らかである。小河沿文化は仰韶文化の廟底溝第2期文化と並行でその中心は紀元前三千年紀の前半期に位置づけられる。このように

属する年代を比定することで、東北アジア南部地域でもアトランティック期とサブ・ボレアル期の変わり目、紀元前 2248 年から 2056 年の寒冷化した時期には遺跡形成が空白になるか、乏しくなったことを表すこととなる。

紀元前三千年紀末葉と紀元前二千年紀初めの寒冷化現象により、落葉樹林が針葉樹林に交代したばかりでなく、草原や沙地が拡大したことにより、ヒツジなどの草原を好む動物が家畜化されたことが重要な生業上の変化であった。またこの時期中央アジアのアンドロノヴォ車馬民青銅器文化に特有の耳飾などが出現することは、東北アジアへの文化的影響が中原以外の地域からももたらされることの始まりでもあった。

殷代中期の寒冷化期は夏家店下層文化の南下現象も見られたが、殷代後期の気候回復とともに、大甸子墓地にみられるように（中国社会科学院考古研究所 1996）殷文化の影響を濃く具備した遺跡が登場するようになり、さらには西周初期には西周燕の勢力を背景とする強力な中原文化が東北アジア南部に展開するようになり（甲元 2006）、中国的世界に参画する趨勢となった。

西周末期から春秋初期にかけての気候変動は寒冷化とともに、東北アジア西部では乾燥化を伴い東部では湿潤化して、東北アジアの東西で大きく生態環境が変化したことは重要である（Winkler and Wang 1993）。この時期以降東北アジア西部では軍都山墓地に示されるような騎馬民が活躍する場所となり、東西で大きく生業形態が異なる社会が出現することとなった。遼東地域や朝鮮北部ではブタ飼育を伴う穀物栽培が展開し、東北アジア北部地域では家畜飼育に生業の重点をおかず、狩猟・漁撈、採集活動を季節的推移にあわせて営む農耕文化が永らく継続することとなった。

初期農耕文化

東北アジアに農耕文化が登場するのは瀋陽の新楽下層文化と内蒙古東南部の興隆窪文化で、キビとアワを栽培種とする農耕であった。栽培穀物ばかりでなく、興隆窪遺跡では穀物栽培に伴う雑草も検出されていることから、当該地域での栽培活動を明確に物語るものである。東北北部地域や沿海州南部地域ではアワに比べキビの出土数や出土遺跡数が多いことから、黄河流域とは異なって

キビが優先的に栽培された可能性が高いと考えられる。アワにくらべキビは栽培が比較的容易で、しかも 1000 粒あたりの重量は 3.8～4.8g を測り、平均 2g ほどのアワよりも多いことが知られている。いずれにしろキビやアワは耐寒性や耐乾性に富み東北アジア西部の乾燥台地、東北アジア北部の冷温地帯には相応しい穀物といえる。

興隆窪文化段階の農具は石鍬、鎌刃、磨棒と鞍型磨臼であり、東北アジア各地に展開する初期農耕文化の基本的農具セットがこの時期整えられた。白音長汗遺跡では興隆窪文化段階以前の時期から集落の形成が開始されることから、穀物栽培の開始は興隆窪文化段階以前にまで遡上する可能性も否定できない。白音長汗遺跡の集落の形成状況をみると興隆窪文化段階と趙宝溝文化段階それに紅山文化段階ではそれぞれ空白期間が認められる。このことは白音長汗遺跡では天然に存在するチェルゼノームのお陰で簡単に台地を拡散するだけで栽培ができ、大規模な集落形成を可能にしたが、チェルゼノームを消耗し尽くすと地味が低下して農耕を営むことが不可能になり、転々と耕作地を移動したことを物語っている。白音長汗遺跡における趙宝文化段階や紅山文化段階の単位集団での居住が認められることは、小規模単位による開拓が当時の農耕の基本であったことを窺わせる。

趙宝溝文化段階になると石鍬に加えて耕起具に石耜が登場する。この石耜は深耕用の農具であり、畑をより深く耕すことで生産性を高める方向へと農耕技術を発達させたことを意味している。すなわち興隆窪文化段階ではチェルゼノームを消費したために深く耕して地味の回復力を増す必要が生じてくる。折からの高温湿潤気候という気候条件に恵まれ、より農耕栽培が伸展していき、アワ・キビなどの栽培とともに、狩猟活動においてシカ科という特定種に対する選別的捕獲という多角的な経済戦略が可能になった。紅山文化期に属する遺跡で魚骨の検出例はあまり見られないが、湿潤化した気候状況と魚網錘の出土は、農耕や狩猟では得られない蛋白質補給が漁撈活動でも補われていたであろうことは想像に難くない。紅山文化段階では黄河流域地域の後崗文化と関連が強かったことは、土器の器種構成や石庖丁の導入などで知ることができるが、それらはあくまでも付加的要素であり基本的には在来の伝統が継続されていたことが窺える。

小河沿文化の様相はあまり明確ではない。遺跡の規模も大きくはなく、遺跡形成の持続性もあまり確認することはできない。東北アジア南部地域が本格的な農耕文化が確立するのは次の紀元前二千年紀の夏家店下層文化段階である。
　東北アジア南部地域で展開した農耕文化の波は紀元前四千年紀には朝鮮半島にも及んでいる。西北朝鮮の智塔里では石鍬、石耜、鎌刃、磨棒、鞍型磨臼の石器組成が見られ、これは遼西地域の趙宝溝文化段階のそれと一致する。こうした石製農具の組成は紀元前二千年紀には時間的傾斜を伴ってキビ、アワの栽培穀物とともに、沿海州南部地域にも及ぶ（Komoto and Obata 2007）が、東北アジアの東側地域では石耜はあまり使用されなかった。東北北部地域や朝鮮半島では前記の石器組成から石耜を除外した石製の具が一般的であり、初期鉄器時代まで継続使用される。
　東北アジア北部地域に展開する農耕文化の特色の一つは、栽培穀物の種類が多く、その中にマメ類が必ず含まれるという組み合わせに見られる。一般的にマメ類は空中に存在する窒素を畑に取り込むために地味の低下を防ぐ役割をも果たす。19世紀まで北朝鮮で行われていた火田民の穀物栽培をみても、中間にマメ類を挟んでアワやソバが播種されるのが通例であり、先史時代の東北アジアの住民もこうした特徴を熟知していたものと想定される。
　東北アジアでイネの存在が明らかにされるのは遼東半島先端部に位置する大嘴子遺跡の双砣子文化期の事例を嚆矢とする。それにやや遅れて西北朝鮮の南京里例を挙げることができる。しかし最近の調査では朝鮮南部の漁隠洞遺跡で紀元前二千年紀前葉に年代付けされる資料があり（Crawford and Lee 2003）、日本列島でも九州北部地域の縄紋時代後期後半にはイネの圧痕が存在することの指摘が多くなされるようになっている。これらを考慮すると紀元前三千年紀末葉か紀元前二千年紀前葉の寒冷化現象を克服する手段として、山東半島の龍山文化からの影響の下にある種の稲作栽培が営まれていた可能性は高くなってきた。紀元前二千年紀には渤海湾で発達したトローリング漁法に使用される逆T字形釣針が朝鮮半島西部・南部と北部九州に共通して登場することは、この問題を考える上で極めて示唆的である。
　大嘴子遺跡が立地する地点は遼東半島先端部の海に突き出た台地上で、水稲栽培が不可能な場所にある。またこの地域は乾燥化が激しいために灌漑を行わ

なければ水稲栽培は不可能に近い。同様に山東半島の龍山文化期では中期段階の半島南部地域でしか可能性は低い。山東半島から朝鮮半島にかけての地域ではイネに畑作穀物が伴うのが通例であり、共伴雑草も田畑共通雑草か、畑作に随伴するものばかりである。このことから山東半島や朝鮮半島での稲作栽培は灌漑を行う田畑交換栽培であったとするのが妥当であろう。東北アジア南部地域で水稲栽培が本格化するのは、紀元前8世紀の寒冷化後のことである。

狩猟活動

ジャコビは4家族20人の1日に必要とするエネルギーを、動物の種別ごとに量的把握を試みている(Jacobi 1980)。それによるとアカジカでは1日1/4頭、イノシシでは1/3頭が必要で、シカ科の中では最も小さいノロでは2頭を要するとされる。アカジカはノロの8倍のエネルギーを提供することが分る。体重からするとニホンジカはイノシシに相当すると考えられるので、ノロの6倍の食糧源となっていた。東北アジアの遺跡から検出される動物骨の中でイノシシ、ニホンジカ、アカジカが多いことはすなおに理解できる。

ジャコビの試算にはないが東北アジアの日本海沿岸地域では海獣が多く棲息し、遺跡出土の骨と海獣捕獲に利用した回転離頭銛の分布が重なることで窺うことができる。これら海獣類

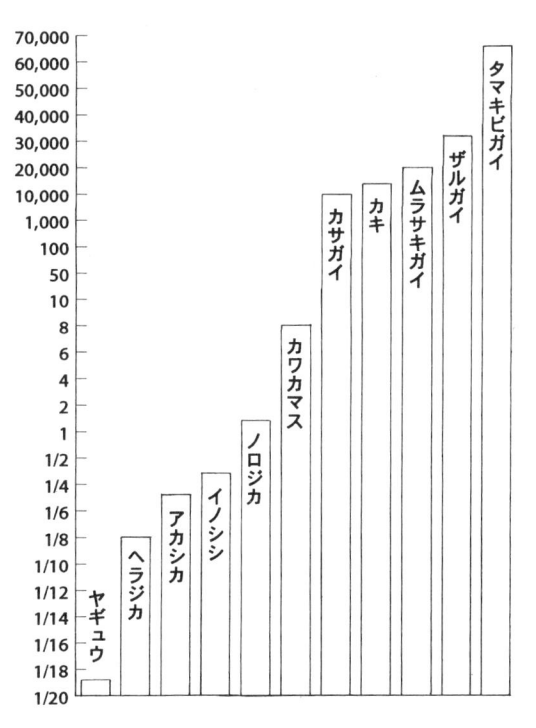

図57 4家族の20人の1日に要する食料品目

の体重は平均してヤギュウとほぼ同じであるとみると、1頭で1家族20日前後の食料を賄うことが可能なことを示し、西浦項貝塚などで青銅器時代にはいっても依然として、海獣狩が持続していた理由を知ることができる。しかし海獣類の中ではアシカとゴマフアザラシを除いては季節性を帯びた動物であり、冬季から春季にかけて日本海沿岸地域のピョートル大帝湾を中心に南下し、初夏まで回遊する。オットセイの棲息水温は15℃であるので朝鮮半島東海岸の中ほどまでが限界となっている（和田・伊藤1999）。そのためこれら大型海獣の狩猟は場所と季節が限られる。回転離頭銛が多く出土するのが東北朝鮮沿岸部以北であることはこれを裏付けるものといえよう。

東三洞貝塚でアシカが多く捕獲され、そのうちに雄獣が半数以上を占めていることは、付近に出産場所があったことを示すものであろう。確認されている限りアシカの出産場所の南限は沖ノ島や竹島である。ゴマフアザラシの出産場所はこれよりも北上し、その南限は北緯27度の黄海に浮かぶ小島である。海獣の多くは春季から初夏に出産することから、東三洞遺跡出土の幼獣は冬季段階で捕獲された可能性が高い。朝鮮南部では海獣狩は冬季に集中した結果、半数以上が幼獣の骨であるという結果を招来したものと思われる。これに対して西浦項貝塚で成獣が多いことは夏季に回遊してきた海獣類が捕獲の対象であったことを示し、通年的な漁撈活動が営まれていたことを物語るものと推測される。

オロチョン族の民族誌によるとオロチョン族のあいだでは通年的に狩猟活動が営まれていることが知られる。季節にあわせてシカ科の狩猟対象が変化することから、先史時代においても実際には季節ごとに狩猟対象をことにしていたことが充分に想定できる。ところがイノシシが家畜化されブタが登場するようになると、東北アジア北部地域ではアカジカが南部地域ではニホンジカの捕獲数が増加して、特定種に対する選別的な狩猟に変化することが窺える。これはある程度穀物栽培が順調に進展したことで、より食料源として効果的な対象が選択されていたことを仄めかしている。

さらに季節に大きく左右される漁撈活動をも含めると、生業活動の季節的変化がより明確化したことが分かる。夏家店下層文化段階になると東北アジアでも本格的な農耕生産段階に入ったことを狩猟動物の推移からも推測できる。

採集活動

　東北アジアの先史時代において検出された採集植物資料は極めて少ない。これまで先史時代の遺跡で出土が報告されているのは、クルミ、ハシバミ、各種のドングリなどの堅果類、ブドウ、イチゴ、モモ、サクランボなど10指に満たない。中国の明代以降の文献には数多くの植物質食物が列挙され、朝鮮の伝統的な食料体系の中にも、多くの植物質食料が含まれている。しかし水選別法が導入されて植物質食料を目的的に採取することは最近になって試みられるようになったものであり、出土情報の多くは今後に待つしかない。

　オロチョン族を初めとする東北アジア北部に居住する少数民族の民族誌を瞥見しても、春季には根や葉、夏季には漿果類、秋季には堅果類と季節ごとに多様な植物質食料に依存した生活を送っていたことが窺える。ことに長期間保存のきく堅果類は、その地域の住民にとって最も重要な食物であったことが指摘されている。

　一般的に狩猟民といわれている民族でも安定した食料の大部分は採集植物であることは、多くの研究者により明らかにされてきた（Lee and De-Voire 1968）。こうした採集植物に依存する生活はちょっとした気候変動が大きな生態環境の変化に通じ、極めて不安定なものであったことも否めない。気候変動の影響はまず植物相に現われ、それを食料とする動物相に変化が及び、ついには人間の生活に重大な影響を与えることとなる。寒冷化現象の進展は農耕の面以上に採集植物に依存した生活を送っていた東北アジアの先史時代人にとっては最も危機をもたらす要因であったことは容易に理解できる。

漁撈活動

　先史時代の東北アジア沿岸部に共通して認められるのはマガキを主体とする貝塚の形成で、とりわけ朝鮮東北部から沿海州南部地域にかけてと朝鮮南部沿岸地帯で貝塚の発達が著しく、初期鉄器時代にまで大規模な貝塚の形成が見られる。冬季には安定した食料源となっていたことは充分に想定できる。カキ以外にも貝の採取は行われたが、その量は極めて少ない。グラドカヤ河下流に位

置するザイサノフカ遺跡群では少なからぬ量のヤマトシジミが検出されていて、春季から夏季にかけて補助的な役割を担った食料であったかもしれない。

　黄・渤海湾地域では単式釣針の出現は遅れ、新石器時代の早い段階では逆T字形釣針と郭家村型結合式釣針、ヤスが卓越し、網漁も盛んに営まれていた。逆T字形釣針は沿岸部に棲息するクロダイなどのほかに、サワラなどの回遊魚が主たる捕獲対象であり、結合式釣針はそれより大型のサメやチョウザメなどの捕獲にあてられたものと思われる。この地域の漁撈活動の特色は回遊魚の漁であり、その食料連鎖の基底にあるコウライエビの移動分布に大いに関係している（図58）。すなわち、

　　　　コウライエビ→イワシ→サバ→サワラ→サメ

と食物循環があり、その過程にさらに多くの魚種が介在する。従って黄・渤海湾地域では春季以外には漁撈活動が活発に営まれていたことが想定できよう。

　東北朝鮮から沿海州南部地域にかけての漁撈具の組み合わせは、結合式釣針、回転離頭銛、有刺銛、単式釣針、逆T字形釣針、石錘と各種備わっている。出土した動物骨からは、新石器時代には海獣が主体で、青銅器時代になりマグロ、サワラなどに漁撈対象が変化してゆく傾向にある。この点は朝鮮半島南部沿岸地域でも共通し、新石器時代にはアザラシの捕獲が卓越しているが、青銅器時代になると沿岸に棲息する各種の魚に変化する。また河川が注ぎ込む沿岸地域では、汽水性魚とともに淡水性魚も捕獲対象となりうることから、季節ごとの多様な魚種を味わうことが可能であった。沿海州南部の内陸地帯に立地するクロウノフカ遺跡に比べ、ピヨートル大帝湾などの沿岸地域では、穀物栽培の導入が遅れ、青銅器時代にはいっても漁撈活動が盛んに営まれるのは、内陸部に比して生態環境が豊かでありすぎた結果に他ならない。

　東北アジア内陸部で漁撈活動が盛んに営まれるのはその北半部で、離頭銛、回転離頭銛、擬似針、単式釣針、石錘など各種の漁具が普通にみられる。住居址から検出される石錘と土錘の量から復元される刺網の長さはせいぜい5m未満であり、大河流域での使用は困難である。従って紀元前一千年紀段階での網漁には差異ほど大きな体形の魚を捕獲対象としたものではないことが容易に窺える。回転離頭銛により民族誌によってチョウザメやソウギョなどの大型魚が捕獲されていることは、先史時代の黒龍江流域で発見されるものも同様に使用

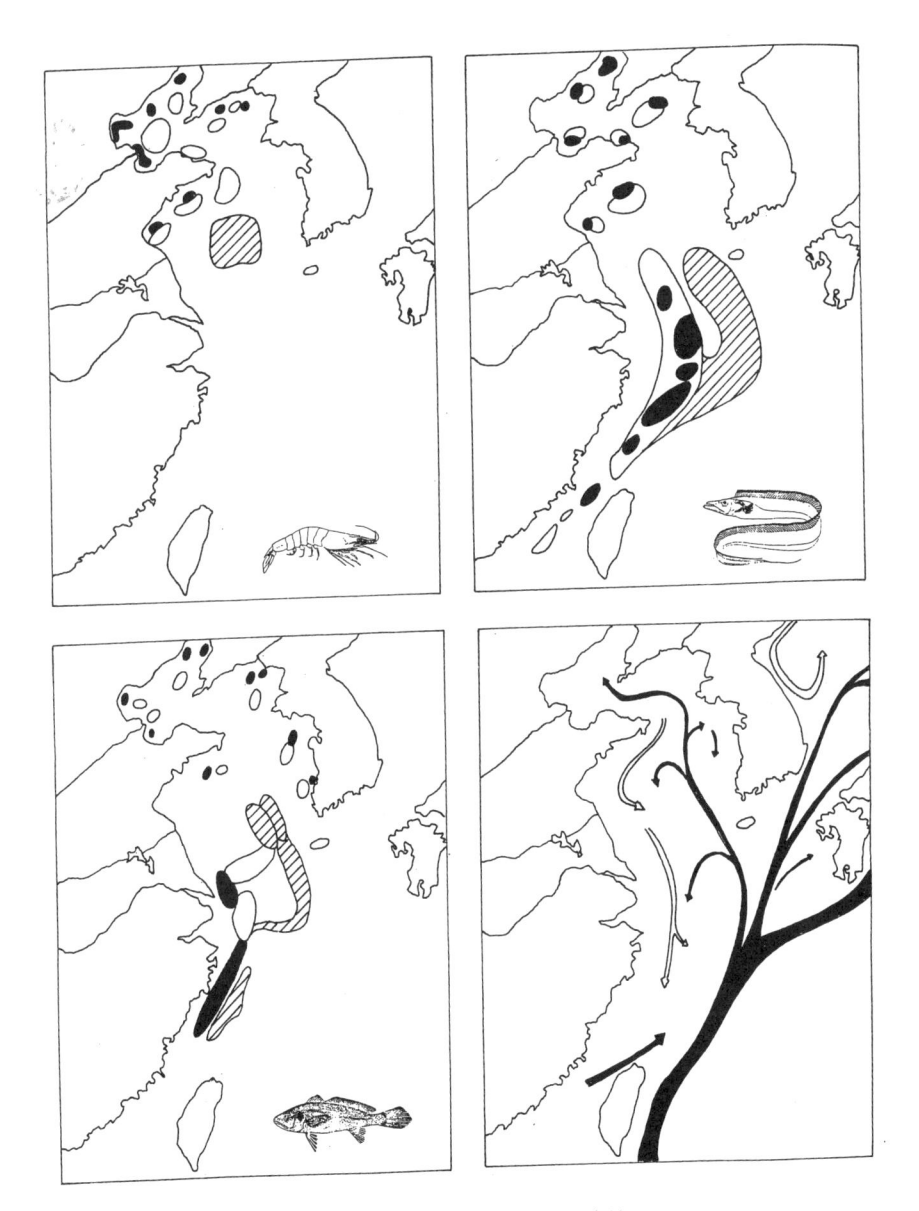

図58　環東中国海の回遊魚と海流
左上：コウライエビ（斜線は越冬地、黒塗りは産卵地、白抜きは生育地、以下同じ）
右上：タチウオ　　左下：キングチ　　右下：寒流（白抜き）と暖流

されたものと想定しうる。沿岸部にみられる回転離頭銛とどちらが先に始まったか不明であるが、黒龍江流域の漁法を特徴付けるものである。疑似餌を使っての大型肉食魚の捕獲も先史時代この地域に特殊に見られる漁法であった。

東北アジア内陸部での民族誌によれば漁撈活動は夏季の一部を除いて通年的に営まれていたことが窺え、それだけ重要な食料源となっていたことを示している。春季にはイトウやコグチマスといった大型魚、夏季にはチョウザメ、秋季にはサケなどが主要な対象であり、冬季には氷下の様々な魚を狙うことができた。この河川漁撈での優位性は、地上の動植物ほどにはさほど環境変化の影響を受けにくい点にあり、たとえ魚種に変化が見られても漁撈対象となる種が変わるだけで済ませることができる。黒龍江水系はもと魚種が多い黄河水系や固有種が多いバイカル湖水系と繋がっていたことがあり（西村 1974）、そのために魚種が豊富で環境変化に適応性が強いことも優位に働いているといえる。

朝鮮半島南部地域の漁撈活動は寒流と暖流が季節ごと入り混じる環境にあり、また海獣が棲息しうる南限にあたるために、多様な漁撈が展開した。単式釣針はもとより、黄・渤海湾系統の逆Ｔ字形釣針、郭家村型結合式釣針、東北朝鮮から沿海州に系譜をたどることができる回転離頭銛、離頭銛、鰲山里型結合式釣針などの存在はそのことを端的に示している。実際遺跡から検出された魚類や海獣類をみても最も多様な種類が捕獲されている。初期鉄器時代まで貝塚が形成され続けることも、その証跡の一つとなしうるであろう。歴史的にみれば黄・渤海窪湾の漁法と沿海州から東北朝鮮の漁法の両種が見られることは、両地域との密接な交流があったことが指摘でき、この地域の漁撈民は文化伝播の上で極めて重要な役割を担っていたことを物語るものである。黄・渤海湾地域との交流は新石器時代中期から始まっていた可能性は、遼東半島の呉家村遺跡で出土した土偶と欲知島出土のそれが類似していることで示される。

社会の構造

興隆窪遺跡や白音長汗遺跡に見られるように、初期農耕文化の社会は大規模な集落構成をもって始まる。しかしそのことは社会の基本単位が大規模集団で構成されていたことを意味するものではない。黄河流域の初期農耕文化の典型

的な社会と見做しうる陝西省姜寨遺跡でも、大型住居址─中型住居址─小型住居址で構成され中型住居址1に対して小型住居址4が基本単位となっていることが知られている。またこの集団を構成する単位は墓地構成にも反映されている（甲元2001）。

白音長汗遺跡においても興隆窪文化段階の一時期を除いて、中型住居址と小型住居址3〜4軒の組み合わせを基本単位として抽出することができる。中型住居址はしばしば小型住居址とは異なった構造をもち、石器や骨角器製作場所となっていることから基本集団となる単位の中核的な存在であることが知られる。こうした社会の基本単位は紅山文化以前の段階ではある程度一般的なものであったとすることが可能で、墓地の構成から見ると階層性よりも年齢と性別を強調する社会であったことが窺われる。こうした社会構造は朝鮮の新石器時代前半期でも見ることができ、支石墓構築の基本単位とも合致し、さらには日本の弥生文化段階の集落構造とも一致している（甲元1986c）ことは極めて興味深い点である。

1軒の中核となる住居址と3〜4軒を単位とする小型住居跡で構成されるものは、近藤義郎が早くから指摘した「単位集団」であり（近藤1959）、個別小型住居が消費単位で、中型住居址を含むこれらの集団が生産の単位となる社会構成をなしていた。このような社会の構造はオロチョン族の狩猟集団にみられるように基本的には男性による狩猟集団の単位を継承するものであり、初期農耕文化当初の社会構造は狩猟集団の社会構造をそのまま持ち込んで形成されたと推察できる。この狩猟民的社会構造が大きく変化するのは本格的な農耕社会が形成された段階であり、その社会が安定化するまでは単位集団と大規模集団の間をゆり動くのを通例とする。興隆窪遺跡や白音長汗遺跡の一時期の小単位に区別し難い大規模集団は、農耕生産が順調に展開した時期に限られ、天然に存在するチェルゼノームを消費して、農耕生産が低下すると再び単位集団に先祖返りして安定的な社会構成が可能になるまで移動を繰り返すものであった。

おわりに

東北アジアの初期農耕文化の生業活動は、農耕、狩猟、漁撈、採集と様々な

分野を所与の生態環境にあわせてその比重を変えるという網羅的な経済戦略のもとになされたのである。その後東北アジア南部地域は黄河流域の、遼東半島文化的影響では山東半島の文化的影響を受けるものの、基本的な社会システムには変わりがなかった。紀元前二千年紀にはいると中央アジアや黄河流域の青銅器文化に席捲されるが、それは第二松花江流域以南、遼東以西であり、その他の地域では在来の網羅的経済システムが持続していた。土偶や石偶などの塑像が網羅的経済戦略を持続した地域に残るのも、これらが狩猟採集民のイデオロギーを強く保持し続けた結果に他ならない。この地域に分布する塑像が人間ばかりではなく、各種の動物を描いていることは狩猟民の豊穣祈願の様式と類似していて、後期旧石器時代以来の社会的継承性を表すものといえよう。

　東北アジアに展開した初期農耕文化は前代からの狩猟民社会が基本となり形成されたもので、この社会が変革を余儀なくされるのは、中原隣接地では青銅器文化期であり、さらにその外郭地帯は鉄器時代に入ってからであったとすることができよう。

挿図表の出典

表10：田広金・郭素新2005年より、図57：Jacobi 1980より、図58：全国農業区画委員会1987年より

引用文献

日本語

秋葉　隆　　1936「オロチョン・シャマニズム」『民族学研究』第2巻第4号、1936年
有光教一　　1941「平安北道江界郡魚雷面発見の箱式石棺墓と其副葬品」『考古学雑誌』
　　　　　　　　第31巻第3号
　　　　　　1953「朝鮮石器時代のすりうす」『史林』第35巻4巻
　　　　　　1959『朝鮮磨製石剣の研究』京都大学
　　　　　　1962『朝鮮櫛目文土器の研究』京都大学
　　　　　　1968「朝鮮磨製石剣の年代論について」『史林』第51巻第4号
　　　　　　1969「朝鮮支石墓の系譜に関する一考察」『浜田耕作先生追憶古代文化論攷』
　　　　　　　　古代学協会
安　承模　　2002「韓国と日本の初期稲作」『大阪市学芸員等共同研究朝鮮半島と日本の
　　　　　　　　相互交流に関する総合学術調査』大阪市学芸員等共同研究実行委員会
　　　　　　2007a「韓国先史時代の農耕」『第4回九州古代種子研究会発表資料』
　　　　　　2007b「作物遺体を中心にみた朝鮮半島の先史遺跡」日本考古学協会2007年
　　　　　　　　度熊本大会実行委員会『日本考古学協会2007年度熊本大会研究発表
　　　　　　　　資料集』
鋳方貞亮　　1961「朝鮮における稲栽培の起源」『朝鮮学報』第18輯
イサベラ・バード、朴尚得訳　1993『朝鮮奥地紀行』平凡社
石毛直道　　1968「日本稲作の系譜」『史林』第51巻第6号
泉　靖一　　1937「オロチョン族踏査報告」『民族学研究』第3巻第1号
井上秀雄　　1966「古朝鮮・辰国・任那・三国」『朝鮮史入門』太平出版社
猪股靜彌　　2002「万葉集に歌われた草木」冬至書房
今西　龍　　1907「朝鮮にて発見せる貝塚に就て」『人類学雑誌』第259号
梅津正倫　　1994『沖積低地の古環境学』古今書院
梅原末治　　1946『朝鮮の古代墓制』高桐書院
江上波夫・駒井和愛・水野清一　1943「旅順双台子山新石器時代遺跡」『人類学雑誌』
　　　　　　　　第49巻第1号
及川民次郎　1933「朝鮮牧の島東三洞貝塚」『考古学』第4巻5号
王　　巍　　1992「美松里型土器の研究」『橿原考古学研究所紀要』第14冊
大阪府文化財センター　1980『池上・四池遺跡』第6分冊
大林太良　　1968「東アジア・北アジアの鏡と宗教」森浩一編『鏡』社会思想社
大貫静夫　　1992a「豆満江流域を中心とする日本海沿岸の極東平底土器」『先史考古学論
　　　　　　　　集』第2集

大貫静夫　1992b「極東の先史文化」『季刊考古学』第38号
　　　　　1995「環渤海初期雑穀農耕文化の展開」『東北アジアの考古学研究』同朋舎出版
　　　　　2002「チェルトビィ・ヴァロタ洞窟遺跡と沿海州新石器時代における諸問題」『博望』第3号
岡崎　敬　1966「コメを中心としてみた日本と大陸」『古代史講座』第13巻、学生社
岡村秀典　1991「仰韶文化の集落構造」『史淵』第128輯
　　　　　1994「中原龍山文化の居住形態」『日本中国考古学会会報』第4号
　　　　　1995「遼河流域新石器時代の居住形態」『東北アジア考古学研究』同朋社
岡本正一　1940『満支の水産事情』水産通信社
小川静夫　1983「極東先史土器の一考察」『東京大学文学部考古学研究室紀要』1号
オクラドニコフ、加藤九祚・加藤晋平訳　1974『シベリアの古代文化』講談社
小田富士雄　1986「北部九州における弥生文化の出現序説」『九州文化史研究所紀要』第31号
小野　昭　1972～73「内モンゴリアの細石器について」『考古学研究』第19巻2、3号
小野武夫　1942『日本農業起源論』日本評論社
小畑弘己　1996「シベリア先史時代の釣針と漁撈」『古文化談叢』第36集
　　　　　2003「ロシア沿海州地域における植物種子研究の現状」『九州・極東地域における植物種子研究の現状と課題』九州古代種子研究会
　　　　　2004「東北アジアの植物質食料」甲元眞之編『先史・古代東アジア出土の植物遺存体』(2)、熊本大学
小畑弘己・坂元紀乃・大坪志子　2003「考古学者のためのドングリ識別法」『先史学・考古学論究』Ⅳ、龍田考古会
郭　大順　1995「遼寧先史考古学と遼河文明の探索」秋山進午編『東北アジアの考古学研究』同朋舎出版
笠原安夫　1974『日本雑草図説』養賢堂
　　　　　1976「日本における作物と雑草の系譜(1)」『雑草研究』21巻
　　　　　1977「発掘種子から見た農耕形態」『どるめん』第13号
　　　　　1983「出土種子からみた縄文・弥生期の稲作」『歴史公論』74号
　　　　　1987「福岡市四箇遺跡の種子分析について」福岡市教育委員会『福岡市早良区四箇遺跡』
加藤里美　2002『中国新石器時代における食品加工具の考古学的研究』國學院大學大学院研究叢書文学研究科9
金子浩昌・中山清隆　1995「韓国古代遺跡出土の動物遺体資料からみた文化史的研究」『青丘学術論集』第7集
神尾明正　1942「青島市興亜路貝塚の先史地理」『史前学雑誌』第14巻第1号
加茂儀一　1973『家畜文化史』法政大学出版局

唐津市教育委員会　1982『菜畑』
菊池俊彦・西本豊弘　1974「沿海州ペスチャヌイ半島出土の動物遺存体」『北海道史研究』第3号
倉林眞砂斗　1994「二次合葬の時代」『城西国際大学紀要』第2巻第1号
黒田長礼　1940『原色日本哺乳動物図説』山省堂
甲元眞之　1972a「朝鮮半島の有茎式磨製石剣」『古代文化』第24巻第7号
　　　　　1972b「朝鮮半島の有柄式磨製石剣」『古代文化』第24巻第9号
　　　　　1972c「朝鮮の初期農耕文化」『考古学研究』第20巻1号
　　　　　1973a「朝鮮支石墓の編年」『朝鮮学報』第66輯
　　　　　1973b「東北アジアの磨製石剣」『古代文化』第25巻第4号
　　　　　1973c「朝鮮の初期農耕文化」『考古学研究』第20巻第1号
　　　　　1973d「西朝鮮の支石墓」『古代文化』第25巻第9号
　　　　　1982「弥生時代動物随葬の一様相」『歴史公論』第8巻第9号
　　　　　1986a「初期農耕文化 ー イギリス」『季刊考古学』第14号
　　　　　1986b「中国先史時代の社会」『日本民俗社会の形成と発展』山川出版社
　　　　　1986c「農耕集落」『岩波講座日本考古学』第4巻、岩波書店
　　　　　1986d「弥生社会復元の試みⅠ」『弥生文化の研究』9、雄山閣出版
　　　　　1987a「先史時代の対外交流」『日本の社会史』第1巻、岩波書店
　　　　　1987b「中国先史時代の漁撈」『潮見先生退官記念考古論集』広島大学
　　　　　1987c「鏡」金関恕・佐原眞編『弥生文化の研究』第8巻、雄山閣出版
　　　　　1989「東北アジアの石製農具」『古代文化』41巻4号
　　　　　1990「燕の成立と東北アジア世界」『天地』六興出版
　　　　　1991「東北アジアの初期農耕文化」『日本における初期弥生文化の形成』文献出版
　　　　　1992a「長江と黄河―中国初期農耕文化の比較研究」『国立歴史民俗博物館研究報告』第40集
　　　　　1992b「東南アジア考古学研究」『東アジアの文明の盛衰と環境変動』文部省科学研究費補助金平成3年度重点領域研究報告書
　　　　　1993a「中国東北地方の先史時代漁撈復元」『岩崎卓也先生退官記念論文集』雄山閣
　　　　　1993b「朝鮮先史時代の漁撈関係自然遺物」『古文化談叢』第30集
　　　　　1994a「黄河流域の先史時代漁撈技術」『日本中国考古学会会報』第4号
　　　　　1994b「東北アジアの先史時代漁撈」『熊本大学文学部論叢』第45号
　　　　　1994c「中国東北地方の先史時代漁撈復元」『日本と世界の考古学』雄山閣
　　　　　1995「中国先史時代の抜歯習俗」『文明学原論』山川出版社
　　　　　1996a「顎倫春族の生業暦」『地域文化研究』11、梅光女学院大学地位異文化研究所

甲元眞之　1996b「中国先史時代の集落と墓地」『東アジアにおける社会・文化構造の異化過程に関する研究』熊本大学
　　　　　1996c「農耕社会と環境の変化」『考古学による日本歴史』第16巻、雄山閣
　　　　　1997a「黄・渤海沿岸地域の先史時代漁撈文化」『先史学・考古学論究』2
　　　　　1997b「東北朝鮮の貝塚遺跡」『動物考古学』第9号
　　　　　1997c「朝鮮先史時代の集落構造」藤本強編『住の考古学』同成社。
　　　　　1998「農耕文化の拡大と環東中国海先史漁撈民」『日本人と日本文化―その起源をさぐる　News Letter』No.5
　　　　　1999a「環東中国海の先史漁撈文化」『熊本大学文学部論叢』第61集
　　　　　1999b「東アジア先史時代穀物出土遺跡地名表」『環東中国海沿岸地域の先史文化』第2編、熊本大学
　　　　　1999c「韓国先史時代の植物遺存体」『日本人と日本文化、その起源をさぐる』News Letter No.11、国際日本文化研究センター
　　　　　2000a「朝鮮半島の初期農耕」『琉球・東アジアの人と文化』高宮先生古稀記念論集刊行会
　　　　　2000b「韓国先史時代の植物遺存体」『日本人と日本文化』No.11
　　　　　2001『中国新石器時代の生業と文化』中国書店
　　　　　2003a「先史時代九州の植物利用」『先史学・考古学論究』Ⅳ、龍田考古会
　　　　　2003b『クロウノフカⅠ』熊本大学
　　　　　2004a「東アジアの動向からみた弥生時代の開始年代」『弥生時代の実年代』学生社
　　　　　2004b「砂丘の形成と考古学」『日本の初期農耕文化と社会』同成社
　　　　　2006「東北地方南部地域における青銅器文化の展開」『東北アジアの青銅器文化と社会』同成社
甲元眞之編　1999『環東中国海沿岸地域の先史文化』第1編
　　　　　2000『環東中国海沿岸地域の先史文化』第2編
甲元眞之・松村真紀子　1991「東アジア新石器文化段階の出土穀物」『各地域における米つくりの開始』埋蔵文化財研究会
古代オリエント博物館　1988『日本人と文化の起源を訪ねて』
後藤　直　1971「西朝鮮の無文土器について」『考古学研究』第68号
　　　　　1974「朝鮮半島における稲作の始まり」『考古学ジャーナル』第228号
　　　　　1986「初期農耕」『季刊考古学』第14号
　　　　　1991「日韓出土の植物遺体」『日韓交渉の考古学』六興出版
　　　　　2006「農耕の二つの始まり」『朝鮮半島初期農耕社会の研究』同成社
小林達雄　1977「縄文土器の世界」『美本原始美術大系』第1巻、講談社
　　　　　1985「縄文文化の終焉」『日本史の黎明』六興出版
駒井和愛　1931「山東省黄県龍口付近の貝塚に就いて」『東方学報』第1冊

近藤義郎　1959「共同体と単位集団」『考古学研究』第6巻第1号
　　　　　1983『前方後円墳の時代』岩波書店
斎藤　忠　1935「慶尚南道蔚山郡西生面出土の櫛目紋様土器」『考古学雑誌』第25巻第6号
佐々木高明　1971『稲作以前』NHK出版
　　　　　1986a『縄文文化と日本人』小学館
　　　　　1986b「東アジア農耕文化の類型と展開」『日本人の起源』小学館
　　　　　1991『日本史誕生』集英社
　　　　　1993「ナラ林文化考」『日本人と日本文化の形成』朝倉書店
佐藤達夫　1963「朝鮮有紋土器の変遷」『考古学雑誌』第48巻3号
島津義昭　1992「日韓の文物交流」『季刊考古学』第38号
島根県教育委員会　1979・87『朝酌川河川改修工事に伴うタテチョウ遺跡発掘調査報告書』Ⅰ、Ⅱ
　　　　　1987・88『朝駒川河川改修工事に伴う西川津遺跡発掘調査報告書』Ⅱ、Ⅳ
下條信行　1988「日本石庖丁の源流」『日本民族・文化の生成』六興出版
鈴木公雄　1979「縄文時代論」『日本考古学を学ぶ』第3巻、有斐閣
鈴木　政　1943『大東亜に於ける米』白楊社
朱　延平　1997a「新楽・趙宝溝集落の考察」藤本強編『住の考古学』同成社
設楽博己　1994「農耕文化が土偶を変えた」『歴博』第67号
　　　　　1996「副葬される土偶」『国立歴史民俗博物館研究報告』第68集
関根真隆　1969『奈良朝食生活の研究』吉川弘文館
関野　雄　1956「中国における墳丘の形成」『中国考古学研究』東京大学出版会
高橋　昇　1998『朝鮮半島の農法と農民』未来社
高橋　護　1999「考古学とプラント・オパール分析の利用」『水田址・畑址をめぐる自然科学』
田崎博之　2002「朝鮮半島の初期水田稲作」『朝鮮半島考古学論叢』すずさわ書店
橘　昌信　1979「石銛」『別府大学史学論叢』10
田中聡一　1999「韓国中西部地方の新石器時代土器について」『先史学・考古学論究』Ⅲ、龍田考古会
田中良之　1978「縄文時代西北九州の離頭銛について」『FRONTIER』1
玉貫光一　1980『シベリア東部動物記』国書刊行会
千葉基次　1986「遼西地域における夏家店下層文化」『考古学雑誌』第71巻2号
趙　志軍　2007「山東地区龍山時代（4600－4000BP）における農業経済の特徴とその分布」日本考古学協会2007年度熊本大会実行委員会『日本考古学協会2007年度熊本大会研究発表資料集』
朝鮮総督府勧業模範場　1923『朝鮮に於ける主要作物分布の状況』

朝鮮総督府殖産局　1925『朝鮮に於ける米以外の食用作物』
朝・中合同考古学発掘隊・東北アジア考古学研究会訳　1986『崗上・楼上』六興出版
沈　奉謹　2000「東アジア先史時代植物遺存体集成―韓国」甲元眞之編『環東中国海沿
　　　　　　　　岸地域の先史文化』第3編、熊本大学
鄭　大聲　1979『朝鮮食物誌』柴田書店
　　　　　1982『朝鮮の料理書』東洋文庫、平凡社
寺沢　薫　1986「畑作物」『季刊考古学』第14号
寺沢　薫・寺沢知子　1981「弥生時代植物食料の基礎的研究」『橿原考古学研究所紀要』5
東亜考古学会　1932『羊頭窪』東方考古学会
　　　　　　　1938『赤峰紅山後』東方考古学会
東京帝国大学　1928『日本石器時代遺物発見地名表』東京帝国大学人類学教室
東北アジア考古学研究会　1986『崗上・楼上』六興出版
徳永光一　1999「土壌間隙のX線立体造影法と根成孔隙について」『水田址・畑址をめ
　　　　　　　ぐる自然科学』
戸田秀典　1973「平安時代の食物」『古代文化』第25巻第5号
戸田芳実　1967『日本領主制成立史の研究』岩波書店
ドッゴルコフ、斎藤晨二訳　1981『トナカイに乗った狩人たち』刀水書房
鳥居龍蔵　1917「平安道黄海道古蹟調査報告書」『朝鮮古蹟調査報告－大正5年度』
　　　　　1924「濱田梅原両氏著『金海貝塚報告』を読む」『人類学雑誌』第39巻第1号
直良信夫・金子浩昌　1987「オロスC遺跡出土の動物遺存体」『東京大学文学部考古学
　　　　　　　　　　　　研究室紀要』第6号
中野美代子　1991「オホーツク海の風景」『ひょうたん漫遊録』朝日新聞社
中山清隆　1992「貝面・土偶・猪型土製品」『季刊考古学』第38号
西谷　正　1983「三角形石庖丁について」『別府大学考古学論叢』1
西原悦男　1995『北東アジア陸生哺乳動物誌』鳥海書房
　　　　　1998『北東アジア陸生哺乳動物誌Ⅱ』鳥海書房
西村三郎　1974『日本海の成立』築地書館
西脇昌治・藪内正幸　1965『鯨類・鰭脚類』東京大学出版会
橋口達也　1985「日本における稲作の開始と発展」『今宿バイパス関係埋蔵文化財調査
　　　　　　　報告』第8集
服部健三・近藤　信　1935『食用植物学』科学書院
濱田耕作・梅原末治　1923「金海貝塚発掘調査報告」『朝鮮総督府大正9年度古蹟調査
　　　　　　　　　　　　報告』
春成秀爾　1993「豚の下骨懸架」『国立歴史民俗博物館研究報告』第50集
広瀬雄一　1986「韓国離島域の生産活動の諸問題」『考古学の世界』
廣野　卓　1998『食の万葉集』中公新書
藤田亮策　1924「朝鮮古蹟及遺物」『朝鮮史講座　特別講義』

| | | 1935 | 「朝鮮の石器時代」『どるめん』第4巻第6号 |
| | | 1943 | 『延吉小営子遺跡発掘報告』満州国文教部 |

前田　潮　1974　「オホーツク文化とそれ以降の回転式銛頭の型式とその変遷」『東京教育大学文学部史学研究』第96号
増田精一　1970　「青銅器時代の東西文化交流」『漢とローマ』平凡社
町田　章　1981　「殷周と孤竹国」『立命文学』430、431、432号
　　　　　1987　「中国と朝鮮の稲作」『稲のアジア史』第3巻、小学館
間宮倫宗　1979　『北蝦夷図説』名著刊行会
三上次男　1961　『満鮮原始墳墓の研究』吉川弘文館
水上静夫　1977　『中国古代の植物学の研究』角川書店
水野正好　1979　『土偶』日本の原始美術第5巻、講談社
三宅俊成　1975　『東北アジアの考古学研究』国書刊行会
宮島博史　1980　「朝鮮農業史上における15世紀」『朝鮮史叢』3号
宮本一夫　1985　「中国東北地方における先史土器の編年と地域性」『史林』第68巻2号
　　　　　1986　「朝鮮有文土器の編年と地域性」『朝鮮学報』第121号
　　　　　1990　「海峡を挟む二つの地域」『考古学研究』第37巻第2号
　　　　　1995　「華北新石器時代墓制上にみられる集団構造」『史淵』第132輯
　　　　　1996　「長江中流域新石器時代の集団構造」『九州大学比較社会文化』第2巻
村上恭通　1987　「東北アジアの初期鉄器時代」『古代文化』第39巻9号
村田懋麿　1912　『満朝植物字彙』成光館書店
森　修　1927　「関東州管内山頭村会大台山遺蹟」『考古学雑誌』第17巻第5号
八木奘三郎　1943　『咸鏡北道石器考』東京人類学会
安田喜憲　1993　「気候変動と民族移動」『日本人と日本文化の形成』朝倉書店
　　　　　1994　「紀元前1000年紀のクライシス」『文明と環境』思文閣出版
八幡一郎　1940　「熱河省北部ノ先史時代遺跡及遺物」『第一次満蒙学術調査研究団報告』第6部第3篇、学術振興会
　　　　　1964　「古代収穫具石庖丁の系譜」『日本歴史論究』昭史会
　　　　　1965　「抉入石斧を繞る諸問題」『信濃』第18巻第8号
八幡幡一郎編　1966　『北海道根室の先史時代遺跡』東京教育大学
山浦　清　1980　「北西太平洋沿岸地域における回転式銛頭の系統問題」『物質文化』第35号
　　　　　1983　「中国東北地区における回転式銛頭について」『貝塚』第31号
山崎純男　1987　「北部九州における初期水田」『九州文化史研究所紀要』第32号
　　　　　1988　「西北九州漁撈文化の特性」『季刊考古学』第25号
山田昌久　1990　「縄文文化の構図」『古代文化』第42巻第9号
横田禎昭　1974　「新石器時代中国の家畜」『史学研究』第124号
横山将三郎　1933　「釜山絶影島東三洞貝塚調査報告」『史前学雑誌』第5巻4号

横山将三郎　1934「油阪貝塚に就いて」『小田先生頌寿記念朝鮮論集』
李　相吉　2002「韓国の水稲と畠作」『東アジアと日本の考古学』Ⅳ、同成社
ルカーシキン　1927『北満州野生哺乳動物誌』興安書院
任美鍔編、阿部治平・駒井正一訳　1986『中国の自然地理』東京大学出版会
若松　寛　1987「ヌルハチ」『激動の近代中国』集英社文庫
和田一雄　1971「オットセイの回遊について」『東海区水産研究所研究報告』67号
渡辺　誠　1975『縄文時代の植物食』雄山閣出版
　　　　　1987「中国古代の釣針」『東アジアの考古と歴史』同朋社
　　　　　1995「朝鮮海峡における漁民の交流」『日韓交流の考古学』

朝鮮語

安春培　1989「居昌壬仏里先史住居址調査概報」『嶺南考古学』第6号
安承模　1998『東アジア先史時代農耕と生業』学研文化社
　　　　2002「新石器時代の植物性食料（1）—野生食用植物資料」『韓国新石器時代の環境と生業』東国大学校埋蔵文化財研究所
安德任　1993「貝塚出土動物遺体」『韓国考古学報』第29集
尹武炳　1975「無紋土器型式分類論攷」『震檀学報』39号
黄基徳　1957「咸鏡北道地方新石器時代の遺跡と遺物（2）」『文化遺産』1期
　　　　1959「1958年夏期御池灌漑工事遺跡簡略報告」『文化遺産』2期
　　　　1963「黄海南道龍淵郡石橋里原始遺跡発掘報告」『各地遺跡整理報告』
　　　　1962「豆満江流域の新石器時代文化」『文化遺産』1期
　　　　1963「黄海南道龍淵郡石橋里原始遺跡発掘報告」『各地遺跡整理報告』
　　　　1970「豆満江流域の青銅器時代文化」『考古民俗論文集』2号
　　　　1975「茂山虎谷原始遺跡発掘報告」『考古民俗論文集』第6号
　　　　1980a「金灘里遺跡発掘報告」『遺跡発掘報告』第12集
　　　　1980b「石灘里原始遺跡発掘報告」科学百科事典出版社
　　　　1989「琵琶型短剣文化の美松里類型」『朝鮮考古研究』3・4期
黄基徳・李元根　1966「黄州郡沈村里青銅器時代遺跡発掘報告」『考古民俗』3期
黄龍渾　1983「芸術と信仰」『韓国史論』第12巻　国史編纂委員会
河仁秀　1999『東三洞貝塚』釜山広域市立博物館福泉分館
　　　　2001「東三洞貝塚1号住居址出土植物遺体」『韓国新石器研究』第2号
韓永熙　1983「住居生活（鉄器時代）」『韓国史論』国史編纂委員会
　　　　1993「新石器時代貝塚」『韓国考古学報』第29集
韓国古代学会　1995『韓・中原始農耕文化の諸問題』1995年
韓国先史文化研究所　1992『一山新都市開発地域学術調査報告』1
岩寺洞遺跡発掘調査団　1983『岩寺洞遺跡緊急発掘調査報告』
韓炳三　1971「先史時代農耕文青銅器について」『考古美術』112号

韓致渇　1800頃『海東繹史』
姜錫午　1971『新韓国地理』新文社
漢陽大学校博物館　1990、91、93『安眠島古南里貝塚』
魏恩淑　1985「羅末麗初農業生産力とその主導勢力」『釜大史学』9号
姜錫午　1971『新韓国地理』新文社
金永培・安承模　1975「扶余松菊里遼寧式銅剣出土石棺墓」『百済文化』7・8合輯
金基雄　1963「平安南道价川郡墨房里支石墓発掘中間報告」『各地遺跡整理報告』
金建沫　1995「韓半島原始・古代漁業」『韓国上古史学報』第20号
金元龍編　1965『韓国史前遺蹟遺物地名表』ソウル大学校
金元龍・任孝宰　1968『南海島嶼考古学』ソウル大学校文理大学東亜文化研究所
金ギリョン　1980『石灘里遺跡発掘報告』科学百科辞典出版社
金正基　1968「韓国竪穴住居考」『考古学』第1輯
金政文・金永裕　1964「細竹里遺跡中間報告（1）（2）」『考古民俗』2・4期
金信奎　1962「農圃原始遺跡の動物遺骨について」『文化遺産』2号
　　　　1970「我国原始遺跡から出た哺乳動物相」『考古民俗論文集』2集、朝鮮民主
　　　　　　主義人民共和国社会科学院考古学及民俗学研究所。
　　　　1990「先鋒郡西浦項原始遺跡から出土した獣類について」『朝鮮考古研究』3号。
金廷鶴　1967「韓国無文土器文化の研究」『白山学報』第3号
金用玕　1963「美松里洞窟遺跡発掘報告」『各地遺跡発掘報告』
金用玕　1964「我国青銅器時代論と関連する若干の問題」『考古民俗』2期
金用玕・黄基徳　1969「紀元前千年紀前半期の古朝鮮文化」『考古民俗論文集』2号
金用玕・徐国泰　1971「西浦項原始遺跡発掘報告」『考古民俗論文集』第4号
金用玕・石光濬　1984『南京遺跡に関する研究』科学百科辞典出版社
金勇男　1967「我国の新石器時代」『考古民俗』3期
金勇男・金用玕・黄基徳　1975『我国原始住居址に関する研究』社会科学出版社
金良善・林炳泰　1968「駅三洞住居址発掘報告」『史学研究』第20号
江原大学校博物館　1984『屯内』
江原道　1980『江原道の動植物』
考古学研究室　1957「清津農圃里原始遺跡発掘」『文化遺産』4期
高麗大学校博物館　1994『渼沙里』
国立光州博物館　1990『突山松島』Ⅱ
国立晋州博物館　1989『欲知島』
　　　　　　　　1993『烟台島』
国立博物館　1967『韓国支石墓研究』
国立中央博物館　1994、95『岩寺里』
　　　　　　　　1976『朝島貝塚』
　　　　　　　　1979～93『松菊里』

国立中央博物館　1980『中島』
　　　　　　　　1990『休岩里』
　　　　　　　　2002『東三洞貝塚Ⅳ』
慶尚南道・東亜大学校博物館　1999『南江流域文化遺蹟発掘図録』
済州大学校博物館　1985『郭支貝塚』
崔基哲他　1990『原色韓国淡水魚図鑑』
崔盛洛　1993「原三国時代の貝塚」『韓国考古学報』第29集
崔サムヨン　1988「上老大島遺跡動物骨化石に表われた切断痕」『考古人類学論叢』
崔夢龍　1983「住居生活（青銅器時代）」『韓国史論』国史編纂委員会
　　　　1986『驪州欣岩里先史集落址』三和社
　　　　1985『岩寺里』
　　　　1990「湖南地方の支石墓」『韓国支石墓の諸問題』第14回韓国考古学会
崔ヨンジョン　1992『韓国民俗植物』アカデミー書籍
徐国泰　1964「新興洞コマ型土器住居址」『考古民俗』3期
　　　　1965「永興邑遺跡に関する報告」『考古民俗』2期
申淑静　1994『我国南海地方の新石器時代文化研究』学研文化社
石光濬・金用玕　1984『南京遺跡に関する研究』科学百科辞典出版社
全榮来　1987『東アジア磨製石器研究序説』全州市立博物館
全南大学校博物館　1979『光州松岩里住居址・忠孝洞支石墓』
ソウル大学校博物館　1974～76『欣岩里住居址』1－3号
　　　　　　　　　　1984・85『鰲山里遺跡Ⅰ、Ⅱ』
ソウル大学校博物館・ソウル大学校人文大学考古学科　1978『欣岩里住居址』4
宋柱澤他編　1989『植物大宝鑑』図書出版一興
孫宝基　1982『上老大島の先史時代生活』修書院。
任孝宰　1990「京畿道金浦半島の考古学的研究」『ソウル大学校博物館年報』2
　　　　1991「韓国原始農業文化の展開」『韓国の農耕文化』3、京畿大学校博物館
　　　　2001『韓国古代稲作文化の起源』学研文化社
池健吉・安承模　1983「韓半島先史時代出土穀物と農具」『韓国の農耕文化』京畿大学校博物館
忠容鎮　1984「中原忠州荷川里F地区遺跡発掘報告」『忠州ダム水没地区文化遺跡発掘調査報告』
趙現鐘　1986「麗州突山島地表調査報告」『松菊里』Ⅱ
朝鮮遺跡遺物図鑑編集委員会　1988『朝鮮遺跡遺物図鑑』第1集
朝鮮科学院考古学研究所　1954「清津農圃里原始遺跡発掘報告」『文化遺産』4期
朝鮮民主主義人民共和国科学院考古学及民俗学研究所　1955『羅津草島原始遺跡発掘報告』
　　　　　　　　1957『弓山原始遺跡発掘報告』
　　　　　　　　1959a『会寧五洞原始遺跡発掘報告』

　　　　　　　1959b『江界公貴里原始遺跡発掘報告』
　　　　　　　1961『智塔里原始遺跡発掘報告』
　　　　　　　1964『金灘里原始遺跡発掘報告』
朝鮮民主主義人民共和国科学院古典研究室　1959『新増東国輿地勝覧』
趙由典　1979「慶南地方の先史文化研究」『考古学』第5・6号
張ホス　1988「上老大島遺蹟の石器」『孫宝基博士停年紀年考古人類学論叢』
忠北大学校先史文化研究所　1994『清原宮坪里青銅器遺跡』
沈奉謹　1982「韓国稲作農耕の始源に関する研究」『釜山史学』第6輯
　　　　　1991「韓国先史時代の稲作農耕」『韓国考古学報』27
東義大学校博物館　1988・89『大也里住居址Ⅰ・Ⅱ』
東亜大学校博物館　1981『金海府院洞遺蹟』
　　　　　　　　　1984『上老大島』
　　　　　　　　　1989『陝川鳳渓里遺跡』
都宥浩　1959「朝鮮巨石文化の研究」『文化遺産』2期
田疇農　1963「平安南道栗岡郡遺址泉山東麓の支石墓」『各地遺跡整理報告』
南江遺跡発掘調査団　1998『南江先史遺跡』
潘象夫・郭鐘哲　1991「洛東江河口金海地域の環境と漁撈文化」『伽耶文化研究』第2号
釜山水産大学校博物館　1989『山登貝塚』
釜山大学校博物館　1981『金海水佳里貝塚』1
釜山大学校博物館　1995『蔚山検丹里邑遺跡』
釜山大学校博物館　1996『先史と古代』
釜山直轄市博物館　1993『凡方貝塚』Ⅰ
文化財研究所　1994『普陽大坪里遺跡』
ブロジャンスキー、鄭悩培訳　1996『沿海州の考古学』学研文化社
辺サセン・高ヨンナム　1989「馬山里遺跡の新石器時代住居址について」『朝鮮考古研究』
　　　　第4号
渼沙里先史遺跡発掘調査団　1994『渼沙里』1-5
無署名　1959「我国原始遺跡の分布状況－咸鏡南北道、慈江道、江原道」『文化遺産』1期
無署名　1986「発掘及び踏査消息1、2」『朝鮮考古研究』1、2期
無署名　1994「朝鮮歴史遺跡遺物地名表3-5」『朝鮮考古研究』1-3期
李旻娥　2005「植物遺体に基礎した新石器時代農耕に対する観点の再検討」慶南文化財
　　　　研究院・韓国新石器学会・九州縄文研究会『韓・日新石器時代の農耕問題』
　　　　2007「東三洞1号住居址出土植物遺体分析報告」釜山博物館『東三洞貝塚浄化
　　　　地域発掘調査報告』
李キリョン　1980『石灘里原始遺跡発掘報告』科学百科辞典出版社
李元均・白龍杢　1962「平壌市勝湖区域立石里原始遺跡発掘簡略報告」『文化遺産』4期
李賢恵　1998『韓国古代の生産と交易』一潮閣

李春寧　1965『李朝農業技術史』韓国研究院
李淳鎮　1965「新岩里遺跡発掘中間報告」『考古民俗』3期
李白圭　1974「京畿道無文土器・磨製石器」『考古学』第3輯
李昌福　1979『大韓植物図鑑』郷文社
李隆助・禹鐘允　1998『先史遺跡発掘図録』忠北大学校博物館
林炳泰　1974「楊州郡互阜面鎮中里遺跡」『八堂昭照ダム水没地区遺跡発掘報告』
嶺南考古学会　1998『南江ダム水没地区の発掘成果』
嶺南文化財研究院　2002『大邱東川洞聚落遺蹟』

中国語

安路・賈偉明　1986「黒龍江訥河二克浅墓地及其問題探討」『北方文物』2期
安徽省博物館　1957「安徽新石器時代遺址的調査」『考古学報』1期
袁靖　1994「関於動物考古学研究的幾個問題」『考古』10期
　　　1995a「試論中国動物考古学的形成与発展」『江漢考古』2期
　　　1995b「関於中国大陸沿海地区貝丘遺址研究的幾個問題」『考古』12期
烟台市文物管理委員会　1992「山東烟台白石村新石器時代遺址発掘簡報」『考古』7期
延辺朝鮮族自治州博物館　1985「吉林汪清考古調査」『北方文物』4期
　　　　　　1991「吉林省龍井県金谷新石器時代遺址清理報告」『北方文物』1期
黄象洪・曽克清　1978「上海馬橋、嵩沢新石器時代遺址中的動物遺骸」『古脊椎動物与古人類』第16巻1号
王仁湘　1987「関於我国新石器時代双肩石器幾個問題」『南方民族考古』第1輯
王星光　2004『生態環境変遷与夏代的興起』科学出版社
顎倫春族簡史編写組　1983『顎倫春族簡史』内蒙古人民出版社
郭大順　1987「試論魏営子類型」『考古学文化論集』文物出版社
郭大順・張克挙　1984「遼寧省喀左県東山嘴紅山文化建築群址発掘簡報」『文物』11期
郭大順・馬沙　1985「以遼河流域為中心的新石器文化」『考古学報』4期
河北省地質鉱産局　1984『河北第4紀地質』科学出版社
河北省文物管理委員会　1959「河北唐山大城山遺址発掘報告」『考古学報』3期
河北省文物考古研究所・滄州地区文物管理処　1992「河北任邱市唖叭荘遺址発掘報告」『文物春秋』増刊号
関広清他　2000『雑草種子図鑑』科学出版社
凱利・克労福徳他　2004「山東日照市両城鎮遺址龍山文化植物遺存的初歩分析」『考古』9期
韓有峰　1991『顎倫春族風俗志』中央民族学院出版社
吉林省考古研究室他　1979「吉林省文物工作三十年的主要収穫」『文物考古工作三十年』文物出版社
吉林省博物館　1975「吉林江北土城址古文化遺址及石棺」『考古学報』1期

　　　　　　　1985「吉林市泡子沿前山遺址和蓋葬」『考古』6 期
　　　　　　　1987「吉林永吉楊屯大海猛遺址」『考古学集刊』5
吉林省博物館・永吉県文化館　1983「吉林永吉星々哨石棺蓋葬第三次発掘」『考古学集刊』3
吉林省博物館文物隊・吉林大学歴史系考古専業　1975「吉林大安漁場古代墓地」『考古』6 期
吉林省文物管理委員会　1960「吉林通化市江口村和東江村考古発掘簡報」『考古』7 期
吉林省文物考古研究所　1986「吉林樺甸江西屯遺址発掘簡報」『北方文物』4 期
　　　　　　　　　　　1988「吉林黄家圍子遺址発掘簡報」『考古』8 期
　　　　　　　　　　　1989「吉林農安元宝溝新石器時代遺址発掘」『考古』12 期
　　　　　　　　　　　1991「吉林東豊県西断梁山新石器時代遺址発掘」『考古』4 期
吉林省文物考古研究所・白城地区博物館・長嶺県文化局　1992「吉林長嶺県腰井子新石器時代遺址」『考古』8 期
吉林大学考古学教室　1989「農安家山新石器時代遺址」『考古学報』2 期
吉林大学歴史系考古専業・吉林省博物館考古隊　1982「大安漢書遺址発掘主要収穫」『東北考古与歴史』第 1 号
吉林大学考古系・遼寧省文物考古研究所・旅順博物館　1992「遼寧瓦房店市長興島三堂村新石器時代遺址」『考古』2 期
吉林大学考古系・遼寧省文物考古研究所・旅順博物館・金州博物館　1992「金州廟山青銅器時代遺址」『遼海文物学刊』1 期
吉林大学歴史系考古専業　1979「吉林扶余長尚子遺址試掘簡報」『考古』2 期
吉林大学辺疆考古研究中心・内蒙古自治区文物考古研究所　2004「克什克騰旗関東車遺址考古調査与試掘」『辺疆考古研究』第 2 号
吉林地区考古短訓班　1980「吉林猨石山遺址発掘簡報」『考古』2 期
許玉林　1990「遼寧東溝県石仏山新石器時代晩期遺址発掘簡報」『考古』8 期
許玉林・金石柱　1986「遼寧丹東地区鴨緑江右岸及其支流的新石器時代遺存」『考古』10 期
許玉林・博仁義・王伝普　1989「遼寧東溝県後窪遺址発掘概要」『文物』12 期
許明綱・劉俊勇　1991「大嘴子青銅器時代遺址発掘紀略」『遼海文物学刊』1 期
靳桂雲　2004「燕山南北長城地帯中全新世気候環境的演化及影響」『考古学報』4 期
薫学増　1983「試論吉林地区西団山文化」『考古学報』4 期
康家興　1956「渾河中游的考古調査」『考古通訊』6 期
孔昭宸・杜乃秋・劉観民・楊虎　1996「内蒙古自治区赤峰市距今 8000 ‒ 2400 年間環境考古学的初歩研究」『大甸子』科学出版社
呉文祥・葛金勝　2005「全新世気候事件及其対古文化発展的影響」『華夏考古』3 期
高耀亭編　1987『中国動物志　食肉目』科学出版社
洪峰　1985「吉林省輝発河上游地区原始文化簡析」『北方文物』3 期

甲元眞之　1992「黄渤海周辺の史前時代漁撈」『第3回環渤海学術討論会発表資料』
　　　　　1996「黄渤海周辺の史前時代漁撈」『環渤海考古国際学術討論会論文集』知識出版社
黒龍江省博物館　1960a「黒龍江寧安牛場新石器時代遺址整理」『考古』4期
　　　　　　　　1960b「嫩江下游左岸考古調査簡報」『考古』4期
　　　　　　　　1961a「黒龍江寧安大牡丹屯発掘報告」『考古』10期
　　　　　　　　1961b「吉林大安東山頭古墓清理」『考古』8期
　　　　　　　　1975「東康原始社会遺址発掘報告」『考古』3期
黒龍江省文物考古工作隊　1979「密山県新開流通址」『考古学報』4期
　　　　　　　　　　　　1980「黒龍江肇源白金宝遺址第1次発掘」『考古』4期
　　　　　　　　　　　　1981「黒龍江寧安県蔦歌嶺遺址」『考古』6期
黒龍江博物館考古部・哈爾濱師範学院歴史系　1983「寧安県東康遺址第2次発掘記」『黒龍江文物集刊』3期
斉烏雲　2005「内蒙古大山前遺址花粉分析反映的夏家店下層文化時期的自然環境」『新世紀的中国考古学』科学出版社
斉俊　1987「本渓地区太子河流域新石器至青銅器時期遺址」『北方文物』3期
索秀芬・李少兵　2004「南台子類型分期初探」『内蒙古文物考古』2期
索秀芬　2005「中全新世内蒙古東南部和中南部環境考古対比研究」『内蒙古文物考古』2期
上海市文物管理委員会　1978「上海馬橋遺址第一、二次発掘」『考古学報』1期
山東省文物管理処・済南市博物館　1974『大汶口』文物出版社
山東省文物考古研究所・山東省博物館・中国社会科学院考古研究所山東隊・山東昌維地区文物管理小組　1981「山東姚官荘遺址発掘報告」『文物資料叢刊』5集
山東省文物考古研究所　1985「茌平県尚荘新石器時代遺址」『考古学報』4期
山東省文物考古研究所・北京大学考古実習隊　1984「山東栖霞楊家圏遺址発掘簡報」『史前研究』3期
山東大学歴史系考古専業教研室　1990『泗水尹家城』文物出版社
竺可楨　1972「中国近五千年来気候変動的初歩研究」『考古学報』1期
周昆叔　1991『環境考古研究』第1輯、科学出版社
　　　　2000『環境考古研究』第2輯、科学出版社
周本雄　1984「中国新石器時代的家畜」『新中国的考古発現和研究』文物出版社
朱延平　1993「横陣墓地初識」吉林大学考古学系編『青果集』知識出版社
　　　　1997b「趙宝溝遺址浅析」内蒙古文物考古研究所編『内蒙古文物考古文集』第2輯、中国大百科全書出版社
朱鳳幹　1979「吉林林奈曼旗大沁他拉新石器時代遺址調査」『考古』3期
朱国忱・魏国忠　1984『渤海史稿』黒龍江文物出版編輯室
秋浦　1981『顎倫春人』民族出版社
　　　1984『顎倫春族』文物出版社

1987『顎倫春社会的発展』上海人民出版社
朱有昌　1989『東北薬用植物』黒龍江科技出版社
肖培根・連文浣　1999『中薬植物原色図鑑』中国農業出版社出版
肖増祐編　1988『遼寧動物志　獣類』遼寧科学技術出版社
辛岩・方殿春　2003「査海遺址 1992 − 1994 年発掘報告」『遼寧考古文集』遼寧民族出版社
瀋陽市文物管理弁公室　1978「瀋陽新楽遺址試掘調査報告」『考古学報』4 期
瀋陽市文物管理弁公室・瀋陽故宮博物館　1985「瀋陽新楽遺址第 2 次発掘報告」『考古学報』2 期
瀋陽故宮博物館・瀋陽市文物管理弁公室　1975「瀋陽鄭家窪子的両座青銅器時代墓葬」『考古学報』1 期
西安半冑博物館「銅川県李家溝新石器時代遺址発掘報告」『考古与文物』1 期
陝西省考古研究所・楡林市文物保護研究所　2005『神木新華』科学出版社
全国農業区画委員会　1987『中国農業資源与区画要覧』測絵出版社
宋兆麟　1979「帯索標 − 鋒利的漁猟工具」『中国考古学会第 1 次年会論文集』第 1 集、文物出版社
大連市文物考古研究所　1994「遼寧大潘家村新石器時代遺址」『考古』10 期
大連市文物管理委員会　1996「遼寧大連市大嘴子青銅器時代遺址的発掘」『考古』2 期
譚英杰　1991「哈爾濱市郊出土的史前彫像」『黒龍江考古民族資料訳文集』第 1 輯、黒龍江省博物館
譚英杰・孫秀仁・趙虹光・干志耿　1991『黒龍江区域考古学』中国社会科学出版社
段一平他　1985「吉林市騒達石棺墓整理報告」『考古』10 期
丹化沙　1961「黒龍江肇源県望海屯新石器時代遺址」『考古』3 期
丹東市文化局文物普査隊　1984「丹東市東溝新石器時代遺址調査和試掘」『考古』1 期
中華人民共和国農業部農薬検定所他　2000『中国雑草原色図鑑』全国農村教育協会
中国科学院考古研究所蒙古工作隊　1964「内蒙古巴林左旗富河溝門遺址発掘簡報」『考古』1 期
中国科学院中国自然地理編輯委員会　1979『中国自然地理・動物地理』科学出版社
　　　　　　　　　　　　　　　　　1985『中国自然地理総論』科学出版社
　　　　　　　　　　　　　　　　　1988『中国自然地理・植物地理』下、科学出版社
中国科学院地理研究所経済地理研究室　1981『中国農業地理総説』科学出版社
中国科学院地質研究所花粉分析組・同済大学海洋地質系花粉分析室　1984『第 4 紀花粉分析与古環境』科学出版社
中国社会学院考古学研究所　1984『新中国的考古発現和研究』文物出版社
　　　　　　　　　　　　　1996『大甸子』科学出版社
　　　　　　　　　　　　　1988『膠県三里河』文物出版社
中国社会科学院考古研究所編　1983『中国考古学炭素 14 年代数据集』文物出版社

中国社会科学院考古研究所実験室　1987「放射性炭素測定年代報告13」『考古』6期
中国社会科学院考古研究所山東隊・烟台市文物管理委員会　1986「山東牟平照格荘遺址」『考古学報』4期
中国社会科学院考古研究所山東隊・山東省維坊地区芸術館　1985「維県魯家口新石器時代遺址」『考古学報』3期
中国社会科学院考古研究所東北工作隊　1981「内蒙古寧城県南山根102号石槨墓」『考古』4期
中国社会科学院考古研究所内蒙古工作隊　1964「内蒙古巴林左旗富河溝門遺址発掘簡報」『考古』1期
　　　　　　1974「赤峰薬王廟、夏家店遺址発掘報告」『考古学報』1期
　　　　　　1979「赤峰蜘蛛山道址的発掘」『考古学報』2期
　　　　　　1982「赤峰西水泉紅山文化遺址」『考古学報』2期
　　　　　　1985「内蒙古敖漢旗興隆窪遺址発掘簡報」『考古』10期
　　　　　　1987「内蒙古敖漢旗小山遺址」『考古』6期
　　　　　　1988「内蒙古敖漢旗趙宝溝1号遺址発掘簡報」『考古』1期
　　　　　　1997『敖漢旗趙宝溝』中国大百科全書出版社
中国少数民族編写組　1981『中国少数民族』人民出版社
中国植被編集委員会編　1980『中国植被』科学出版社
中国農業科学院主編　1986『中国稲作史』農業出版社
張栄祖等　1997『中国哺乳動物分布』中国農業出版社
張之恒　1988『中国新石器時代文化』南京大学出版社
趙志軍　2004「従興隆窪遺址浮遊選結果談中国北方旱地農業起源問題」『東亜古物』A巻、文物出版社
張春霖他　1995『黄渤海魚類調査報告』科学出版社
張紹維　1983「吉林原始農業的作物及其生産工具」『農業考古』2期
趙正階　1999『中国東北地区珍稀瀕危動物志』中国農業出版社
超善桐　1962「黒龍江賓県老山頭遺址発掘簡報」3期
　　　　　　1965「黒龍江官地遺址発現的墓葬」『考古』1期
張鎮洪　1989「建平県水泉夏家店文化遺址獣骨研究」『考古与文物』1期
趙復興　1987『顎倫春族研究』内蒙古人民出版社
陳正祥　1980『中国地理図集』天地図書有限公司
天津市文化局考古発掘隊　1966「河北大廠回族自治県大坨頭遺址試掘報告」『考古』1期
　　　　　　1977「天津薊県張家園遺址試掘簡報」『文物資料集刊』1
終柱臣　1979「試論中国北方和東北地区含有細石器的諸文化問題」『考古学報』4期
董学増　1993『西団山文化研究』吉林文史出版社
東北発掘調査団　1964「吉林西団山石棺墓発掘報告」『考古学報』1期
田広金　1997「中国北方系青銅器文化和類型的初歩研究」『考古学文化論集』4、文物出

　　　　　　　　　　　版社
　　　　　　　2000「岱海地区考古学文化与生態環境之関係」周昆叔『環境考古研究』第 2 輯、
　　　　　　　科学出版社
田広金・郭素新　1998「中国北方畜牧－游牧民族的形成与発展」『中国商文化国際学術
　　　　　　　討論会論文集』中国大百科全書出版社
　　　　　　　2004「岱海地区新石器時代考古研究的回顧」『北方考古論文集』科学
　　　　　　　出版社 2005『北方文物与匈奴文明』江蘇教育出版社
田広金・史培軍　1991「内蒙古東南部原始文化的環境考古研究」『内蒙古中南部原始文
　　　　　　　化研究文集』海洋出版社
　　　　　　　1997「中国北方長城地帯環境考古学的初歩研究」『内蒙古文物考古』2 期
田広金・唐暁峰　2001「岱海地区距今 7000－2000 年間人地関係演変研究」『岱海考古
　　　　　　　（二）』科学出版社
内蒙古自治区文物考古研究所　2004『白音長汗』科学出版社
内蒙古文物考古研究所　1994「克什克騰旗南台子遺址発掘簡報」『内蒙古文物考古文集』
　　　　　　　1、中国大百科全書出版社
　　　　　　　1995「克什克騰旗南台子遺址」『内蒙古文物考古文集』2、中国
　　　　　　　大百科全書出版社
巴林右旗博物館　1987「内蒙古巴林右旗那斯台遺址調査」『考古』6 期
半坡博物館・陝西省考古研究所・臨潼県博物館　1988『姜寨』文物出版社
布羅江斯基、王徳厚訳　1993「90 年代初期的浜海考古学」『北方文物』3 期
方衍主編　1993『黒龍江少数民族簡史』中央民族学院出版社
方殿春　1991「阜新査海新石器時代遺址的初歩発掘与分析」『遼海文物学刊』1 期
葉啓暁・魏正一・李取生　1991「黒龍江省泰賚県東翁根山新石器地点的古環境初歩研究」
　　　　　　　『環境考古研究』第 1 輯、科学出版社
楊志栄・索秀芬　2000「中国北方農牧交錯帯東南部環境考古研究」『環境考古研究』第 2 輯、
　　　　　　　科学出版社
楊虎　1986「試論興隆窪文化及相関問題」『中国考古学研究』科学出版社
李宇峰　1985「紅山文化発現的石製農具」『農業考古』第 9 期
　　　　　　　1986「西遼河流域原始農業考古概述」『農業考古』第 11 期
李揚漢主編　1998『中国雑草志』中国農業出版社
劉観民・徐光冀　1979「遼河流域新石器時代的考古発現与知識」『中国考古学会第一次
　　　　　　　年会論文集』文物出版社
劉謙　1986「錦州山河営子遺址発掘報告」『考古』10 期
劉根華　1973「永書楊屯遺址試掘簡報」『文物』8 期
劉世民他　1987「吉林永吉出土大豆炭化種子的初歩鑑定」『考古』4 期
劉牧霊　1988「新楽遺址古植被和古気候」『考古』9 期
劉仙州　1963『中国古代農業発達史』科学出版社

劉綏林他　1986『河北省地理』
劉俊勇・王班　1994「遼寧大連市郊区考古調査簡報」『考古』1 期
梁家勉編　1989『中国農業科学技術史稿』農業出版社
遼寧省科学技術委員会　1988『遼寧動物誌』遼寧科学技術出版社
遼寧省昭烏連盟文物工作隊・中国社会科学院考古研究所東北工作隊　1973「寧城県南山
　　　　根的石槨墓」『考古学報』1 期
遼寧省省博物館文物工作隊 1983「遼寧林西県大井古銅鉱 1976 年試掘簡報」『文物資料
　　　　集刊』7 集
遼寧省博物館他　1977「遼寧敖漢旗小河沿三種原始文化的発現」『文物』12 期
遼寧省博物館他　1981「長海県広鹿島大長山鳥貝丘遺址」『考古学報』1 期
遼寧省博物館他　1985「遼寧本渓県廟後山洞穴発掘簡報」『考古』6 期
遼寧省博物館・朝陽市博物館　1986「建平水泉遺址発掘簡報」『遼海文物学刊』2 期
遼寧省博物館・旅順博物館　1984「大連郭家村新石器時代遺址」『考古学報』3 期
遼寧省博物館・旅順博物館・長海県文化館　1981「長海県広鹿島大長山島貝丘遺址」『考
　　　　古学報』1 期
遼寧省文物幹部培訓班　1976「遼寧票県豊下遺址 1972 年春発掘簡報」『考古』3 期
遼寧省文物考古研究所　1994「遼寧阜新県査海遺址 1987－1990 年三次発掘」『文物』
　　　　11 期
劉孟軍　1998『中国野生果樹』中国農業出版社
旅順博物館　1961「旅大市長海県新石器時代貝丘遺址」『考古』12 期
旅順博物館　1962「旅大市長海県新石器時代貝丘遺址調査」『考古』7 期
旅順博物館・遼寧省博物館　1981「旅順於家村遺址発掘簡報」『考古学集刊』第 1 集
凌純声　1934『松花江下游的赫哲族』国立中央研究院歴史言語研究所
林澐　1985「論団結文化」『北方文物』1 期
欒豊実　1997『海岱地区考古研究』山東大学出版社
呂尊曙　1960「内蒙古林西考古調査」『考古学報』1 期
呂天光　1981『北方民族原始社会形態研究』寧夏人民出版社

英 語

Akazawa, T. 1986 Hunter-gatherer Adaptation and the Transition to Food Production in Japan. Zvelebil, M. ed. *Hunters in Transition*. Cambridge University Press

Ammerman, A. J. & Cavalli-Sforza, L. L. 1971 Measuring the Rate of Spread of Early Farming Europe. *Man*.6

Andreeva, Z. V. ed. 1991 *The Neolithic of the Far East*. Vostretsov, Y. E. 1998 *The First Fishers in Peter the Great Bay*.

Barker, G. 1981 *Landscape and Society*. Academic Press
　　　　 1985 *Prehistoric Farming in Europe*. Cambridge University Press

Bellwood, P. 1988 Archaeological Research in South-Eastern Sabah. *Sabah Museum Monograph* 2

Bentley et. al. 2003 The Neolithic Transition in Europe. *Antiquity*. 77

Bishop, C. W. 1933 The Neolithic Age in Northeastern China. *Antiquity*. Vol. 28

Bradley, R. 1978 *Prehistoric Settlement of Britain*. Routledge and Kegan Paul, Bradley, R. & Edmonds, M. 1993 Interpreting the Axe Trade. Cambridge University Press

Buchanan, R. H.1971 *Man and his Habitat*. Routledge and Kegan Pall

Case, H. G. 1969 Neolithic explanation. *Antiquity*.43

Childe, V, G. 1947 *The Dawn of European Civilization*. Routledge and Kegan Paul

Clarke, D. 1976 Mesolithic Europe. Sieveking, G. et. al. eds. *Problem in Economic and Social Archaeology*. Duckworth

Crawford, G. W. and Lee, Gyoung Ah, 2003 Agricultural Origins in the Korean Peninsula. *Antiquity*, Vol. 77, No. 295

Dennell, R. 1983 *European Economic Prehistory*. Academic Press

Dolukhanov, P. 1979 *Ecology and Economy in Neolithic Eastern Europe*. Duckworth

Flannery, K. V. 1965 The Ecology of Early Food Production in Mesopotamia. *Science*. 147

Gailey, A. and Fenton, A. eds. 1970 *The Spade in Northern and Atlantic Europe*. Ulster Folk Museum

Godwin, H. 1956 *The History of the British Flora*. Cambridge University Press

Gregg. S. A. 1988 *Foragers and Farmers*. University of Chicago Press

Han Kangxin & Nakahashi, T., 1996 A Comparative Study of Ritual Tooth Ablation in Ancient China and Japan. *Anthropological Science*. Vol.104, No.1

Higgs, E. ed. 1975 *Palaeoeconomy*. Cambridge University Press

Hsu, K. J., 1998 Did the Xinjiang Indo-Europeans Leave Their Home Because of Global Cooling?. Mair, V. H. ed. *The Bronze Age and Early Iron Age Peoples of Eastern Central Asia*. The University of Pennsylvania Museum Publications.

Iversen, J. 1941 Land Occupation in Denmark's Stone Age. *Danmarks Geologiske Undersogelse* 66-2

Jacobi, R. M. 1980 The Early Holocene Settlement of Wales. Taylor, J. K. ed. *Culture and Environment in Prehistoric Wales*. BAR British Series 76

Jarman, M. 1972 European Economies and the Advent of the Neolithic. Higgs, E. S. ed. *Papers in Economic Prehistory*. Cambridge University Press

Jarman, M. R. and Bailey, G.N. eds. 1982 *Early European Agriculture*. Cambridge University Press

Komoto and Obata eds. 2004 *Krounovka 1 Site in Primorye, Russia*. University of Kumamoto

—— 2005 *Zaisanovka 7 Site 1 Site in Primorsky, Russia*. University of Kumamoto

—— 2007 *Klerk 5 Ste in Primorsky, Russia*. University of Kumamoto

Kremenetski, K., 2003 Steppe and Forest-steppe Belt of Eurasia. Levine, M, Renfrew, C. and Boyyle, K. eds., *Prehistoric Steppe Adaptation and the Horse* Cambridge University Press

Laboratory of Quaternary Palynology and laboratory of Radiocarbon 1978 Development of Natural Environment in the Southern Part of Liaoning province during the last 10,00oning province during the last 10,000 Years. *Scientia Cinica*, Vol. XX1,No.4

Lee, R. B. & Devore, I. eds. 1964 *Man the Hunters*. Aldine Publishing Company eds. 1968 *Kalahali Hunter – Gatherers*. Harvard University Press

Legge, A. J. 1981 The Agricultural Economy. Mercer. R. J. ed. *Grimes Graves. Norfolk. Excavation*. 1971 - 72 Vol. 1, Her Majesty's Stationery Office

Lerche, G. and Steensberg, A. 1980 *Agricultural Tools and Field Shapes*. National Museum of Denmark.

Levin, M. G. and Potapov, L. P. eds., 1956 *The Peoples of Siberia*. The University of Chicago Press

Maringer, J. 1950 *Contribution to the Prehistory of Mongolia*. Tryckeri A-B Thule

Meggitt, M. J. 1964 *Aboriginal Food – Gatherers of Tropical Australia*. Australia National Museum

Mellars. P. A. 1976 Fire, Ecology, Animal Population and Man. *Proceedings of the Prehistoric Society*. Vol.42

Moffet, L. Robinson, M & Straker,V. 1989 Cereals fruits and nuts; charred plant remains from Neolithic Sites in England and Wales and the Neolithic economy. Milles, A., Williams, D. and Gardner, N. eds. *The Beginnings of Agriculture*. BAR International Series 496

Murray, J. 1970 *The First European Agriculture*. Edinburgh University Press

Obata, H. ed., 2007 *Archaeological Collections in the Posjet Bay, in Premorsky, Russia*.

University of Kumamoto
Okladnikov. A. P. 1963 The History of Fishery in Northeast Asia. *FOLK*, No.5
　　　　1981 Ancient Art of the Amur Region. Aurora Art Publishers
Oswalt, W. H. 1976 *An Anthropological Analysis of Food-Getting Technology*. John Wiley and Sons
Piggott, S. 1954 *The Neolithic Cultures of the British Isles*. Cambridge University Press
Piggott, S. ed., 1981 *The Agrarian History of England and Wales*. Cambridge University Press
Rees, S. E. 1979 *Agricultural Implements in Prehistoric and Roman Britain*. BAR. British Series 69
Renfrew, C. 1973 *Before Civilization*. Hamondsworth
Rowley-Conwy, P. 1981 Slash and Burn in the Temperate European Neolithic. Mercer, R. ed., *Farming Practice in British Prehistory*. Edinburgh University Press
Sample, L. 1974 Tong Sandong : A Contribution to Korean Neolithic Culture History. *Arctic Anthropology* Vol. Ⅱ - 2
Simons, I. & Tooley, M. eds.1981 *The Environment in British Prehistory*. Duckworth
Simmons, I. Dimbleby, G. W. and Grigson, C. 1981 The Mesolithic. Simmons, I. G. and Tooley, M. eds., *The Environment in British Prehistory*. Duckworth
Smith, I. F. 1976 The Neolithic. Renfrew, C. ed. *British Prehistory*. Duckworth
Spriggs, M. 1989 The Dating of the Island Southeast Asian Neolithic an Attempt Atchoronometric hygiene and Linguistic Correlation. *Antiquity*. Vol. 63, 240
Steensberg A. 1943 *Ancient Harvesting Implements*. Nordisk Forlag
　　　　1980 *New Guinea Garden*. Academic Press
Stewartl, H. 1977 *Indian Fishing*. University of Washington Press
Taber, J. et. al., 1971 Controlled Fire in the Management of North American Deer. Duffey, E. and Watt, A. S. eds. *The Scientific Management of Animal and Plant Communities for Conservation*. Blackwell Scientific Publications
Taylor, J. 1980 *Culture and Environment in Prehistoric Wales*. BAR BritishSeries,No.76
Vostretsv et. al. 1998 *The First Fishers in Peter the Great Bay*. Institute of History, Archaeology and Ethnography of the People of the Far East
Waterbolk, H. 1971 Food Production in Prehistoric Europe. Struever. ed., *Prehistoric Agriculture*. The Natural History Press
Weiss, H. 2000 Beyond the Younger Dryas. Bawden, G. and Reycraft, R. M. eds., *Environmental Disaster and the Archaeology of Human Response*. University of New Mexico
Winkler, M. G. and Wang, P. K. 1993 The Late-Quaternary Vegetation and Climate of China. Wright, H. E. et. al. eds. *Global Climates since the Last Glacial*

Maximum. University of Minnesota Press
White, K. D. 1967 *Agricultural Implements of the Roman World*. Cambridge University Press
Zvelebil, M. 1981 From Forager to Farmer in the Boreal Zone. B.A.R. International Series. 115
1986 *Hunters in Transition*. Cambridge University Press

フランス語

Torii, R. 1915 Etudes Archaeologiques et Ethnologiques Population Prehistorique de la Mandchurie. *Journal of the College of Science*. Imperial University of Tokyo

ドイツ語

Höltker, G. 1947 Steinerne Ackerbaugerate. *Archiv fur Ethnographie* Bd XLV
Janata, A. 1966 *Technologie und Ergologie in der Volkerkunde*. Kroner
Kothe, H.1959 Das Hirsemess im Furchenstockbau. *Opuscula Ethnoglogico Memoriae Ludvici Biro Sacra*
Müller-Karpe, H., 1974 *Geschite der Steinzeit*. C. H. Beck
Pfeiffer, L. 1920 *Die Werkzeuge des Steinzeit-Menschen*. Jena Verlag von Gustav Fischer

ロシア語

Андреева , Ж . В . 1977 Приморье в эпоху Первобытнообщинного строя. Наука , Москва
1986 Янковская культраю . Наука , Москва
1991 Неолит юга Дальнего Востока . Наука , Москва
Бродянский . Д . Л .1986 Хозяйстово Древних в Уссрийском крае. Палеоокономика Сибири. Новосибирск
1986 Южное приморье в эпоху Раннего Железа, Известия Сибирского отденемия Академии Наук С С С Р №. 6. Москва
Деревянко , А. П. 1970 Новопетровская Культура Среднего Амура. Новосибирск
1976 Приамуры I тысячетие До Нашей Эры. Новосибирск
Институт археологии 1987 Эпоха бронзы лесной полосы С С С Р. Издательство Наука , Москва
Лысов , В. М. 1966 Чумиза и просо в условиях Приморского Края. Сибирский Археологический Сборник. Новосибирск
Окладников, А. П. 1963 Древнее поселение на полуострове Песчаном

у Владивостока, Москва
1966 Древнее поселение у известокового Завода вблизи с Екатериниского. Сибирский Сборник. Новосибирск
1983 Древнепоселение Кондон. Издательство. Наука, Новосибирск

中国語要約

东北亚的初期农耕文化与社会

序言

在跨越南起燕山山脉北至黑龙江，西起蒙古高原边缘部，东部黄海和日本海的地域，尽管部分地势较高的山陵地域分布着针叶树林，大河流域平野则分布着草原状的植被，然而其余的广大领域则覆盖着以蒙古栎为代表的落叶树林带。在此区域，发现了具有史前时代特征并具共通性的深钵型陶器的大、中、小各类器种，且广泛分布了仅打破两短边作为捕鱼工具的栎石锤。

在开始种植粟、黍等的谷物类栽培的前期阶段的陶器组成和石器成为东北亚所独有，即便在农耕文化出现后，狩猎，采集、捕鱼仍然在生业活动中占主导地位，而且这种网络型的经济战略也具有其他地域所没有的特征。

从新时期石器时代中期的赵宝沟文化至红山文化阶段，渐渐地被黄河流域的文化所影响，但其只是在本来的生活中"添加"了些新的文化元素，基本生活状况并没有发生很大变化。东北亚的初期农耕文化所经历的很大变化是因气候变动而引起的环境变化，集落的接续状况说明了连续不中断的生活存续的困难。即断续的集落形成比较普遍。

新石器时代后期的夏家店下层文化阶段以后，来自黄河流域的文化影响越来越大，东北亚南部地域也因此传入并普及了中原文化的陶器组成。但是这样的陶器组成并没有传到第二松花江流域以北地区，也没有跨过鸭绿江。这些地域依然保持了与以前相比并无不同的生活样式。

由于来自公元前二千年纪后半期的中原地域和欧亚大陆草原的文化影响不断加强，随着东北亚南部地域与殷周密切关联的文化要素的开始出现，在青铜器上具有东部草原或北部草原的特征的物品也开始出现。与此同时，和青铜短剑一样在青铜器上出现了其独特性。在夏家店上层文化阶段，虽出现了比车马装饰更具特征的青铜器文化，但其真正的文化形成却仅限于辽西台地区，辽东以东及东北亚北部地域还是继承了史前时代以来的生活样式。这可以通过以下将要介绍的

生业活动的实态来佐证。

生态环境的变化

根据田广金等人的研究，从具体的遗迹形成状况中得知，进入到完新世后，生态环境发生了很大的变动（田广金・郭素新 2004、2005）。据此研究，在内蒙古与山西省境界线附近的岱海地区，作为遗迹的空白期，列举了仰韶文化并行期的中间期、仰韶文化庙底沟类型阶段、仰韶文化庙底沟类型阶段和龙山文化并行期、龙山文化并行期和朱开沟文化期、朱开沟文化期和颚尔多斯系青铜文化期（第1表）。在岱海地区，由于确认了空白期内砂砾和风沙的实体，显示了由于寒冷干燥化而造成了沙漠和沙地的形成。如果这和世界规模的寒冷化的解释相一致的话，仰韶文化中间期的空白相当于日本绳纹时代早期与前期的分界期。仰韶文化庙底沟类型阶段的空白期与日本绳纹时期前期向中期的转变期相一致。仰韶文化庙底沟类型阶段和龙山文化并行期的遗迹的空白期相当于纪元前三千年纪末叶的寒冷期，龙山文化并行期和朱开沟文化期中间的空白期约在寒冷化盛期的公元前二千年纪前叶，而朱开沟文化期和颚尔多斯系青铜文化期的空白期相当于殷中期和西周后期至春秋前期。

这种倾向在黑龙江省也得以确认（叶启晓、魏正一、李取生 1991），说明东北亚一带在这一时期处于寒冷化现象时期。

近年中国的研究者也开始探讨因气候变动而产生的考古学文化的变迁（靳桂云 2004）。靳桂云认为，红山文化前期阶段（6000-5400cal.yrBP）气候不安定，略呈冷温状况，中期阶段（5400-4800cal.yrBP）为温暖湿润期，落叶针叶混交林发达，而在后期阶段（4200-3380cal.yrBP），由于气温急剧下降，针叶树林变为主要植被，红山文化的突然衰退与小河沿文化的低潮时期相当。夏家店下层文化阶段（4200-3380cal.yrBP）由于气温上升，落叶针叶树林繁茂，处于发展阶段。特别是 4600-4200BP 时期的寒冷化阻碍了谷物的生长，导致集落减少，大型宗教设施衰退，最终使红山文化和小河文化走向了灭亡。桂云进一步指出，4300cal.yrBP 的寒冷化是比现在的平均温度低 3℃ 的非常重大的现象，并列举了这种现象在世界各地同样发生，从而成为了一个重要的历史展开期。

由于靳桂云所提的 4300cal.yrBP 期相当于 Weiss（Weiss2000）指出公元前 2248 年至 2056 年的寒冷化时期，可以断定相当于小河沿文化与夏家店下层文化的分界处。但是关于红山文化和小河沿文化的关联，现在仅依存于碳素年代，与事实不相吻合。红山文化的主体在公元前四千年左右，很显然并没有延续到公

元前三千年纪后半期。小河沿文化与仰韶文化的庙底沟第2期文化并行，其主体在公元前三千年纪的前半期。通过像这样所属年代的推定，即便在东北亚南部地域，也是处于大洋期和北方期的转变期，在公元前2248年至2056年的寒冷化时期，对于遗迹形成是否空白，依然缺少有力的说明。

公元前三千年纪末叶至公元前二千年纪初的寒冷化现象，不仅使落叶树林过渡到针叶树林，也使草原和沙地得以扩张，发生了将喜好草原植物的羊等动物家畜化的重要的生业方式上的变化。另外在这一时期出现了中亚安德罗诺沃车马民青铜器文化特有的耳饰品等，也说明中原以外的其他地域也开始对东北亚产生了影响。

关于殷代中期的寒冷化期，通过夏家店下层文化的南下现象也能有所体现，但随着殷代后期气候的回复，如同在大甸子墓地等看到的一样，也出现了具有浓厚的殷文化影响的遗址（中国社会科学院考古研究所1996），在西周初期，以西周燕的势力为背景的强势的中原文化展开到东北亚南部（甲元2006），造成了中原文化的元素向世界渗透的趋势。西周末期至春秋初期的气候变动，寒冷化的同时，伴随着东北亚西部的干燥化，东部湿润化，东北亚的东西发生了大的生态环境的变化是非常重要的（Winkler and Wang1993）。这一时期以后，东北亚西部如军都山墓地所示成为游牧民活跃的场所，东西部出现了生业形态有很大差别的社会。辽东地域和朝鲜半岛北部展开养猪和谷物栽培，东北亚北部地域没有将家畜饲养作为生业活动的重点，而是长久地继续农耕文化并随着季节的推移进行狩猎、捕鱼和采集活动。

初期农耕文化

东北亚农耕文化的开始是沈阳的新乐下层文化和内蒙古东南部的兴隆洼文化粟和黍的栽培。不仅栽培谷物，在兴隆洼遗址还检验出了伴随谷物栽培的杂草，说明该地域有明确的栽培活动。在东北北部地域和沿海州南部地域黍的出土数和出土遗迹数比粟多，说明与黄河流域不同，黍被优先栽培的可能性较高。与粟相比，黍比较容易被栽培，而且1000粒的重量为3.8-4.8g，较平均2g左右的粟多。黍和粟都属于耐寒性、耐干性强的谷物，比较适应东北亚西部的干燥台地和东北亚北部的冷温地带。

兴隆洼文化阶段的农具有石锹、镰刀、磨棒和鞍型磨臼，东北亚各地展开的初期农耕文化的基本农具组成在这一时期备齐。白音长汗遗址在兴隆洼文化阶段以前开始形成集落，因此不能否定谷物栽培的开始可以追溯到兴隆洼文化阶段以

前。研究白音长汗遗址的集落形成状况可以了解兴隆洼文化阶段与赵宝沟文化阶段及红山文化阶段各自的空白期间。白音长汗遗址天然存在黑☒土，因为有黑☒土，只要简单地在台地上播撒，就能够进行栽培，就有可能形成大规模的集落。但黑钙土被消耗尽后，土质下降，就无法将农耕进行下去，只能不断地转移耕作地。白音长汗遗址中的赵宝沟文化阶段和红山文化阶段的单位集团的住居已得以公认，当时的农耕基本上是小规模单位的开拓之事可以窥视一斑。

到了赵宝沟文化阶段耕作工具在石锹的基础上增加了石耜。石耜是用于深度耕作用的农具，在田野上进行深度耕作意味着生产性的提高和农耕技术的发达。即兴隆洼文化阶段因为黑钙土的消耗有必要深度耕作而使地质回复力增强。有时受惠于高温湿润气候，农耕栽培得以进一步伸展，粟、黍等栽培的同时，狩猎活动选择鹿科这样的特定种类使多角的经济战略成为可能。虽然在属于红山文化期的遗址中不太有鱼骨的检出例子，但是从湿润化的气候状况和鱼网锤的出土中不难想象在农耕及狩猎中无法获取的蛋白质补给或许通过捕鱼活动中得以补充。虽然从陶器的器种构成及石刀的导入能了解到红山文化阶段与黄河流域的后岗文化有较强的关联性，但这些只是附加要素，根本上还是传统文化的继续。

小河沿文化的情况还无法明确。遗迹的规模不大，遗迹形成的持续性也无法得以确认。东北亚南部地域能够确定的真正的农耕文化的开始在公元前二千年纪的夏家店下层文化阶段。

东北亚南部地域展开的农耕文化在公元前四千年纪波及到朝鲜半岛。在西北朝鲜的智塔里发现了石锹、石耜、镰刀、磨棒、鞍型磨臼等石器组成，这与辽西地域的赵宝沟文化阶段的石器组成一致。这些石制农具的组成在公元前二千年纪随着时期的先后，与黍、粟等栽培谷物一起，传到沿海州南部地域（Komoto and Obata2007），但在东北亚的东侧地域石耜几乎没被使用。东北北部地域与朝鲜半岛在前面提及的石器组成除石耜外直至初期铁器时代都一直被使用。

东北亚北部地域展开的农耕文化的一个特色就是谷物栽培的种类多，其中，能看出必定包含豆类的组合。一般来说，豆类能将存于空气中的氮吸收到地里，防止地质的下降。至19世纪，北朝鲜的火田民的谷物栽培也是在播种粟、荞麦的时候中间夹杂着豆类。可以推断史前时代东北亚的住民已经了解了这一特征。

东北亚最早被证实到稻的存在是位于辽东半岛先端部的大嘴子遗址的双砣子文化期。略迟于此的是西北朝鲜的南京里。但是最近的调查中，发现了朝鲜南部的渔隐洞遗址公元前二千年纪前叶的稻的资料(Crawford and Lee2003)，在日本列岛也有越来越多的人指出九州北部地域的绳纹时代后半存在稻的压痕。综合

以上可以认为公元前三千年末纪叶至公元前二千年纪前叶作为克服寒冷化现象的手段，在山东半岛龙山文化的影响下进行了某种类的稻作栽培的可能性较高。公元前二千年纪在渤海湾普及的延绳渔法时使用的倒T字形钩针在朝鲜半岛西部、南部，北部九州共同出现，就是考虑这一问题的一个极好的启发。

大嘴子遗址位于辽东半岛先端部的海边的突出台地上，是无法进行水稻栽培的场所。另外这一地区非常干燥，如果不进行灌溉的话几乎不可能进行水稻栽培。同样山东半岛的龙山文化期也仅限于中期阶段的半岛南部地域，且可能性也低。从山东半岛到朝鲜半岛，经常在稻旁伴有农作谷物，伴随的杂草也是田野里共通的杂草，都是农作伴随物。由此是否可推断山东半岛和朝鲜半岛进行的稻作栽培为进行灌溉的田地交换栽培。东北亚南部地域真正开始水稻栽培，是在公元前8世纪寒冷化后。

狩猎活动

　　Jacobi 将 4 个家庭 20 个人一天所需要的能量，根据不同动物的种类尝试了量的把握（Jacobi1980）。其结果为 1 天需要马鹿 1/4 头，野猪 1/3 头，鹿科内最小的麂需要 2 头。马鹿可以提供较麂的 8 倍的能量。从体重上来看，梅花鹿与野猪相当，即可提供较麂 6 倍的粮食源。在东北亚遗址中检出的动物骨中野猪、梅花鹿、马鹿较多也就很能理解了。

　　东北亚的日本海沿岸地域还栖息了很多 Jacobi 没有进行计算的海兽，这可以从遗址出土的骨和捕获海兽时利用的回转离头铦分布相重合看出。这些海兽类的体重平均与野牛几乎相同，意味着 1 头可以带来 1 个家庭约 20 天前后的食物，这就可以理解西浦项贝冢等为什么到了青铜器时代还是继续捕获海兽。但是在海兽类中除了海狮、海驴和西太平洋斑海豹外，有带有季节性特征的动物。冬季至春季，以日本海沿岸地域的大彼得湾为中心南下，到初夏开始回游。海獭的栖息水温为 15℃，仅限于到朝鲜半岛东海岸中部范围（和田・伊藤 1999）。因此这些大型海兽的捕获有场所和季节的限定。回转离头铦在东北朝鲜沿岸部以北地域多数出土可以证明此事。

　　东三洞贝冢海狮被大量捕获，其中雄兽占一半以上，是否意味着附近有出产场所。能够被确定的海狮的出产地的南端是冲ノ岛和竹岛。西太平洋斑海豹的出产地较此更往北，其南端在北纬 27 度的浮在黄海上的小岛。海兽大多在春季至初夏期进行出产，因此东三洞遗址出土的幼兽很有可能是在冬季捕获的。可以认为朝鲜南部在冬季对海兽进行集中捕获，结果导致半数以上都是幼兽骨的结果。

而与此相反西浦项贝冢出土的成兽多显示了它的捕获对象是夏季回游的海兽类，因此可以推断捕鱼活动是通年进行的。

根据颚伦春族的民族志可以知道颚伦春族通年进行狩猎活动。根据季节的不同鹿科的狩猎对象发生变化，可以推测即使在史前时代也是在不同的季节狩猎对象也发生变化。但是在开始将野猪进行家畜化猪时，东北亚北部地域马鹿、南部地域梅花鹿的捕获数增加，可以看出狩猎向对于特定的种类进行选择的方向进行变化。这可以看出在某种程度上谷物栽培进展顺利，可以选择效果性更佳的食物源。

进而能够明白，包含在很大程度上由季节左右的捕鱼活动，生业活动随季节变化而被明确化。可以推测处于夏家店下层文化阶段的东北亚，是由狩猎动物的推移而进入了正式的农耕生产阶段。

采集活动

东北亚史前时代检出的采集植物的资料非常少。至今为止史前时代遗址出土的报告中指出的胡桃、榛、各种坚果类、葡萄、草莓、桃子、樱桃等不足 10 类。中国明代以后的文献中列举了很多种类的植物性食物，朝鲜传统的食物体系中也包含了很多种植物性食物。但是最近尝试使用的水选别法来采集植物性食物，可望今后此类出土情报的增加。

从以颚伦春族为代表的东北亚少数民族的民族志中也可以看出，他们是随着季节的变化，春季是根、叶类，夏季浆果类，秋季坚果类等靠多样化的植物性食物来生活的。特别是能长期保存的坚果类，对于这一地域的住民来说是非常重要的食物。

根据多数的研究者表明，被称为狩猎民的民族一般来说他们的比较稳定的食料大部分是采集植物（Lee and De-Voire 1968）。而依存于这种采集植物的生存方式，遇到气候变动等大的生态环境的变化，无法否认他们的生活是极其不安定的。气候变化的影响首先体现在植物相上，然后波及到以植物食料为生的动物相，最终对人的生活产生重大影响。因此也容易理解由于寒冷化现象的进展对于比农耕更依存于采集植物生存的东北亚史前时代的人来说招致了最大的危机。

捕鱼活动

一致认为史前时代东北亚沿岸形成了以牡蛎为主体的贝冢，特别是从朝鲜东北部至沿海州南部地域及朝鲜南部沿岸地带贝冢显著，可以认为至铁器时代初期

形成了大规模的贝冢。可以推测其成为在冬季的稳定食料源。除牡蛎外也有采集贝，但量极少。位于 Gladkaya 河下流的 Zaisanovka 遗址群检出了数量不少的蚬贝，其或许成为了从春季至夏季的辅助性的食料。

黄、渤海地域单式钓针的出现较迟，新石器时代早期阶段倒 T 字形钩针和郭家村型结合式钩针、叉非常广泛，渔网也很盛行。倒 T 字形钩针主要用于沿岸部栖息的黑鲷以及回游鱼篮点马鲛等，结合式钩针则主要捕获大型的鲛、鳇鱼等。这一地域的捕鱼活动的特色是捕获回游鱼，与这一食料连锁的基础东方对虾的移动分布有很大的关系 (第 2 图)。即东方对虾→莎鲻→班点莎鲻鱼→篮点马鲛→鲛这样的食物循环，进而在这一过程中有更多的鱼种介入。因此可以推测在黄、渤海地域除春季以外，捕鱼活动进行的很活跃。

东北朝鲜至沿海州南部地域捕鱼工具的组合有结合式钓针、离头回转铦、有刺铦、单式钓针、倒 T 字形钩针、石锤等。出土的动物骨新石器时代以海兽为主体，到了青铜器时代捕鱼对象逐渐向鲔、篮点马鲛变化。这一点在朝鲜半岛南部沿岸地域也是共通的，在新石器时代以海豹为主要捕获对象，到了青铜器时代变化为沿岸栖息的各类鱼。另外河流经过的沿岸地域，与汽水水生鱼一起淡水鱼也可能成为捕获对象，因此可能根据不同的季节品尝多品种的鱼。与位于沿海州南部的内陆地带的 Krounovka 遗址相比，大彼得湾等沿岸地域，谷物栽培导入迟，进入青铜器时代仍盛行捕鱼活动，只能说是与内陆部相比它的生态环境过于优越的结果。

在东北亚内陆部盛行捕鱼活动的是在它的北半部，能普遍看到离头铦、回转离头铦、拟似针、单式钓针、石锤等各种渔具。从住居遗址检出的石锤和土锤的量复原出来的刺网的长度最长不超过 5m，难以在大河流域使用。可以容易地看出公元前一千年纪阶段不可能以超过渔网的大型鱼为捕获对象。根据民族志记载的用回转离头铦捕获鳇鱼、草鱼等大型鱼可以推测史前时代黑龙江流域发现的属同样被使用的东西。在沿岸部发现的回转离头铦是谁先开始使用的目前虽然还不明确，但这是黑龙江流域捕鱼法的一个特征。用拟似饵来捕获大型肉食鱼也是史前时代这一地域的特殊捕鱼法。

根据东北亚内陆部的民族誌记载，捕鱼活动除夏季的一部分外通年都在进行，显示了其为重要的食料源。春季主要对象为折罗鱼和细鳞鱼等大型鱼，夏季为鳇鱼，秋季为鲑，冬季捕捞冰下的各式各样的鱼。河川捕鱼的优越性在于不象地面上的动植物那样容易受环境变化的影响。即使鱼种发生变化，只要变化捕鱼对象就能解决。黑龙江水系与鱼种丰富的黄河水系及固有种多的 Baikal 湖曾有连接(西

村 1974)。因此鱼种类丰富，对环境变化的适应性也强。

朝鲜半岛南部地域的捕鱼活动具有随季节混入寒流、暖流的环境，另外处于海兽可能栖息的南限，展开了多样化的捕鱼活动。单式钓针就不用说了，黄、渤海湾系的倒T字形钓针、郭家村型结合式钓针、东北朝鲜至沿海州系的回转离头钚、离头钚、鳌山里型结合式钓针的存在充分显示了这点。从实际遗址中检出的鱼类和海兽类来看也是种类最多的。至初期铁器时代贝冢的继续形成，也可作为它的一个佐证。从历史上来看，同时存在黄、渤海洼湾的捕鱼法和沿海州至东北朝鲜的捕鱼法，可以认为与此两地域的交流密切。这一地域的捕鱼民在文化传播上担任着极其重要的角色。与黄、渤海地域的交流可能始于新石器时代中期，这从辽东半岛吴家村遗址出土的土偶和欲知岛出土的与它类似的东西显示出来。

社会构造

从兴隆洼遗址和白音长汗遗址可以看出，初期农耕文化的社会是从大规模的集落构成开始的。但是这并不意味着社会的基本单位是由大规模集团构成的。能够看作黄河流域初期农耕文化的典型社会的陕西省姜寨遗址，也是由大型住居址—中型住居址—小型住居址构成的，1个中型住居址相当于4个小型居住址。另外构成集团的单位从墓地构成中也能反映出来（甲元 2001)。

白音长汗遗址中除了兴隆洼文化阶段的一时期外，中型住居址一个和小型居住址 3 至 4 家组成基本单位。中型住居址常常和小型居住址的构造不同，一般是石器和骨角器的制作场所，可知它是基本集团单位的核心部分。象这样的社会基本单位在红山文化以前阶段可作为某种程度来说的一般现象，从墓地的构成也可以看出与重视阶层相比更强调于年龄和性别。朝鲜的新石器时代前半期也能看出是这样的社会构造，支石墓构筑的基本单位也一致，更进一步与日本弥生文化阶段的集落构造也一致（甲元 1986c)，这一点是极其引人注目的。

近藤义郎早已指出，以一家为中心的住居址另外和 3 至 4 家小型住居址一起构成的为〝单位集团"（近藤 1959)，个别小型住居为消费单位，包括中型住居的集团为生产单位成为社会的构成部分。这样的社会构造正如在颚伦春族的狩猎集团中所反映的一样，是一种基本上继承了由男性所从事的狩猎集团单位的社会构造，可以推测初期农耕文化的开始阶段的社会构造就是将狩猎集团的社会构造直接继承形成的。狩猎民的社会构造发生大的变化是发生在正式的农耕社会的形成阶段。直至这种社会结构安定为止，单位集团和大规模集团之间变动。即便是难以区别在某一时期的兴隆洼遗址和白音长汗遗址的大规模集团，限于农耕生

产比较顺利的展开时期，然而一旦由于天然存在的黑鈣土被消耗，农耕生产力低下时，又重新返回单位集团，如此反复移动直至形成安定的社会构成。

结束语

　　东北亚初期的农耕文化的生业活动，是在包括有农耕、狩猎、捕鱼、采集等各个活动与生态环境相适应的过程中,比重发生着变化的网络型经济战略。此后，尽管东北亚南部地域受黄河流域的影响，辽东半岛文化受山东半岛文化的影响，但基本的社会结构并没有发生变化。到了公元前二千年纪虽受中亚和黄河流域青铜器文化的强大影响，但这也限于第二松花江流域以南，辽东以西的地域，其他地域仍延续着以往的网络经济战略。土偶、石偶等塑像能够在持续网络经济战略的地区保留下来，也是狩猎采集民坚决持续保持了他们的意识形态的结果。分布在这些地域的塑像描绘的不仅是人类，也有描绘各种动物的，类似于狩猎民祈愿丰收的样式，表明了旧石器时代以来的社会的传承。

　　东北亚展开的初期农耕文化是在前代的狩猎民社会基础上形成的，由于中原邻接地区进入了青铜器文化期，外围地域进入铁器时代，促使社会不得不进行变革。

Prehistoric Farming Culture in North East Asia
By
KOMOTO Masayuki
Professor of Archaeology, University of Kumamoto

DOSEISHA CO. LTD. Tokyo
2008/7/25

CONTENTS

Forward
Introductory Chapter　Ecological Conditions in Prehistoric North East Asia.
Chapter 1　Early Farming
　　　　　　Prehistoric Farming in North East China
　　　　　　Agricultural Stone Implements
　　　　　　Prehistoric Farming in Korea.
　　　　　　Farming Practice in Prehistoric North East Asia.
Chapter 2　Hunting and Gathering
　　　　　　Hunting Animals in North East Asia.
　　　　　　Korean Traditional Acorns and Fruits Described in Historical Documents.
　　　　　　Subsistence Activity of the Orchon.
Chapter 3　Fishing Activity
　　　　　　Reconstructing the Fishing Technique.
　　　　　　Prehistoric Fishing in Mainland North East China.
　　　　　　Prehistoric Fishing in the Yellow Sea Areas.
　　　　　　Prehistoric Fishing in Korea.
　　　　　　Shell Mounds in North East Korea.
Chapter 4　Prehistoric Society and Culture
　　　　　　Prehistoric Society in North East China.
　　　　　　Settlement and Social Structure in Prehistoric Korea.
　　　　　　Dolmens in Prehistoric West Korea.
　　　　　　Prehistoric Figurines in North East Asia.
Closing Chapter　Prehistoric Farming Culture in North East Asia
Bibliography
Chinese Resume

あとがき

　本書はこれまで発表してきた東北アジアの生業活動と社会構造に関する論文を主として取りまとめたものであるが、中には大幅に書き換えを行ったものもあり、それが充分になしえない場合は、追記もしくは補説という形で現在の筆者の考え方を展開することに心がけた。これらの基になった論文は以下の通りである。

　序章「初期農耕文化期の生態環境」は「環境変化の考古学的検証」甲元編『砂丘形成と寒冷化現象』熊本大学、2007年をベースとして書き改めた。

　第1章の「東北アジアの初期農耕」は『日本における弥生文化の成立』文献出版、1991年、「東北アジアの石製農具」は『古代文化』第41巻第4号、1989年、「朝鮮半島の初期農耕」は『琉球・東アジアの人と文化』高宮先生古稀記念論集刊行会、2000年、「先史時代の穀物と農法」は「椎葉民俗芸能博物館開館10周年記念講演会」椎葉民俗芸能博物館、2007年にそれぞれ加筆・訂正した。なお朝鮮や沿海州では近年植物遺存体の調査事例が急速に増加している。そこでそれらを検証する必要があるが、新資料でもこれまでの考え方を基本的には変更しなくても済むと思量されたので、新しい出土地名表を付すこととした。

　第2章の「東北アジアの狩猟動物」は「先史時代東北アジアの狩猟動物」甲元眞編『東北アジアの環境変化と生業システム』熊本大学、2007年を大幅に加筆訂正してある。「朝鮮の伝統的堅果類と果実」は甲元編『先史・古代東アジア出土の植物遺存体 (2)』熊本大学、2004年をそのまま再録した。「オロチョン族の生業活動」は最初「顎倫春族の生業暦」と題して『地域文化研究』第11号に掲載したものを大幅に改作した。

　第3章の「東北アジアの漁撈復元」は「中国東北地方の先史時代漁撈復元」と題して『日本と世界の考古学』雄山閣、1993年、「東北アジア内陸部の先史漁撈」は『熊本大学文学部論叢』第45号、「黄・渤海湾沿岸地域の先史漁撈」は『先史学・考古学論究』2、龍田考古会、1997年、「朝鮮半島の先史漁撈」は「朝鮮半島の先史時代漁撈文化」として『古文化談叢』第30集、1993年が初出で

あり、それぞれ改変した。「東北朝鮮の貝塚遺跡」は『動物考古学』第9号掲載論文に新たに発表された資料を追加補充して書き直した。

　第4章の「中国東北地方の先史社会」は『文化の多様性と比較考古学』考古学研究会、2004年を基に前半部分を加筆した。「朝鮮先史時代の集落構造」は『住の考古学』同成社、1997年、「西朝鮮の支石墓」は『古代文化』第25巻9号、12号に若干手を加えた。「先史時代の土偶と石偶」は『宗教と考古学』勉誠社、1997年に新資料を追加して掲載した。終章はまとめとして新たに書き下ろした。

　ここに掲載した論文の多くは、科学研究費補助金による研究成果が多く含まれている。それらは1997年から2000年までの特定領域研究「日本人及び日本文化の起源に関する学際的研究」考古班「先史時代の生活と文化」（代表春成秀爾教授）、筆者が代表となった2002年と2003年の「先史・古代九州出土植物遺存体に関する実証的研究」、2003年から2006年までの海外学術研究「極東地域における前期完新世の環境変化と生業システムの適応に関する研究」、2006年と2007年の「考古学資料に基づく寒冷化現象把握のための基礎的研究」である。これにより基礎資料の集成と検討がある程度徹底したことで、生業研究に弾みがつき持続的に推進することができた。また「環境変動」という新しい視点からの分析を試みることができたのは頗る幸いであった。

　これらの研究を遂行するにあたり、春成秀爾、山崎純男、中橋孝博、宮本一夫、小畑弘己各氏にはとりわけ御尽力を賜り、研究を持続することができたことに対して深甚なる御礼を申し上げます。その他の私が関係した科学研究費の共同研究に参画された諸氏にも深く謝意を表します。

　2001年に出版した『中国新石器時代の生業と文化』及び2004年の『日本の初期農耕文化と社会』に加え、本書でもって大学院時代の研究テーマである「東アジアの初期農耕文化研究」が一応終了したこととなる。しかし不充分な点も多く残されていることについては忸怩たる思いである。大学院時代、当時研究室助手であった藤本強先生から、生業研究の必要性、とりわけ生態的観点からの分析の大事さを徹底して叩き込まれたことへの回答をようやくこの度提示することができた。

　生業活動を中心とする日常的営為の研究は本来、八幡一郎先生が目指された先史学研究の根底をなすものであるという認識が明確になったのは、ウィルソ

ン、ラボック、ソーラスなどの19世紀から20世紀前半の先史学の書籍を改めて読み直したここ20年余りであり、今にして思えば何故気づくのが遅かったのか悔やまれる。とりわけソーラスの本は次々に改訂される内容を見て楽しみさえ覚えた。八幡先生が先史学の研究において基本とすべき書籍として、ソーラスの『先史時代人』とハイネ・ゲルデルンの『東南アジアの民族と文化』を筆者に勉強するようにと紹介された所以が理解できるようになった。先史時代の人々の「生業暦」を復元することから、彼らの具体的な営みの世界に接近することが肝要であることに、研究歴の後半やっと気づいた次第である。

　本書の作成にあたり、熊本大学の同僚である小畑弘己氏、溝淵園子氏にお世話になり、また本文整理や図表・図版作成において鳥取県教育委員会の河合章行さん、熊本大学考古学研究室の高椋浩史さん、堤絵莉子さん、岩田千穂さん、その他研究室の学生諸君に手伝ってもらい、また中国語要約は卒業生の劉軍さんにお願いした。各位に深く感謝いたします。

　本書を出版するにあたり、同成社の山脇洋亮社長の格別の御配慮に預かったことを記して厚く御礼を申し上げます。

　　　　2008年7月5日

　　　　　　　　　　　　　　　　　　甲元眞之

東北アジアの初期農耕文化と社会

■著者略歴■
甲元眞之（こうもと・まさゆき）
- 1944 年　広島県三次市生まれ
- 1967 年　東京教育大学文学部卒業
- 1972 年　東京大学大学院博士課程終了
- 1972 年　財団法人古代学協会研究員
- 1977 年　熊本大学助教授
- 1994 年　熊本大学教授

主要著作・論文
『中国新石器時代の生業と文化』（中国書店、2001 年）、『日本の初期農耕文化と社会』（同成社、2004 年）、『東北アジアの青銅器文化と社会』（同成社、2006 年）、Extension of East Asian Megalithic Culture. *Meeting on Megalithic Culture*. 2003.「東アジアの先史時代漁撈」『東アジアと日本の考古学』（同成社、1997 年）

編著
Krounovka 1. University of Kumamoto, 2004, *Zaisanovka 7*. University of Kumamoto, 2005, *Klerk 5*. University of Kumamoto, 2007.『砂丘形成と寒冷化現象』熊本大学、2007 年、『東北アジアの環境変化と生業システム』熊本大学、2007、『先史・古代東アジアの植物遺存体 (1) 、(2) 』、熊本大学、2003 ～ 2004 年、『環東中国海沿岸地域の先史文化 (1) － (5) 』、熊本大学、1998 ～ 2001 年

2008 年 8 月 5 日発行

著　者　甲　元　眞　之
発行者　山　脇　洋　亮
印　刷　藤原印刷㈱

発行所　東京都千代田区飯田橋　㈱同 成 社
　　　　4-4-8 東京中央ビル内
　　　　TEL 03-3239-1467　振替 00140-0-20618

©Komoto Masayuki 2008. Printed in Japan
ISBN978-4-88621-447-8 C3022